Felix H. Oestreicher **Ein jüdischer Arzt-Kalender**

Felix Hermann Oestreicher

Ein jüdischer Arzt-Kalender

Durch Westerbork und Bergen-Belsen nach Tröbitz
Konzentrationslager-Tagebuch 1943-1945

Transkription
von Anneliese Nassuth-Broschmann
und Maria Goudsblom-Oestreicher

Herausgegeben
von Maria Goudsblom-Oestreicher
und Erhard Roy Wiehn

Hartung-Gorre Verlag, Konstanz

Titelfoto: Dr. med. Felix Hermann Oestreicher, Rückseite:
Maria (Goudsblom) Oestreicher ca. 1940/41 (Foto Maria Austria);
Druck der 2. Auflage 2020: BoD GmbH, Norderstedt.

1940

Beginn der Schoáh in Dänemark, Norwegen, Holland, Belgien, Luxemburg, Frankreich

Errichtung des Warschauer Ghettos

Deportation der südwestdeutschen Jüdinnen und Juden nach Gurs/Südwestfrankreich und andere Internierungslager in Südwestfrankreich

---

Bibliografische Information Der Deutschen Nationalbibliothek
Die Deutsche Nationalbibliothek verzeichnet diese Publikation in der Deutschen Nationalbibliografie; detaillierte bibliografische Daten sind im Internet über http://dnb.d-nb.de abrufbar.

1. Auflage 2000, 2. Auflage 2020
Hartung-Gorre Verlag, Konstanz, Germany
ISBN 978-3-89649-411-5 und 3-89649-411-2

Inhalt

gewidmet
dem liebevollen Andenken an

Clara Oestreicher-Kisch, geboren am 21.11.1871 in Prag,
gestorben am 11.[?]4.1945 in Bergen-Belsen;
Gerda Margarethe Oestreicher-Laqueur, geboren am 9.1.1906 in Heidelberg,
gestorben am 31.5.1945 in Tröbitz;
Anna Beate Oestreicher, geboren am 8.10.1934 in Karlsbad,
gestorben am 29.9.1997 in Amsterdam

B{ergen}-B{elsen}-Fron

Vorübergebeugt, die Rücken krumm
Die Kleider schmutzig und zerrissen
Die bleichen Gesichter trotzig und verbissen,
So ziehen die zwölf den Wagen stumm
Sie haben einst fremde Länder bereist
Und viele Menschen gelehrt sie lieben
Sie haben viele Bücher geschrieben
Und waren freie Ritter vom Geist
Der eine hat vielen Arbeit gegeben
Der andre manche Maschine erfand
Ein dritter rettet mit kundiger Hand
So vielen Menschen das Leben
Sie fronen gehetzt von Schimpf und Schelten
Sie haben verloren Geld und Gut
Doch nicht verloren ging ihr Mut
Und einst werden wieder sie gelten.

Felix Hermann Oestreicher
(Undatiert, siehe S. 220, linke Spalte oben)

Maria Goudsblom-Oestreicher

Ein einmaliger Arzt-Kalender

Fast fünfzig Jahre hat das Konzentrationslager-Tagebuch meines Vaters Felix Hermann Oestreicher in einem Schrank gelegen, zusammen mit anderen seiner persönlichen Papiere und Tagebücher. Es ist ein kleines Büchlein in einem abgegriffenen Lederetui. Immer wieder schaute ich es an und versuchte es zu lesen, was mir jedoch unmöglich war. Ich konnte die zumeist mit Bleistift unter einer Lupe geschriebenen Buchstaben in deutscher Handschrift einfach nicht entziffern. So legte ich das Tagebuch wieder beiseite und vergaß es.

Ich wußte ja aus eigenem Erleben, wie es gewesen war, wie das Lager Bergen-Belsen aussah, und ich hatte lange Zeit nicht das Bedürfnis, daran erinnert zu werden. Meine Schwester Beate und ich hatten dieses Büchlein aus Tröbitz nach Amsterdam mitgenommen, wie mein Vater es wünschte, als er selbst krank wurde, nachdem unsere Mutter schon an Flecktyphus gestorben war. Vater starb bald darauf im Hospital.

Als ich im Frühjahr 1994 einmal beiläufig meiner Freundin Anneliese Nassuth - die aus Deutschland stammt, aber seit Jahren in Amsterdam wohnt - davon erzählte, meinte sie: "Vielleicht kann ich es lesen." Nicht nur konnte sie die Handschrift lesen, sie war auch bereit, mehr als ein Jahr daran zu arbeiten, um die Entzifferung zu ermöglichen. Jetzt kann auch ich die Handschrift lesen, nachdem ich jede von meiner Freundin entzifferte Seite abgetippt hatte. Noch nicht jedes Wort konnte verstanden werden, aber das meiste immerhin. Unsere gemeinsame Arbeit liegt hiermit vor.

Das Tagebuch beginnt mit dem Tag unserer Verhaftung am 1. November 1943; der letzte Eintrag ist vom 21. Mai 1945. Am 31. Mai 1945 starb unsere Mutter, Gerda Oestreicher-Laqueur, 39 Jahre alt, in Tröbitz, Schildastraße 12, und am 9. Juni 1945 starb unser Vater, Felix Hermann Oestreicher, 51 Jahre alt. Beate, damals 10 Jahre alt, und ich, gerade 9 Jahre alt, wurden von Freunden unserer Eltern von Tröbitz nach Amsterdam gebracht. Dort trafen wir meine Zwillingsschwester Helly[1], welche die vergangenen Jahre bei einer Bauernfamilie "untergetaucht" überlebt hatte.

Mein Vater hatte sicherlich die Absicht, den Text seines Tagebuches für seine Memoiren über diese Zeit zu benutzen, wie sie auch andere später geschrieben

[1] Meine Schwester Helli hat ihren Namen in Helly geändert, auch ich nenne sie Helly, im Tagebuch heißt sie jedoch Helli, M.G.-Oe.

haben. Jetzt liegen nur Daten seines Tagebuchs vor, die nackten Tatsachen *des schrecklichen Lebens dieser Zeit.* Die Registrierung der täglichen Verpflegung, die harte Arbeit im "Schuh-Kommando", die immer geringeren Möglichkeiten, sich als Arzt um seine Patienten wirklich kümmern zu können, der Ärger mit den Kollegen, der Schmutz und Hunger, das schwierige Verhältnis zu seiner Frau, - das alles ist auch mir in Erinnerung geblieben. So war es seinerzeit.

Aber ich erinnere mich auch, daß mein Vater uns Kindern, wie er schreibt, die griechischen Heldensagen und so viele andere Geschichten erzählte, daß er aus der Bibel vorlas, ohne etwas wegzulassen. Diese Geschichten und die Sorge unserer Mutter und Großmutter haben Beates und mein Überleben ermöglicht. Und diese Erzählungen lassen mich an jene Zeit zurückdenken, nicht nur als farblose und traurige Welt, sondern auch als Erlebnis, das mir die Erfahrung brachte, daß es auf dieser Welt sehr viel Schönes und Erfreuliches gibt und auch gute Menschen.

Großen Dank schulde ich Magda van Emde Boas-Starkenstein, selbst aus Prag stammend und Dolmetscherin von Beruf; sie hatte meine Eltern noch gekannt, als wir in Amsterdam wohnten, war und ist noch immer eine Freundin unserer Familie: Sie hat das Manuskript sorgfältig gelesen und viele Korrekturen angebracht. Auch Hans Bial, ein alter Freund unserer Familie, während des Krieges im Lager Westerbork, hat mitgeholfen, den Text verständlicher zu machen, ebenso wie seine 1998 verstorbene Frau Julie, die uns gekannt hat, als sie mit ihren zwei kleinen Kindern und ihrem damaligen Mann in Bergen-Belsen inhaftiert war. Paul Goldschmidt hat mir geholfen, verschiedene medizinische Begriffe zu entziffern; mein damaliger Onkel war selbst im Lager Bergen-Belsen inhaftiert.

Meine Freundin Frouke Brands-Wieringa, eine junge Historikerin aus der Nachkriegszeit, hat mir geraten, den Text noch um historische Daten und eigene Erlebnisse zu erweitern, was ich mit Fußnoten und einer Zeittafel versuche. Damit aber der Hintergrund meines Vaters deutlicher wird, wie er und wir vor dieser Zeit im Lager gelebt hatten, habe ich einen Prolog "Zur Geschichte meiner Familie" geschrieben. In einem kurzen Nachwort berichte ich, wie es mit Beate und mir in Tröbitz weiterging und wie wir wieder nach Holland zurückkamen.

Als die Abschrift im Juni 1997 fertig war, gab ich sie zuerst meiner Schwester Beate, die sie jedoch nicht mehr richtig lesen konnte, weil sie schon sehr krank war. Sie starb am 29. September 1997 an Krebs. Sie sagte nur: "Ich erinnere mich nicht mehr an Einzelheiten wie du, sondern nur, daß ich immerfort Angst hatte." Wir hatten uns eigentlich sehr wenig über diese gemeinsame Zeit im Lager unterhalten.

Diese Abschrift von 1997 habe ich meinen beiden Tanten Renate Weiss-Laqueur und Lilo Cramer-Laqueur nach Amerika geschickt, wohin sie beide nach dem Krieg emigrierten; beide reagierten positiv. Lilo ist leider am 24.10.1999 verstorben. Auch Frau Judith Laqueur-Révész, die Witwe meines Onkels Heinz Laqueur, hat diese Fassung gelesen, als ich sie im Sommer 1999 nach vielen Jahren wieder traf; sie war sehr gerührt.

Zwei mir bekannte junge Historiker, Dr. Dienke Hondius, Mitarbeiterin des Anne-Frank-Instituts, und Dr. Patrick Dassen, Mitarbeiter des Deutschland-Instituts in Amsterdam, haben mich nach Durchsicht der Fassung von 1997 ermutigt, einen Herausgeber zu suchen. Großen Dank schulde ich Professor Dr. Heiko A. Oberman von der Universität Tuscon/Arizona und seiner Frau Gertruida R. Oberman-Reezink, die nie müde wurden zu betonen, daß eine Publikation sehr wünschenswert wäre.

Ende 1998 habe ich den Text schließlich Roy Wiehn geschickt, ich kannte ihn schon viele Jahre, wußte auch von seiner Arbeit und seiner Leidenschaft für das Schicksal der Juden während dieser schrecklichen Jahre des Krieges 1939-1945. Roy war sofort bereit, das Tagebuch meines Vaters in seiner Publikationsreihe herauszugeben. Ich bin ihm dafür sehr dankbar, und es hat mich sehr gefreut, daß wir so gut zusammenarbeiten konnten.

Die meisten Fotos in diesem Buch stammen von meiner Tante Mariechen, der Fotografin Maria Austria (Maria Oestreicher, 1915-1975, Schwester meines Vaters), die uns als Kinder wie später auch meine Kinder oft fotografierte; das Copyright dieser Fotos gehört jetzt dem 'Maria Austria Instituut' in Amsterdam.

Meine Schwester Helly sagte mir nach Lektüre der ersten Computer-Ausdrucke, daß sie das Gefühl habe, ihren Vater nun wieder ein wenig zurückzubekommen.

So war es, und so ist dieses Buch entstanden. Mein Mann Joop Goudsblom hat mir immer zugehört und diese Arbeit durch sein Mitgefühl unterstützt.

Amsterdam, im Dezember 1999

BdS.
IV B 4 e - B.Nr.14173/43. Den Haag, den 29. Oktober 1943.

35290
29 OKT. 1943
Nr. 15969

1.) Fernschreiben:

An die
Zentralstelle für jüdische Auswanderung
zu Hd. von SS-Hauptsturmführer aus der Fünten,
Amsterdam.

Betrifft: Jude Prof. Dr. Ernst Laqueur und Familien - angehörige.

Vorgang: Hies. FS. vom 13.10.1943 - Nr.33407.

Im Anschluss an das hiesige FS. vom 13.10.1943 wird nunmehr gebeten, die in dem FS. genannten Familienangehörigen des Juden Prof.Dr. Ernst Laqueur dem Lager Westerbork einzuweisen. Ausgenommen von der Überstellung nach Westerbork bleibt lediglich

Prof. Dr. Ernst Laqueur und dessen Ehefrau
Margarete geb. Loewenthal, geb.12.6.1883,

Es ist beabsichtigt, L. auf Grund seiner Verdienste vom Tragen des Judensterns freizustellen. Entsprechende Anweisung ergeht noch später.

Die Familienangehörigen des L. haben den 120.000 Stempel zu erhalten. Es ist ebenfalls beabsichtigt, sie später dem Aufenthaltslager Bergen-Belsen zu überstellen.

BdS., Den Haag, IV B 4 e - B.Nr.14173/43.
Im Auftrage:
gez. Fischer.
SS-Sturmscharführer.

2.) Fernschreiber.

3.) I C austragen.

4.) zurück an IV B 4 e (Slottke).

I.A.
[signature]

Erhard Roy Wiehn

"Meine Seufzer werden verwehen, Figuren gleich, gezeichnet im Sand.
Niemand wird später Deutsch verstehen, Lernen die Sprache von Deutschland."
Felix Hermann Oestreicher, Westerbork, 19.1.1944

Das schreckliche Leben dieser Zeit

Dr. med. (MUDr.) Felix Hermann Oestreichers akribischer *Arzt-Kalender* enthält insgesamt 459 Einträge, 37 für die Zeit ab 1.11.1943 in *Westerbork (im Nordosten der Niederlande)*, 37 für die Zeit ab 15.3.1944 im *Quarantänelager Bergen-Belsen (bei Celle)*, 356 für die Zeit ab 21.4.1944 im *Sternlager Bergen-Belsen*, 13 für die Zeit ab 11.4.1945 *im Zug*, 16 für die Zeit ab 28.4.1945 in *Tröbitz (bei Leipzig)*. Man kann sich kaum vorstellen, welch starker Wille und wieviel Energie nötig waren, diese fast täglichen Tagebucheintragungen über die Zeit vom 1.11.1943 bis 22.5.1945 durchzuhalten (vgl. dazu etwa Tagebucheintrag 11.12.1944).

Fast alle Tagebucheintragungen sind im gleichen Schema gehalten: Wetter, Zeit des Aufstehens, Stuhlgang, "Toilette", Essen, Arbeit in den Werkstätten, Diebstähle, Mißhandlungen seitens der Wachmannschaft, Visiten (14.4.1944: "Ich will gerne Arzt bleiben.") und schon bald die täglichen wie nächtlichen Fliegeralarme; dann geht es um die Mutter, Ehefrau Gerda, die Kinder Beate und Maria, Schwägerin und Schwager Renate und Paul. Es folgen Tagesereignisse, offizielle und private Beschäftigungen des Autors, Notizen über Krankheiten und Kranke, später mehr und mehr auch Namen und Zahlen von Toten.

Über die beiden kleinen *Töchter* wird durchweg sehr freundlich berichtet, sie scheinen das Lagerleben trotz mancher Tiefen erstaunlich gut verkraftet zu haben, der Vater beschäftigt sich viel mit ihnen, am 2.5.1945 schreibt er in Tröbitz: "Die Kinder haben sich als erste erholt", und am 14.5.1945: "Kinder sind wieder echte Kinder, froh, frech, fressen..." - Ehefrau *Gerda* wird insgesamt mehr als 30mal erwähnt, und zwar dreimal häufiger mit negativen Bemerkungen, da sie sich mit der Situation wohl überhaupt nicht abfinden konnte; nicht selten heißt es jedoch wie z.B. am 7.6.1944 auch: "Gerda sieht gut aus!" Sogar Zärtlichkeiten werden erwähnt.

Abgesehen von den durchgehend sehr exakt angegebenen Lebensmittelrationen spielen wohl während dieser ganzen Lagerzeit der dauernde Hunger und die durchweg katastrophale Verpflegung die entscheidende Rolle im Leben der Menschen, wie zahlreiche Einzelbemerkungen belegen, etwa am 25.4.1944: "Kalorien ausgerechnet +/- 2000?"; 15.6.1944: "Gerade das schlechte Essen wird von Kom{mandant} gekostet und ausgespuckt"; 14.9.1944: "... daß auch ich [mich] nicht konzentrieren kann, immer wieder der Hunger durchkommt"; 18.9.1944: "Zum ersten Mal satt"; 9.12.1944: "Ich lese, schlafe, freue mich von 1 Mahlzeit auf andere"; 13.12.1944: "Träume, daß mir ein Omelette gemacht wird"; 17.12.1944: "Man freut sich von 1 Mahlzeit auf andere"; 21.1.1945: "Wir beschwindeln uns gegenseitig mit Essen"; bereits am 19.9.1944 in einem Gedicht besonders eindrücklich: "Hunger, Hunger, Hunger - Beschattet alle Gedanken. Essen - Ist stets das Erste. Das Zweite Vergessen - Was einst wir gehabt und gewesen."

Häufig geht es um *Pakete*, z.B. wird am 18.8.1944 Paket Nr. 19 registriert und bald Nr. 20, am 8.11.1944 ist von Paketen aus der Schweiz und aus Schweden die Rede, noch am 3.3.1945 wird ein Paket von Schwiegervater Professor Dr. Ernst Laqueur aus Amsterdam registriert. - Öfter werden Tauschgeschäfte und Tauschwerte erwähnt, z.B. am 6.7.1944: "Eine Streichholzschachtel = ¼ Brot"; am 8.8.1944: "1 Kinderunterkleid für 2 Kampbecher Essen"; am 25.3. 1945: "1 Suppe kochen draußen kostet 2 Zigaretten"; 7.4.1945: 2 Kart{offeln} = 1 Zig{arette}".

Dr. Oestreicher notiert nahezu 40mal seine *Bibel*-Lektüre, immer wieder auch im Zusammenhang damit, daß er seinen beiden kleinen Töchtern aus der Bibel vorliest. Im übrigen liest er Dickens, Goethes Faust, Heine, Nietzsche, Schopenhauer, Zweig u.a.; außerdem lernt er Englisch (15.8.1944: "Man will kein Deutsch mehr hören!"). - Mehrfach erwähnt der Autor, daß er dichtet, am 27.12. 1944 erwähnt er sogar, an einem Schauspiel zu arbeiten. Insgesamt sind (trotz Theodor W. Adornos Verdikt) 16 Gedichte verzeichnet und hier aufgenommen, die meisten im Tagebuch datiert, darunter am 9.4.1944 auch ein Gedicht über eine frühere Liebe. - Erstaunlich, daß er gelegentlich sogar noch ein Auge für die Natur hat, wie zum Beispiel am 5.9.1944: "Sehr schönes Morgenrot", am 13.9. 1944: "Schöner Sonnenuntergang", am 13.10. 1944: "Mit Hirschberg Sternhimmel betrachtet."

Mindestens 10mal finden sich Hinweise auf *Jüdisches* sowie auf eine gewisse Identifikation des Autors damit. So heißt es etwa am 7.4.1944 noch im Quarantänelager Bergen-Belsen: "Sehr eindrucksvoller Seder [hebr. Ordnung, häusliche Feier am Vorabend des Pesachfestes], schön gesungen...", am 3.8.1944: "Jesaja = [gleicht] unserer Zeit"; am 9.8.1944: "Beende Deuteronomium [5. Buch Mose]. Immer der Hinweis auf den Fremden, der zu schonen ist im Andenken an Ägypten"; am 27.9.1944: "Musaf [Zusatzgebet im morgendlichen Schabbatgottesdienst] im Bett, ebenso wie gestern Kol nidre" ["Alle Gelübde...", Eingangsgebet am Vorabend des Jom Kippur, des Versöhnungstages]; am 3.10.1944: "Sehr schöner Sukkot[Laubhüttenfest-Gottes-]dienst für Kinder"; am 10.12.1944: "Kinder singen Chanukka-Lieder vor Fenster" [Chanukka, Lichterfest]; am 30.12. 1944: "Will mir ruhig Sabbat machen"; am 27.2.1945: "Lese Buch Esther" [zu Purim].

Auf der anderen Seite empfindet Dr. Oestreicher Angst und Sorge vor *Gerüchten* gegen ihn: "Dr. O{estreicher} liest viel und kümmert sich zuviel um Essen"; 25.11.1944: "Fürchte wieder Hetze gegen mich"; 18.3.1945: "Die getauften Ärzte sind faul" [Gerücht!]; 1.4.1945: "Habe wieder Angst vor Schlechtigkeit der Koll{egen}" (vgl. dazu Maria Goudsblom-Oestreicher, Fußnote 48, S. 106).

Schlimm waren wohl die ewigen, zermürbenden *Appelle*, ca. 20mal wird erwähnt, daß Häftlinge dieses deutschen "Vorzugslagers" von Aufsehern geschlagen werden (23.12.1944: "nach KZ-Regeln verwaltet"). - Insgesamt werden ab 24.3.1944 (also ab Quarantänelager von Bergen-Belsen) über 660 *Todesfälle* verzeichnet, darunter viele mit Namen. Am 19.8.1944 wird der Tod einer 90-jährigen Frau aus Pristina (!) erwähnt. Am 14.1.1945 heißt es: Tote "in den letzten 3 Tagen 200 von 20.000"; am 13.3.1945: "Febr. 15.000 Tote im ganz[en] Lager, an 1 Tag 878!" 1.4.1945: "Ich sehe noch so viele Todeskand{idaten}", 4.4. 1945: "Wenn sie [die Engländer] nur kämen, sonst gehen zu viele tot [sterben]." Bereits am 15.4.1944 hieß es: "... Wir sind schon lange gestorben - Wir wissen es nur nicht", oder am 31.1.1945 in einem Gedicht mit dem Titel "Totentanz": "Nur Schatten sind wir unserer selbst...", am 20.2. 1945: "Hölle".

Die sogenannte *"Jüdische Presseagentur" (Jpa)*, also die Gerüchteküche des Lagers, bringt immer wieder gute, schlechte oder auch "wilde" Nachrichten, wie es heißt, wahre und falsche, zum Beispiel am 25.8.1944: "Landung Kieler Bucht"; 28.8.1944: "Rumänien Waffenstillstand!" (tatsächlich am 22.8.1944), 19.2.1945: "Krieg aus!", 23.2.1945: "Dresden bombardiert 38 Stunden" (tatsächlich am 13./ 14.2.1945).

Dr. Felix Oestreicher erfährt es am 8.5.1945: "Friede!" - Am 12.5.1945 schreibt er: "Gerda 97 Pfund, ... ich 56 kg" - Dr. Felix Oestreichers Mutter stirbt noch am 11.4.1945 in Bergen-Belsen, am Tag der Deportation der übrigen Familie nach Osten; Gerda stirbt am 31.5.1945 in Tröbitz an Flecktyphus, rund vier Wochen nach ihrer Befreiung, drei Wochen nach Ende des Zweiten Weltkriegs; Felix Oestreicher stirbt am 9.6.1945 in Tröbitz an Flecktyphus, einen Monat und einen Tag nach dem Ende der Schoáh. Ihre Gräber sind auf dem Deportierten-Friedhof in Tröbitz erhalten. - Beate und Maria kommen nach Holland zurück, wo ihre Schwester Helly versteckt überlebt hatte.

In Frieden

"Ganz langsam schleichen wir dahin - Ganz langsam Friedensfreude kommt -
In uns nicht auf. Zu lange sind wir - Geknechtet und gedrückt im Kampf, -
Noch nicht vergessen ist die Fron - Der Hunger, Dreck, das schlechte Bett. -
Doch sehen wir ein bekannt' Gesicht - Dann lächelt unser stiller Gruß: -
Du lebst noch! Das ist schön, sehr schön." Felix H. Oestreicher, 15.4.1945

Es erscheint interessant, zum vorliegenden Arzt-Kalender von Dr. Felix Hermann Oestreicher Renate(a) Laqueurs 'Bergen-Belsen-Tagebuch 1944/1945' (Amsterdam 1965, Hannover 1983) vergleichend zu lesen. Renate Laqueur war Gerda Oestreichers 14 Jahre jüngere Schwester, also Schwägerin von Felix Oestreicher (vgl. hier S. 41, 44 etc.). In seinen Aufzeichnungen werden Renate und Paul über 60mal erwähnt, was umgekehrt jedoch mit keiner einzigen Silbe geschieht. Selbst die beiden kleinen Nichten Renate Laqueurs, Beate und Maria, werden ohne Namensnennung und in sehr mißverständlicher Formulierung nur ein einziges Mal erwähnt (S. 115). Vielleicht muß auch diese erstaunlich selektive Darstellung eben als Folge des schrecklichen Lebens dieser Zeit verstanden werden.

*

Maria Goudsblom-Oestreicher ist es zu verdanken, daß dieser Arzt-Kalender mehr als 50 Jahre später nun endlich einer interessierten Öffentlichkeit zugänglich gemacht wird. Es ist ein Konzentrationslager-Tagebuch, das es in sich hat, vielleicht eine der detailliertesten Aufzeichnungen, die bisher bekannt geworden sind. Hier kann man Tag für Tag verfolgen, wie eine gutsituierte Arzt-Familie mit respektablen Vorfahren und Verwandten durch die deutsche Gewaltherrschaft von Karlsbad bis Amsterdam verfolgt, aus ihrem normalen Leben herausgerissen und einem Prozeß der Entwürdigung und Erniedrigung unterworfen wird, und wie diese völlig unschuldigen Opfer eben trotzdem Menschen zu bleiben versuchen, um nicht zuletzt diesen Arzt-Kalender der Nachwelt zu hinterlassen, dessen Lektüre ebenso faszinierend wie eine Tortur sein dürfte.

Herzlicher Dank gebührt Maria Goudsblom-Oestreicher für ihre verdienstvolle Transkriptionsarbeit, Hannah Müller fürs Korrekturenlesen und Heide Fehringer wieder einmal für ihre geduldigen Korrekturarbeiten. Maria, Joop und ich sind seit Anfang der siebziger Jahre befreundet (ursprünglich durch NIAS/Wassenaar; Prof. Dr. Johan Goudsblom hatte im Sommersemester 1989 an der Universität Konstanz einen brillanten Vortrag über "Norbert Elias: Humana conditio" gehalten, in: E.R. Wiehn [Hg.], Juden in der Soziologie, Konstanz 1989, S. 303-321), und ich empfinde es als ein besonderes Glück, daß es nach so vielen Jahren schließlich gerade zu *dieser* produktiven Zusammenarbeit gekommen ist: Als spätes, aber vielleicht nicht zu spätes "Kaddisch" für die Eltern und die vielen, die in Westerbork und Bergen-Belsen ermordet wurden, ist diese Veröffentlichung auch den Überlebenden von Westerbork und Bergen-Belsen gewidmet.

"... viele ihresgleichen waren trotz Hunger und Kälte immer auf der Suche nach Büchern, die sie tatsächlich fanden", so Andrei Corbea-Hoisie (in seinem Vorwort zu Margit Bartfeld-Fellers 'Dennoch Mensch geblieben - Von Czernowitz durch Sibirien nach Israel 1923-1996', Konstanz 1996, S. 15): "Sie überlebten (soweit sie überlebten) dank dieser Bücher, die ihre Stütze wurden im Bemühen, das durch Generationen akkumulierte Bildungsvermögen sogar in der 'Wüste' zu verwerten." Und selbst zu schreiben und sogar zu dichten.

Dr. Felix Oestreichers Konzentrationslager-Tagebuch ist eine bleibende Warnung für Deutschland, für Europa, für die Juden in der Welt und für Israel, dessen Wiedergeburt nach fast 2000 Jahren und gerade nach der Schoáh (somit leider 10 Jahre zu spät: "Das schrecklichste Beispiel für tragische Ironie, das die Geschichte kennt." Vilém Flusser, Jude sein. Mannheim 1995, S. 79) das eigentliche Wunder des 20. Jahrhunderts und vielleicht sogar des zweiten Jahrtausends war und bleiben wird. Im übrigen und wie auch sonst: Was aufgeschrieben, veröffentlicht und in einigen Bibliotheken der Welt aufgehoben ist, wird vielleicht nicht so schnell vergessen. Sichranáh lebracháh - die Erinnerung soll zum Guten gereichen!

*

Am 21.4.1985 hatte ich die Ehre, mit einer Delegation der Israelitischen Gemeinde Konstanz und dem damaligen Landesrabbiner von Baden, Professor Dr. N. Peter Levinson an den Feierlichkeiten zum vierzigjährigen Jubiläum der Befreiung des Konzentrationslagers Bergen-Belsen teilzunehmen. Noch nie zuvor hatte ich solche gewaltigen Massengräber gesehen, und trotz aller vorbereitender Lektüre war dieser Ort überwältigend. Es waren starke Stunden, die mich schon gleich motivierten, einmal auch über Bergen-Belsen zu publizieren: "Ich bringe keine Vergebung oder Vergessen. Die einzigen, die vergeben können, sind die Toten; die Lebenden haben kein Recht zu vergessen." (Chaim Herzog am 27.4.1995 in Bergen-Belsen)

In meiner zusammen mit Mirjam H. Wiehn veröffentlichten Schrift 'Dajenu - Tagebuch einer Israelreise' (Konstanz 1986/87) haben wir ein Gespräch mit unserem Freund Professor Dr. Alex Barzél (Kfar Hahoresch/Israel) wiedergegeben, worin es unter anderem heißt: "Also wir [junge Jüdinnen und Juden aus Ungarn] waren in Bergen-Belsen, meine Frau und ich... Wir waren dort offiziell 1200, dazu haben wir viele Kinder eingeschmuggelt, dazu diese Soldaten vom Bahnhof, dazu noch einige andere, und so sind wir fast 1700 geworden, im Lager waren wir fast 1700! Wir sind nicht zur Arbeit gegangen, wir hießen ja 'Sonderlager', weil wir keine Arbeit gemacht haben, nur Innenarbeit und Küchenarbeit. Das Lager von Anne Frank war nebenan, die Holländer waren nebenan." (E.R. Wiehn u. H.M. Wiehn 1986, S. 284) Alex und Schoscha wurden im August 1944 mit insgesamt 316 Menschen in die Schweiz ausgetauscht, und zwar aufgrund eines Abkommens zwischen Rezsö (Rudolf Israel) Kasztner (1906-1957) und Adolf Eichmann, das sich jedoch für die Deutschen nicht mehr ausgezahlt hat (E.R. u. H.M. Wiehn 1986, S. 286ff.; vgl. E. Jäckel, Bd. II, S. 741ff.).

Über 50 Jahre später ist um so weniger zu fassen, daß die ca. 4.500 jüdischen Überlebenden, die [wenn auch von der britischen Marine bereits aufgebracht] mit der 'Exodus' am 18.7.1947 bereits den Hafen von Haifa erreicht hatten, von britischem Militär gewaltsam nach Deutschland zurückgebracht wurden, um vor der zweiten und endgültigen Reise nach Gründung des Staates Israel noch im Lager Bergen-Belsen interniert zu werden: "Dieses berüchtigte Todeslager war von der britischen Armee befreit worden", so Professor David Guttmann, "und nun benutze sie es, um Flüchtlinge und 'Gefangene' wie uns bis zur Ankunft der [Einreise-] Zertifikate 'in Transit' zu halten. Es war einfach unbegreiflich, daß die Briten dieses Lager für jüdische Menschen benutzen, wenn auch nur als Durchgangslager." (David Guttmann, Schwierige Heimkehr - Leben und Leiden in Ungarn, dann auf der 'Exodus' und zurück über Bergen-Belsen nach Tel Aviv, Konstanz 1997, S.108f.)

"Bis heute weigert sich etwas in ihr [Ida Bubis], nach Bergen-Belsen zu gehen. Und sie hat mir gegenüber bis heute nur eine einzige Bemerkung gemacht. 1995, als wir zur Feier '50 Jahre Befreiung Dachau' fuhren. Auf der Fahrt vom Münchner Flughafen nach Dachau hat sie beiläufig gesagt: Du hast gar nichts erlebt, Ignatz. Du warst nicht in Bergen-Belsen. Das war der einzige Satz, den meine Frau mir gegenüber jemals über diese Zeit verloren hat." (Interview mit Ignatz Bubis: "Herr Bubis, was haben Sie bewirkt?" - "Nichts, fast nichts." In: stern, 31/99 [29.7.1999], S. 59. - Ignatz Bubis war seit 1941 im Ghetto und Lager Deblin inhaftiert und wurde mit 18 Jahren am 16.1.1945 aus dem Lager Tschenstochau/Polen befreit, war seit 1992 Präsident des Zentralrats der Juden in Deutschland und verstarb am 13.8.1999.)

Bergen-Belsen hatte auch unser kürzlich leider viel zu früh verstorbener Autor und Freund Eitan Porat erlebt und in seinen Erinnerungen 'Stimme der toten Kinder - Von den Karpaten durch Auschwitz, Nordhausen und Bergen-Belsen nach Israel 1928-1996' (Konstanz 1996, englisch: 'Voice of the dead children', Konstanz 1997) beschrieben: "Ich kam also nach Bergen-Belsen. Das war ein sehr großes Konzentrationslager, aber kein Vernichtungslager und auch kein Arbeitslager. Dort vegetierten ... Tausende und Abertausende von Menschen, fast alle krank oder sehr krank: Typhus, Dysenterie, Flecktyphus und andere Krankheiten. Tag für Tag wurden Tote aus den Baracken getragen, Tausende und Abertausende Tote! Sie wurden in einem kleinen Wald nicht begraben, sondern verbrannt. - Ich war 16 Jahre alt und wog weniger als 30 Kilo. - Am 15.4.1945 kamen endlich englische Panzer." (E. Porat 1997, S. 32f.)

Im Mai 1983 kam Eitan Porat erstmals nach Bergen-Belsen zurück: "Ich stand also dort und schaute ... Etwas geschah mit mir: Ich habe keinmal nicht geweint, habe nicht weinen können. Jetzt stand ich dort, zitternd, es war kalt, ich sah den großen Park, die Massengräber mit 3000, 5000, 6000 Toten - ein großer Totenpark, ein Massenfriedhof. Ich war ganz durcheinander. - Ich kann nicht erzählen, was mit mir geschah, ich fühlte einfach, etwas hat sich in mir geöffnet. Das erste Mal in meinem Leben fühlte ich, daß *ich* hier stand, ein Mensch, keine Nummer! *Hier stand Eitan Porat!* Eitan Porat, der zu Hause in Israel seinen Acker hatte, seine Frau, seine Kinder und Enkel. - Ich hatte und habe keinen Haß gegen die Deutschen; ich war und bin nicht mehr böse auf jene, die nicht kamen, um uns zu helfen. Zum erstenmal fühlte ich: *Sie haben mich nicht vernichtet! Ich habe gesiegt! Sie haben uns nicht vernichtet. Wir haben gesiegt! 'Am Israel chai!' - Das Volk Israel lebt!"* (E. Porat *1997, S. 45f.)*

"Wie wir's trugen? Viele starben, Weinend, mager, ganz verzweifelt.
Doch die meisten bissen kräftig Ihre Zähne aufeinander:
Durchzuhalten ist die Losung, Israels Söhne streiten weiter."
Felix Hermann Oestreicher, Bergen-Belsen, 16.12.1944

9. November 1999

Familie Kisch in Marienbad ca. 1910: Karl Oestreicher (oberste Reihe, erster von links); Clara Oestreicher (vor Karl); Willy Oestreicher (links vor Clara); Clara Kisch, geb. Fuchs (rechts vor Clara Oestreicher sitzend); Lisbeth Oestreicher (links unten bei Clara Kisch sitzend); Heinrich Kisch (unten rechts mit Bart sitzend); oben rechts von Clara Oestreicher deren Schwestern mit Ehemännern; Felix Hermann Oestreicher (ganz rechts, zweite Reihe von unten stehend)

Maria Goudsblom-Oestreicher

Zur Geschichte unserer Familie

Das Tagebuch meines Vaters beginnt an dem Tag, an dem unsere Familie aus unserer Wohnung in Amsterdam, Transvaalkade 13, geholt wurde und mit dem ihre Zerstörung begann. Zu diesem Zeitpunkt, dem 1. November 1943, gab es nur noch sehr wenige Menschen in Amsterdam, die zum Tragen des gelben Sterns mit der Aufschrift: "Jood" (Jude) gezwungen waren. Die meisten Familien waren schon viel früher aus ihren Wohnungen geholt worden und schon nicht mehr am Leben.[2]

In diesem Prolog über meine Familie will ich berichten, wo wir herkamen und wie es uns bis zum 1. November 1943 ergangen war. Mein Vater hatte schon als ganz junger Mann ein Tagebuch geschrieben, und später, als ihm seine Frau Gerda kurz nacheinander drei Töchter gebar, schrieb er fast jede Woche an Verwandte und Bekannte einen Brief mit der Überschrift "Drillingsberichte". Diese Berichte habe ich als Quelle benutzt. Den folgenden Lebenslauf hatte mein Vater für die Dokumente geschrieben, welche für die Emigration aus Holland benötigt wurden:

Lebenslauf Dr. med. Felix Oestreicher

Mein Vater, Dr. med. Karl Oestreicher, war k.u.k. Bezirksarzt. Mein Großvater, Prof. Dr. Heinrich KISCH, war Professor an der medizinischen Fakultät in Prag und Badearzt in Marienbad. Ich bin geboren am 19. Mai 1894 in Karlsbad in Böhmen (Tschechoslowakei), jetzt Protektorat Böhmen. Habe dort Elementarunterricht erhalten, dann von meinem 10ten Lebensjahr auf dem damaligen k.u.k. Gymnasium und bestand das Endexamen cum laude. In Wien und Prag studierte ich Medizin, bestand meine Examina cum laude und wurde am 13. Mai 1918 an der deutschen Universität in Prag zum Doktor der Medizin promoviert.

Vom Oktober 1914 bis Februar 1919 diente ich als Sanitätsoffizier im Österreichischen Heer, erhielt die silberne Rot-Kreuz-Medaille. Von 1919 bis 1938 war ich Badearzt und Internist in Karlsbad (ČSR). Nach meiner Promotion habe ich während der Wintermonate an sehr verschiedenen Kliniken und Laboratoria der Universitäten in Wien, Berlin, München, Breslau und Prag klinisch und wissenschaftlich gearbeitet, so daß ich von der Ärztekammer des Landes Böhmen

[2] Siehe die Übersicht wichtiger Daten zur Geschichte des Zweiten Weltkriegs mit Bezug auf die Tschechoslowakei und die Verfolgung der Juden in Holland, S. 281.

als Spezialist für innere und Nervenkrankheiten anerkannt wurde. Ich bestand auch dann das Examen für ärztliche Beamte (Physikus) cum laude. In Holland arbeitete ich von Oktober 1926 während der Wintermonate meist an der Universität in Amsterdam, beim Vorstand der inneren Klinik, Prof. Dr. I. Snapper, zum Teil im Pharmacotherapeutischen Laboratorium, Prof. Dr. E. Laqueur, ferner auch an der Universität Leiden, Pharmacotherapeutisches Institut, Prof. Dr. S. de Jongh. Dadurch konnte ich mehr als 30 wissenschaftliche Arbeiten veröffentlichen. Ich habe, nachdem ich von 1938 dauernd in Holland war, dort nochmals die holländischen Examina nachgeholt und wurde am 3. Juli 1940 niederländischer Arzt.

Seit 1930 bin ich mit Gerda Laqueur, Tochter von Prof. Dr. med. E. Laqueur (Rector Magnificus 1936 in Amsterdam), verheiratet und habe drei Töchter, eine geboren 1934, Zwillinge geboren 1936.[3]

Aus dieser Übersicht geht hervor, daß die Weltgeschichte früher schon einmal in das Leben meines Vaters eingegriffen hatte. Er mußte im Ersten Weltkrieg zum Militär (S. 282) und diente auf seiten der Achsenmächte als Sanitäter. Das Tagebuch aus dieser Zeit habe ich noch nicht lesen können. Nicht vermeldet ist, daß sein Vater im Jahre 1915 an einer Krankheit starb, und daß er damit die Sorge für seine Mutter, seine 13-jährige Schwester Lisbeth und seine 10 Tage nach dem Tod ihres Vaters am 19. März 1915 geborene Schwester Mariechen auf sich genommen hatte.[4] (S. 229) Er wurde Badearzt in Karlsbad im selben Haus, wo er geboren war: Im "Deutschen Kaiser" (S. 225). Aber als im Jahre 1918 die Tschechoslowakei entstand, hieß das Haus dann "Deutscher Reiter". Die Familie war deutschsprachig, wählte aber die tschechische Nationalität. Im "Deutschen Kaiser/Reiter" sind auch wir geboren, seine drei Töchter (S. 234). Als ich im Jahre 1980 mit meinem Mann und meinem Sohn zum erstenmal wieder Karlsbad be-

[3] Das folgende gehört auch zu diesem Dokument: *"Dr. med. Felix H. Oestreicher, geboren 19. Mai 1894 in Karlsbad, Reisepaß Nr.4756/40, Deutsches Reich, Protektorat Böhmen und Mähren, gültig vom 14. November 1940 bis zum 13.November 1941. - Gerda Oestreicher, geborene Laqueur, 9. Januar 1906 in Heidelberg, Reisepaß Nr. 4757/40, Deutsches Reich, Protektorat Böhmen und Mähren, gültig vom 14. November 1940 bis zum 13. November 1941. - Kinder: Anna Beate, geb. 8. Okt. 1934 in Karlsbad; Henriette Margarethe Karoline, geb. 27. Febr. 1936 in Karlsbad; Maria Ernestine Ida, ibid. - Die Pässe sind ausgestellt in Amsterdam am 14. November 1940 vom 'Oberen SS-Führer', Amsterdam, und können dort verlängert werden."*

[4] Vor dem Tod seines Vaters hatte noch eine Tragödie in der Familie stattgefunden. Ein jüngerer Bruder namens Willy ertrank beim Schwimmen im Meer. Ein Onkel, der ihn zu retten versuchte, ertrank ebenfalls. Der damals noch kleinen Lisel wurde deshalb nicht erlaubt, das Schwimmen zu erlernen.

suchte, konnte ich in der Sprudelstraße 5 den Namen "Deutscher Reiter" noch durch die übermalte, aber schon wieder verblichene weiße Farbe lesen.

Badearzt zu sein hieß, daß man im Sommer viel zu tun hatte, sich aber im Winter irgendwo eine andere Beschäftigung suchen mußte. Daher seine vielen Reisen ins Ausland und die Arbeit in Laboratorien, die auch seinem wissenschaftlichen Interesse entsprachen, wie der Brief von 18.1.1938 zeigt:

Sir Henry! *18.1.1938*
Sehr geehrter Herr Professor!
Gestatten Sie, daß ich mich mit der ergebenen Bitte um Aufnahme als Hospitant in Ihrem Institut für einige Wochen an Sie wende.

Ihr Mitarbeiter Dr. Young hat durch Injektion von Hypophysenextrakt bei Hunden diabetes mellitus hervorgerufen. Es würde mich sehr interesssieren, an solchen Hunden die Wirkung von Karlsbader Wasser zu studieren.

Ich bin seit 1919 hier als Badearzt niedergelassen und habe mich in den Wintermonaten an Kliniken und Instituten mit Problemen der internen Medizin und Balneologie befaßt. So arbeitete ich jahrelang bei Prof. Ehrmann in Berlin, bei Prof. Snapper in Amsterdam und bei meinem Schwiegervater Prof. Laqueur in Amsterdam.

Seit Winter 1936 bin ich im hiesigen balneologischen Institut unter Leitung des Herrn Doc. Dr. E. Stransky tätig.

Die theoretische Fundierung der jahrhundertealten bekannten günstigen Wirkung von natürlichen Mineralwässern auf den d.m. ist noch immer ein Hauptproblem der Balneologie. Ich verweise hierbei auch auf beiliegenden Auszug aus einem demnächst in der Wiener klinischen Wochenschrift erscheinenden Artikel von Herrn Doc. Str. Die bahnbrechenden, interessanten Untersuchungen von Y. eröffnen hier eine neue Perspektive. Es wäre für die Balneologie von großer Bedeutung, an solchen Hunden die "antidiabetische" Wirkung von Heilquellen zu untersuchen. Ich wäre Ihnen und Mr. Y sehr verpflichtet, wenn Sie mir die Gelegenheit geben würden, unter Aufsicht nach folgendem Plane zu arbeiten:

Der Rest des Briefes ist nicht erhalten. Wer dieser Sir Henry war und ob er ihn besucht hat, habe ich nicht klären können. Mein Vater war jedoch um diese Zeit nach England gefahren, um herauszufinden, ob eine Immigration möglich war.

In Amsterdam hatte Vater nicht nur an der Klinik von Prof. Snapper gearbeitet, er lernte 1929 dort auch Gerda kennen, die älteste Tochter Professor Laqueurs (S. 230). Als er die Familie Laqueur besuchte, wohnte diese in einem großen Haus an der Amstel, gleich gegenüber dem auch jetzt noch berühmten Amstelhotel. Sie wohnten dort mit den vier jüngeren Geschwistern Gerdas. Diese kam öfter zu Besuch aus Groningen, wo sie seit Oktober 1928 wohnte und Deutsch studierte. Nur das jüngste der Kinder - Liselotte - war in Amsterdam geboren, die anderen Kinder waren alle irgendwo in Deutschland zur Welt gekommen. Nach Holland war Familie Laqueur erst gelangt, als Professor Dr. Ernst Laqueur 1920 nach Amsterdam berufen wurde. Von 1912 bis 1913 hatten sie bereits in Groningen gewohnt. Als aber 1914 der Erste Weltkrieg begann, meldete sich mein Großvater, wie so viele Deutsche, als Freiwilliger. Daher wohnte die Familie wieder in Deutschland, und zwar die letzten Jahre in Brieg, wo meine Mutter bis zu ihrem Schulabschluß im Frühjahr 1922 bei den Großeltern mütterlicherseits, den Löwenthals, lebte. Die Hochzeit fand im Dezember 1930 statt, danach wohnten meine Eltern in Karlsbad. Aber stets kamen sie im Winter nach Holland. Wie sie damals in Amsterdam lebten, beschreibt mein Vater in folgendem Brief:

Meine andächtigen Leser! *12.3.1933*
Gegenwärtig ist in unserer Stube richtige Sonntagnachmittagsstimmung. Gerda stickt auf Mord und Totschlag. In den beiden anderen Lehnstühlen sitzen die beiden anderen Laqueur-Töchter, welche von Mutter Grete zu uns abgeschoben sind, und schmökern. Vorher waren Gerda und ich mit den Rädern über Weesp in Abcoude und Duivendrecht zurück. In der Sonne mit blauem Himmel ist das sehr schön.[5] *Man kommt längs irgendeiner "Fahrt" (Kanal) plötzlich ganz aufs Land ohne Autolärm und nur mit Vögelpiepen. Allerdings muß ich noch etwas auf das Rad aufpassen. Gerda meint, das sei nur Ungewohntheit, da ich ganz gerade fahre. Gestern abend waren wir daheim, und ich diktierte endlich Gerda meine Arbeit über die vielen im Winter verbrauchten Kaninchen. Es ist nur schade, daß ich die "Skalpe" von ihnen nicht aufbewahrt habe; das gäbe einen warmen Pelz. Allerdings hätte ich dabei auch etwas auf gleiche Farbe aufpassen müssen. Da Vater noch einiges für ein Referat in Wiesbaden braucht, bleibe ich noch bis ca. Mitte April hier und werde mich von jetzt ab mit Hunden und Ratten im Hauptberuf beschäftigen. Ende März will ich für einige Tage nach Belgien und bitte Euch um Adressen in Brüssel, Antwerpen, Gent. Ich muß mal versuchen, für Karlsbad in der Gegend etwas Reklame zu machen. Freitag abends waren wir bei dem alten Herrn Auerbach zum Abendbrot. Donnerstag war ich Bridgen, nach einem Fischabendbrot bei Mutter Grete. Ich spielte nicht beson-*

[5] Diese Radfahrt habe auch ich viele Male mit meinem Mann gemacht; es ist noch immer sehr schön, wenngleich inzwischen ein ganzes Stadtviertel mit 100.000 Einwohnern dazwischengebaut wurde.

ders, aber fand einen Markenfreund, welcher mir geschenkte russische Marken versprach. Durch einen Tauschverein, dem ich jetzt angehöre, habe ich sogar viel zu tun und wundere mich, wie unsere tschechischen Marken begehrt sind.

So friedlich war es damals noch. Am 8. Oktober 1934 wurde dann in Karlsbad das erste Kind geboren; einem Kollegen berichtete er ausführlich darüber:

Mein Schwiegervater wird Ihnen wohl schon von der schweren Geburt meiner 1. {lieben} *Frau Gerda berichtet haben. Da Sie die Patientin kennen, nehme ich an, daß Sie ein genauer Bericht interessieren wird.*

Dann folgt eine lange Abhandlung über den Kaiserschnitt, aber kein einziges Mal wird in diesem Brief berichtet, daß ein Mädchen geboren wurde. - Die Zeit ging weiter, und 27.2.1936 kamen Zwillinge zur Welt. Da mein Vater gleich nach der Geburt in Prag und Katowice (Kattowitz) zu arbeiten hatte, schrieben Gerda und Felix einander viele Postkarten. Auf diesen Postkarten ist immer ein kleines Foto von einem der vielen öffentlichen Auftritte Präsident T.G. Masaryks abgedruckt, z.B. auf der Karte vom 12.3.1936 fährt der Präsident über die Karlsbrücke in Prag, mein Vater schrieb (S. 232/233):

Liebste! Heute sind die Puppen 14 Tage alt! Vor allem bin ich empört: Wirst Du gleich wieder in's Bett gehen! So folgst Du dem Dr.! Wenn Du jeden Tag um 5 Minuten länger aufbleibst und zum Nähren auf den Schemel gehst, so genügt es.

Und acht Tage später schrieb er:

Ißt Du Obst und Kompott? Bitte nimm bei der letzten Fütterung zuerst die Mirl vor und früh bei der ersten zuerst die Helli; dann sind die Abstände bei der Kleinen in der Nacht etwas vergrößert. Jetzt bin ich neugierig, was sie wiegen.

Leider blieb es nicht so friedlich (S. 235). Wie im Brief vom 27.7.1937 zu lesen ist, begann es damit, daß durch die "Machtergreifung" Hitlers der Besuch von Sommergästen aus Deutschland in Karlsbad abnahm:

Die letzte Woche ist hier leider etwas verregnet, sehr voll, aber lauter Rumänen und Polen.

Und am 24.9.1937 schrieb Vater etwas optimistischer:

Es ist schon sehr leer hier. Der internationale Ärztekurs in der letzten Woche war das letzte Aufflackern der Saison; da ich aber gestern noch zwei neue Patienten bekommen habe, wird es wohl Mitte Oktober mindestens werden, bis ich eventuell von Karlsbad weg kann. Dieses Jahr wird hier im Winter sehr viel gebaut werden; Richmond baut 30 Zimmer zu, Pupp gleichfalls. Damit aber alle sich herausarbeiten können, ist noch ein größerer Besuch von Mittelstandspublikum notwendig.

1938 ist es dann wirklich vorbei, und meine Mutter schrieb am 20.3.1938:

Seit 2 Wochen leben wir ein Leben der ständigen Beunruhigung. Man tut sein Tagewerk immer in der Angst vor irgendeinem aufregenden Ereignis oder einer neuen Nachricht, die unser ganzes Leben umwerfen kann. Heute steht im Prager Tageblatt als Überschriftsschlagzeile "ruhiges Wochenende", und dem Gefühl habe ich mich ganz hingegeben.

Und am Ende des gleichen Briefes heißt es:

Ein kleines fünfjähriges Maderl, das mit unseren Kindern draußen spielte, wurde von seiner Mutter gefragt, mit wem sie denn gespielt hätte, sie konnte nicht gleich auf den Namen kommen: "mit den Kindern, die so heißen wie das Land, das es nicht mehr gibt."

Dann wurde die Aussicht auf ein weiteres friedliches Leben in Karlsbad für uns sehr schlecht. Es sah so aus, als ob die Verhandlungen mit dem Führer der "Sudetendeutschen Heimatfront", Konrad Henlein (1898-1945), schon im April 1938 zu "Heim ins Reich" Anlaß geben würden (vgl. R. Wistrich 1983, S. 118f.). Meine Mutter bekam richtig Angst, und sie war es, die darauf bestand, gleich nach Holland zu fahren.[6] Am 30.4.1938 schrieb mein Vater über unsere Flucht nach Holland:

Die Reise war über Erwarten gut; hauptsächlich wohl durch Gerdas Einfall mit der 2ten Klasse. Wir hatten die ganze Zeit ein Abteil für uns, und die Kinder waren musterhaft. Zuerst sahen sie sich alle Kühe durchs Fenster an. Vor Nürn-

[6] Siehe die Zeittafel auf S. 281.

berg wurde gespeist. In Nürnberg war Beatel ein Gepäckstück für einen Träger. Im direkten Wagen nach Amsterdam spannten wir die Hängematte auf, und Maria ließ sich anstandslos hineinlegen. Dann aßen wir Eltern; jedes Kind bekam noch etwas Hühnerfleisch, dann wurde Nacht gemacht. In Würzburg holte ich für Gerda und mich ein Bier. In Frankfurt stieß ich bei der Einfahrt mit dem Kopfe gegen die Maria, so daß sie sich ganz umdrehte und wir sie nochmals umbetten mußten. Dann längs des Rheines war sie unruhig, so daß ich sie doch auf eine Bank legte. Gerda war mit Helli und ich mit Beate gelegen. So lag jetzt Maria mit Beate, und ich saß neben Gerda, immer mußte ich aufpassen, daß Helli, welche sich gerne querlegte, nicht herunterpurzelte; einmal geschah es doch mit großem Gebrüll der Zwillinge. Dann nahm Gerda die Helli auf den Schoß. Es war fürchterlich heiß im Zug, so daß ich öfters mit Tee tränken mußte. Aber die ersten 5 Stunden schliefen alle Kinder ununterbrochen. Helli schwitzte derart, daß wir sie in Köln, wo 2 1/2 Stunden Aufenthalt war, auszogen, mit Franzbrandwein abrieben und ein neues Hemdchen anzogen. Dann war wieder Ruhe bis zur Grenze. Als wir in Zevenaar einfuhren, meinte ich zu Gerda, sie solle doch mal heraussehen. Zu unserer Freude stand Peter[7] dort. Der gute Kerl ist um 5 Uhr aufgestanden, um uns zu treffen und bis Arnheim mitzufahren. Er wurde mit revidiert. Der Beamte sah überhaupt bei uns nichts an. Der Paßbeamte fragte nur wohin und kam nach einigen Minuten zurück, um sich nach unseren pekuniären Verhältnissen zu erkundigen. Die tschechoslowakische Eintragung im Paß beruhigte ihn.

Meine früheste Kindheitserinnerung ist, daß ich in einem Netz liege, mit einem schwankenden Licht über mir, und ringsherum ist es ganz dunkel. - In Holland wohnten wir zuerst in Leiden, wo mein Vater in Professor de Jonghs Labor arbeitete. Einmal reiste mein Vater noch nach Karlsbad; im Brief vom 24.8.1938 berichtet er über seinem Rückflug nach Holland:

Nun ist der "Ausflug" nach Karlsbad auch wieder nur ein Märchen. Vor meinem Fenster spielen 2 blonde Lockenköpfe mit den Rollern, und Beatl hilft der Mutti. Sie war gestern als große Tochter mit am Flugfeld und winkte begeistert, als ich ausstieg. Vorher, als die Maschine vor der Tribüne vorfuhr mit großem Geratter, hat sie sich ganz klein in die Buchsbaumhecke verkrochen. Sie durfte dann auch als einzige gleich nach der Verzollung zu mir kommen. Gerda war mit ihr um 1 von Leiden weg, während ich um ½1 von Prag abfuhr. Mit all den Elektri-

---

[7] Peter Laqueur: ältester Bruder von Gerda. Mit Frau und Tochter nach Argentinien emigriert.

schen und Autobussen bis Waalhafen [Flughafen von Rotterdam] war sie um 20 Minuten früher draußen als ich ... Wir setzten genau am Rande des Flugfeldes auf. Beim Aussteigen sah ich gleich Gerda und Beate, so daß ich die Karte abstempeln ließ. Das war doch eine Ungenauigkeit von meinem Freunde. Bei der Zollrevision in Prag und Rotterdam war überhaupt nichts los. Dem Prager zeigte ich, daß ich etwas mehr Gulden habe, dem Rotterdamer meinen Leidener Polizeistempel sowie die Oblaten und den neuen Anzug. Der Prager wünschte mir auf Wiedersehen, und der Holländer ließ Beate zum Guten-Tag-Sagen hinein. Dann fuhren wir mit dem Auto, das Telegramm aufgeben, zum Bahnhof und tranken dort noch eine Tasse Kaffee.

Meine Großmutter Clara (S. 250), die in Karlsbad immer im gleichen Haus gewohnt hatte, kam im Oktober endgültig auch nach Holland zu uns. Ihre zwei Töchter, Lisel und Mariechen, lebten bereits in Amsterdam, wo sie ihre eigene Agentur besaßen, d.h. Mariechen: *Model en Foto Austria.* Lisel machte Strikkentwürfe und Mariechen fotografierte sie; öfter waren wir Kinder die Fotomodelle. Daß aber meine Eltern nicht in Holland bleiben wollten, ist ganz deutlich zu ersehen aus verschiedenen Briefen, z.B. am 4.9.1938:

Wir sind in Leiden, Boerhaavelaan 18 a, und haben am 27. August endlich alle Papiere für Südafrika zusammenbekommen und eingereicht. Ein Kollege und enger Vereinsbruder schrieb mir aber nicht sehr ermutigend aus Pretoria. Der Vorzug sei, daß ich erst mal studieren würde! Ich war noch 4 Wochen als Galgenfrist in Karlsbad und habe dort schön verdient. Aber es wird wohl, wenn nichts ganz Unerwartetes kommt, dort weiter unmöglich für mich sein. Ich wollte, ich hätte schon im April nach Amerika einreichen können, dann würde ich jetzt aus dem europäischem Hexenkessel heraus sein; aber da wurde ja einiges sabotiert. Ich hatte jetzt einen sehr guten Patienten, welcher mir nicht nur Affidavit gab, sondern auch eine Anstellung usw. versprach: Dauer, bis ich das Visum bekomme, 6-7 Monate, inzwischen kann hier uns alle der Krieg erwischen.

Es sind viele Briefe erhalten, die in verschiedene andere Länder geschrieben wurden. Als die Möbel aus Karlsbad kamen, war die Übersiedlung nach Holland endgültig. Gerda erklärte es Beate, wie aus dem Brief von 10.9.1938 hervorgeht:

Heute früh erzählte Gerda der Beate, daß unsere Möbel und ihre Puppenwagen herkommen. Beate frug, warum sie per Eisenbahn und nicht mit dem Flugzeug kommen. Dann - warum sie kommen. Ich sagte, daß da böse Leute sind, welche

Mutti und Beate schlagen wollen. Nun ein langes Gefrage, warum. Warum der Pappi nichts dagegen tue. Schließlich sagte Beate: "Da muß doch der liebe Gott etwas tun gegen diese Leute." Auch die Kleinen denken schon.

Und am 16.10.1938 schrieb Vater Felix, wie es mit den Sprachkenntnissen seiner Töchter bestellt war:

Die verschiedenen Geschichten von Rotkäppchen, Aschenputtel usw. können sie schon sehr gut und lernen rasch verschiedene Verschen auf deutsch oder holländisch. Durch die Anwesenheit von Mutter wird vielmehr deutsch gesprochen. Gestern waren sie alle drei mit Omi aus.

Immer wieder wird über Versuche der Auswanderung berichtet. Immer wieder gab es etwas, wodurch die Emigration verhindert wurde. Mein Vater lernte Englisch, er studierte wieder, weil er seine ärztliche Prüfung wiederholen mußte. Er fragte seinen Schwager Peter Laqueur, der auch Medizin studierte, am 3.11.1938:

Ich habe jetzt einige meiner Bücher, aber die Anatomie habe ich seinerzeit durch den famosen Reiß eingebüßt. Kannst Du mir eine Anatomie und entsprechenden Atlas für die Zeit meiner hiesigen Aufenthalts leihen? Du hast auch so wunderbar für Chirurgie und Geburtshilfe alles zusammengestellt. Kannst Du mir nicht auch so einen Band leihen?

Im Jahre 1939 ging das Leben weiter:

Meine Lieben! *6.4.1939*
Dieses Jahr durfte Beate zum ersten Male beim Sederabend[8] *dabei sein. Die Mädels und Hans waren pünktlich aus Amsterdam gekommen, so daß wir vollkommen auf den kleinen Gast Rücksicht nehmen konnten. Gerda hatte den Kindern schon Mittag die Ostergeschichte erzählt, die sie mit offenen Mündern anhörten. Beate genoß dann am meisten, die Große zu sein und aß sehr manierlich mit. Bei der Geschichte paßte sie auf wie ein Haftelmacher und frug dann, warum die kleinen Kinder sterben mußten. Es ist so schwer und schade, Kindern begreiflich machen zu müssen, daß es leider mehr schlechte als gute Menschen*

[8] Sederabend: Vorabend zum jüdischen Pessachfest, das um die Osterzeit gefeiert wird. An diesen Sederabend in Leiden erinnere ich mich nicht, aber an den letzten Seder 1943 in Amsterdam sogar sehr gut, weil er so feierlich war. In Leiden waren Vaters Schwestern und Vetter auf Besuch.

gibt. Wir müssen froh sein, daß unseren Kleinen bis jetzt diese Kenntnis aus Erfahrung erspart blieb. Es ist übrigens merkwürdig, daß sowohl vor Moses als Jesu Geburt die Söhne, die neu geboren werden, auf Befehl eines Königs umgebracht werden. Am nächsten Tage mußte ich Beate nochmals die Erzählung wiederholen. Die Kinder aßen alle die Matzen brav die 2 Tage. Die Kleinen zerkleinerten sich eine große Scheibe zum Tee und aßen sie ohne zu schmutzen auf.

Wir bezogen in Katwijk aan Zee, einem kleinen Fischerdorf in der Nähe von Leiden, ein Haus, weil mein Vater die Seeluft für sehr gesund hielt:

Meine Lieben! *27.4.1939*
Eine Woche in Katwijk und ein Jahr in Holland; ... Den Kindern bekommt der Aufenthalt ausgezeichnet. Helli hustet kaum mehr. Sie sind den ganzen Tag auch bei starkem Wind an der Luft, vormittags "hinten" im Garten. Da haben sie eine große Sandkiste, einen großen Rasenplatz und die Schuur [Scheune], in welcher ihre Puppenwagen, Roller usw. stehen.

So ging das Jahr 1939 zu Ende, und 1940 begann; mein Vater schrieb seinen zweiten englischen Brief, worin er berichtet:

Dear friends! *28.1.1940*
Today, before speaking about the little girls, I must tell, that her father, like the brave little tailor in the fairy tale, gloriously defeated 7 big professors in the examen-battle with one stroke in the heart for due time of 2 days. But those prof. were well mighty giants, but also very humanfeeling beings, asking what the examinandus has worked and referring much on his special sphere of scientific interests. The trial was fair, and I am now entitled to give academic lessons in Anatomy, Physiology and Hygiene, also to make the special work for acquiring the title of a Dutch doctor of medicine. Before I get the allowance for practice, I must still pass 2 examinations in the same doctrines after having spend a certain time of practice in the clinics. (Vgl. S. 241)

Bis 4.5.1940 schrieb Felix Oestreicher wie gewöhnlich fast jede Woche, aber dann entstand eine Lücke. Am 10.5.1940 wurde Holland im Morgengrauen von den Deutschen überfallen. Fünf Tage dauerte der Krieg, dann kapitulierte die holländische Regierung. Königin Wilhelmina sowie ihre Tochter Juliana mit ihrem Mann und drei Töchtern entkamen nach England, wohin die holländische Regierung folgte. Erst am 8.8.1940 schrieb Vater wieder:

Will doch wieder versuchen, über die 3 kleinen Mädelchen geregelt zu berichten. Was wir in den letzten 6 Wochen erlebten, wird auch ohne Aufzeichnung selbst in kleinen Köpfchen haften bleiben und vielleicht später einmal zusammenhängend in ruhigeren Zeiten aufgezeichnet werden. Wir sind Gott sei Dank alle wohlbehalten. Die Kinder halten fest zusammen; als Ri [Kindermädchen] heute Beate strafen wollte, ging Helli, welche Beate vorher geärgert hatte, wie eine Wütende gegen das Mädchen los. Sie war nicht zu halten. Sonst ist gerade Helli doch sanft.

Diese Zeit ist wirklich in meinem Kopf haften geblieben, denn ich kann noch immer die Flugzeuge hören, die Rotterdam bombardierten. Die Stadt ging in Flammen auf, dabei auch das amerikanische Konsulat und mit ihm unsere Papiere, d.h. unser Antrag auf Einwanderung in die USA.[9]

Die Flugzeuge kamen auch über Katwijk; wir Kinder spielten im Garten und jedesmal, wenn wieder eines kam, rannten wir hinein und blieben dort, bis der Lärm vorbei war, dann rannten wir wieder hinaus. Als ich mit meiner Mutter in einem Gemüseladen stand, hörte ich die Erwachsenen sagen, daß der Krieg vorbei sei und Holland kapituliert habe. Wir schliefen in unseren Kleidern.

Während der fünf Tage des Krieges im Mai 1940 war immer schönes Wetter. Mein Vater wurde als "Deutscher", d.h. als "feindlicher" Bürger interniert, aber nach einiger Zeit wieder nach Hause entlassen. Helly und Beate wurden für eine Weile bei den Eltern unseres damaligen Kindermädchens untergebracht.

Erst langsam, dann immer schneller fand durch Maßnahmen der Besatzungsmacht und durch Mitarbeit holländischer Beamter die Absonderung von uns Juden statt (S. 244/245). Wir durften nicht mehr an der Küste wohnen, und Anfang Oktober 1940 fand die Übersiedlung nach Blaricum statt, ein schönes Dorf in der Nähe von Amsterdam, von wo man es mit dem Bus oder auch mit dem Fahrrad gut erreichen kann. Am 3.10.1940 mußte jeder Staatsbedienstete eine Erklärung unterzeichnen, ob er "Arier" war oder nicht. Nur sehr wenige waren tapfer oder klug genug, diese "Offenbarung" zu verweigern, denn durch dieses Papier war klar, wer kein "Arier" war. Mein Großvater verlor seinen Posten an der Universität von Amsterdam und wurde auch bei der Firma Organon in Oss als Verwalter entlassen, eine Fabrik für pharmazeutische Produkte; denn er wie auch die beiden

[9] Ein dreiseitiger Brief des Amerikanischen Konsulats (Rotterdam, Westerlandsingel 91) vom 26.6.1940 enthält als letzten Satz: *"N.B. In view of the fact that all records on file at the former premises of the American Consulate at Rotterdam were completely destroyed on May 14, 1940, all applicants who had submitted documentary evidence prior to that date must submit new documents."* Dieser Satz ist blau umrahmt.

anderen Gründer und Mitbesitzer dieser Firma waren Juden. Geschäfte und Fabriken, die Juden gehörten, wurden enteignet, auch die Pharmazeutische Fabrik Organon wurde "arisiert" und ein deutscher Verwalter angestellt.

Die Registrierung von Juden begann am 10.1.1941, womit alle weiteren Schikanen und Repressionen begannen. So durften Anfang September 1941 jüdische Kinder nicht mehr am normalen Schulunterricht teilnehmen. Beate war gerade eingeschult, ihr Ausschluß wird in einem Brief von 31.8.1941 kommentiert:

Beatl war die ganze Woche auf der Schule, war sehr vergnügt und erklärte mir, sie sei die Beste im Rechnen. Die Lehrerin war auch sonst mit ihr zufrieden. Gestern holte der Direktor Gerda um 10 Uhr zu sich, zeigte ihr den neuesten Erlaß und bat sie, der Beatl zu sagen, daß sie ab Montag nicht in die Schule kommen dürfe. Er könne es dem Kind nicht sagen. Beatl fragte dann ganz beteuterd [bedeppert], *ob sie denn nie mehr auf eine Schule werde gehen dürfen. Gerda erklärte ihr, daß sie doch daheim alles in kürzerer Zeit lerne.*[10]

Mein Vater hatte Beate schon zu Hause auf die Schule vorbereitet, sie konnte bereits lesen und schreiben. Er unterrichtete nun einfach weiter, und zwar fast jeden Tag einige Stunden. Wie aus demselben Brief hervorgeht, hatte er auch gerade angefangen, uns Kleine zu unterrichten:

Die Zwillinge haben seit Montag mit mir gelernt. Da zeigt sich ganz ihre Verschiedenheit. Helli ist im Schreiben Maria um eine Nasenlänge voraus, malt die 1,2,3,4,5, und i sehr gut, während Maria sich noch mit der 2 quält. Lesen findet wieder Maria herrlich und Erzählen. Helli ermüdet viel rascher und gähnt dann oder "muß mal". Beide rutschen sie viel herum und können nicht lange stillsitzen. Bilder ansehen von fremden Städten, finden sie herrlich. Es zeigt sich eben bei ihnen, daß sie noch sehr jung sind. In anderen Zeiten würde ich auch noch warten, aber so erspare ich ihnen vielleicht die Mühe in einer fremden Sprache. Wenn es geht, werde ich mit allen dreien jetzt auch etwas Deutsch lesen und mit den Kindern kalendern [Kalender lernen]. *Maria kann noch am besten Deutsch, aber alle drei sprechen es mit holländischem Akzent.*

[10] Mein Vater hatte Beate schon Lesen, Schreiben und Rechnen gelehrt, damit sie gleich in die zweite Klasse kam. Wenn man in Holland damals in Oktober Geburtstag hatte, konnte man erst mit sieben Jahren eingeschult werden und nicht schon mit sechs Jahren. Auch wir beiden "Kleinen" lernten Lesen und Schreiben.

Doch auch in Blaricum durften wir nicht bleiben, von einem Tag auf den anderen mußten wir die Wohnung aufgeben und nach Amsterdam übersiedeln. Großmutter Grete schrieb über ihre damaligen Sorgen am Freitag, 20.3.1942 (S. 254):

L. [Liebe] *Kinder, Tamara* [Kosename von Omi], *heute beim Koffie* [Kaffee], *wo noch sehr viel andres Dringendes war, sagte Vater [Laqueur], daß er d. ganzen Morgen versucht hatte, eine Erlaubnis für Euch zu bekommen, erst 1.5. herzukommen, aber gehört hätte, daß Ihr schon am 22.3. hier sein müßtet. Es gab große Aufregung wie immer bei uns; wohin mit euch. Ich habe es m. Liesel ruhig dann überlegt. Sie nimmt d. Mutter; Felix auch wird wohl zu viel werden, wohl aber kann die Mutter Clara mit für ihn kochen. Ich will nicht mehr als drei Personen nehmen und will Gerda mit den Zwillingen nehmen. Sie sollen bei Lilo schlafen (ein Bett fehlt, muß ich noch sehen zu bekommen, Decken mußt Du mitbringen, ebenfalls Wäsche; denn ich habe fast nichts im Haus und habe den drei Leuten zu geben, also nichts übrig). Gerda in dem Bodenzimmerchen, das wird hoffentlich ohne Reibung gehen. Gerda wird mir etwas abnehmen und für ihre Kinder sorgen u. d. Mehrarbeit, Kartoffelschälen übernehmen müssen, da Sofia auch nicht mehr als jetzt kann. Ev.* {Eventuell} *kann Felix vielleicht in Miekes Fremdenzimmer die paar Wochen schlafen; euch als Ehepaar zusammen nehme ich nicht; ich weiß, daß es so ruhiger geht und vielleicht für Gerda bekömmlicher ist. Und herrie* [Streit] *will ich unter allen Umständen vermeiden, denn sowohl Vaters wie meine Nerven sind plötzlich unter aller Kanone. Ich bin schon die letzten drei Wochen sehr schlecht, schleppe mich nur so herum; es ist viel der seelische Druck schuld, aber auch zu wenig Ruhe und zu große Belastung körperlich... Eure Sachen müßtet Ihr sämtlich zum Spediteur geben, der sie Euch für d. Umzug einpackt und dann im Mai hier abliefert, nur m. Handkoffern herkommen. Auch Vorräte etc. kann ich <u>nicht</u> bergen [aufheben], da mir schon alles v. d. Mäusen gefressen wird. Kohlen, Tegels [Ziegel] müßtet Ihr auch in Kisten von Spediteur packen lassen, ja nichts weggeben, denn nächstes Jahr sitzen wir gänzlich ohne, alles mitnehmen ... Vater wird versuchen durchzusetzen, daß er eure Umzugsvergunning* [Genehmigung] *bald auf d. Transvaalkade 13 bekommt; wenn es nicht geht, so müßtet Ihr alle extra haben, wo Ihr wohnt. ... Es ist sehr schwierig, und ich wünschte, Ihr hättet dort bleiben können bis Mai. Ich habe mir alle Arten durchgedacht; ich glaube, so wird es ohne die wenigsten Reibungen gehen. Es ist für mich nicht leicht auch m. d. Kindern, wo man jetzt immer nur ein Zimmer heizt, aber es wird ja wärmer, und dann können sie unten spielen, Tuinkamer* [Gartenzimmer] *u. im Garten.*

Gerda wird sich so auch ein bißchen ausruhen können, vielleicht kochen wir dann abwechselnd; das muß man sehen.

Am meisten Angst habe ich vor d. ewigen Telefon um mich herum; da kann ich nicht mehr tegen [das kann ich nicht mehr vertragen]*; das werdet Ihr etwas einschränken um meinetwillen und nicht vor mir, sondern unten tun, worum ich so oft gebeten hatte, was aber fast nie von euch getan wurde ... Von nächster Woche ab gibt es keinen Tropfen Taptemelk* [Magermilch] *mehr hier, also wird man d. Kaffee schwarz trinken müssen, Zustand; es gibt eben keine Milch mehr. Ihr bekommt ja wohl für d. Kinder etwas.*

Man muß auch dauernd n. d. Milch laufen. Auch sonst ist alles sehr knapp, kein Gemüse z.B. zu bekommen.

Überlegt Euch nun alles gut, und seht Euch nach einem Expediteur um; Kisten haben sie ja immer dafür. Ich habe Hein sofort angerufen, der am Sonntag seine Schränke leermachen wird, so daß Du den Wäsche- u. Bücherschrank v. H. wenigstens für Euch drei haben kannst bei den Sofialeuten [unklar].

Es muß alles in Kisten gepackt werden und kann nach der Zaak [Büro]. *Ich bin heute noch zu erregt, um mehr schreiben zu können; also denkt Euch, schon ehe Vater kommt, bißchen in die Situation hinein.*

Herzlichst Mutti.

Meine Großmutter Grete war, wie man nachlesen kann, eine starke Frau: Was sie dachte, sagte sie auch immer gleich, und ohne viel Diplomatie schrieb sie es auf. Zum Glück konnten wir bald in das Haus Transvaalkade 13 einziehen. Ich weiß nicht, ob jemand von uns bei den Großeltern wohnte. Beate und ich wurden für einige Zeit bei Bekannten in Leiden untergebracht. Beate war schon seit Januar dort, wie lange ich dort weilte, weiß ich heute nicht mehr. Unsere Familie hatte bestimmt die Absicht, uns dort bis zum Ende des Krieges unterzubringen, was damals "untertauchen" hieß. Meine Mutter schrieb darüber in einem Brief an eines unserer früheren Kindermädchen. Ich verbrachte etwa einen Monat bei einem anderen Kindermädchen namens Mientje Paardekoper im Hause ihrer Eltern, einer katholische Familie in Leiden. Mientje und ich schliefen zusammen in einem großen Bett. Für mich war alles neu, denn ich wußte ja nicht, wer im Bilderbuch der schwarz gemalte Kerl mit Schwanz, Bocksfüßen und Hörnern am Kopf war und auch nicht, wer die wie St. Nikolaus rot gekleideten Menschen waren, und noch weniger, wer die "Jungfrau Maria" und das "Jesuskindchen" waren. Nur die Engel kamen mir bekannt vor. Die Leute haben es mir nicht erklärt, aber sie waren freundlich zu mir und gaben mir viel gutes Essen. Es war die echt holländische Küche mit Eintopf, den ich zwar nicht gewohnt war, der mir aber sehr gut schmeckte, vor allem, da sich mit dem "Hutspot" spielen ließ. Man konnte auf dem Teller mit dem Eintopf - Kartoffeln, Karotten und Zwiebeln - einen runden Deich bauen und die Sauce darin aufstauen, was ich von den Buben der Gastfamilie lernte, die mit am Tisch saßen. Alle holländischen Kinder spielen noch heute so.

Im Jahre 1942 hat mein Vater nur sehr wenige Briefe geschrieben. Wie er sich fühlte, kann man in einem Brief nachlesen, den ich als sein Testament betrachte und den er in einem geschlossenen Umschlag seinen anderen Briefen beigefügt hatte:

Meine Lieben! *17.2.1942*
Diesmal ein Brief, der nur in einem Exemplar hier liegt und den ich Euch doch noch in Frieden als Zeugen unserer jetzigen Nöte hoffe, verlesen zu können. Seitdem wir aus Katwijk weg sind, fühlen wir, d.h. Gerda und ich, uns entwurzelt. Mit jedem Tage komme ich mir mehr wie eine Pflanze vor, welche aus dem Boden herausgeholt wurde und nun achtlos beiseite geworfen wird, um zu verdorren. Wir leben auf Abbruch. Nichts läßt man uns mehr. D.h. wir müssen ja dem l. [lieben] *Gott und Vater Laqueur danken, daß wir vorläufig keine Geldsorgen haben, aber selbst verdienen mit gelegentlichen Konsulten, Bridgestunden oder* [einem] *Kursus für Erste Hilfe, wie ich ihn geben soll, macht keinen Spaß mehr. Es hat doch keinen Zweck, sich was zu kaufen, Bücher darf man weder bei der Auswanderung, noch ins Kamp* [Lager] *mitnehmen. In den letzten Wochen sind in Zaandam, Hilversum und Utrecht plötzlich ohne Grund Emigranten, d.h. frühere deutsche und jetzt staatenlose Juden, einfach ins Kamp geschickt worden. Sie durften nur mitnehmen, was sie tragen konnten, das andere wird versiegelt und - wahrscheinlich - wie in Deutschland verkauft. Ich wundere mich über Gerda und Mutter, welche noch über neue Garderobe diskutieren. Im vorigen Herbst hatte ich zweimal merkwürdige Träume: Irgendwie hatten wir die Absicht, uns das Leben zu nehmen. Weil aber Helli gar so geduldig den Schlauch zum Einatmen packte, hörte ich damit auf. Beim zweiten Traum bekam ich, ebenfalls vor Hellis Bett, mit Gerda aus irgend einem Grunde Streit und hörte damit auf. Ernstlich habe ich diesen Gedanken nie gehabt. Wohl aber ist das Verhältnis zwischen Gerda und mir manchmal gespannt. ... Jedenfalls ist Gerda mit den Nerven vollkommen herunter, weint viel. Ich schreie und tobe über jede Kleinigkeit. Die Kinder haben schon davon angenommen. Jedenfalls tobt auch Maria so gegen die Schwestern. Beatl ist seit zwei Wochen auf Besuch bei einer Bekannten und fühlt sich dort wohl, soweit sie schreiben. Aber wir alle vermissen sie sehr. Die Schwesterchen sagen immer: Das müssen sie für Beate*

aufheben und respektieren ihr gut geordnetes Fach. Sie sind stolz, daß sie jetzt abtrocknen dürfen. Ich helfe auch viel in der Küche, aber komme mir dabei doch deplaciert vor. Neulich half ich Holz sägen. Mehr Spaß macht mir das Helfen bei der Geburt eines Kalbes, wie im vorigen Winter. Nun wünsche ich alle ... [eine Zeile ausgelassen, weil unklar].

Wir überlegen auch, wie wir die Gefahr, ins Kamp zu kommen, möglichst hinausziehen und möglichst viel von unseren Sachen vor dem Zugriff der Deutschen retten können. Mir ist schon alles egal. Bücher sind zum Teil auch an Bekannte "verkauft", doch Gerda hängt natürlich an den Möbeln usw. Aber man kann nicht alles jetzt schon weggeben und mit zwei Hemden und Anzügen leben. Von mir aus können sie die alten Anzüge haben. Die Niederländer benehmen sich fabelhaft. Es ist auch verwunderlich, daß sie nicht schon längst wegen der ihnen angetanen Dinge revolutionieren. Da zeigt es sich eben, daß der Mensch von Grund aus gut ist und in Frieden leben will. Es ist auch merkwürdig, wie im Zeitalter von Radio und Telephon die Menschen durch Zensur und Angst viele Dinge gar nicht wissen.

Und am 3.8.1942 schrieb mein Vater, nachdem er und meine Mutter sechs Stunden verhaftet waren:

Letzten Donnerstag war hier eine Razzia von Haus zu Haus. Als ich die Polizei unserem Hause nähern fühlte, schickte ich die Kinder hinauf in ihre Zimmer spielen. Helli schilderte dann ihre Erlebnisse: Erst sahen wir nur ein rotes Gesicht und rote Hände, dann erst, daß es eine schwarze Uniform war. Sie blieben ruhig oben und kamen erst nach ½ Stunde hinunter. Helli war die blasseste. Maria sagte zur Omi: "Es ist gut, daß du dageblieben bist, sonst könnten wir verhungern." Helli meinte: "Wenn sie Omi auch mitgenommen hätten, so müßte Beate kochen, aber wenn das nicht gegangen wäre, so hätte ich Beate und Maria an die Hand genommen und wäre zu Tante Mariechen gegangen." Warum nicht zu den Nachbarn? "Zu denen darf ich doch nicht ins Haus!" Den [gelben] *Stern haben sie alle ohne viel Diskussion angenommen, aber nach 2 Tagen haben sie allen Puppen Abschnitzeln von den Sternen angenäht: "Wir machen ihnen Joodjes" (überall haben sie ein J aufgemalt). Helli hat eine Spielhose mit lauter Sternen, auch gelben. "Da brauche ich keinen Stern zu tragen, das sind doch auch gelbe." Ihre Spiele sind oft ganz unmöglich:* [Der Brief endet hier].

Im selben Brief schreibt er aber auch, wie er und meine Mutter versuchten, ein normales Leben weiterzuführen:

Sie waren wohl oft unwillig, aber jetzt in den Ferien plagten sie mich wieder, daß ich mit ihnen doch Schule halte. Sie sind auch in der Kraaipanstraße für die 2. Klasse angemeldet, d.h. sie kommen in die 1. und werden dann nach einiger Zeit versetzt. Außer den Schulfächern hatten sie aber auch Kunstgeschichte. Jeden Tag sahen wir uns aus schönen Büchern Bilder und Skulpturen an. Wenn sie auch das meiste wieder vergessen, so wird doch einiges haften bleiben. Ein Buch über Botticelli lieben sie besonders, aber sie wissen auch, wer Michael der Engel (Michelangelo) war. Bei Botticelli macht gewiß die Ausführung auf ganz großen Tafeln [es] *für sie leicht. Maria hat abends vor dem Schlafengehen von selbst die Stellung der Gracien nachgemacht, ebenso die aus den Wellen steigende Venus.*

Diese letzte Szene erinnere ich noch ganz gut. Das Buch habe ich noch immer, und als ich zum ersten Mal in Florenz das echte Gemälde sah, war ich sehr glücklich, obwohl über die blassen Farben enttäuscht. Übrigens sind wir in der Kraaipanstraße doch nicht zur Schule gegangen. Mein Vater schrieb im Jahre 1943 nur 13 Briefe, der letzte ist vom 25.10.1943:

Meine Lieben! *25.10.1943*
Maria ist die richtige Schulrange, welche Lehrer und Mitschülerinnen gleich mit einer gewissen Wonne ärgert und dann die als wohlverdient empfundene Strafe mit malerischem Geheul quittiert. Ich kann sie mir in der Schule sehr gut vorstellen, wie sie aus Langeweile Papierkügelchen wirft. Das geht daheim natürlich nicht, so plagt sie auf andere Weise, besonders hat sie es auf Helli abgesehen und kann das Kind zur Wut necken durch harmlose Worte, aber mit entsprechender Betonung. Dann heult diese oder wird roh, wirft einen Stein, und Maria heult. Beim Unterricht ist sie sehr ehrgeizig, schreibt dadurch auch beim Schönschreiben viel besser, nur ist ihr ganzes Heft irgendwie beschmiert. Sie ist eben nicht Marieke, sondern Fieserike [Schmutzfink!] *Dabei begreift sie nur etwas langsamer und ist darüber ungeduldig. Interesse hat sie vielleicht mehr als Helli. Diese schreibt jetzt sehr regelmäßig, aber ist durch ihre Bronchitis doch heulrig.*

Beate ist bildschön, sehr geschickt. Sie hat für Tante Emmis Geburtstag nach einer kleinen Vorlage eine Hyacinthe sehr gut gezeichnet und ausgetuscht. Für Großvaters Geburtstagsgeld hat sie El Pintos Mahlbuch und Stifte gekauft. Sie zeichnet die holländischen Provinzen durch und illustriert sie nachher. Helli ist mit Klebearbeit sehr genau und hat dazu unendliche Geduld. Alle mochten sie gerne stricken und sticken, aber die Damen haben dazu keine Geduld. Ich werde jetzt alle meine Diplomatie aufbieten, daß Großmutter Grete Beate Zeichenstunden gibt. Das Kind beschäftigt sich jetzt mit Perspektive, und das kann ich ihr nicht zeigen. Helli liest gut deutsch vor. Eigentlich müßten sie jetzt Französisch lernen. Es ist jetzt schon schwierig, ihnen einen guten Accent beizubringen durch das Holländisch.

Ich habe aus diesen Briefen die "Drillings-Berichte" so ausführlich zitiert, weil man daraus ersehen kann, was für ein Mensch mein Vater war, was ihn interessierte und wie aufmerksam er uns Kinder beobachtete. Nur ein Beispiel möchte ich noch anführen, wie er nämlich am 3.7.1938 schreibt:

Heute gingen wir wie die Spießbürger am Vormittag mit den Kindern in den Leidsche Woud. Das ist 10 Minuten von uns, und gleich zu Beginn ist ein umfriedetes Stück Wiese und Wasser, worin Rehe, Kaninchen und verschiedene Vögel gehalten werden. Das Gesichtel von Maria, wie sie die Tiere beobachtete, war unbeschreiblich. Alle drei hatten keine Angst wie manche andere Kinder.

An dieses Erlebnis erinnere ich mich noch ganz genau: Ich sah die Sonne auf dem Gras und den Rehen und wie das Licht sich immerzu veränderte. Es war mein erstes Erlebnis von Schönheit der Natur. Solche Erlebnisse hat man nicht oft im Leben, und ich habe diese nie vergessen, nur wußte ich nicht mehr, wo und wann ich sie erlebt hatte.

Wie gesagt, wurden wir sehr viel später als die meisten anderen aus unserem Haus geholt. Wie in den Briefen dokumentiert, hatte mein Großvater auch noch im Krieg versucht, für seine ganze Familie eine Auswanderungserlaubnis zu bekommen[11], was ihm aber nicht gelang. Als Deutschland den USA den Krieg erklärte, brauchten die deutschen Machthaber keine Rücksicht mehr zu nehmen auf die Tatsache, daß die Firma Organon, an der mein Großvater beteiligt war, auch im Ausland Besitzungen hatte. Man konnte die Fabrik in Holland einfach als feindlichen Besitz konfiszieren.

Als deutlich wurde, daß eine Auswanderung nicht mehr möglich war, versuchte mein Großvater, die ganze Familie vom Tragen des gelben Sterns befreien zu lassen. Willem Mengelberg, der große Dirigent des Concertgebouw Orchesters und ein persönlicher Freund meiner Großeltern, unterstützte in einem Brief vom 22.3.1942 diesen Antrag. Am 21.7.1943 schrieb der Reichskommissar in

[11] Alle Informationen über die Auswanderungsversuche sowie alle weiteren zitierten Briefe stammen aus Dossier 184 des Nederlands Instituut voor Oorlogsdocumentatie [Staatliches Institut für Kriegsdokumentation] in Amsterdam.

Amsterdam diesbezüglich an seinen Kollegen in Den Haag, den Brief von Mengelberg nebst einer langen Vita meines Großvaters beigefügt (S. 260).[12] Am 6.8.1943 schrieb mein Großvater selbst an den Generalkommissar für das Sicherheitswesen in Den Haag und bat wiederum, "vom Tragen der Kennzeichen als Jude befreit zu werden (sog. blauer Reiter)" (S. 258). Er verwies auf "ein entsprechendes Gesuch, das in seinem Auftrag Mr. de Pont, Amsterdam, vor einem Jahr der Abteilung IV B 4 mit erforderlichen Unterlagen übergeben"[13] wurde. Die Freistellung gelang jedoch nicht, was die Briefe vom 12.10.1943, unterzeichnet von Slottke (Gertrud, Mitarbeiterin des Referats IV B 4 des Befehlshabers der Sicherheitspolizei und des SD in Den Haag, als Referat zuständig für alles, was mit der Deportation der Juden zusammenhing), sowie vom 13.10.1943 (B.d.s. - IV B 4) in Den Haag beweisen; ich zitiere hier den ersten Teil des zweiten Schreibens (S. 61):[14]

1) Vermerk *Br. Nr. 1358/42*
Der Antrag auf Sternbefreiung des Juden Prof. Dr. med. Ernst Laqeur ist endgültig abgelehnt. Es besteht daher keine Veranlassung, Laqueur mit seiner Familie von den allgemeinen Evakuierungsmaßnahmen zu verschonen. Es erscheint aber zweckmäßig, der ganzen Familie anhand der vorhandenen guten Auslandsbeziehungen den 120.000 Stempel[15] zu erteilen. Damit wäre Laqueur von der Abschiebung nach dem Osten geschützt und würde zur gegebenen Zeit in das Lager Bergen-Belsen überführt.

Zwei Wochen später kam wieder ein Brief aus Den Haag, datiert 29.10.1943, diesmal ein *Fernschreiben an die Zentralstelle für jüdische Auswanderung zu Händen von SS-Hauptsturmführer Aus der Fünten:*

Im Anschluß an das hiesige FS. vom 13.10.1943 wird nunmehr gebeten, die in dem FS. genannten Familienangehörigen des Juden Prof. Dr. Ernst Laqueur dem Lager Westerbork einzuweisen.

---

[12] Brief Nr. 87

[13] Brief Nr. 88

[14] Brief Nr. 91

[15] Dieser Stempel (wie auch viele andere) wurde von den deutschen Behörden in den Niederlanden benutzt, um die Deportationen zu vereinfachen, und zwar dadurch, daß Personen, die diesen Stempel erhalten hatten, später deportiert wurden als andere. Stempel waren sehr wichtig, und viele versuchten, einen "guten Stempel" zu bekommen, weil dies zunächst eben auch Rückstellung bedeuten konnte. Den "120.000-Stempel" hatten auch wir erhalten, weil mein Großvater viele Beziehungen zum Ausland besaß.

Ausgenommen von der Überstellung nach Westerbork bleiben lediglich Prof. Dr. Ernst Laqueur und dessen Ehefrau Margarete, geb. Loewenthal, geb. 12.6. 1883. Es ist beabsichtigt, L. auf Grund seiner Verdienste vom Tragen des Judensterns freizustellen. Entsprechende Anweisung ergeht noch später.

Die Familienangehörigen des L. haben den 120.000 Stempel zu erhalten. Es ist ebenfalls beabsichtigt, sie später dem Aufenthaltslager Bergen-Belsen zu überstellen.

Der Brief ist unterzeichnet von F. Fischer.[16] - Nachdem also diese Entscheidung in Den Haag getroffen war und mit dem Fernschreiben nach Amsterdam bestätigt wurde, wurden wir verschleppt (S. 262).[17]

---

[16] Aus der Fünten und Fischer wurden beide nach dem Zweiten Weltkrieg zum Tode verurteilt, die Strafe wurde dann in lebenslange Haft umgewandelt, 1989 wurden beide freigelassen.

[17] Es gelang meinem Großvater schließlich doch, vom Tragen des Sterns befreit zu werden, wie aus dem Brief vom 16.2.1944 hervorgeht (Brief Nr. 96). - Es liegt ein Brief von Mengelberg vom 2.5.1944 vor mit dem Versuch, auch meine Großmutter und die jüngste Tochter vom Tragen des gelben Sterns zu befreien (Brief Nr. 111), was jedoch nicht gelang, wie mir meine Tante Liselotte berichtete. - Wie die Deutschen reagierten, kann man der im Dossier befindlichen Abschrift eines Fernschreibens von Den Haag nach Amsterdam vom 8.6.1944 (Brief Nr. 112) entnehmen; der Antrag von Mengelberg wird erwähnt, dann geht der Brief weiter:

"Es wird gebeten, den Juden

Ernst Laqueur, dessen Ehefrau Margarete, geb. Löwenthal, geb. 12.6.1883 in Brieg, und Tochter Liselotte Laqueur, geb. 31.1.1922 in Amsterdam, wohnhaft Amsterdam, Vening Meinezkade 5,

im Hinblick auf die bereits stattgefundene Invasion und die vom Reichsführer-SS angeordnete radikale Entjudung der Niederlande umgehend dem Judenlager Westerbork zwecks Umsiedlung nach Theresienstadt einzuweisen. Der Abtransport von Westerbork nach Theresienstadt wird voraussichtlich am 9.6.1944 stattfinden, so daß die Familie L. bis zu diesem Termin bereits dort eingetroffen sein muß."

Letzteres ist aber nicht geschehen, sie konnten in ihrer Wohnung bleiben.

Felix Hermann Oestreicher

Ein jüdischer Arzt-Kalender

Konzentrationslager-Tagebuch

1943-1945

Erste Transkription des Tagebuchs von Anneliese Nassuth-Broschmann

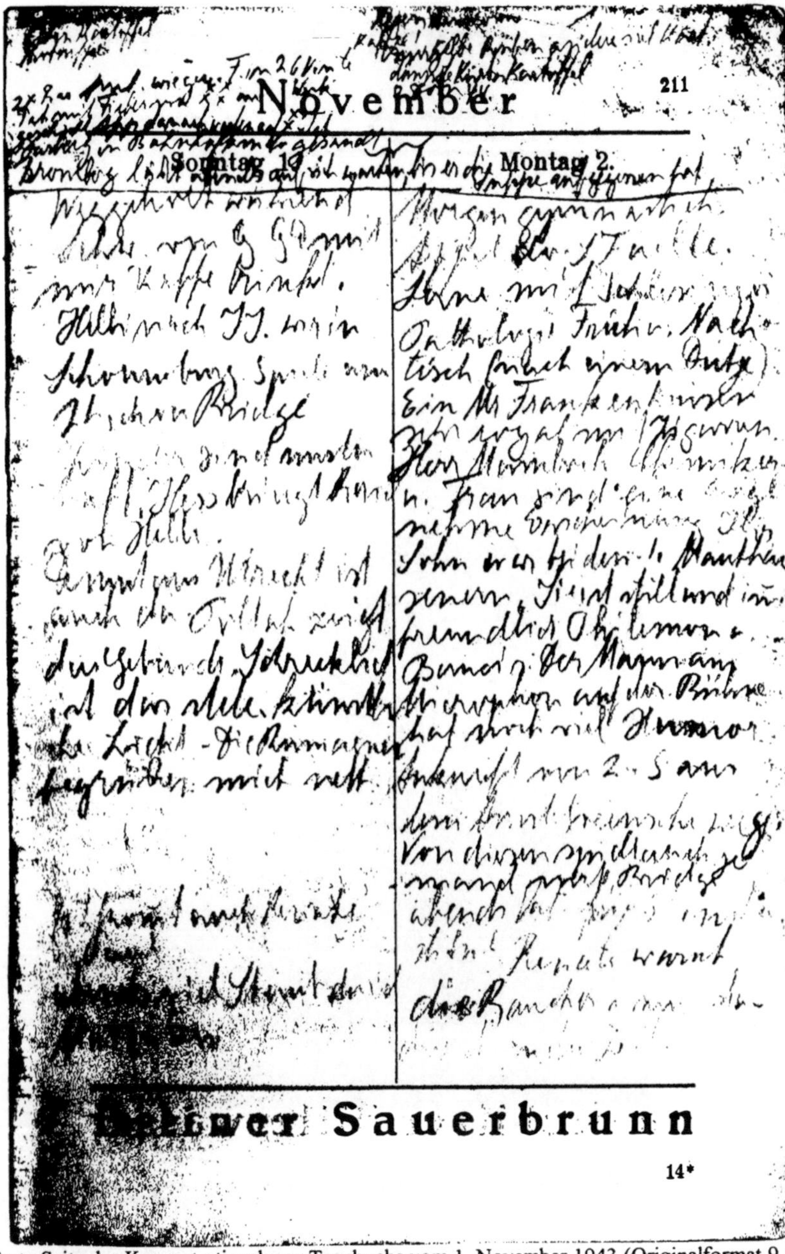
November 211

Sonntag 1. | Montag 2.

Sauerbrunn

14*

Erste Seite des Konzentrationslager-Tagebuchs vom 1. November 1943 (Originalformat 9,5 x 14,5 cm), vgl. S. 41

1. Konzentrationslager Westerbork: 1.11.1943 - 14.3.1944

Montag, 1.11.1943

Weggeholt, während Schw{ester} vom G.G. Dienst[18] mit mir Kaffee trinkt. Helli nach J{oodse} I{nvalide}[19], wir in Schouwburg[20]. Spiele um 2 Uhr schon Bridge. Kinder sind musterhaft. Hess bringt Bericht von Helli. Demut aus Utrecht ist auch da. Pollak zeigt das Gebäude. Schrecklich ist das stete künstliche Licht. Die Rumänis begrüßen mich nett. - ½7 [Uhr] kommen auch Renate und Paul[21]. Abends viel Staub durch Matratzen.

Dienstag, 2.11.1943

Morgens Gymnastik. Appell der S{traf}fälle. Lerne mit Schlesinger Pathologie. Früh und nach Tisch (nach einem Dutje) [Nickerchen]. Ein Mr. Frankenhuizen sehr royal mit Zigarren. Herr Mumbach, Chemiker und Frau sind eine angenehme Erscheinung. Ihr Sohn war bei den ersten Mauthausern.[22] "Sie ist still und immer freundlich. Philemon und Baucis." Der Mann am Microphon auf der Bühne hat noch viel Humor. Ankunft von 25 S{traffällen} aus dem Amstelveense weg.[23] Von diesen spielt auch jemand mit Bridge abends. Vati für 5! ins Vinstitut [?]. Renate warnt die Raucher und muß dadurch in die Zelle [Gefängnis].

Mittwoch, 3.11.1943

Morgenübung noch wie gewöhnlich, doch unterbrochen durch App{ell} der S{traf}fälle, dann der Gemengden [Mischehen]. Plötzlich hören wir, daß Transport. Renate aus Zelle zurück. Sluzker[24] erklärt, er kann nichts für uns tun. Fertigmachen und lange warten. Früh noch mit Demut über Rom unterhalten. Er ist jetzt sehr nett zu Mutter, die sehr aufgeregt. Ein Bursche will über die Bühne flüchten, wird vom J.B. zurückgehalten. Vom Auto noch die Mühle gesehen. Wir

---

[18] G.G. Dienst: Gesundheitsamt der Stadt Amsterdam

[19] Joodse Invalide: Jüdisches Krankenhaus in Amsterdam; nur in diesem Krankenhaus war es erlaubt, jüdische Patienten aufzunehmen, in allen anderen Krankenhäusern nicht. Helli war sehr asthmatisch.

[20] Theater, das als Sammelplatz benutzt wurde, wo die aus ihren Häusern geholten jüdischen Menschen vor dem Transport ins Konzentrationslager Westerbork inhaftiert waren.

[21] Renate: Gerdas Schwester; Paul: Renates Ehemann.

[22] Mauthausen: Die ersten inhaftierten jungen jüdischen Männer wurden alle ins Konzentrationslager Mauthausen nach Österreich verschleppt, keiner ist zurückgekommen.

[23] Gefängnis in Amsterdam.

[24] Dr. E. Sluzker: Vertreter des Judenrates.

bekommen jeder 1 Päckchen Essen mit. An der Kade scherzen die Arbeiterinnen mit den Schwarzen. Der Zug ist anständig, muß 2x als Arzt fungieren, abends bei Wachtel, wobei die Schwarzen sich anständig benehmen.

Donnerstag, 4.11.1943

Mutter will nicht schlafen. Mit Mamlochs im Coupé. Die Aufnahme hier ist nicht, wie mir vorstellte. Lisel[25] hat warmen Kaffee. Querido aus Leiden muß mich auf Läuse untersuchen. Bekomme ein Mittelbett und gehe sofort schlafen. Früh ca. 9 Uhr bei Bial[26], der sehr nett mit Spanier telefoniert. Treffe Lotte unterwegs. Spanier bestellt mich auf folgenden Tag. Paul bei W. sehr erregt über Schaap.

Freitag, 5.11.1943

4 Uhr. Spanier bestellt zu Waterman.

Samstag, 6.11.1943

Waterman bestellt mich auf Sonntag 12 Uhr - Nachm{ittags} bei de Jong und Leers.

Sonntag, 7.11.1943

12 Uhr Waterman eingeteilt bei B{aracke} 81 und Zuiden.

Montag, 8.11.1943

Rasiere mit Spiegel im WC, draußen viel besser. Meldung bei Frau Frons viel zu früh. Auf Saal M{ittag} Frau Slijper aus der Sch{ouwburg} und Mej. Pinkhof und Kurz erkennen mich. Visite mit Coll{ege} Z. Bei Essenzettelübergabe treffe [ich] Frau Rabl, [Stenozeichen: die?] in Küche arbeitet. Mittag in Kantine an Holztischen mit Winter. Schaap. Vorher zur Commandatur gerufen mit Prof. S. Waterman. Hartog, aber wieder weggeschickt. Nachtisch mit W, [Stenozeichen] groß{er} Vortrag über Güte ...; ... ist auf Gerda bös. Nachmittag übernehme 35 Betten. Abends mit Max und Anita spazieren. Mevr. de Jong und Moorberg mit [zwei Stenozeichen]

---

[25] Lisel: Schwester von Felix, die schon seit Sommer 1943 in Westerbork war; sie wohnte nicht in einer großen Baracke, sondern in einer solchen, die unterteilt war in eine Art Häuschen mit zwei Zimmern; eines dieser Zimmerchen bewohnte sie, wenn auch nicht allein. Die Häuschen wurden 1938 gebaut, als das Lager Westerbork von der niederländischen Regierung für jüdische Flüchtlinge aus Deutschland errichtet wurde, wofür die jüdische Gemeinde das Geld beschaffen mußte.

[26] Hans Bial: ein Vetter von Felix; sein Vater, "der alte Bial" genannt, war Arzt.

Dienstag, 9.11.1943

Maria hatte in der Nacht Croup [evtl. Krupp, Entzündung der Schleimhaut des Kehlkopfes]. Omi nimmt sie zu Lisel. Prof. S. erzählt von seinem Dilemma. Bekomme 35 [zwei Stenozeichen] Dr. van Zuiden als Oberarzt. Es ist wenig zu tun und viel herumzustehen. Nach dem Essen nur kurz in Ba{racke} 62. Nm {Nachmittag} etwas gelesen. Treffe Paul auf Heimweg und erfahre von Paket. Van Tijn bei uns. Dann bei W. Grammofon, gespenstisch, wie der sich um Hilde und Ren{ate} bemüht. In Nacht zu Pat{ient} geholt, wahrscheinlich Chordapsus [Chorda Abces?]. Erzähle jeden Abend den Mädels etwas aus der Bibel oder [Stenozeichen] Geschichte. Sie sind von Pückels [Pickeln] übersät und husten beide. Mutter ist schlechter Laune, und Gerda weint viel.

Mittwoch, 10.11.1943

Es ist unmöglich, sich auszuschlafen, die Damen kommen um 7 [Uhr] am Tisch essen. Gerda ist um 8 [Uhr] schon weg. Und die Kinder lasse ich schlafen. Auf Abt{eilung} Visite. Dabei eine Agraphie [Gehirnschaden] entdeckt. Paket von Mutti mit Brot und von Vati Zigaretten und Tabak. Abends mit Vas Nunes bei Ärzteabend. Merkwürdig, alle Herren aus A'dam {Amsterdam} hier zu sehen und zu hören.

Donnerstag, 11.11.1943

Kalt - A{bendessen} = ..., 2x [Stuhlgang]. - Früh höre, daß Mevr{ouw} [Frau] G. tot. Alle Ärzte sind davon erfüllt. Paul und Dr. W. wollen die Agraphie sehen. Allein Visite. Nach Essen warm Wasser gebracht. Vor Nachmittag Agraphie vorgenommen. Gertrud hat durchaus Verständnis für Gerda. G{erda} hatte Streit auf ihrer Baracke und ist nun auf Operatie [Operation]. Abends bei Lotte erfahre von Marthas Heldentum.

Freitag, 12.11.1943

D {Dinner} = 100 gr. Wurst, 25 Musch{eln}!, Butter, Wurst. - In Nacht ½2 [Uhr] zu Kind B. geholt, finde rechtes Bein schlaff, lasse Ba{racken}arzt kommen. Um 2 [Uhr] wieder Licht für Wachwechsel. Doch ½7 [Uhr] auf mit Gerda nachts ... Frühstück. Bei Leh [Stenozeichen] 5 [?] Stuwer, Mej. Pinkhof hat Fieber, dadurch gestörte Visite. G{erda} hört von Lotte, daß Kind hier ist. Nach Mittag wieder warm{es} Wasser gebracht. Bereitschaft an Nussbaum, muß Kind Strauß ansehen. Mutter wieder giftig. Nachmittag vergeblich auf W. gewartet. Diskussion über die Quarantäne, wodurch ich keine Briefe mitnehme. Bei Essen durch Pat{ient} gestört, 2 brüllende Kinder mit ... - Transportgerüchte.

Samstag, 13.11.1943

Regen - dünne Kartoffel - Die A{graphie} ist gestorben. - Renate und Paul schreiben schon. Renate beklagt sich über G{erda}, daß sie sich so viel auf sie beruft. Kerze zum Freitagabend. Bei Simon in Postabt{eilung}.

Sonntag, 14.11.1943

Wegen Sonntag länger schlafen, früh darum ½3 [Uhr] wieder geweckt. Da auf Bar{acke} ungemütlich, doch zeitig Visite. Mache Statussen [Krankengeschichten], was bei Neuen länger dauert. Beim Essen mit Frau Dr. Herzka [?] über Wien und Klbad {Karlsbad}. Sie spricht von Helene. F{rüh} noch bei Gerda paar Brote. Gehen wegen Kobers zur Strafba{racke}. Müssen von OD[27]-Barack{e} Erlaubnis holen. Rege mich doch auf. Anni liegt zu Bett, Kobers sind im Bad. Die Mädels sind bildschön, auch der Michael, den noch im Spital spreche. Die Karten sind doch schwer zu schreiben (an Helli und Lilo[28]). Da von Lotte geholt, vermisse ich Max. Abends Fisch von Mutter Gretl. Dann bei Bial. Arzt hier doziert über Mentalität. Zeldenrust findet keine Lösung der Judenfrage.

Montag, 15.11.1943

Frau Strauß hat ein Martyrium. Stets füttert sie das schreiende brechende Kind.

Dienstag, 16.11.1943

Obwohl ich nicht direkt beteiligt, doch Angst um Barackengenossen.[29] Strauß (Nebenmann) und Schweitzer (Obermann) nicht dabei. Wohl einer den Abend zuvor gesagt, daß er nicht weg muß. Er bleibt wegen krankem Kind. Bekomme Hilferuf von Annie, ... zu Lotte und finde an [Baracke] 76 Gitter Frau Hannes. Hole noch deren Schwester und kann Annie sprechen. Die hat nichts mit. Im Spital merken wir nichts vom Abzug.

---

[27] OD: Ordnungsdienst im Lager, der aus Häftlingen bestand.

[28] Lilo: Schwester von Gerda, die noch bei den Eltern wohnte.

[29] Jeden Dienstag gab es dann von Westerbork einen Transport in ein Lager irgendwo "im Osten". Wohin die Transporte gingen, wußte man nicht, aber daß es besser war, nicht mitzufahren, war ganz klar. In der Nacht vor dem Transport hatte jeder große Angst, ob man mitfahren müßte oder noch verschont war. - Auch ich wußte schon, daß irgend etwas Schreckliches bevorstand. Ein Mädchen, mit dem meine Schwester und mich eine Art Haßliebe verband, mußte mit ihren Eltern, Bruder und einem Baby mit auf den Transport. Ich konnte nicht verstehen, daß die Deutschen so ein kleines, liebes Kind wie dieses Baby töten wollten.

Mittwoch, 17.11.1943

Mache zeitig Visite und lese dann Jack London. Visite, habe keine Lust zu arbeiten. Hetze mich doch um 3 [Uhr], um mit Schl{esinger} beisammen zu sein. Dann kommt De Vries wegen Pers{önlichem} um 5 [Uhr]. In [Baracke] 62 stehe [ich] nur herum bis zum Essen. Als ich eben Zeitung lesen will, kommt Gomperts, ein alter Bekannter. In der Dunkelheit mit Gerda zu Groninger Bekannten von ihr [Bekannter aus Groningen]. Die sind 15 Monaten hier. Auch die Kinder sehen gut aus. Am Heimweg fallen wir leicht in einen Graben. Obwohl ich abends viel trinke, doch erst um 6 [Uhr] von Blase geweckt.

Donnerstag, 18.11.1943

Etwas erregt über Aufruf zum Bureau. Lese in Kantine Zeitung und lasse Gerda gehen. Visite ... [Name nicht lesbar].

Freitag, 19.11.1943

Warm - Nacht durchgeschlafen, 1x auf Weg früh in Splittergraben - Nachtisch mit Gerda, Decke ausgeklopft, 10 Flöhe. - Abends bei Willy Polak.

Samstag, 20.11.1943

1x [Stuhlgang], Rhabarber, Kartoffeln, 1x Brot - Über Transport, die tollsten Gerüchte. Gerda hat Leerar [Lehrer] gesehen. Es sind schon wieder 2 aus 67 [Baracke] entflohen. Nachtisch mit Kobers bei schönstem Wetter. Sie kümmern sich aber wenig um uns. Viele Pakete von Mutti und Briefe, die [ich] bei W. lese. Der gießt nachher sein Herz aus. Gertrud liegt in Bett mit Gelbsucht. Die perniciöse [bösartige] Gelbsucht ist doch ex [tot] morgens. Suche für Sonntag Bridge. - 2 Tote.

Sonntag, 21.11.1943

Nicht zu kalt - Keine Kartoffeln, 6x Brot, Stroop [Sirup], 1x [Stuhlgang], 2x Kaffee. - Die neue Decke bewährt sich. - Mutters Geburtstag. Wir feiern ihn mit gedecktem Tisch und Blumen, die Gerda gestern kaufte. Beate hat 2 Cyclamen [Alpenveilchen] sehr schön gezeichnet, Maria etwas geschrieben. Mann kann nicht sitzen, ohne gestoßen zu werden. Entweder will jemand in die Bank, Bett oder vorüber. In 87/B [Baracke] Transportfieber. Ich soll über Einzelheiten beraten, die [ich] nicht weiß. Kind Huber nicht transportfähig. Mutter Justus wohl. Nächtlich Bridge, dann Wasser holen und zu Bial. Begreife ihn und Frank nicht über die ... Auch 1 [Uhr] ist nur Durchgang.

Montag, 22.11.1943

Wie gestern, Brotsuppe, 2x [Stuhlgang] - Die Kinder haben sich wieder erholt, strolchen mit Kobers im Lager herum. - Daß der Zug da ist, gibt Vertrauen. Endlich ein Transport, bei dem jeder mit will. Laufe mit den Kindern in den Schienen. Vergeblich beim Standesamt.

Dienstag, 23.11.1943

Höre in Nacht, daß Transport nicht gibt und denke, daß es wegen des Rocks von Frl. Sch. ist. Visite mit van Z., vorher eine Pneumonie [Lungenentzündung]. Vor Essen von Bless wegen Holländisch getadelt. Menco ist dabei nett. Von Bless nachher auch wieder friedlich. Mit den Kindern nach Visite warten auf Nijkerk. Mevrouw Dia hat eine Phlegmone [eitrige Zellgewebsentzündung], ich tröste die Tochter. Nachher zwischen den Baracken das Getöse der Flugzeuge. Wilde Siegesgerüchte. Bei Herzberg, Prof. Magnus, B{aracke} 67 phobisch herumgetrieben. Abends zwischen den Baracken die Flieger.

Mittwoch, 24.11.1943

Erkältet, werde zum 1.x [ersten Mal] nicht von selbst warm. Mevr{ouw} [Frau] Adelsberg über Bunach. - Dat is ook een woord: halegoes [Wort unklar]. Wir denken schon nicht mehr, weiter zu gehen. Der Weg von Baracke zum Spital gibt die Idee, daß man nicht unfrei ist. Mit Schlesinger lerne ich tgl. {täglich} etwas. - Im Ärzteklub erregt über Kuttners Vortrag, daß Mo. [Medikament?] an Patienten gegeben wurde.

Donnerstag, 25.11.1943

Sehr verschleimt, mit G{erda} bei Chabach, der sehr verlegen ist. Nachmittag kommt gerade vor Schluß noch eine Pneumonie. Gerda läßt wieder warten. Durch den Modder [Schlamm] zu Kobers. Man ist schon an alles gewöhnt und will nur sein bißchen Bagage beieinander haben. Mr. van Gelder von der Regenapotheke liegt jetzt schräg unter mir. Mein Hut war verlegt. Eigentlich müßte ich die Sternkunde wieder lernen.

Freitag, 26.11.1943

Erkältung weckt mich wieder durch den Schleim. Rasiere ohne Spiegel. Kann noch Decken lüften. Gerda ist nie fertig. Die kleine Polin trachtet mit allen Mitteln, im Spital zu bleiben. Um ½12 [Uhr] kommen sehr viel Flugzeuge langs [vorbei]. Nach dem Essen noch kurz in [Baracke] 62. Bad ist nicht angenehm, da alles naß wird. Herr Wolf kommt auf meine Abt{eilung}. Hoffentlich wird aus den Amsterdam-Paketen nicht zu viel herausgenommen.

Sonntag, 28.11.1943
Wir schlafen 3 hoch [drei Betten übereinander], über mir ein Lotgiesser [Klempner] aus dem J{oodse} I{nvalide} [Krankenhaus] mit einer hübschen Frau, deren Kind jetzt im Spital ist. Er ist ein ungehobelter Kerl, aber für Frau besorgt. Brachte ihr immer Essen ins Spital. Vorläufig ist die Stimmung gut unter den Eheleuten, zwar etwas nervös, aber doch zärtlich an Coitus denken? In der freien Zeit wird vielleicht mehr in den Betten gefreit als ich ahne. Schwanker tritt immer auf meine Decken und Tücher, trotz Extrapapier, auch steigt er auf die Bank in Schuhen, ohne auf beschützendes Papier zu achten.

Montag, 27.12.1943
Sehr lange nicht geschrieben, es kann also nur Einzelheiten geben. Man stumpft doch mehr ab, als ich hoffte. Vorläufig gibt es dank Päckchen noch Essen. Ich habe seit 3 Tg {Tagen} Dyspepsie [Verdauungsstörung]. Weiß kein{en} Brief zu schreiben, auch zu faul zu zusammenfassendem Bericht. B. macht am 24. mit Prophezeiung von Verschärfung in ... Gestern bei Lotte.

Freitag, 3.3.1944
Renate erfährt von Ottenstein, daß wir mit nächsten B{ergen)}B{elsen}-Transport mit müssen. Vati [Laqueur] will noch für Frau Fontein und uns intervenieren.

Samstag, 4.3.1944
Um 17 Uhr teilt Walb{aum} uns kurz mit, daß IVB4 [Judenreferat in Den Haag] zur Verfügung gestellt. Hutzka sofort beruhigt.

Sonntag, 5.3.1944
Lau - 100 gr. Preßwurst (für 5), 1x [Stuhlgang], D{inner} Graupen mit viel Fleisch (12 Uhr), 1 El {Eßlöffel} Quark, 20 gr. Butter - Sp{anier} verspricht, sich für Hutzka und mich einzusetzen. Res{ultat} aber 0. Nm {Nachmittag} Overall abzuholen. Schw{ester} Al. sitzt ganz{en} Nm {Nachmittag} bei uns wie vor einem Begräbnis.

Montag, 6.3.1944
1x [Stuhlgang]; ½10 [Uhr] 1 Becher dicke Graupen lau; 7 [Uhr] 1 l. {Liter} rote Rüben, D{inner} 900 Brotsuppe - Um 6 [Uhr] bei Appell, werde zu nichts ge-

nommen, schließlich zurückgeschickt. Sowohl Spanier als Walbaum nicht bes{onders} freundlich, aber alte Einfühlung und Begeisterung von Pat{ienten}.

Donnerstag, 9.3.1944
Wurde doch zur Arbeit vorgeladen und Batt{erie}[30] zugeteilt. Bin zu stolz, um bei Bial ... zu fragen.

Samstag, 11.3.1944
1 Tag in Batterie, sehr staubig, sehr langweilig. Gespräche kommen nicht auf. Muß ... von den Kohlestäbchen abstreifen. Staub geht durch Handschuhe durch. Gewinne 1 Tag ¼ Pf{und} Fett und Suppenwürfel, so daß - aus 10 ausgeglichen. Schw{ester} Mia sitzt gähnend bei Dr., der nur liest.

Sonntag, 12.3.1944
Da offiziell Transportnachricht, nehme mir Krankfrei.

Montag, 13.3.1944
Erst abends bei H. mit heiß{em} Wasser richtig sauber.

Dienstag, 14.3.1944
Kinder haben 39 [° Fieber] ohne Befund. Spanier sagt nicht Mu und Mäh. Hans rät zu fahren. Alte Bial verabschiedet abends: daß wir bleiben. Gebe Frevida [Buchtitel] und and{eres} Buch an Huztka.

[30] Eine Arbeitsstelle, auf der man alte Batterien auseinandernehmen mußte; diese Arbeit war wegen des Staubes sehr schmutzig.

2. Quarantäne von Bergen-Belsen: 15.3.1944 - 20.4.1944

Mittwoch, 15.3.1944

Es nieselt etwas - gut geschlafen. - Schwester Alice berichtet, daß Kinder normal, gebe ihr noch etwas Butter. Kronenberg hilft mir, einen organisierten Karren zu beladen und dann [zu] schieben. Alles durchs Fenster. Am Fenster muß ich dabei fast heulen. Schw{ester} G. hat ein verheultes Gesicht und geht nicht zum Zug. Dort noch nicht Gerda, in [Baracke] 72 schon weg, nehme Bagage. Prof. van Italie kommt noch extra Abschied nehmen. Sp{anier} ignoriert mich, schickt kein Pakel [Päckchen] (Br. hat 4!) - Ein Waggon zuerst nochmals gezählt, es fehlen 5. Eltern haben noch ein Paket mit Boten geschickt, der in Assen uns erreicht. Renate schreibt viel und spricht ganz wahr. Etwas ängstlich wegen Zollrevision. Wir essen aus dem Paket. Erst um 6 [Uhr] gibt jemand in Deutschland Brot herein. Fahrt Assen-Meppel-Zwolle-Hengelo. Vor Osnabrück die ersten Bombardementschäden. Eine Baracke Holland [unklar], rundherum viele Trichter, die Dächer sind ausgebessert. Ruinen meistens weggeräumt. Im Dunkeln durch Hannover. Bahnhof äußerlich tadellos. Stadt schwer beschädigt. Schwierigkeit beim W.C.-Gehen über alle Gepäckstücke im Gang. Kinder ruhig. Es kommt doch etwas Schlaf. Abends stehen wir in einem Verschubbahnhof. SS bringt endlich Wasser. Kinder schlafen ruhig mit Unterbrechungen. Frau Hijmans occupiert Fenster. Renate ruhig. Mu{tter} gefaßt.

Donnerstag, 16.3.1944

Sonne - nichts Warmes im Zug, abends Brei, der nach Kampfer schmeckt. Brot (geschrieben 17.4.). - Lange stehen auf der Strecke und dann in Zelle. Da viele zerstörte Waggons. Langer Zug auf einer Seitenstrecke. Passieren ein Flugfeld, das gegen die Bahn durch stehengelassene Bäume abgegrenzt. Plötzlich Bahnsteig ohne Tafel. SS mit Hunden. Helfe beim Gepäckausladen, hoffend mit Lastauto mitzudürfen. Nur kleine Kinder fahren. Alles marschiert in 5er-Reihen. Kinder ermuntere [ich], daß sie gut gehen. Kommen an langem Lager vorbei. Zuerst im Wald verborgene Fabrik, die so hoch wie Bäume. Bei Registration 2 Schreibmaschinen, ein Mann. Gehe zu den Schuhen [zur Arbeit] - da sitzt man wenigstens. Ein Schlagbaum, rechts das Badehaus, links niedrige Baracken, Kantine r{echts} = eine Garage, wo Jud{en} arbeiten. Auch am Weg Auto mit J. drauf. Stacheldrahttor, dann noch in ganz niedriger Baracke. Gepäck schon da. Frauen/Männer in extra Gebäuden. Bromberg ist Transportarzt. Plötzlich jemand (Dasberg) Leiter. Ein kleiner Vorraum. Kleiderkästen. Betten aus Holz über Eisen, 2 hoch, sehr enge Gänge, bei den Frauen noch enger. Komme weit hinten über Semmel zu liegen, auf Bitte [von] dessen Frau lege ich Leintuch unter den sehr leichten Strohsack. Kann für Gerda und Mutter nur am engsten Fensterplatz erlangen. Beate hustet stark. Die Kinder helfen auch etwas, das Gepäck hineinbringen. Um 7 [Uhr] müssen wir vom [aus dem] Frauen-Saal. Genau weiß ich nicht mehr alles, nur daß wir die erste Woche von 8-6 [Uhr] schliefen, und dies war von Wanderungen nach dem [zum] WC unterbrochen, traumlos und tief. Benütze dabei, da meine Hausschuhe naß, die Klompen [Holzschuhe] von zweitem Bett entfernt. Paul ist mein Schlafnachbar. Hat seine Decke eingerollt und viel in diese Rolle hineingelegt. Den Wandkasten habe [nutze ich zusammen] mit den 2 Neumanns, die anfangs angenehm. Der N. aus [Baracke] 84 schimpft viel mit dem anderen und läßt sich viel bedienen.

Freitag, 17.3.1944

Regen - Kaffee, Kohlrübensuppe mit Fleischklumpen, Kartoffeln dünner Brei, schmeckt nach Kampfer, Brot f{ür} 2 Tage - Nach ½8 [Uhr] aus Bar{acke} im Regen. Arons holt uns zum Bad ab. Wieder zu 5. Zuerst die Männer. Am Badehaus sind russische Aufschriften. Wir fürchten zuerst, daß viel weggenommen wird. Gebe Zigaretten und Tabak an A. Die Kleider werden gedämpft. Nach der Entkleidungshalle eine Vorkammer, dann die Dusche, warm, Untersuchungskammer (Dr. A.), müssen auf anderer Seite etwas warten, gebe die warme Decke an andere. Beim Rückweg sehe Max, Weil die nur mit Augen zwinkern. Br{omberg} beschließt, eine Krankenstube anzufragen. Ein Tag ist wie der andere, so daß Schw{ester} und Hans Stein auch nicht mehr Einzelheiten erinnern. Fr{üh} teilen wir med{izinischen} Dienst. Bromberg macht viele Worte. T{as} Männer, ich Frauen. Br{omberg} ist Direktor von Poliklinik. Die Menschen pakken [fragen] immerfort um ärztlichen Rat. At. läßt Medikamente einsammeln, am Samstag oder 20. werde Bagage abgefordert. Er [?] hat nichts abgegeben. Beim Appell im Regen sieht Mutter sehr schlecht aus. Gerda und Beate bleiben danach im Bett. Zuerst ist in die Frauen keine Ordnung zu kriegen, sich gleich früh zu melden und beim Ärztebesuch nicht aus dem Schlafsaal gehen. Beim Appell, den ein XX[31] mit Brille, Oberlehrertyp, abnimmt, ist erst schwierig die Aufstellung. Dasberg hat eine Pfeife. Krakenberger schreibt lange Listen. Der Eßraum ist sehr eng und niedriger als Schlafraum. Dann folgt der gemeinsame erste Waschraum. Dann folgt der ganze erste Waschraum + Abort, in den vier Ecken sind offene W.C., an Breitseite {Fenster} Pissoir, sogar 1 Spiegel ist da. Leider habe keine

[31] Geheimkürzel für einen deutschen Aufseher bzw. Kommandanten.

Maße genommen, wie eng alles ist. Zwischen unserer und der nächsten Ba-{racke} ist ein Gang mit beiderseits Stacheldraht, in dem ein Posten steht, nachts mit Hund!, der morgens heult. Ahrons weiß auch, von Tarnowil [?], also funktioniert die Jpa.[32] Mache mir 0 Hoffnung, [als] Arzt zu arbeiten.

Samstag, 18.3.1944

Kaffee, Brot, f{ür} 2 Tg {Tage} - Renate und Frau van Tijn auch im Bett. Mutter hohes Fieber. Sie liegen gerade an einem Fenster, dem eine Scheibe fehlt. Beate hustet stark. Früh ist Morgengymnastik auf einem Sandstück neben der Baracke. Um ½8 [Uhr] habe ich schon gegessen und Visite gemacht. Nach Appell durch Brillemann Wilhelm Tell (der telt) {der zählt} lese, komme nicht auf Idee, Tagebuch zu führen. Der Männersaal ist kürzer, und da ein Revier, das von den 4 Schwestern Hartmann, van Straten, Landau, Davidson und einem etwas Invaliden Hans Stein gereinigt wird. Weiter abseits ist eine Latrine mit Deckeln, die ersten Tg {Tage} stündlich Frauen und Männer abwechselnd, dann wird eine Scheidewand gemacht. Die zwei Leute gehen im selben Abstand hintereinander, wie sie gekommen und trauen sich nicht, mit uns zu sprechen. Hinter dem W.C. ist ein Wachturm, der in Nacht einen Scheinwerfer bedienen kann. Davon wird auch das Licht automatisch ausgelöscht. Am Ende der Bar{acke} ist eine grüne Lampe, die im Notfall von innen angemacht werden kann. Dann kommen die Grünen. Die Suppe ist fett, sogar Fleischstückchen darin. Brot ist mehr als in W{esterbork}. Berechne auf +/- 1500-1800 Kal{orien}. Nehme Mutter Nachmittag ins Revier auf. Glaube abends eine Pneumonie zu finden und bin deshalb sehr besorgt. An Renates Fenster wird jetzt eine Schachtel [Karton] als Scheibe eingesetzt. In der 'freien Zeit' arbeite ich die aus W{esterbork} mitgenommene Chemie durch und lese die Offenbarung Johannis. Wir packen aus wegen der Bagageabgabe. Beim Appell erklärt Brillemann, er sehe abends in den Kästen nach, ob die Schuhe gut geputzt sind. Gleich beim Appell erklärt XX, daß eine Arierin unter uns ist, Zwalep (81) und darum von Appell befreit ist. - Gerda ging mit den Kindern nicht mit baden.

Sonntag, 19.3.1944

Süßer Brei, Jam, Kürbis, Butter, Suppe wie stets Gulaschtunke, Kaffee. - Dr. Elzas kommt mit einem Sanitäter *[33], sieht schlecht aus, geht mit dem Sanitäter "familiär" um. Beim Appell mußten wir im Regen etwas länger stehen, XX kam

---

[32] Jpa (gesprochen "Ipa"), "Jüdische Presseagentur", scherzhaft für Gerücht.

[33] * Geheimkürzel für einen deutschen Kommandanten; andere Zeichen sind: XX und XXXX.

mit einem 2ten: "Drüben hat etwas nicht gestimmt, darum kommen wir später." Es sind viele Medikamente abgegeben worden. Beim Nachzählen finde ich 200 Stück. Wie ich später sehe, sind die Nichtabgeber die Schlauen. Es geht jetzt (19.) alles zu Ende: Das Revier hat 6 Betten f{ür} Männer und 16 für Frauen. Aus dem Wachzimmer ist der Männerraum gemacht. Paul benutzt seine Krankheit, um viel Zeug in einen Überzug zu packen. G{erda} kann nicht gut packen. Gestern haben sie Vor- und Nachmittag Minyen [Minjan[34]] gemacht, tun es auch jeden Tag, stehen deshalb früher auf. Im engen dunklen Eßzimmer sitzt alles aufeinander. Bei Frauen ist es noch enger. - Beim Appell fällt Kind Barenholz zusammen, wird aufgenommen.[35] Berlin [?].

Montag, 20.3.1944

Kaffee, Butter, Brot. - Mit dem * kommt ein höherer Arzt. Lagerarzt Dr. -. Er findet die Abtrennung mit Decken auch an der Tür gegen die Zug [Zugluft] nicht gut. Dr. v.d. Laan Mark Kallen = Apotheker aus A'dam {Amsterdam}, der auch de Vries Robles gut kennt und van Ess[?] fordert mich auf, etwas über Infektionskrankheiten zu erzählen am Freitag. Später soll es schon zu spät sein. Wir einigen uns auf Mittwoch und nach Überlegung auf Kamphygiene. Früh habe ich mit Renate Krach, weil die Schwester anders gemessen hat als sie. Br{omberg} hat dabei mir gegenüber Nepotismus lassen fallen. "Ich bedauere auch, daß du mein Schwager bist." Sie droht, sich über die Schwester beim XX zu beschweren. Worauf sie den Wind von vorne bekommt [ausgeschimpft wird] als asociales Element. F. v. T. stimmt mir dabei zu. Beim Appell steht Revier beisammen. Da XX nur 2 Ä{rzte}, weil ich älter [Diplom oder Alter?] als Tas, wird er nervös. Konsulent. Alle Bücher werden zum Ausleihen zusammen gegeben. Mir imponiert, daß Walla Shakespeare liest. Wir wollen jeden hören.

Dienstag, 21.3.1944

1 l {Liter} Graupensuppe - Habe bei der Frühvisite Schwierigkeiten mit Frau West, die wegen Kopfschmerzen im Bett bleiben will. Kind Chajes lasse ich auch drin. Seine Mutter frägt mich, ich sage, nach Appell kann sie heraus. Worauf sie ihr laut über Saal zuruft: "Stehe auf und zieh dich an!" Ich werde nun wütend und bestimme W. auch zu Appell. Die droht mit dem XX und ist für Zureden nicht zugänglich. Frau Kaufmann macht mich darauf aufmerksam, daß sie Deutsche ist.

---

[34] "Zehn", zehn Männer, bei liberalen Juden auch Frauen, die zur Verrichtung bestimmter Gebete versammelt sein müssen.

[35] aufgenommen: aus dem Holländischen, gemeint ist: aufgenommen im Krankenhaus.

Der Lagerarzt fragt unsere Namen und holt dann Dr. Bromberg weg, wodurch Tas wieder die Männer nimmt.

Mittwoch, 22.3.1944

1x Kaffee [Essen nicht eingetragen] - Justine Stern Varicellen. - Auf Wunsch von v.d. Laan (½3 [Uhr]) Beginn 4 [Uhr] und das erst mit Protest gegen ein ...dienstfest [?]. Großer Erfolg: Frau West sagt gegen eine andere, sie weiß, wen ich mit asociales Element meinte. Ich rüge öffentlich die Drohung, wegen einer Kleinigkeit zum Deutschen zu laufen. Verschiedene Vorschläge, bes{onders} wegen LA {Luftalarm}, erweisen sich später als richtig vorausgesehen. Beim Appell überhöre XX: "Rasch, rasch ab" und gehe breitbeinig langsam zum Revier.

Donnerstag, 23.3.1944

Kalt, nieselt - Mittag wird erzählt, d{aß} Q{uarantäne} aufgehoben. Br{omberg} kommt, Fälle ansehen. OStA (Obersturmführer-Arzt) war früh da, kommt auf Nachricht und läßt sich Fall demonstrieren. 5 Uhr müssen wir Gepäck in [Baracke] 19 bringen, können auf Wunsch auch Wagen und Karren vollladen. Wir haben 2 Pferde und kein Benzin. Frauen dürfen nicht tragen. Frau Gokken kollabiert, gebe abends Tochter wenig Hoffnung. Meine Decken und Mantel verschwunden, schlafe halb angezogen in Kampdecken [Lagerdecke]. Simmel flucht, weil Stroh auf sein Bett kommt. Zeit vergeht mit nichts.

[Mit anderem Bleistift geschrieben:]

<u>Suse Birnbaum</u> morgens 39,8 [Temperatur] sehr dösig, Brechneigung, Schmerzen bei Bewegung, leichte Nackensteife.

3 Uhr ASR [Archillessehnenreflex] r - l -

PSR [Paeterlasehnenreflex] r -l -

Beinreflex l - r nur Biceps, deutliche Hypotonus der Beine, Parese [leichte Lähmung, Schwäche eines Muskels oder einer Muskelgruppe] der lang{en} Rükkenmuskeln. Fall wird von Dr. Tas weiter geführt.

Freitag, 24.3.1944

Kalt - Quarantäne - ½6 [Uhr] auf. Bin rasch fertig. Frau G{okkel} ist tot, wobei ich die Tränen nicht zurückhalten kann. Bringe sie unauffällig ins Revier, wo sie auf Bank liegenbleibt. Später nach Übersiedlung müssen die Schwestern sie einsargen. Hierbei schimpfen die Herren entsprechend. Brillemann: dreckige Sara, dieser faule Isaak. Ein dicker * mit Zigarre im Mund treibt uns beim Holen des Reviergepäcks an: "Zusammengelaufenes internationales Gesindel." Das ist aber bis 21.IV. der einzige Ausbruch. Die neuen Baracken sind steinerne Ställe mit je

45 Doppelbetten aus Holz, teils hoch, teils niedrig. A Saal Männer, B Frauen mit Kindern, C Frauen, D Revier, wo [ich] auch in einem Fensterbett [liege]. Durch Irrtum geben wir erst einiges Gepäck von Revier in H. was der XX wütend herauswirft. Medikamente gehen dabei kaputt. Da die Kinder Birnbaum alle husten und Temp{eratur} haben, nehmen wir sie nach starkem Protest der Mutter auf. Kind{er} Chajes und Pollak haben wir gestern entl{assen}. - Regina B. abends 38,2 [Temperatur] rectal.

<u>**Sonnabend, 25.3.1944**</u>

Regina Birnbaum 6 Uhr p.m. 37,8 PSR r + l - [Paeterlasenenreflex]
10 Uhr ASR r + l < ASR + > + [Achillessehnereflex]
PSR r + l <
12 Uhr 38,9 Py -
4 Uhr ASR r - l -
PSR r - l -
Py -

Mobilität +
Armreflexe +

Regina kam Donnerstag mit Fieber, Id. <u>braunem</u> Harn an und wurde von Dr. Bromberg aufgenommen. Fieber ↓. War am 22, 23 normal, Regina lag über Suse. Isolat{ion}.

<u>**Sonntag, 26.3.1944**</u>

11 Frauen, 7 Männer [behandelt] - Grippe 5 + Bronchit{is} 1, Mittelohr 1 Clor - * ist beinahe wütend, daß ihn wieder an W.C. erinnere. Kleine Pakler heißt Meier: "Wenn ich nun eine Kalle hätte, wäre ich ein Kallmeyer."[36] Am Ende des Blocks ist das Waschlokal mit kleinen Becken zum Spülen und hohen zum Wäschewaschen. Gegen den Tannenwald zu ist eine größere Sandfläche, worauf auch Balken zum Wäschetrocknen eingeschlagen werden. Beim Wachturm ist ein WC mit vielen Becken. Ein neues wird gebaut. Am Freitag mußten die Jungens Stacheldraht verstärken, eine Bahn von 2 m. Man darf nicht einmal zum großen

[36] Kalle: jiddisch für Frau. Kallmeyer: Hans Georg Callmeyer: Chef des *Referats Innere Verwaltung*, Teil des *Generalkommissariats für Verwaltung und Justiz* in den Niederlanden. - Als Jude im Sinne der NS-Gesetze galt, wer zwei jüdische Großelternpaare hatte, unabhängig davon, ob sie sich selbst noch als Juden betrachteten oder nicht, bzw. Personen jüdischen Glaubens. Da die Entscheidung über die Zugehörigkeit eine Sache von Leben oder Tod war, versuchten viele Menschen, ihre Registrierung als Juden wieder rückgängig zu machen. Callmeyer traf diese Entscheidung manchmal tatsächlich zugunsten der Antragsteller.

Lager rufen. [In Baracken] 24 oder 25 großer Krach mit Frau de Vries, welche sich über die Art, wie Dr. Tas weiße Mäntel fordert, aufregt. Ich ersuche sie, diese Kritik zu unterlassen.

Montag, 27.3.1944

Lau - 10 Frauen, 7 Männer [behandelt] - Renate entlassen.

Dienstag, 28.3.1944

10 Frauen, 6 Männer [behandelt] - M{ittag}: rote Rüben, etwas Kartoffel; A{bend}: 22 Uhr Kohlrüben; D{inner}: Kartoffel, Fleisch - 3; 42 [?] Feitsma tot. Mutter entl{assen} 14.42 [?] Habe vorher Levison wegen der Sterbegebete verständigt. Die Leiche wird mit 2 Pferden am Wagen abgeholt. Die ganzen Männer gehen zum Gittertor stumm hinterher. Lasse die Nachlassenschaft von Hans und Schw{ester} Hartmann aufnehmen. Erhalten dadurch Medikamente. Später machen 2 Kliniker bei Dasberg darüber Krawall, jeder beansprucht, etwas zu erben.

Mittwoch, 29.3.1944

9 Frauen, 5 Männer [behandelt] - Regen; ½ l Milch; M{ittag} 1 Rat{ion} Brot; Kartoffel Fleisch, 1 Eßl{öffel} Quark - Stein entl{assen}. Neumann Grippe, bei van Berg Darmkatarrh. Die Schwestern schöpfen das Fett von Gamelle [Koch- und Eßgeschirr] oben als Jus [Soße] über die Kartoffeln (für Schw{estern} und Br{üder}), dadurch haben Tas und ich kein Fett. Komme erst spät darauf.

Donnerstag, 30.3.1944

Lau - 11 Frauen, 5 Männer [behandelt]; Weißkohl, Kart{offeln} ½10 [Uhr]; D{inner} Brots{uppe}, A{bend} Mehl sehr dünn, (3/4 l Milch am 31. ausgeteilt) - Glück entlassen. Justus Stein hat plötzlich um ½12 [Uhr] einen encephalitischen Anfall. Puppillen starr, tonische Krämpfe. Schaum vor Mund. PSR - ASR -Kein Harnabgang. Miriam ½5 [Uhr]. Temp{eratur} 39.8, Babinska r + noch am nächsten Tag cmdere[?] Pg. - In der Nacht 3x Durchfall. Am 1/IV dito. - 3 Bab{inska} r +/-. Gordon r +5 N normal. - Frau de Vries ruft bei einem Ärger mit der Tochter: "Jesus Maria"

Freitag, 31.3.1944

Kalt - 10 Frauen, 3 Männer [behandelt]; D{inner} Kartoffeln, 1 Kohlrabi, 4 Eßl{öffel} Ovomaltine, 10 Zig{aretten} - rote Rüben{suppe} - Paul mit hohem Fieber von Zahn aufgenommen.

Krankentabelle Ende März 1944

Kinderk{rankheiten}	26	IV	27	Mann	28	29	Mann	31	Mann	32	Mann	3	Mann	4	5	6	7	IV
kinderkr. + lct.	2				2	2		2		1		2		2				
lct.	1	1	1	1		1	1	1	1	1	1	1	1	1	1		2	1
Grippe	5	1	4	1		4	1	4	1	4	1	4	1	4	1		3	1
Bronchitis	1		1															
Mittelohr		1		1	dito		1		1		1		1	1	1		1	2
Varizellen	1	1	1	1		1	1	1	1	1	1	1		2	1	1		1
Darmkatarr						1		1		1	1	1		1	1	1		1
Semium	1	1	1	1		1	1	1	1	1	1	1	1	1	1		1	1
Ulcus Ventri																		
Prostaat												Rhe	uma			1 1	1	2
Herzschw{ache}		2		2		11	5	10	5	10	6	10	5	12	5	2 6	9	9

Samstag, 1.4.1944

Regen - 1 und 2 [April] 10 Frauen, 6 Männer [behandelt] - 11 Uhr dünnste Mehlsuppe, ½ l Milch.

Sonntag, 2.4.1944

Regen - 1/3 l Milch; lx Kaffee, D{inner} = dicke Graupen, M{ittagessen} = 25 gr Butter, 4½ Ovomaltine; 4½ > 5 gr. Wurst.

Montag, 3.4.1944

Ab und zu Sonne - 10 Frauen, 6 Männer [behandelt]. 100 gr. Wurst, rote Rüben; D{inner} Hühnersuppe, 1/3 l Milch, 7 Zig{aretten} von Aaron und Hundiger. A{bendessen} = dünne Nudel[n] um 6 Uhr - Kohn aufgenommen zur Schwitzkur.

Dienstag, 4.4.1944

12 Frauen, 5 Männer [behandelt] - M{ittagessen} Kohlr{abi}, rote Rüb{en}; Beate D{inner} dicke Kart{offeln}, Fl{eisch}, ½ l saure Milch; A{bendessen} dicke Mehl, 1/3 l Milch; F{rüh} Inferron [?] 3 Stück Wurst, Knoll 1/6 Br{ot}, 9 Karotten f{ür} 2 Kinder; esse Kartoffel so aus der Hand.

Mittwoch, 5.4.1944

Kalt; 12 Frauen, 5 Männer [behandelt] - [Essen] = dick, mit Mehl, Kartoffeln, viel Fleisch, ½ Brot, 25 gr. Butter, 1 Eßl{öffel} Quark (½ Rat{ion} 35 cm verdorben) 4 Eßl{öffel} Ovomaltine. - Mr. de Vries hohes Fieber, Grippe. Der Morgen ist zu idyllisch. Wenn ich Bett und Leib fertig habe, frühstücke ich mit dem Tuch am Tisch, mache meinen Rapport und sehe dabei Außenkommando oft in Wetter und Wind antreten, sie marschieren, und der Wachsoldat geht absichtlich nicht im Tritt mit. ½8 [Uhr] kommt Kela für die Frauen Säle holen, um 8 Uhr Krakenberger den Rapport aufstellen. Echt bürokratisch. ½8 [Uhr] X, auch später kommt XX.

Donnerstag, 6.4.1944

12 Frauen, 6 Männer [behandelt] - lx Kaffee von niemand geholt. D{inner}: Grieß, Fl{eisch}, A{bendessen}: 2 Knäcke, 40 gr. Butter - Koon [Kohn?] entl{assen}, dito Neumann. Paul entlassen [?], ebenso Gerda's Wunsch [?], Justus Stern gegen. Er liegt direkt neben Beate. An einem Dienstag macht X unbegründet um 7 Uhr einen Riesenkrach, daß noch nicht sauber, obwohl ihm gleich gesagt, daß noch begonnen. Er verkündet seine künftige Ankunft um 8 Uhr und kommt von nun an nur ans Gitter.

Freitag, 7.4.1944

Sonne - 9 Frauen, 9 Männer [behandelt]; ½10 D{inner}, ½2 dick Grieß, A{bendessen}: rote Rüben 1/3 l. Milch - Mevr. [Frau] Berg entl{assen}, bedankt sich. - Wenn es in der Nacht regnet, so ist das Klosett ganz naß. Sehr eindrucksvoller Seder, schön gesungen von Levisson. Der Fluch bei offener Tür ist sehr eindrucksvoll. [Dieser Satz ist ganz unklar.]

Samstag, 8.4.1944

Sonne - 8 Frauen, 11 Männer [behandelt] - Wasche in W.C., aber es geht. Viele putzen sich mit dem Pissoir-Wasser die Zähne. Kommandant erkundigt sich nach P. und diskutiert ernsthaft die Wasserbesorgung und läßt am Ende der Bar{acke} im Freien eine Waschgelegenheit bauen. Die Essenbringer müssen mitarbeiten. Frankenthal entl{assen} bedankt sich bei mir und gibt mir Pfeifentabak. "Hat mein innerstes Wesen erkannt, das merkt man." Sein Sohn aufgenommen. Varizellen [Windpocken]. Beate hat es auch seit gestern. Beschießung durch angloamerik{anischen} Aeroplan [Flugzeug]. 2 Tote im Stammlager. - Kind West Varizellen. - De Vries am 9. wohl.

Ostersonntag, 9.4.1944

Sonnenschein, warm - dichte früh. - 8 Frauen, 10 Männer [behandelt]. - Im Sternlager, Arbeit von 6 [Uhr] an. Kind West Varizellen. Verband von Wessels. Lese Henry IV. 11 [Uhr] gehen viele Flieger über uns hin +/- 80 direkt ? weiter nördl{ich}. Im Essen Speck! 2 [Uhr] etwas geschlafen. Beate ißt wenig, legt sich nach Tisch ins Bett und abends 38.9 [Temperatur]. Reflexe normal. Früh keinen Brei, erhalten dafür abends prompt. Bei Tisch Luftalarm, dadurch Gerda spät essen. Es fliegen nördlich viel über. Nachmittag mit Gertrud über Grete L{aqueur}, an der sie kein gutes Haar läßt. Die EHBO von Luftschutzgruppen sind aufgestellt. [2 Zeilen Steno]

Resignation um Irene (9.4.1944)

In höchster Not gedenk ich der,
Die meiner Jugend Krone.
Ihr holdes Bild naht mir im Traum,
Und wachend hör ich ihre Stimm.

Das war eine ruhige, glückselige Zeit,
Wir kannten weder Zank noch Streit.
Vom Auge sah ich ihrer jeden Wunsch,
Und sie verstand mich ohne Wort.

Doch unser Weg blieb nicht vereint,
Nicht stand ich fest auf eignem Grund,
Und bauen mußt ich erst das Haus,
Eh ich zur Frau sie fragen durft.
Und so kam es, wie es kommen mußt,
Wie Jettchen Geberts[37] Dichter sagt.
Und wenn ich endlich bin erlöst,
So sind wir einander völlig fremd.

Mit ihr verglich ich jede Frau,
Ihr Name war stets teuer mir.
Und preisen tu ich das Geschick,
Das einst mir schenkt ein solches Glück.

---

[37] 'Jettchen Gebert': Romanheldin in Georg Hermanns (alias Georg Borchardt, 1871-1.9.1943, emigrierte 1933 nach Holland, wurde als 72-jähriger in Auschwitz-Birkenau ermordet) gleichnamigem Biedermeier-Roman aus dem Jahre 1906 mit dem Leitmotiv: "Und alles kam, wie es kommen mußte." (Fortsetzung 'Henriette Jacoby' 1908). 'Jettchen Gebert' war in den zwanziger Jahren auch in Holland sehr beliebt: Es ist die Geschichte einer jüdischen Familie in Berlin zu Ende des 19. Jahrhunderts, der junge Mann hatte sich in Jettchen verliebt, kann sie aber nicht heiraten, weil er nicht genug verdient.

Montag, 10.4.1944

Regen, lind - 9 Frauen, 10 Männer [behandelt] - Wasche in freier Luft unter Sprüher. - Brei morgens, Beate 38,5 Refl. + Kind West unruhig. Mej. [Fräulein] Zwalep ¾ arisch beklagt sich bei mir über Beschimpfung durch Sam O. Frau K. bringt es in Ordnung. Gegenüber werden Löschapparate ausgegeben. 11 Uhr Bridge mit Krakenberger. Essen spät, da Deutscher nicht aufsperrte. Dadurch nur bunter Nachmittag. Gedicht von Mej. Kaars über Kampbeurteilung draußen sehr gut. Renate über G IV [?] auch gut. Gerda sehr zärtlich. Beate ißt gut. Es ist abends, ehe man es sich versieht und noch nicht dunkel. Putze noch meine Schuhe und spreche etwas mit Fr{au} v{an} T{ijn}. Seit 2 Tagen habe ich die helle Decke wie eine Mumie um mich als gegen Abend nicht getrunken habe [man versuchte abends nichts zu trinken, um den beschwerlichen Gang zur "Toilette" zu vermeiden].

Dienstag, 11.4.1944

Sonne - Nehme braun{en} Anzug, putze die Braunen [Schuhe]. Nur Beate 37,3 [Temperatur] etwas Pusteln. Ißt gut. Appell 0 Männer, 3 Frauen krank. Revier 9 Männer, 9 Frauen [behandelt]. - Kommandant befiehlt Luftalarm, der wirklich ist. Untersuchung Neubauer (+) Angres 3. Lese, Patience. Zwischenfall mit D. wegen Brief von Fr{au} van Tijn. Frau Schwarz findet es ein{en} Skandal, daß wir kein Essen bekommen. Gestern abend ist das Zahngeschwür von Paul durchgebrochen.

Sonntag, 12.4.1944

Gutes Wetter - Um 5 im Freien ganz gewaschen, dann noch etwas geschlafen. v. T. berät mit Tas über ihren weiteren Aufenthalt. Packe D. wegen der Briefe und weise darauf, daß die Obersten das Beispiel geben müssen. Vor 8 [Uhr] noch hinüber zu Gerda und Kindern. Nur Beate 37,3 [Temperatur]. fidel. 1 Frau Lungenmetitis. Appell im Regen kurz. 11 [Uhr] mit Krak{enberger} spielen, aber Essen kommt zeitig. Infolge einer Szene zwischen Frau K. und S. Hartm. allen Schweindl predigt [?], wobei H. wieder frech. Nur 3 Kartoffeln, aber Maria findet viel Fleisch. Schlaf 2 Uhr. Beginn EHBO[38] wegen Luftalarm abgebrochen. Mit den Posten im D den Feuerwehrgriff geübt sowie Transport. 1 Toter. Ich [lese] "Was ihr wollt", Patience, Tagebuch und Gedicht. ½3 [Uhr] Alarm. X kommt seit paar Tagen nur an das Gitter. Erzähle den Kindern abends "Was ihr wollt", Dr. Faust. Sie haben aber nur anfangs Interesse.

[38] E.H.B.O.: Abkürzung für "Eerste Hulp bij Ongelukken", Kurs über "Erste Hilfe bei Unfällen", in Amsterdam hatte Dr. Felix Oestreicher solche Kurse durchgeführt (vgl. S. 259).

Donnerstag, 13.4.1944

9 Frauen, 10 Männer [behandelt] - Rasiere mich in Poliklinik mit heißem Wasser. X: "Bald ist die Isolation fertig. Dann kommt ihr alle rüber." Wir kauen [?] nicht mehr so langsam.

Freitag, 14.4.1944

10 Frauen, 10 Männer [behandelt] - Kaffee. - Zum letzten Mal? Rübensuppe, Brei, Brot - * sehr kurz. Später erkundigt sich O.St.A (Oberstabsarzt) nach unserer Ausbildung und schreibt sich meinen Namen auf. G{erda} darüber sehr unglücklich. Sie und Mu{tter} verwöhnen mich danach sehr. Packe alles mit Rücksicht auf Quarantäne. Ich will gerne Arzt bleiben. - In aller Frühe habe Herzberger Andree gratuliert, der über Adresse sehr gerührt. Seine Frau schickt ihm einen richtigen Geburtstagsteller, ihr einziges Geschirr. Gibt mir ein Stück Brot mit Wurst! - Nach Tisch 1 Uhr E.H.B.O. Auf der anderen Seite plötzlich Geschrei: Sie müssen in 10 [Minuten] die Baracken räumen. Dann kommen, es ging wirklich fabelhaft schnell, Innendienst vom großen Lager, während die Griechen schon draußen am Auto warten. Ohne Stern, ans Kamp gewöhnt. Wir verstärken unsere Absperrungen. Auf der anderen Seite kommt eine SS-Meisterin, um 6 [Uhr] müssen wir stehen, sitzen überall, rauchen auch. Frau Zwalep steht stets jetzt an der Bank, muß von mir aus der Reviertüre entfernt werden. S{ie} ist der richtige Dirnentyp, dabei angeblich gutmütig, gegen uns harmlos! Mich kann ihr ostentatives Rauchen während des Appells und Kokettieren mit jeder Uniform rasend machen, möchte sie peitschen. - Das Essen wird oben an das Türchen gebracht, wie [ich] es schon früher vorschlug. Wir streuen Kalk an der unteren Tür.

Samstag, 15.4.1944

Sonne - 10 Frauen, 10 Männer [behandelt] - Kaffee, Krautstampot [Eintopfgericht] mit Kartoffeln drin. - 1 Brei, Brot 2x, Butter, Marmelade - 3x auf. Rasiere mit warm{em} Wasser und neuer Seife in Poliklinik. Oberstf. {Obersturmführer} kommt ans Gitter mit Sani{täter} und nimmt Personalien der Schwestern auf. Kann dabei für Schwester von Emden sprechen, die auch mit Vorbehalt notiert wird. Wessels verbunden. Später kommt Br{uder} Hartmann und Strater gehen mit und Emmering, weil der niemand im Lager hat. Nach Tisch Luftalarm, gerade als mit E.H.B.O. beginnen will. Lese Heinrich V. und Macbeth. 3 [Uhr] Kursus Verdauung, die Menschen kommen allmählich. Um 4 [Uhr] verabredet J., daß er in ½ Stunde kommt. Lasse Susi an das Gitter bringen und alle fertigmachen. ½5 [Uhr] kommt ein anderer U.S. [Unterscharführer], ob die Kinder nicht laufen können. Erkläre ihm die - Pm [?] - S. hatte v. E. nicht genommen. Die Kinder sitzen auf den Bahren wie bei einer Prozession. Frau B. sieht ihnen noch nach, Mann stand bis zum Abholen dabei. Nehmen Kea v. W. ins Krankenhaus. Br. hat an Sohn gesagt, wir gehen morgen. Am Zaun werden die Kranken gefragt. Ins Altersheim kommt vorläufig niemand. Albala[39] kommt nicht zu P. "Er hat Arbeitskräfte notwendig." Man behauptet, daß er auf uns "eifersüchtig" sei. Vormittag mußten überall die Matratzen und Decken geklopft werden. Im Spital taten wir es. Abends spaziere mit G{erda}, die erleichtert ist. Wir haben uns auch letzten Tage sehr gehenlassen. Beim Betreten des Sales wird nicht gegrüßt. Die letzten 2 Tage kauen wir nicht so langsam. Sonne war sehr kurz. Sie haben alle 4 getrunken. 3 waren in Nacht bei Br{uder} wegen Diabstrich und ... [Stenozeichen]. Lahme: "Wir gehen alle zu Grunde und wissen, durch wen." Es kommt ein Soldat als Posten mit Hund und eine Stange sperrt F. und G. ab! - Stein erzählt über Tod. - Landau Nachtdienst, zum letzten Mal?

Ausbruch [15.IV.1944, vgl. S. 220 links Mitte]
Hörst du das Vogelgezwitscher im Baum
Sie können fliegen im weiten Raum
Laßt uns auf ihre Lieder lauschen
Hören auf der Bäume Rauschen
Braten in der Sonne Schein
Laß uns ganz gedankenlos sein

Gebt mir den Besen in die Hand
den ein armer Freund uns band
Gebt mir Bücher, gebt mir Karten
Ach, ich kann nicht länger warten
Gebet mir ein Tränklein ein
Laßt mich doch gedankenlos sein

Laß mich nicht mehr Betten sehn
Laßt mich mal am Gitter stehn
Gebt mir eine alte Zeitung
Ich unterliege der Verleitung
Will nicht klagen, was wir müssen
Will nichts von Gefangenschaft wissen
Die Kleider sind Fetzen

[39] Jacques Albala, griechischer Lagerältester.

Wir lassen uns hetzen
Nicht gehen, laufen,
Nicht trinken, saufen
Nicht Zeit zum Essen
Nur zum Vergessen.

Weißt du noch? [vgl. S. 220 rechts oben]
Weißt du noch wie wir daheim
Wohnten im sonnendurchströmten Raum?
's Morgens weckte sie Eltern und Kind
's Mittags lacht sie ins Zimmer der Schul
Abends wärmt sie im Garten die Rast.

Weißt du noch wie wir daheim
Abends aßen am großen runden Tisch
Fröhlich schwatzten die Kinder und
Warfen der Katze heimlich Brot
Fleisch und andre Brocken zu,

Weißt du noch wie wir daheim
Abends saßen im Garten süß
Dufteten Veilchen, Flieder, Jasmin
Während du nähtest und flicktest, las
Laut ich vor aus Zeitung und Buch.

Wißt ihr noch, wie ihr im Kamp [Lager]
Haustet, aßt und schliefet im Dreck?
Ängstlich durchwachtet die Nacht vor Transport
Wird man uns fragen dereinst,
    aber wir
Werden schweigend ... [Stenozeichen] [Gedenken der Not]

Modell (15.4.1944, acht Zeilen Text in Steno)
Die Betten sind glatt geschlichtet,
Die Kästen gerade gerichtet,
Geputzt sind Schuhe und Kragen,
Doch die Kinder werden verdorben.
Sie kennen weder Gehorsam noch Pflicht,

Sie lassen sich nichts sagen.
Wir sind schon lange gestorben,
Wir wissen es nur nicht.

Sonntag, 16.4.1944

Lau, wenig Sonne - fette Erbsensuppe, breiartig mit viel Fett und Fleisch - morgens Pap [Brei], abends Kaffee; 3 Frauen, 10 Männer [behandelt] - 2x in Nacht, ½6 [Uhr] auf, will eigentlich nicht die Decken rollen, bis Gerda es tut in Ledermantel. Es fällt mir auf, daß v. T. sich rasiert, während ich esse. Wasche mich ganz in Poliklinik mit warm{em} Wasser. Brei für alle gewärmt, nachher Frau H. geholfen. Preßburg hat Belag auf Tonsille [Gaumen-, Rachenmandel] und Uvula [Gaumenzäpfchen]. Gebe Unterscharführer Krankenstand, während Bromberg und Aaron abstreichen. Us (Unterscharführer) schimpft, daß wir die Di{agnose} und Pm {post mortem?} gemacht hätten und hört nicht auf v. T, da doch der Osta {Oberstabsarzt} selber gesehen habe. "Ja, das ist die selbe Schweinerei wie oben, die haben Dreck in den Mund geschmiert." (bei den Polen). Nach IV kommt [d]er Tod [Kreuzzeichen] und Br[?]. Ihr bleibt. Nach Appell wird P. geholt. Dabei wieder Geschimpf über sein Gepäck v.T.: "Man will sich doch das Leben noch angenehm machen." - "Das Gepäck kann infiziert sein." - "Ach was nicht bang [ängstlich] sein, was hat man schon vom Leben." Sehr spät essen und die Essenträger sehr loben. Dr. Loteryman ist Essentr{äger}. ½5 [Uhr] statt ½3 [Uhr] jüdischer Nachmittag. Vorher Appell Brillemann[40] sehr rasch. Schickt mich wieder früher weg. Komme nicht zum Spazieren mit Gerda. Herzberger hat 39,9 l{inks} h{och} und Dämpfung. Rasseln. Der Zellstoff ist verschwunden, weshalb lange Konferenz mit Dasberg, der mit mir den Sonnenuntergang bewundert. Habe etwas Macbeth gelesen. Wir versuchen noch, im Freien mit Esbit[41] den Kaffeefilter auszukochen, aber dann geht es am Ofen. Trockne wieder die Hausschuhe. Schlafe rasch ein, fühle mich voll. Richte wieder Bett her. Schlafe auf der Decke. Kein Licht mehr, nur Kerze. Weder Gerda noch ich haben hier neue Freunde gefunden. Frau West macht Krach, um Kind bei sich zu haben.

Montag, 17.4.1944

Lau, wenig Sonne - 3 Frauen, 11 Männer [behandelt] - Kaffee, Krautsuppe mit Kartoffeln, Brot, Butter, Löffel Jam, Suppe; Nur um 5 Uhr 1 x auf. In der Poliklinik rasiert bei offenem Fenster. Gerdas Erbsen sind gar, Mutters alte Suppe sauer,

[40] Brillemann: Name für einen SS-Mann, vielleicht derselbe, der "Wilhelm Tell" genannt wird.

[41] Trockenbrennstoff, etwa im Aussehen von weißem Traubenzucker bzw. Würfelzucker.

mein Becher wird umgestoßen. Beim Abräumen des Tisches finde unter Medikamentenschachtel d{en} Zellstoff. ½8 [Uhr] Scharführer: D. bleibt 3 Tage, andere gehen weg. Wir danach. Fräulein Möller noch rasch aufgenommen und Pfleger auf 6 umgeschrieben. Beim Appell weiß Blonde Mientje[42] nicht vom Weggehen! Poliklinik: Neumann mit Piner [?], Barenholz dito, Klint dito, alles kleinste Infektionen und Hedemann. Frau Frankenhuis: Kommandant kommt mit Moeser. S. D. [?]: Quarantäne nach 5 Tagen. Wieviel Palästina? Wieviel überhaupt aus Holland? Vorher rede Beate ins Gewissen, daß [sie] folgt und ißt. Bridge mit Krakenberg. Dr. P. ißt die Kartoffel mit Schale. Frau Neubauer protestiert, daß nur sie und nicht Mechanicus von Zaun jage. Kauverin erkundigt sich über Feitsma's Gepäck, das er nach A'dam {Amsterdam} mitnehmen will. Schlaf, Macbeth, Patience, Tagebuch. Semmel muß ohne warmes Wasser abziehen, da er weniger nicht nimmt. Noch 1 Karren Kohle. - Frau H. ist trocken, Herzberger 37,9 [Temperatur], aber hinten noch Befund, Rasseln besser, Wunde offen. - Br{uder} bringt Libazol und wird von Posten, der nicht instruiert, rasch weggeschickt. Mutter macht Hafermehlkuchen. Gerda hat immer Hunger, gibt zu, gestern gutgewesen zu sein. [?] Ich auch. Sie ist jetzt sehr hübsch, etwas mager. Beate hat aus Jamglasdeckeln, Fläschchen etc. Sandformen, ist doch sehr verdrießlich. Maria klagt auch, daß die Kinder sie plagen [ärgern]. Bespreche nach Essen mit G{erda} die Gedichte. Schreibe. Bespreche mit v. Coevorden die Medikamente und seine Sperrung. Seit 2 Tagen wieder Jpa. - Speyer Frau 19 schlecht, kein Fieber. Die Jugend spielt abends laut lachend "Dritten abschlagen" und Ballspiele etc. - Coevorden Nachtdienst.

Dienstag, 18.4.1944

Sonne, erst kalt - 4 Frauen, 9 Männer [behandelt] - Kaffee, Rübensuppe mit Kartoffeln + Fleisch. Suppe, Brot. Verbrenne Brot beim Vorratrösten. Wärme Suppe für Gerda. Sehr zeitig fertig. Saal nur Speyer 0, Hedemann, Myom? Berichtige Krankengeschichten. Tagebuch. Schw{ester} Landauer entschuldigt sich, daß ohne mein Vorwissen mit S. sprach wegen Arbeit im Krankenhaus. S. [ver-] weigert Ausstrich Frau Pressburg: "Wenn man nichts sieht, dann ist nichts. Da könnten wir drüben stets ausstreichen." - "Dann wird auch die Epidemie nicht aufhören. Wir haben Sie gewarnt." - Wessels viel besser. Lese Macbeth in Sonne. Essen draußen. Maria hat große Langeweile. Nach dem 1 Stunde Schlaf. Cymbe-

[42] "Blonde Mientje" ist ebenfalls ein Spitzname; wir Kinder sangen ein Lied nach der Melodie von "Auf der Heide steht ein kleines Blümelein", das folgendermaßen begann: "Blonde Mientje hat ein Herz von Stacheldraht..." [Mientje ist ein weiblicher Vorname, es handelt sich jedoch um einen Spitznamen für einen Mann].

line. Während Luftalarm, ziehe mich um und verändere [?] die Rasierseife. Tgb {Tagebuch}. Um 5 Uhr zu G{erda}. Im Osten steigt viel Rauch auf. Gegenüber arbeiten sie durch. Dr. Loteryman, Arzt, muß Bettstellen tragen und eine schwere vorher von Bulldog [Traktor] gezogene Lore schieben. Die Schildwache steht draußen. Frl. Zwalep kommt mit ihm kokettieren. Sie war heute etwas ungehalten, daß sie statt Kela bei den Kindern beim Appell sein mußte. Dieser um ½10 [Uhr], sehr rasch. Brillemann sieht schlecht aus. Abends muß [ich] noch Wessels verbinden. Kann dadurch nicht mit Ger{da} sein, die ganz oben im Windschutz des W.C.-Neubaues sitzt. Sehr müde, ist plötzlich 9 [Uhr]. ½12 [Uhr] wache durch Luftalarm auf, lasse Schw{ester} Kerze ausmachen und hinlegen. Abends hatten Stein und von Coevorden 38.6 [Temperatur]. Reflexe +. Nach LA {Luftalarm} sind mehrere Einschläge etwas weiter im Süden hörbar und Abwehr? - Habe beschlossen, morgen frei zu nehmen. Mutter kam noch gute Nacht sagen. - Die Griechen bekommen mehr Brot, mehr Pap [Brei] und besser.

Mittwoch, 19.4.1944

Rauhreif, bewölkt - 4 Frauen, 10 Männer [behandelt]; Kaffee, Erbsensuppe m{it} Fl{eisch}, nichts dazu bereitet, Brei, Brot, gegorener Kürbis - 6 [Uhr] auf. G{erda} kommt nach Rasieren um warm{es} Wasser, wäscht draußen in der Kälte, bringe ihr warme Suppe und Kaffee. Die gespannte Wäscheleine ist nicht brauchbar, da jemand darunter eine 2te gehängt hat. Es stellt sich heraus, daß es die Krankenhauswäsche ist. Nach Wortwechsel entschuldigt sich Frau Neubauer. Neumann spendiert 1 Zigarette. Bei der Wäsche, gedeckt durch sie, spreche mit Max, der verwundert mich hier zu sehen. Man darf 1 Stück halten. Statt Ap-p{ell}: LA {Luftalarm} (12 Uhr) Br. mit Lenz, der Zustand Wessels gut findet. Mutter preßt er die Parotis [?] aus. Nach Essen Beratung mit Frl. L. Möller über Infektionsbaracke. Tgb {Tagebuch}. In Sonne ½4 [Uhr] Appell, die XX müssen, da nicht angesagt, warten. Rasch Karten, nicht gut gespielt. Wieder durch Übersiedlungsbericht gestörter Abend. G{erda} packt. Ich in Kissen Wäsche. Gertrud ist bei Unterredung erst freundlich, hat nichts gegen Gerda, wird alles für sie tun, will aber dann nichts von meinen Verdiensten wissen. Vor 6 [Uhr] müssen wir interne Liste wegen vermindert Dienst abgegeben [haben], dann kommen aber Nachzügler. Etwas Sonne bekomme noch 9 [Uhr] ins Bett, lasse noch brennen. Sobald die Schw{ester}[:] um ½10 [Uhr] Licht aus, anrate [anrät], geht es aus. ½10 [Uhr] 10 Trompeten später Einzelschüsse. Musik, Gesang, Regen. Kann über die Undankbarkeit von Gertrud nicht einschlafen. ½12 [Uhr] auf. Gute Zeitungsnachrichten, die eifrig besprochen werden. Lisel schreibt aus W{esterbork} vollkommen glücklich über Otto.[43] Gelungen, daß ihn von Wien aus kenne. Habe die Brotration geröstet.

Donnerstag, 20.4.1944

Sonne - 5 Frauen, 10 Männer [behandelt] - Kaffee, Kartoffelsuppe mit Fleisch, Brot 2x, dickere Pap [Brei]. - ½6 [Uhr] auf, da zeitigen Aufbruch erwarte, warme Fußwaschung, Rasur, nur etwas packen, bringe G{erda} Pap [Brei] und Gedicht. Frau Möller tadellos. Alle Pat{ienten} unter 37,5 [Temperatur]. Frühstücke, Tgb {Tagebuch}, etwas Poliklinik. Das Essen soll seit 2 Tagen besser sein. Außendienst bekommt mehr auch die Schuhe. Sehe in Rasierspiegel, daß Bart grau. Große Poliklinik: Barenholz, Frankenhuis, v. Tijn, Stern, alles kleine Infektionen, Klappholz (Ulcer? Pancreas Cyste ?) Etwas sonnen und schreiben, ½12 [Uhr] Essen, warten auf LA {Luftalarm}. - Br{omberg} berichtet, daß X sehr auf Tas und mich hält. Den ganzen Nachmittag in Sonne geschlafen oder über Diamond Jim gelesen. Tgb {Tagebuch}. Tom Poes mit Kindern gespielt. Es geht Jpa, daß Plan besteht, alle Palästinenser[44] in einem Lager zu vereinigen. Renate will hierbleiben. X hat sich nicht gezeigt. Frau Pakter hat 38,1 [Temperatur], Reflexe +. Packe alles für Revier ein. Medikamente an Kela. Lange mit G{erda} spazieren wie ein junges Paar. Herr Frankenhuis erzählt über Heimkehr. Mr. de Vries schätzt noch 100 Tage. Fr{ankenhuis} will uns dann mitnehmen.

[43] Otto: Otto Birman; Liesbeth Oestreicher, Schwester von Felix, heiratete nach dem Krieg am 6.5.1945 Otto Birman aus Wien; sie wurden ab 1948 Beates, Marias und Hellys Pflegeeltern.

[44] Inhaftierte, die Einreisepapiere für Palästina besaßen (vgl. S. 264ff.).

3. "Sternlager" Bergen-Belsen: 21.4.1944 - 10.4.1945

Freitag, 21.4.1944

Sonne - Kaffee, Kartoffelsuppe, Pap [Brei] - ½6 [Uhr] auf. Draußen gewaschen. Es ist so friedlich. Ruhig. Der Posten ohne Hund pfeift. Rasiere, mache alles zurecht. Paket von 1.IV. aus A'dam {Amsterdam}. Zucker, Mehl, Hafermehl. Noch Simon Dasberg verbunden, warten in Sonne. [1 Stenozeichen] verbunden. Zeugnis Kela v. d. Walde und Frau Toren warten in der Sonne. Die Kinder gehen mit dem alten Herrn Levisson, der ihnen etwas erzählt. 10 [Uhr] Übersiedlung, die reibungslos vor sich geht, aber schlecht organisiert ist. Die Kranken gehen selber nach [Baracke] 10. Medizinflaschen werden achtlos beiseite gesetzt usw. Br{omberg} ist nicht so optimistisch.

Samstag, 22.4.1944

Bedeckt, dann Sonne - Kaffee, schlechte Rübensuppe, Pap [Brei], 2x Brot. Durch Beten geweckt. In Nacht 1x durch Maus geweckt. Morgens durch Beten. Werde von 6-7 [Uhr] bequem fertig; auch mit Rasieren. Semmel fragt naiv nach Kaffee. Vor Appell noch mit Frau Prof. Lefkowitz gesprochen über G{erda} Dienst. 1 [Uhr] Appell. Danach müssen van der Laan, Brombergs und ich M{ittags} Matratzen tragen. ½1 [Uhr] müssen alle antreten. Wir werden zu Brauer eingeteilt, der sein technisches Fach versteht. Ungarn, viel{e}, die bis vor kurzem noch völlig frei waren, sind dabei, darunter 1 Geiger, der 23. IV. spielt, französisch erzählt: Rhein, Ruhr völlig in Trümmern, fuhren daran in 2. Klasse vorbei. "Prima Lager", "Glückwünsche von Kommandant", "Abmarsch militärisch zur Gerätausgabe", "Keine Schaufeln". Danach 20 von 40 [Männern] weg. Regulierung des Abhangs einer Ge...alsbaracke [?]. Dann Gamellen mit Dr. Loteryman. Das mußte erst der Frau Binendienst [Name]. Es geht, 5 Uhr fertig, aber so müde, daß nur noch sitzen, nicht schreibe. Treffen dann Max, Dr. Schweitzer usw. Dr. Mehler will mich ¼5 [Uhr] Gamellen tragen lassen: Protestiere dag{egen). In Nacht viel geflogen. Fürchterlicher Geruch von Urinalen, die nicht gesäubert. Mr. Roos liegt in Nähe schwer nervös. Jucken von Zunge und Fingerspitzen. Empfehle ihn wegen p.u. [?] an Nordheim.

Sonntag, 23.4.1944

Sonne, etwas bewölkt - süßer, bei uns dünner Brei, Erbsen, Fischpaste, Jam, Butter, Kaffee. - 1x [WC] draußen. Vor 5 [Uhr] auf, sobald ich die Schuhe anhabe, ruft jemand. 1 Stunde später Appell. Rasiere langsam, bin mit Brot 10 vor 6

[Uhr] fertig. Kann aber nicht mehr schlafen. 7 [Uhr] bei Bauer angetreten. Bekommen Schaufeln. Er zeigt vor. Veränderung einer Abfallgrube, da Stroh verbrannt werden muß, müssen wir unterbrechen. ¼10 [Uhr] Ap{pell}. Er findet erst eine Gruppe von 8 nicht, hält eine 6 dafür, dadurch fehlen ihm 2: Warten. ½11 [Uhr] warten auf Gamellen [Koch- und Eßgeschirr]. Beim Tragen lecke ich die abfließende Suppe mit dem Finger von Gamelle und Ärmel ab. Vordem [Bevor] die Schuhe [Kommando] nach Hause kommen, kann schon essen. Zuerst Streit mit 2 Damen, die ausgerechnet ihre Plätze am Tisch haben wollen. G{erda} bei Kartoffeln. Schlafe 1 [Uhr/Stunde?], dann Vortrag von Rauer über Landwirtschaft. Hans Stein ist 1-armig. "Portier von Krankenhaus." Br{omberg} berichtet, daß Ton der D{eutschen} in letzter Zeit besser geworden. Tas wurde von seinem Barackenältesten nicht an Werkappell geschickt. Levisson erschien auch nicht. Van Tijn ist nirgends zu sehen. 4 [Uhr] gutes Konzert (Geige, Gesang, Jazz, Vortrag in [Baracke] 21 anscheinend einer Elitebaracke). Die Birnbäumchen winken von ferne. 6-7 [Uhr] LA{Luftalarm}, essen dabei, dann Tgb {Tagebuch}. Mit Kollege Dünner über > Tod der Alten. Auch er nimmt [als] Ursache zuviel H_2O an. Sein Vater lebt koscher und ist trotz Herz gut. Im Joodse Invalide[45] sind noch 6 Pat{ienten}. Die Barackenleiterin ist hier wegen Zw. und W. abgetreten. Renate will, daß Paul zu Schuhen geht.

Montag, 24.4.1944

Kalt - Kaffee, Erdäpfelsuppe, dick mit viel Fleisch, Kaffee in Arbeit, gewöhnlicher Brei, Brot - Beim Frühappell: "Alles zu den Schuhen." XX abzählen, im Schritt und in 5 Reihen zu den Baracken hinter [Baracke] 28. "Neue vor! Bis 50 dahin." Bleibe bei den Älteren. In Stall, wie... sind Tische für 10. In alte Helme kommen: Textil, gutes Leder, Abfall gesondert. Messer liegen da. 9 x 25 Paar bringt einer an pro Tag. Diese Woche müssen 6000 statt 4000 gemacht werden. Ich arbeite so, daß ich im Jumper und Rock sitzend, schwitze; suche System hineinzubringen ins Trennen. Sehr staubig, +/- 10 [Uhr] werde herangeholt ins Magazin, um Schuhe zu vertragen [verlegen]. Nach wenigen [Minuten] sehe ich, daß schlecht angereicht wird. Reiche an und schichte mit auf. Bierhaak läßt mich helfen und sagt, ich müsse bei ihnen bleiben. ½12 [Uhr] Abmarsch, wieder XX zählen. Nachmittag werde gleich aufgerufen im Magazin. B{ierhaak}: "Sie bleiben bei uns." Meyer nimmt dann die Personalien auf. 2-3 Waggons Wäsche sind aufzustapeln. Ich steige auf den Haufen und baue. Der XX zeigt dann, wie Schuhe geschichtet werden. Warten auf 2 Loren [bis] ½6 [Uhr]: da bleiben alle 50.

[45] Name eines Krankenhauses in Amsterdam.

Kann G{erda} Nachricht geben. ½8 [Uhr] fertig. Alles liegt voll, müssen die 2 Loren noch bis zur Küche schieben. Rasch essen, wasche mich ganz. ½9 [Uhr] ins Bett. Frau Pakter ins Spital aufgenommen.

Bei den Schuhen* [vgl. S. 221]
Im Traum noch seh ich im gleichen Schritt
uns schwanken und schwenken hinaus zum Tor,
Gezählt gerichtet nach links und vor.
Ob alt oder jung, alles muß mit.
Ein kurzer Marsch an der frischen Luft,
Vom Wald ein bißchen Tannenduft.
Und dann hinein in ewgen Staub,
Die Schuhe trennen, trennen die Schuh
Mit Messer, Schere, pack an, greif zu,
Herrgott, der schläft, der will, ich glaub
Heut abend noch am Gitter stehen!
So wird gefront, geflucht,
Bis daß der Obschaf [Oberscharführer] Mittag pfeift.
Rasch zählen ab zu fünfen,
Die Mützen ab, weg alles, schnell,
Das Mittagessen rasch hinein,
Auch hierbei Unrast, Zanken, Schrei'n.
Und wieder pfeift es zum Appell,
Und wieder zählen Fünferreihen,
Und wieder in den Staub hinein,
Und wieder Schuhe, nichts als Schuhe,
Zertrennen, zählen, ordnen, richten,
die Sohlen, Kappen, Schäfte schichten,
Bis endlich pfeift es Abendruh.
Ob heute ich spreche noch das Kind?
Doch meist schon zu Bette sind.
Ein Kuß, ein Buch, das wäre nett.
Doch müde, müde, zu Bett, zu Bett.
So hasten wir, Tag aus, Tag ein,
Im Schlafe noch in Fünferreih'n!

Bei den Schuhen
Alte, neue, groß und klein,
Schwarze, braune, dreckig, rein.
Schuhe, Schuhe immerzu,
Schuhe von König, Schuhe von Stoffel,
Herren-, Damen-, Kinderschuh,
Schnürschuh, Stiefel und Pantoffel.
Schuhe zählen immerzu.
Weg die Hacken, die Sohlen trennen,
Kappen ab, die Nähte reißen,
Schere fehlt, mit den Zähnen reißen.
Wieder um neue Schuhe rennen.

Dienstag, 25.4.1944

Regen - Kaffee, gelbe Rüben, Kartoffelsuppe, Brot, dünner Pap. - Schlafe schlecht, weil immer an das Bett denke. 5 [Uhr] auf. Rucksack geht ins Bett. Unrasiert zu G{erda}. Abmarsch mit Schuhkommando. Wir stapeln die Wäsche weiter. Schon um 9 [Uhr] esse hoch oben unterm Dach mein Brot. Namen werden gefragt wegen Extraportion. Es ist angenehm, weil [ich] immerfort Lage verändern kann. Die ganze 0 dieses Systems zeigt sich dabei. Sie hetzen beim Ausladen von Waggon und Lore, dadurch gehen alle Päckchen auf, und statt gleich zu schichten und auszugeben, muß erst umgeschichtet werden, gebündelt, wieder geschichtet und dann erst ausgegeben. Auch würden die Leute ganz anders arbeiten. Um etwas zu leisten, schreien sie. Erst ¾12 [Uhr] Abmarsch rasch im Regen. Spät Appell. "Palästina[46] austreten." Nach ½ Stunde im Regen stehen: "Familie und Papiere holen." Bei XXXX stehen 2 Zivilisten. +/- 300 werden aufgerufen, dann "Abtreten": XXXX kommt wegen Wut in Baracke. 1 [Uhr] schlafen. Habe mit Dünner die Kalorien ausgerechnet: +/- 2000? Besuch im Altersheim. Dann mit G{erda} wegen Binnendienst.

Mittwoch, 26.4.1944

Sonne - Kaffee, 1½ l Erbsensuppe, zur Strafe 6-7 Uhr Appell - 5 Uhr rasiert. G{erda} noch im Bett. Die Wäsche bringen wir von vorn nach hinten, morgen muß sie wieder wegen Ausgabe nach vorn. Die Uniformhosen, die wir heute gestapelt haben, müssen morgen vorne ausgegeben werden. Während des Luftalarms ist der Kommandant bei uns, hat Sorge, daß eine Mauer durch die Sohlen

---

[46] Inhaftierte mit Einreisepapieren für Palästina (vgl. 20.4.1944, Fußnote 44).

eingedrückt wird. ½1 [Uhr] alles antreten, die Liste von gestern wird nochmals aufgerufen. +/- ½2 [Uhr] ab. Irgend etwas klappt mit unserem Marsch nicht bei der Werkstatt, weil XX sehr flucht und wir keinen Kaffee bekommen. ½7 [Uhr] pünktlich ab. Alles am Appellplatz gezählt. Dabei Tgb {Tagebuch}. Kaufmann usw. Sind jetzt wieder in [Baracke] 10, Gertrud hatte recht, daß sie nicht arbeiten muß. Brillemann schlägt den Boxer. ¾8 [Uhr] ist Appell aus. Sie haben ein Kommando vergessen. Nicht verlautbart, daß bis ¼10 [Uhr] bei den Frauen.

Donnerstag, 27.4.1944

Warm - Kaffee, Erbsensuppe, Brei, Brot - Sehr müde. Die Arbeitskameraden machen mir begreiflich, daß ich wie ein Pferd arbeite. G{erda} in Kartoffelküche. Beim Mittagstisch wollen die Frauen, welche schon lange am Tisch sitzen, uns nicht ranlassen. Abends neue Zuweisung mit demselben Erfolg. Eine Frau läßt Tochter, welche am Vortage saß, nicht aufstehen.

Freitag, 28.4.1944

Sonne, kalt - Kaffee, Selleriesuppe, dünn, Brei, dünn, Brot, Quark - Beate hat eine Drüse, r{echts} am Hals, die auf 10% Ichthyol zurückgeht. Frau Sternberg gibt Quark aus und erhält viel dabei, und ich habe den Eindruck, daß sie einen Eßl{öffel} zu wenig gibt.

Samstag, 29.4.1944

Sonne, aber kalt - Kaffee, Spinatsuppe, m{it} Kartoffeln + Fleisch, 2 x Brot. - Kalte Nacht mit 1 Kamp[Lager]decke, 1x draußen [Klogang], mit G{erda} morgige Karte beraten. Renate meint, Gertrud spricht Ohm [Onkel] Siegfried, der bald auch über uns berichtet. Habe schon heraus, wie mich bei Arbeit ruhig verhalten muß. Die Menschen sind unbegründet gereizt, z.B. Hesse wieder. Schichte die Sohlen. LA {Luftalarm}. Der XX Heinz sieht begeistert die Flieger: 3 ↓ [werden abgeschossen] Fritz, unser X ist sehr still. Vom ½1 [Uhr] Appell heimgeschickt, bis LA {Luftalarm} ab. Herr Semmel ist wieder auf [Baracke] 26. Er war zur Beobachtung 1 Tag im Spital, dann nur so in 12a (Erholungsbar{acke}) Frage abends Frau P. mit Roos zu tauschen. Sie ist sehr abweisend, verlangt schriftlich [Bestätigung] von Dr. Meiler. Ich ärgere mich, daß Juden so ungefällig. Nicht in [Baracke] 27 zu essen wäre: die Kinder nicht sehen zu können. G{erda} ist gerade noch gut ins Spital gekommen, alle anderen müssen in die Schuhe [Werkstatt]. Nach Mittag-Appell lassen sie uns 1 Stunde stehen, weil sie nach LA {Luftalarm} erst essen. Magazin 4-½7 [Uhr] jedoch dabei Kaffee. Habe jetzt heraus, wie [ich] Sohlen schichten muß: im Mäandermuster. Mein Bettnachbar hatte

1 Woche (seit 10 Febr. hier) Ödem. Nach der Fischpasta sind seine Beine wieder schlank. Renate hat jeden Abend 38.2 [Temperatur]. Frau Neubauer ist gegen eine Schwester in der Isolation ausgetauscht. Alle haben wenig gearbeitet wegen Schabbes. Die Omi ist in [Baracke] 28, worüber G{erda} unglücklich ist. Auch die Kinder fragen, ob sie nun wirklich um 6 [Uhr] die Betten machen kommt.

Sonntag, 30.4.1944

Kalt, Regen - dicke Suppe, Erbsensuppe, extra Portion, Kaffee, 1 El {Eßlöffel} Jam. - 1x raus, Licht 4 [Uhr], rasiere gut, immer noch mit selber [gleicher] Klinge. Hosen gehen nun alle weg. Leinenkammer nimmt unsere Vormittagsarbeit ganz ab. (15 Ballen). Bierhaak sieht zu, immer auszuteilen. Vor Appell G{erda} gesagt, daß Tgb. Tagebuch [heißt] . - Essen in Ordnung. Cohen verschafft Unterschrift von Beppo und Meyer, und wir bekommen wirklich 1 l. Suppe extra. Muß auf Karte warten. Ziehe mich um. Tgb. {Tagebuch} Kinder schreiben eine holländische Geschichte. Frau R. sehr froh, beim Mann zu essen. In [Baracke] 16 wird viel Brot gestohlen. Rauche seit langem wieder 1 Pfeife, viel Speichel. G{erda} hat Topf mit der Erbsensuppe so schlecht hingestellt, daß Maria ihn irgendwie umgeworfen hat. Darüber großer Krach. M{aria} will aus irgendeinem Rechtsgefühl nicht abwaschen. Omi macht Beate Vorhaltungen, die auch heult. Es ist zu wenig Kaffee ausgegeben, so daß nur Mu{tter} hat.

Montag, 1.5.1944

Kaffee, Suppe, dicker Pap - Großer Lärm beim Suppenholen. Die Rinne im Waschraum ist voll, da soll mal was reinfallen. Gegen 1 [Uhr] hören von Wagenankunft. Einige Ältere werden befreit. Alle anderen müssen arbeiten. Beim Ausmarsch befiehlt Fritz, Gamellen extra Essen, so daß wir 54 rasch arbeiten, gleich die Stiefel zählen. Während Auto am Bahnhof schlafen. ¾6 [Uhr] dicke Extraportion, abends die Abendportion. In [Baracke] 21 (bei Griechen) ist Konzert, zu dem nicht gehe, sondern um 7 [Uhr] ins Bett.

Dienstag, 2.5.1944

Kalte Pilzsuppe, sehr dünne Kohlsuppe, Kaffee, Brot, Salat - Schwer gearbeitet, da alle Schuhe von gestern gezählt und geschichtet werden müssen. Nachmittag kommt noch 1 Waggon. Der Fritz treibt. Wie ich ganz müde vorne noch aufbaue, beginnt Levy noch mehr zu verteilen. Fritz baut mit und begrobst mich: "Wenn man mit euch arbeitet, so wird man 30 Jahre älter. Kann man sich gleich aufhängen." Sehr müde, gerade durch die dünne Suppe. G{erda} begleitet mich nicht mehr. Muß noch die Kaffeegamelle wegbringen. G{erda} ist böse, daß ich die

Hände nicht reingewaschen habe. Esse mit Messer und Gabel. Hatte viel Pech, direkt um 1 [Uhr] aus Küche 11 mit 10 Männern heraus zur Arbeit geschickt zu w{erden}.

Mittwoch, 3.5.1944

Kalt, Regen, später Sonne - Kaffee, Suppe, Erbsensuppe, 1x Brot, 1x nachts [Klogang], G{erda} hat Brechdurchfall, dunklen. Slicht 37.8 [Temperatur], muß arbeiten. Meyer trägt mir auf, in [Baracke] 7 die Sohlen aufzubauen, auch Mittag. Frau Pinner will das Essen nicht mehr geben ohne schriftliche Bestätigung von Andriessen. Gebe ihr den von Mehler unterschriebenen Zettel, daß sie es mit ihm ausmacht. Wieder um ½7 [Uhr] Appell in Wind, dabei Tgb {Tagebuch}. Diskussion mit Vorst{er} über Halten aller Gesetze. Meine Morgenbrote sind von Mäusen angefressen. Ein Mann fällt in [Baracke] 8 in Ohnmacht: rote Lippen, Druckpuls 30, hat das angeblich von Schwitzen. Pupillen nicht beachtet! [Baracke] 28 wird entlaust. Frau Hirschfeld beklagt sich über Frau Semmel, daß die alles erleichtert hat.

Donnerstag, 4.5.1944

2x Kaffee - Erbsensuppe, Brot - G{erda} Brechdurchfall, Mutter durch die Entlausung erkältet. 1 Waggon Stiefel wird eingeladen, wieder bei M{ittag} bauen. Später müssen alle Sohlen aufgeladen werden. Bekomme allmählich heraus, wie man die Arme schwingen muß. Nachmittag verdrücke ich mich in die [Baracke] 8 und dann in [Baracke] 7, (Frauen Uniform trennen). Bändchen aussuchen, wobei mich ausruhe. Beppo treibt so an, daß wir gegen ihn murren. Er wirkt wie ein kleiner Kläffer.

Freitag, 5.5.1944

Kalt, Hagel - Schwammsuppe [Pilzsuppe], M{ittag} Makkaronibrei, A{bend} Graupen, Brot, Seife - 1x nachts. - Gerda noch Durchfall. Man ist so mit sich beschäftigt, daß wir ganz abwesend grüßen. Max G. hat 11 Falten zwischen Nase. Wir stellen ([am] 7.) fest, daß alle Männer jetzt etwas besser aussehen. Wieso die Frauen, trotzdem sie vom Essen abgeben, besser aussehen?? Fritz sehr leutselig, erzählt Frl. Speyer: "Wenn es auch sehr schlecht geht, muß man nicht verzagen. Es kann immer noch ein Wunder geschehen. Nicht nur euch geht es schlecht. 1 Sohn, 1 Jahr im Lazarett. 1 tot" (wird erzählt 2). Später wirft er einen Mann in die Stiefel und schlägt einen 2ten. Sehr müde, versuche abends vergeblich Dasberg zu sprechen. Erst um 9 [Uhr] schlafen.

Samstag, 6.5.1944

2x Kaffee, Kohlrüben, 2x Brot, Rübensalat, Seife - G{erda} schon am Werk [an der Arbeit]. Vorne Stiefel bauen. Der gestrige Bau ist in der Nacht eingestürzt bzw. stürzt bei unserer Ankunft. Bad. Die Schuhe werden ausgegeben, so daß nicht mehr bauen [aufstapeln] muß. Abgeschittene Hosenbeine beschützen wohl die Hände, aber rutschen, wodurch schlechte Arbeit. Nachmittag infolge des wenigen Mittagessens sehr müde. Rückenschmerzen. Nach 3 [Uhr] Kaffee und das von Mutter zu Ehren von l{ieben} Großvater gegebene Brot verzehrt. Auch leichte Arbeit bei Wäsche. Herr ... hat Ödem. Er lebte schon in W{esterbork} koscher, erst hier Fleisch (15.II.) noch kein Quark. Beim Bad gerade Sonne. Paket aus A{msterdam}. Paul bringt das 2te! Bekommt dafür ½ Portion Mittagessen. Gab für 1 Portion jemand 8 Zigaretten. Ein Dr. Klein aus Prag ist vor 5 Tg. {Tagen} erst gepackt [verhaftet], zeigt Bilder seiner Frau aus Liebenau. Erst um 9 [Uhr] zum Schlafen gekommen. Nachbar ist Brot und Zigaretten gestohlen. Kinder schlafen schon. Frauen werden auf Läuse untersucht.

Sonntag, 7.5.1944

Kalt, Regen - Kaffee, Suppe, Spinat mit Kartoffelsuppe. - Sehr müde. G{erda} eilt ins Spital. Nur Wäsche gezählt, oben und unten am Berg. Probleme des Kinderunterrichtes. 10-½12 [Uhr] LA {Luftalarm}. Fritz steht von ½2 [Uhr] bei uns, erzählt, ein Jude habe von Argentinien geschrieben. Es gibt nur ein Deutschland. Sauberkeit und Ordnung. Levi pflichtet ihm bei. Die Bahnhöfe waren schöner als in Wien. V. und ich schweigen. Soll ihm sagen? Mäuse haben unser Brot gefressen? Da in W.C. (bei den Schuhen) ist eine gehackte Grube, die Harnrinne läuft durch den Frauen-Abort ab. Keine Waschgelegenheit bei Arbeit, dito in der Frauenbar{acke}. G{erda} mußte bei Nacht und Regen im Freien Luft auf eine Tonne machen. Beim Heimmarsch straft der Arbeitsführer einen Mann, weil er im Schmutz nicht den Schritt hält. Schlafe nach Essen, bespreche mit Mu{tter} ihre Karte. Kinder schreiben eine Geschichte. Helfe Kaffeegamelle hereintragen. Mein linker Schuh leckt, aber Sohle ist gut. Wolf hat schlechte Schuhe. Beim ersten Griff finde beim Stapel etwas Passendes, aber ohne Zunge. Er läßt sie deshalb hinten stehen, wo sie L. findet, M. bringt, der sie für seine Frau nimmt. W{olf} reklamiert sie vergeblich. Ich konnte doch nichts sagen.

Montag, 8.5.1944

Kalt, Sonne - Kaffee, Morgensuppe, M{ittag} und A{bend} Graupensuppe, deren Extra für Morgen behalte. Brot - Der Schneider Cohen (vom Dam [Platz in Amsterdam]), hat sich in Nacht die Rad{ial-Arterie} [Arteria radialis] durchschnitten (ist später tot). Durch Verbandanlegen Zeit verloren, so daß G{erda} gerade ins Revier sah gehen. Paul geht wie ein müder Arbeiter. G{erda} sagt, ich auch.

Dienstag, 9.5.1944

Erst kalt, dann Sonne - Schwamms{uppe], Dörrkarotten mit Graupen, Brot, Rübensalat, rest. von Mittag, 1x nachts [Klogang]; - sehr schlecht geschlafen.

Mittwoch, 10.5.1944

1x [Klogang] nachts beide Fenster offen, M{ittag} Erbsensuppe. - Verlege Tintenstift, beim Suchen nach den Handschuhen 1 gefunden. G{erda} früh noch im Bett, muß 1 [Uhr] Appellstrafe stehen, weil irgendwelche Kinder nicht ordentlich standen. Meyer hat Pneumonie, und es gibt kein Dagenon. Beate hat etwas Fieber, bleibt im Bett. Mittag rechnete sie mit mir Brüche. G{erda} und Maria baden. Sehe sie vom Hinterfenster. Vormittag die Schuhe nach hinten gebracht und dabei Pakete losgemacht. B. ist sehr arbeitseifrig, da er die Päckchen hinunter wirft, beschimpfte ihn. Nachm{ittag} Frau Speyer ist von Alaluf wegen Bruch (eingeklemmt) operiert. Der San{itäter} sah zu.

Donnerstag, 11.5.1944

Sonne - Schwammsuppe, 1x Brot. Cohen ist in der Nacht gestorben (½8 [Uhr] Kollaps durch?). Max hat seine Falten [im Gesicht] verloren, was doch einige Tage weniger Arbeit tun [ausmachen]. Anita sah schon gestern besser aus. Beate noch im Bett zurück. Haste zum Ap{pell}, aber komme wie der Wind [schnell] zur Zeit. Levy ist ziemlich aufgeregt. Das Arbeiten ist nicht mehr angenehm. Warten jetzt auf sonniger Straße. Beim Marsch dahin 80 cm Abstand mit Sprechverbot. Wir trösten uns, daß die Arbeiter in Schlesien und Manchester auch 11 Uhr mit schlechter Kost arbeiten. L{inke} kleine Zehe ist geschwollen.

Freitag, 12.5.1944

Sonne - Erbsensuppe, 2x Brot, rote Rüben. - Baue ruhig Schuhe auf und nachher noch Wüstenschuhe, gerade richtig, weil was im Gang liegt, wieder weggeholt wird von Weiß, soviel daß Pfeiler [Säule; es handelte sich um einen Raum mit wenigstens einer Säule bzw. einem Pfeiler] frei wird. Levy und Fontein klagen über steife Finger, die im Nu besser werden. Aaron: Ödembeginn, Durchfall.

Samstag, 13.5.1944

Sonne - Suppe, Pap [Brei] mit 8 (2x Kartoffeln), Gurke, Brot. - 2x [Klogang]. - Früh mit Gasmaske. Nm {Nachmittag} 1 Uhr LA {Luftalarm}, starke Krämpfe, so daß kaum gehen kann. A{bend}: 4 zu Sohlentragen bestimmt. Revoltiere nach 3x als mir 1 [?] auf Hand fällt. L. bestimmt Bierenhaak erst Nm {Nachmittag} dazu (V. hat mit ihm gesprochen). Jpa über Landung in Kiel. Br{omberg} rät A. zur Krankenmeldung. Mu{tter} hat Reis gekocht. Von 84 Karten sind 40 zurück, weil bestimmte Dinge angefordert. Kindern etwas Geographie. Ma{ria} hat wieder Ausschlag. Sohlenaufbewahrung ein großes Problem. Dr. Tas muß stehen, wird sehr geplagt.

Sonntag, 14.5.1944

Sonne - Suppe, Spinat mit Kartoffeln. - 2x, [Toiletten-]Papier wieder [vorhanden], ins Bett geraten, 38,6 [Temperatur]! Nussbaum schickt zum Ap{pell}. Mit etwas Bammel [Angst], bei den Kranken aufgestellt unten am Hof. Etwas merkwürdig, alle vorbeidefilieren zu sehen. Sch{uhe} II [Arbeitsgruppe] marschiert am besten. Scheint am meisten gedrillt. Rau schickt mich ins Spital. 1 Stunde warten. Sani{täter} erkennt mich, 4 Tg {Tage} Bett. Schlafe bis ½12 [Uhr]. Temp{eratur} wird d{urch} Schwester nachkontrolliert. Birnb{aums} bekommen wieder Milch. Susie hat Herzbeschwerden. ½1 [Uhr] alle antreten. Abends kommt Max und Frau nach mir fragen. Der Mantel von Pich ist aufgetrennt. Abends Krämpfe. Gespräch mit Menco über Diarrhöe. Es war noch einmal Antreten. Eine Gruppe mußte bis ½9 [Uhr] stehen.

Montag, 15.5.1944

Kalt - Suppe, Porree mit Mehl und Kartoffel, 1x Brot. - Merkwürdig, das Erwachen der Ba{racke} zu beobachten. Lese bei Licht, später ist es genügend hell, wenn nicht so viel auf den Betten wäre. Blonde Mientje beanstandet die Kasten [Schränke] von außen, Wilhelm Tell nachmittags von innen. G{erda} hat zum Waschen die Bürste von hier mitgenommen und wird von Gelber deshalb beschimpft. Rasiere mich. G{erda} schläft bis 4 [Uhr] auf Nachbarbett. Lese Nietzsche und finde es große Schwätzerei. Kann nur einen ganz platten Roman verdauen. Die Birnbaumkinder sind zurück, die Schwerste hat jetzt Herzbeschwerden.

Dienstag, 16.5.1944

Kalt - Suppe, Spinat sehr gebunden, Kartoffel. Spinatsuppe, Brot. - App{ell} wird weggeschickt. Alle Kommandos sind zurückbefohlen. Lubben war sehr aufgeregt. Wildestes Raten darüber. Ich Frieden oder Regierungswechsel. Sofort Klosett. Als dann nur 30 Ungarn aufgerufen werden, bin ich nicht enttäuscht. Hier sind alle Gefühle oberflächlicher. G{erda} hat 39,7 [Temperatur], kommt Nachmittag nicht. Mutter bringt Essen, G{erda} die Brote. Mr. de Jong 2 Eßl{öffel} Hafermehl roh. Steinberg kommt sich nach mir erkundigen. Den Spinat der Suppe esse ich nicht, gebe ihn jemand, dessen Frau sich dafür bedankt. Die Männer [Baracke] 13-16 sind ein Problem, gehorchen nicht Dr. Mehler, lärmen viel und wissen wenig mit sich anzufangen.

Mittwoch, 17.5.1944

Kalt - Suppe, Erbsensuppe, süßer Kaffee, Nacht 0, Brot, Jam, Butter. - 3 Uhr 1x gebund{ener} Stuhl, ½5 [Uhr] aufstehen, rasieren, fühle mich wohl. Gerade als ich zu G{erda} will, steht Sani{täter} vor [Baracke] 11A daher Tg {Tag} in Sonne am Fenster.

Donnerstag, 18.5.1944

Wärmer - 2x Kaffee, Suppe, Makkaroni, 1x Brot - Gut geschlafen. Kann arbeiten gut. Levy läßt mich Mittag heim, weil Rek{onvaleszenz}.

Freitag, 19.5.1944

Suppe - Erbsensuppe. - Weiß mich 45 [1945] nur zu erinnern, daß mir Fontaine gratuliert [Dr. Felix Oestreichers Geburtstag!]. Paul gibt mir verschwiegen 1 R{ation} Brot, Renate 1 (ziemlich gestopfte) Garnitur Jägerwäsche von seinem toten Vater [der Vater von Paul war schon gestorben]. M{ittagessen} wahrscheinlich vor [Baracke] 26, ob Mu{tter} oder Beate es für mich holte? In Nacht sehr unruhig, da bei G{erda} Pneumonie vermute. - [Dieser Text wurde 1945 mit Tinte über einen kurzen, ausradierten Text geschrieben.]

Samstag, 20.5.1944

Kalt - Blumenkohlsuppe, Dörrgemüsesuppe ohne Kartoffel, Apfelsinensaft, Brot. - G{erda} 37.3 [Temperatur]. Mutter berichtet über G{erda} abends 40.3. Bin darüber sehr froh, finde abends 0. Wir helfen wieder beim Einladen. Schuhkappen müssen früh herausgetragen werden, dann bleiben 10 Männer extra über M{ittag} da. [Text wie am 19. Mai 1944, später mit Tinte überschrieben]

Sonntag, 21.5.1944

Wärmer - Brot, Suppe, M{ittag} Erbsenbrei, Apfelsinensaft, Jam. --- G{erda} früh 38.3 [Temperatur] - 3 Uhr 40.3 trotz Areanol - 6 [Uhr] 40.6 - Lunge nihil [latein. nichts], leichte Geräusche. Mutter berichtet früh. Aufräumen und Aufbauen von Sohlen. Um 11 Uhr will Meyer Stiefel haben. L. hatte ihm 3x vorher angeboten. War mit L. am Holzplatz, blühende Erika [Blumen], versteckte in der Arbeitsschürze die Blüten, so daß G{erda} nichts davon hatte. Heim bei LA {Luftalarm} ½12 - 3 Uhr. J. sehr down. Bridge mit de Jong. Da sie früh so gegen die Mäntel toben, das Polster bei G{erda}, baue den Mantel ins Bett. Der Apfelsinensaft macht großen Durst. Die Italiener sind teilweise als [wie] Engländer ohne [gelben] Stern am 22.[5.?] schon in der [Baracke] 10. Die Kinder gehen von selbst um 6 [Uhr] schlafen. Frau West antwortet, als ich mich bei ihr wegen Belegung ihres Bettes entschuldige, sie wisse doch, wen sie vor sich habe.

Montag, 22.5.1944

Kalt, Sonne kommt nicht - Suppe, Makkaronisuppe - Sehr kalt ohne Jumper, schlecht geschlafen durch LA {Luftalarm} und Bombardement gehört. 150 P{aar} Stiefel [weg]getragen. Sohlen langsam gebaut [aufgeschichtet]. Gute Latrinenstimmung. G{erda} aufgenommen. ¾1 [Uhr] - LA {Luftalarm}. Tgb {Tagebuch}. Rajes kann auch nur schlafen.

Dienstag, 23.5.1944

Br{omberg} gab mir ständige Besuchserlaubnis wegen G{erda}s Lebensgefahr. G{erda} schickt immer ein Teil des Essens zu uns.

[Mittwoch, 24., 25., 26. und 27. Mai 1944 kein Tagebucheintrag]

Sonntag, 28.5.1944

Schlechter Spinat. - Nach Tisch sollen Kinder Wäsche von mir holen. Kommen gerade vor LA {Luftalarm} in Bar{acke}. Erzähle [Märchen] Reinecke (Fuchs). Lese Bibel vor und lasse Beate weiterlesen. Schlafe dabei, 1 [Uhr] beim Friseur. Dann rumgetrödelt bis ½8 [Uhr] bei G{erda}, die besser.

Montag, 29.5.1944

Warm - Suppe, Gort [Graupen]. - LA {Luftalarm} 11-3 [Uhr]. Vielleicht habt ihr Glück und müßt nicht mehr zurück. Nur knappe Zeit zum Essen. Abends erst mit Händen Sand getragen, d.h. ich bloß am Oberkörper mit Becher geschippt. ½10 [Uhr] alle in [Baracke] 55 raus, mit Eßnäpfen Sand tragen: Strafe, weil Bauer zu wenig Arbeiter! G{erda} sehr lieb. Bringe ihr die zurückerhaltene Vase.

Dienstag, 30.5.1944
Warm - Suppe, Spinat, Graupensuppe. - Der bestellte Waggon kommt pünktlich! Alle Schuhe, Filzstiefel und Tropen[stiefel] gehen weg, trotzdem 1½ Waggonladungen zu wenig.

Mittwoch, 31.5.1944
Warm - dickere Suppe, Spinat. - Abends durch LA {Luftalarm}, lange bei G{erda}, welche sehr gut aussieht und sehr zärtlich ist. - Bin diese Woche nicht bei Stimmung, so daß nichts schrieb, füllte [schrieb] alles am 4. ein [nach]. Wegen der Ankunft einer Kommission ist ziemliche Aufregung bei Barackenleitern und Aufsicht.

Donnerstag, 1.6.1944
Warm - dickere Suppe, Makkaroni, Kaffee, 4x Brot, Apfelsinensaft. - Verliere die Besuchserlaubnis, da G{erda} schon viel besser.

Freitag, 2.6.1944
Kalt, später Regen - lx Kaffee, etwas dickerer Spinat. Graupenbrei, 1x [Klogang], 1 Paket. - Karte an G{erda} und Renate. Durch Zufall kommt Herr Herschberg, Schwager von Berta, zu stürzen. Weil ich einen Dieb aus unserer Ecke entfernen will, finde [ich] Pfeife wieder im Bett (am Fußende). Kann dadurch 6 Rasierklingen nehmen.

Samstag, 3.6.1944
Kalt - ? Suppe, sehr dünn Dörrgemüse, Kaffee, Graupenbrei, - 1x [Klogang] artig [?] - Renate 1 Paket. Max hat stark abgenommen, fühlt sich wohl, gibt eine Scheibe Brot für das Mittagessen. Alle mögliche Meinungen über die Kommission, deshalb Großreinemachen, das am Schabbat nicht gern gesehen ist. Die gehen nur in [Baracken] 1, 2 und 11. Mir macht der Sohlenberg keinen Spaß mehr. Nach Tisch throne ich auf meinem "Monument" und falle beim Dösen fast hinunter (mannshoch). Tas wird als Nerventöter von Heinz mit Erschießen bedroht. Die Bewacher vom Bekleidungskom{mando} sind ohne Gewehre ausgerüstet.

Sonntag, 4.6.1944
Kalt - Kaffee, Grießsuppe, Erbsensuppe, lx [Klogang]. - Gerda schreibt zufrieden. Sortiere, muß danach fegen, kurzatmig. Sortiere. Rote Mientje schlägt in [Baracke] 8. Nach Tisch schlafe etwas, Bridge. Wegen Kaffee abgebrochen. Beate 39,3 [Temperatur], etwas roter Hals. Tgb {Tagebuch}. Essen, Maria ißt

einen Topf Snert [Erbsensuppe] auf. Renate gibt mir Empfangsbestätigung von Mutter.

Montag, 5.6.1944

Kalt - Sternsuppe, Graupensuppe, Rhabarber, warm, Butter - 1x [Klogang] - Reinemachen. Sehe Maria um 6 [Uhr]. Beate 37.3; 39.1 [Temperatur] nihil [latein. nichts], vielleicht roter Hals.

Dienstag, 6.6.1944

Kalt - verschiedene Suppen, Makkaroni, Gerstensuppe - Beate 37.3; 39.3 [Temperatur].

Mittwoch, 7.6.1944

Kalt - Kaffee, Spinat, Marmelade, Kuch{en}. - G{erda} sieht gut aus. Karten 1.V. Zuerst sehr besorgt über Beate. Max hat G{erda} Blumen gebracht. - 1 Waggon gut ohne viel Schimpfen herein.

Donnerstag, 8.6.1944

Regen, kalt - Kaffee, Erbsensuppe dünn, 2x Kaffee, 2x Brot - B{eate} 0. - Lichtenstein abgesetzt dafür Poliakoff. Sehen Kommission von Ferne. F{ritz} [Deutscher] droht: "Wenn ich von Invasion reden höre, kann es Tote geben!"

Freitag, 9.6.1944

3x Kaffee, M{ittag} Spinat besser, Graupen, lx [Klogang] - Bei G{erda} um ¼6 [Uhr].

Samstag, 10.6.1944

Kalt, Regen - Kaffee, Endivie dünn, 2x Kaffee, lx Rhabarber, Marmelade, 2x Brot - Dr. Kahn verspricht, sich für mich einzusetzen.

Sonntag, 11.6.1944

Kalt, Regen - Kaffee, Reis, Zwiebeln, Kartoffel, Rhabarber, Butter, Kaffee, 2x [Klogang] - Karte, bei G{erda} um ¼6 [Uhr]. ½2-3 [Uhr] großer Appell. - Sehr schwieriger Sohlenbau. Dr. Schweitzer sehr anständig. H. schlägt die Leute, um das Zelt leer zu bekommen.

Montag, 12.6.1944

Kalt - 3x Kaffee, Zwiebeln, Kartoffel, Graupenbrei, 2x Brot - sehr ruhig. - H. von Hazelipp [Deutscher?] abgelöst. Beate wird vernünftig und gibt Kartoffel! an Maria. Gerüchte von Zurückhaltung von Päckchen. - 24.VI. [dieser Satz wurde am 24.6. dazugeschrieben]: Diese [Gerüchte] stimmen, 2 von unseren [Paketen] sind anscheinend erst wieder zurück mit roter Karte und dann umgepackt.

Dienstag, 13.6.1944

Sonne - 2x Kaffee, Erwtensuppe [Erbsensuppe], Graupensuppe. - Fritz will 120 Sohlen täg{lich} entnageln lassen und stellt abends die 8 ans Heck wegen der Arbeit und Warnung von Rau. Brillemann radelt herum und fängt die Nachzügler ab zum am Zaunstehen [Stehen am Zaun].

Mittwoch, 14.6.1944

Kalt - 3x Kaffee. - Frau Roos ist krank, deshalb muß ich in [Baracke] 11B essen. Beate stellt sich für mich an, bringt auch ihre Schüssel mit, da meine Gamelle zum Füllen ungeschickt [ungeeignet]. - Abends bei G{erda}. Bevor der Kommandant inspizieren kommt, schicken sie die Leute vor Heck [Hecke, Zaun] zurück!

Donnerstag, 15.6.1944

Kalt - 3x Kaffee, Spinat, sehr dünn, Rhabarber, 2x Brot. - Bad bei G{erda}, weil Goldschmidt ins Spital bringe abends, bringe Gamelle hinein, Essen darf weder hinein noch hinaus. Kriek (Kapellmeister) begrüßt mich als den Lichtpunkt bei den Schuhen. - Wir sprechen jeden Abmarsch über Opern usw. Aber die anderen lassen uns oft rücksichtslos nicht zusammenstehen. Bringe jemand ins Spital und hole abends Gamellen, so daß G{erda} Essen bringen kann, was jetzt verboten. Gerade das schlechte Essen wird von Kom{mandant} gekostet und ausgespuckt.

Freitag, 16.6.1944

Kalt - Mantel, 3x Kaffee, dicke Reissuppe, Quark - Vormittag 1 Mann, Nachmittag 2 Männer zusammengeklappt, bewußtlos, langsamer Puls. Mache mir mit dem Rhabarber meine Jacke ganz schmutzig, Weißwäsche kommt. Fritz packt jeden an, der zurückbleiben soll, ich gehe, sowie er einen Finger ausstreckt und werde von Schwaab zurückgeschickt. Die anderen warten bis ½4 [Uhr]! - Meine Knijpkat[47] [Taschenlampe] ist weg. Muß herausgefallen sein aus Bett oder Hose.

[47] Knijpkat: Taschenlampe, die durch ständiges Eindrücken eines Hebels Licht erzeugt.

Barackenältester vollkommen gleichgültig. Rau schlägt und tritt einen Jungen und Bierhaak.

Samstag, 17.6.1944

Kalt - 2x Kaffee, Makkaroni, Graupensuppe, 2x Brot, Kompott. - Rasch trotz 3x Diarrhöe bei G{erda}. Militärkommission in den Schuhen [Werkstatt] ... [hier ist ein Name ausgelassen] vor Kommandant, wird von ihm geschlagen. Lese seit Mittwoch jeden Abend Zarathustra und morgens Schopenhauer. Levy macht mir jetzt öfter unberechtigt Standjes [Vorhaltungen].

Sonntag, 18.6.1944

Kalt, Regen - Mantel; 2x Kaffee, Zwiebel mit Graupen, Butter, Kompott. - Bin bei G{erda}. - G{erda} ½5 [Uhr] am Zaun abends ein Medikament geholt und dabei zu ihr. Ahrons sehr gleichgültig gegen das unhygienische Klo. - 1 Mann zusammengeklappt, langsamer Puls.

Montag, 19.6.1944

Wärmer - 3x Kaffee, sehr dünner Spinat, Muscheln, Butter, 2x Brot, 2x [Klogang] - G{erda} am Zaun gesprochen, sehr müde durch Durchfall. Beate steht für mich beim Essen an. Gerüchte, daß Wehrmacht das Lager übernimmt. 1 [Uhr] Hauptmann [am] Vormittag mit Rau in der Fabrik. Fritz sehr ruhig, nur Abort von 9-11 [Uhr] und 2-6 [Uhr]! Helfe mit den Italienern Säcke aufladen.

Dienstag, 20.6.1944

Wärmer - 2x Kaffee, Kartoffeln, Graupen, Zwiebeln, süßer Brei. - Gespräche mit Dünner über Kal{orien}gehalt der Nahrung einst und jetzt. Wahrscheinlich überschätzen wir jetzt und früher. Sitze bei G{erda} am Drahtzaun, die ich schon früh kurz sprach, als ich wieder einen Kranken brachte. Nachmittag wieder zusammengeklappt. Wir bekommen auch 1! Klonummer. Fritz schlägt die Leute, welche zum Klo gehen und gibt ihnen Fußtritte. Hauptmann Meyer beim Appell, Brillemann und Rote Mientje machen überall Krach wegen der Schränke. Fritz findet die Leute zu dick angezogen. ½10-½11 [Uhr] LA {Luftalarm}.

Mittwoch, 21.6.1944

Kalt - 3x Kaffee, Spinat, dicker, 2x Brot. - Ein Hauptmann nimmt Appell ab. Fritz läßt an die Wand pissen. Klosett leer seit der Verordnung. Abends bei G{erda}. Gertrud kommt auch schnorren um Zigaretten. Tauscht dann 8 gegen 1 Port{ion}

Brot. - Wäsche und Stiefel kommen, bleibe um ½6 [Uhr] zurück während L{evy} mit 30 Männern essen geht. Alles bekommen wir fertig. Fr{itz} scheint zufrieden.

Donnerstag, 22.6.1944

Lauer Regen - 3x Kaffee, dünne Zwiebel - Bad, Mäntel vorher abzulegen. - Stiefel [Name?] wirft an langsam, aber fest. [?]

Freitag, 23.6.1944

Kalt - 3x Kaffee, Zwiebel mit Graupen, 2x Brot, Butter 0 - 1 Brotration gestohlen. Beate hat gerade behauptet, daß bei uns kein Diebe. Alle Schuharbeiter müssen 2x3x5 [große] Ziegel von [Baracke] 9 nach Soldatenkantine tragen (nicht arg). Wolf trägt 10 für jemand und bekommt Krach mit Beppo, der > Zorn erfaßt. - Mit Bierhack, der über Schliche mit Konkurs und Steuer erzählt, Säcke geschichtet. Dann hinter Baracke saubergefegt. Endlich wieder auf den Sohlen. Etwas aus Gids[48] 1880 gelesen. Fr{itz} ist sehr zahm. H II [?] hält bei den Kokans ½ Stunde Schweigen. Frau Leib holt sich Trost, aber dadurch Kinder versäumt.

Samstag, 24.6.1944

Wärmer - 2x Kaffee, Makkaroni, Grießsuppe, 2x Brot, Kürbis. - Paket Expreß per Bahn. Nr. X [10] auch Renate. Hauptsächlich Sohlen. Levy wieder derart auffallend, daß alle es kein Wunder finden, wenn niemand seiner Leute sich für ihn einsetzt. Bett in Unordnung, weil Unterplanke heraus, daß Barackenleiter leugnet. Lese abends Zarathustra. Brot von den Strafen als Prämie verteilt, mußte den Bestraften zurückgegeben werden. 1-2 [Uhr] LA {Luftalarm}, leider Dr. Dz. entlassen, weil er Betten von West nicht desinfizieren ließ (Scabies?). - Herr Koch tot, Herz[-Probleme] in [Baracke] 27. - Mutter wegen Kästen - und Bettkontrolle sehr nervös.

Sonntag, 25.6.1944

Sonne - 2x Kaffee, Graupensuppe, Butter - 1x [Klogang], Übersiedlung von G{erda}. Nur am Berg oben, dann saubermachen, Schlafen, Bridge (eigentlich kein Vergnügen). - Herr Nohlmans tot binnen 2 Stunden ... (nicht Pneumonie). Frau West sehr anständig in Sache Dr. D. Sie würde sich Vorwürfe machen, wenn sie Schuld hätte. Mit G{erda} und Kindern im Sand gelegen. Tgb {Tagebuch}, früh etwas Schopenhauer, nachts etwas geflogen [Flugzeuge].

---

[48] Gids: De Gids, 1880 gegründete holländische literarische Zeitschrift, die auch heute noch erscheint.

<u>**Montag, 26.6.1944**</u>

Warm - 2x Kaffee, Zwiebel, dicke Suppe, 2x Brot - G{erda} tauscht von Gertrud, ich von Dr. Schwestka Brot.

<u>**Dienstag, 27.6.1944**</u>

Sonne - 2x Kaffee, Apfelsinensaft, Graupen, lx Butter, Kürbis. - Viele Jpa über mehr Essen und weniger Arbeit, lese nichts - de Roos tot, Diarrhöe, Entkräftigung. Herr Gomperts Freitag nach 2 Tagen Diarrhöe tot. Esse Mittag mit schwarzen Händen. Das Gefühl in den Fingerspitzen fehlt mir.

<u>**Mittwoch, 28.6.1944**</u>

Sonne - 3x Kaffee, Zwiebel mit etwas Graupen, dünne Graupensuppe, lx Brot, lx [Klogang] - Nur Sohlen geschichtet, Max hat 3 Tg {Tage} Durchfall. - 60 englische Italiener gehen ab: Gute Berichte. - Beate hat sehr niedlich gezeichnet.

<u>**Donnerstag, 29.6.1944**</u>

Etwas wärmer - Zwiebeln, dick, 1x Brot - 0 [Klogang] - Frühstück gestohlen, bekomme abends extra Portion Brot von Sch{uhen} II [Werkstatt]. Sohlen. Neuer Kommandant grüßt beim Eintritt.

<u>**Freitag, 30.6.1944**</u>

2x Kaffee, Limonade, Graupen mit Zwiebeln, lx Brot, Quark - Strich tot innerhalb 3 Tage. Sohlen und Bündel. Abzug der Palästinabaracke [Personen mit Papieren für Palästina] plötzlich. Kein Appell! Lese Maupassant.

<u>**Samstag, 1.7.1944**</u>

Sonne - 2x Kaffee, Makkaroni, Graupen, Butter, Kürbis, 2x Brot Zuschlag, 2x [Klogang] - [Baracke] 5 wird eingeweiht. Lese abends Maupassant. Nur bündeln, letzte Sohlen. Gerüchte über Inv{asion} in Belgien und Abzug von blonde [rote] Mientje. - Maria hat Gelbsucht? Darf bei Appell bleiben.

<u>**Sonntag, 2.7.1944**</u>

Sonne - 2x Kaffee, dicker Reis, Butter, 2x sehr starker Drang. - Nur Bündeln, L{evy} macht mir Krach wegen einer Lappalie. H. [?] kommt pfeifend ins Magazin. Transport kommt, [Baracke] 11 muß umziehen. In Erwartung dessen bei G{erda} in Sonne. Verschiedene Gespräche. Erzähle B{eate} von troj{anischen} Krieg. Konzert abgesagt. Abends nach [Baracke] 19, kann als 50-j{ähriger} mein

Bett wählen. Die Jungen bis [zum Alter von?] 25 im Eßsaal auf Strohsack, [in] einigen Tg {Tage} bekommen sie Betten, dann wieder Stroh. Die [Baracke] 12 muß am nächsten Tag übersiedeln. Wir essen bei der Wassertonne auf der Sandkiste. Durch die Pakete [Satz abgebrochen].

Montag, 3.7.1944

2x K{affee}, Grütze, dicker Brei, 3x Brot, Butter.

Dienstag, 4.7.1944

Naß - 3x K{affee}, Kompott, Maria auf [nicht mehr krank].

Mittwoch, 5.7.1944

Kalt, Nebel - 2x Kaffee, Dörrgemüse dick, Hafermehlsuppe - Paket Nr. 12.

Donnerstag, 6.7.1944

Sonne, heiß - 3x Kaffee, Makkaroni dick, Butter, 1x Brot, Kompott, 2x eilig [Klogang]. - Paket Nr. 13. Früh vor Bar{acke} 26 bei G{erda}. Vorm{ittag} nur Wäsche verteilt, wir brechen schon weiter als [bei; vgl. 12.5.1944] Pfeiler ab. Max hohes Fieber, Grippe. 1 Streichholzschachtel = ¼ Brot.

Freitag, 7.7.1944

Sonne - Kaffee, 1x - Frühstück mit G{erda} vor Bar{acke} 26. - Bin abends ungeduldig, da müde. [Baracke] 11 wird mit Stacheldraht abgegrenzt. - G{erda} muß [Baracke] 11A ausputzen.

Samstag, 8.7.1944

Sonne - 3x Kaffee, Graupen, Haferflocken, Brot, Quark. - Frühstück mit G{erda} vor Bar{acke} 26. - Erst nach Schuhen gesucht, Wäsche geschleppt. Hohe Schuhe -½1 [Uhr] und von ½2-5 [Uhr]. Bin am Wagen mit bloßem Oberleib. Max bei 38 [Fieber] Arbeit. Meyer ist so ausfallend gegen Haas.

Sonntag, 9.7.1944

Kalt, Regen - 2x Kaffee, sehr schlechte Kohlrabisuppe. - 0 getan. Brille von Frau S. repariert. G{erda} läßt mich nicht bridgen. B. nimmt mit Erlaubnis Schuhe mit. Gezeter des Pöbels über Benützung des Not-W.C. - Koffer, Bridge, Tgb {Tagebuch}. Spiel und Lernen mit B{eate} und M{aria}. Essen im Freien. 2 Messer werden mir geschliffen. X Ungarn gekommen. Abraham trotz + [?] Harn arbeiten! Beate hat Klee gepflückt.

Montag, 10.7.1944

3x Kaffee, Graupensuppe, rote Rübe, 2x [Klogang]. - Von 1 bis 8 [Uhr] Stiefel geladen, auch oben am Wagen, aber von 60 extra Essen haben von 53 Männer nur 10 bekommen. Essen, was von den Ungarn übriggelassen. Nat [naß].

Dienstag, 11.7.1944

3x Kaffee, Grießsuppe. 2x [Klogang].

Mittwoch, 12.7.1944

Kalt, Regen - 3x Kaffee, Graupensuppe, Butter, 2x Brot, rote Rübe. - Paket [Nr.] 9 2x datiert. Abends Gamellen dünn, aber nicht lange gerührt.

Donnerstag, 13.7.1944

Kalt, regnerisch - 3x Kaffee, gelbe Rüben, Quark, 1x [Klogang] - Bad, 8-½11 [Uhr] sehr müde, gehe zeitig schlafen. Durch Holländer wird Fritz wild. Wäsche muß bis 3 Uhr weg sein. Es gelingt bis 4 Uhr. L{evy} will Schuhe.

Freitag, 14.7.1944

Regen - [Essen] = dicker, sehr gut, Butter, 2x Brot, rote Rüben, 1x [Klogang]. - Vormittag [Arbeit mit Schuh-]Sohlen. L{evy} will Mützen nach r{echts} werfen, an ihrem Platz die Schuhe, um für Wäsche frei zu haben. Nachmittag Wäsche sehr ruhig in [Baracke] 5 gestapelt. - Polgesitza [?] ist bombardiert, aber die Juden saßen im Gefängnis, über 45 sollen ins Kamp [Lager] kommen. Maria bittet, daß ich ihnen wieder Stunde gebe. Früh kurz bei G{erda}.

Samstag, 15.7.1944

3x Kaffee, Graupen, 2x Brot, Kürbis. - Die 50-j{ährigen} werden aus dem [Arbeits-]Kommando genommen. XX gibt mich nicht frei. Sohlen und Mützen, diese nach Wunsch von Levy. Lerne doch 2 Seiten Engl{isch}. Kein Gefühl mehr in den Fingerspitzen. 1½ Ration Brot für die Schusterarbeit.

Sonntag, 16.7.1944

Sonne - 2x Kaffee, viel Rüben, dünn, Butter, 1x [Klogang]. - Nur Sohlen, wenig. G{erda} schüttet die Erbsensuppe aus über Brauer und West, glücklich nur 1 Blase. Nach Schlaf beim Schuster. Rechne mit Maria, da B{eate} noch Mittagessen nicht auf{gegessen} hat. Dann Quartettspiel.

Montag, 17.7.1944

Warm, Sonne - gelbe Rüben, 3x Kaffee, 3x Brot, r{ote} Rübe, Kürbis. - Karte aus A'dam {Amsterdam}, Vorst kritisiert L{evy} ins Gesicht. Bierhaak verplappert sich, daß er L{evy} alles [Satz abgebrochen].

Dienstag, 18.7.1944

Warm, Sonne - 3x Kaffee, gelbe Rüben, lx Kürbis. - Gomperts tot, Kehlkopfdiphterie. A conto des morgigen Bades, wasche mich nicht. Pol{iakoff?} in Poliklinik sehr nett, findet 0.

Mittwoch, 19.7.1944

Warm - Kaffee, Kohlrabi, Knollen, roh - lx [Klogang], Bad, früh bei G{erda} abgesagt, da kein Wasser. In Nacht Schmerzen im Arm, auch tagsüber nach Anstrengung, z.B. etwas aufbauen, 1 Waggon Stiefel. Silenziger tot nach 2 Tg {Tagen} Pneumonie. West ist sehr stark abgemagert. Max findet mich schlecht, seit 1 Woche.

Donnerstag, 20.7.1944

3x Kaffee, sehr dünn Hafermehl, 2 Deka [Zehntel] Käse, Butter, rote Rüben, 2x Brot - früh bei G{erda}. Bad. Im Waschraum stehen die Frauen am W.C. Reihe [Schlange]. Der 2te Nachfolger kann wohl schichten aber will zurück zu den ... [?]. LA {Luftalarm} ½12-½1 [Uhr], anstehen bis ¼2 [Uhr], dann nur Sohlen. Fr{itz} schlägt Drukker. Dasberg bestellt mich auf morgen. 2 Pakete! - Früh stehen sie zwischen den Bar{acken} in der Luft [in Freien].

Freitag, 21.7.1944

Sonne - Kohlrübensuppe, Quark, 3x Brot, 1x [Klogang] - sehr wichtiger Magaziner [?] aus Pristina kann für mich kommen. Fritz verweigert. Mayer leugnete erst sein Versprechen, dann anscheinend nicht nachdrücklich gesprochen. Wenn [Fritz] Vormittag d{urch} LA {Luftalarm} (¾1-2) eine halbe Stunde später da [war] und schlecht gelaunt, ohrfeigte [er] Drukker. G{erda} begreift nicht, weil nicht mit 2 Händen wirft bei Sohlen. Kann nicht eine feine Schleife machen.

Samstag, 22.7.1944

Erst kalt - 3x Kaffee, hauptsächlich Zwiebel, Butter. - Bei G{erda} Frühstück. Poliakoff kommt statt Nussbaum. Frau mit Locken tot: Buikloop [Diarrhöe]. LA {Luftalarm} ½19-19 [Uhr]. Abends alle zum Betten einbringen. Edgar schickt mich zurück. Amico (Goldschmied) erzählt aus Pristina, war dort groß, 500 J{ahre} seine Familie dort.

Sonntag, 23.7.1944

Sonne - 2x Kaffee, gelbe Rübensuppe, Knollen. Marmelade, 1x [Klogang] - bei G{erda}. Poliakoff wird morgen vorstellen an [bei?] San{itäter}. Herzberg beruhigt mich. Nach Tisch nichts getan. Goudsmit verlangt neue Sohlen, erzählt später, weil Heinz ihn beim Absatznageln traf. Nachts bei Frau Lub, die sehr ↓ [down, herunter]. ½2 [Uhr] alle auf Appellplatz, Betten holen, wie sich ergibt. Trotz Zusage behalten nicht die alten Betten, um ½9 [Uhr] noch kein Bett. Kinder lernen sehr eifrig. Mutter schimpft wieder mit G{erda} wegen meiner Kost. L. erzählt, wieviel er Knolletjes [Rübchen] ißt. Amico baut ausgezeichnet. XX sieht mich sitzen, ohne zu schimpfen. Kann nur etwas lesen, aber nichts lernen. Bett in nächster Nähe des Klo, was in Nacht unruhig. Brauche nur 5' [Minuten] um es einzurichten. Es ist etwas schwierig.

Montag, 24.7.1944

Sonne - 3x Kaffee, 10 dk. [Deka/Zehntel] Käse, 3x Brot. - Bei W.C.-Gang fliegen [Flieger] gehört. 5 vor 5 [Uhr] kommt: 1 Stunde später Appell, was sehr erholend. Nur an Sohlenberg [Werkstatt]. Sehr unangenehme Diskussion. M{ittagessen} = ... [?].

Dienstag, 25.7.1944

Kalt - wie gestern + Grütze, Muscheln, 1x [Klogang], weil abends nicht. - ½8 [Uhr] Appell, weil LA {Luftalarm} in Nacht, aber wir mußten 1 Stunde stehen. Vormittags Sohlen. Nachm{ittag} wenig mit Stiefel verladen, da L{evy} nicht bauen läßt, Rosentahl und Co. wieder organisieren. G{erda} bekommt 3 hoch Betten, große Unordnung bis ½9 [Uhr] abends. Deshalb [Satz bricht ab].

Mittwoch, 26.7.1944

Kälter - 3x Kaffee [Essen] = ohne [?], Marmelade - Albala hat Geburtstag. Fritz läßt 10 Frauen, die gesprochen haben, Laufschritt auf und nieder machen. Für die Kranken ist kein warmes Wasser, weil für A{lbala} gebacken wird. Abends großer Empfang, Edgar hat Bad vergessen. XX gibt Damen frei wegen Umzug. L. läßt sie nicht weg. ½10 [Uhr] in Bett. Viele gute Jpa's. Sitze mit Rosenbaum, der H's Quelle.

Donnerstag, 27.7.1944

Guur [unfreundlich], Regen - dünn Weißkohl + gelbe Rüben, 2x Brot, Quark, 1x [Klogang] - Erwacht mit Schm{erzen} und Herzklopfen, irreguläres. Nur Mützen ausgeteilt, gesessen auch in Anwesenheit des Werkführers. Nach Tisch rasch bei Leib, abends bei Kahn, die für mich sehr besorgt. Viel Husten, auch Maria Tbc?? Beate wird wieder umgelegt. Zum Baby von Frau St. legen sie ein Kind mit Mundfäule. Mutter von ½9-½12 [Uhr] wegen Bad unterwegs stehen, auch die Kinder. Fr{itz} schlägt einen Gef{angenen}, der nicht gebadet hat. L vergißt, uns zum Bad anzumelden. Segall macht Trapje [Treppchen] für mich. [2 Stenozeichen] - ½10 [Uhr] in Bett. Goslar Bestätigung von Epilepsie.

Freitag, 28.7.1944

Sonne - [Essen] = mit Bohnen, Butter, 1x [Klogang] - Bei G{erda} spät geweckt. Vormittag Mützen bauen, ½ m {Meter} wächst die Wand. Navon arbeitet gut. L{evy} kankert [stänkert] wieder, obwohl wir ihm zeigen, daß alles am Schnürchen, will er niemandem Dank wissen. Er ist nicht für Geist aufrechterhalten. Seit mehreren Tg {Tagen} regeln wir, d.h. ich, in [Baracke] 9 die Arbeitsverteilung, wir vertragen uns gut. - Letztes Paket etwas verstümmelt erhalten. Nur 2x 10' [Minuten] Pißzeit. Groß nur bei Durchfall. Bett seit Tagen nicht gelüftet.

Samstag, 29.7.1944

Kalt - Marmelade, 1x süßer Kaffee. - Schmerzen, kein Brot, das ganze Lager hat Strafe, da 1 Matratze ohne Erlaubnis des San{itäters} verbrannt. Fr{itz} läßt Saal 4½ Stunden exercieren, kontinuiert [fortgesetzt] Strafe, da Schweigeverbot übertreten [wurde]. Nachmittag fällt Schreuwer aus. L{evy} [fragt?], wieviel Mützen bis jetzt ausgegeben +/- 900. Beim Nachzählen der Abstriche 780: "Ich will aber ganz genau wissen." Wir hatten gerade 1000 zu bringen. Er wird immer gehässiger, gebe ihm von jetzt an nur ganz kurze Antworten. Bin auch am Sohlenberg, aber kann nicht soviel ausruhen als [wie] andere, ab und zu ohne Ursachen Schmerzen. Frau von Emden 16 Tg {Tage} Bunker [wegen] Diebstahl. Viel Rätselraten über die Strafe. LA {Luftalarm} ½ Stunde.

Sonntag, 30.7.1944

Wärmer - Marmelade, [Essen] = etwas mehr Kartoffeln. 1x [Klogang] - Stimmung sehr gedrückt, früh bei G{erda}. Höre seit 2 Tagen nicht wecken [daß sie nicht geweckt werden will?]. Jemand nimmt für [Aus-]Leihen von 1½ Rationen Brot 5 Zigaretten. Die Uhr ist noch nicht repariert. L{evy} hat noch gestern Vormittag um gute Mützen ersucht. Nachmittag schickt er eine Menge zurück, und danach kommt XX für 12 Mützen, wieder (vergeblich) suchen. - Gute Jpa's.

Montag, 31.7.1944

Kalt - Mittag{essen} Butter, 10 dk [Deka, Zehntel] Käse, 3x Brot, 1x [Klogang], 2x Kaffee, 3x [?], wärmer - G{erda} schläft noch, Vor- und Nachmittag [an den] Mützen [gearbeitet] Nm {Nachmittag}. Sohlen [auf-]bauen stop [Ende], stehe fast ganzen Tag. Fortuin kann nicht mehr. Mittag wird zu spät abgerufen, wodurch viele Strafen. XXXX inspiziert (bei uns dreht alles [klappt alles]), schreit XX an. XXXX machte XX und X Vorwürfe, daß zu wenig gearbeitet werde. Er schicke sie zur Kompanie zurück. Bierhaak wegen Beten mit Buch (dieses von APT [?] zerrissen) 4 Tage Bunker [Strafe]. - Abends G{erda} ohne Verständnis, kommt aber zu mir zu Bett, früh darin [hinein]. ½3 [Uhr] Diebfang [Dieb ertappt]. Die Schlafschuh [Pantoffel] werden tgl {täglich} naß, weil Männer daneben pissen. Versäume Nm {Nachmittag} die Piß, Samstag dadurch Not. Groß [Stuhl] muß gezeigt werden. - Uhrreparation [Reparatur] = 4 Löffel Zucker. - Mehrere Männer, die 4 Wochen im Bunker saßen, kommen zurück ohne Verhör; Albala [meint], Bunker durch die Ungarn nicht brauchbar. Albala soll Väter von Männern, die wegen der Strafe sich bei ihm erkundigten, geschlagen haben. War gegen Bahnhofkommandos sehr hart, solange sie bei ihm (Bierhaak) in Bunker [waren].

Dienstag, 1.8.1944

Kalt - Muscheln, 3x Kaffee, lx [Klogang] - Fr{itz} schlägt 2 Männer, die geraucht haben. Vormittag 1000 M{ützen} - Schätzung schlecht. Starke Schm{erzen} nach Zählung, lasse Nm {Nachmittag} gehen. XX Herzog kommt mit Fr{itz}, dabei höhnt, droht mit Sandgrube. Aus Westerbork +/- 180 gute Berichte. Karte von Vati, Paket, Briefe [von] Otto, worüber Mutter selig. Die letzten Mützen werden ausgegeben (bis auf 900), also Schluß mit Zeitung und Klosettpapier, worüber Mutter immer besorgt. Beim Liegen hat sich XX meine Schuhe angesehen. Frau Dr. de Jong hat nicht einmal Schnürsenkel, die nun auch selten [rar]. - Die Sohlen können nicht aufgeworfen werden, neuer Platz r{echts} 2. Fach hinten, da aber die Schäfte gestapelt werden, müssen diese nach Diskussion umgeräumt werden. Hirschmann arbeitet stets da, wo er Zeitung oder Schnürsenkel finden kann.

Mittwoch, 2.8.1944

Sonne - 2x Kaffee, Nudeln, Butter, Käse, Seife, Brot, 1x [Klogang] - Rau brüllt. San{itäter} gibt nach Reden 2 Tg {Tage}, Gehirnerschütterung 0! Warten auf Appell in Sonne. Dann nur Zeitung gelesen. Beate Bauchschmerzen. Temp{eratur} 38,9, Diarrhöe. - Nach Essen auf Bett, dann in Sonne, lerne etw{as}. Tag vergeht langsam, will aber niemand sprechen. Beppo soll es für mich durchsetzen. Sonne, Schuh[-?] und Waschzeug. Lerne. Tgb {Tagebuch}. Wieder soll Brot nicht kommen. Auto kaputt? Zufuhr? Schlafe sehr spät ein. Überlege Arbeitseinteilung und Unterkunft hier im Falle der Freiheit. Mr. Speyer dankt mir für Hilfe bei seiner Abreise von W{esterbork}, will mich hier an die richtige Stelle setzen. Mit Beppo kann er nicht sprechen. - Fr{itz}, H., Wilhelm Tell [alles Deutsche] sollen wegkommen. Fr{itz} meinte zu Rosenthal: "Es sei Zeit zu packen." [Zeile Stenozeichen] geht Essen.

Donnerstag, 3.8.1944

Sonne - dünne Graupensuppe, Gemüse, 3x Brot, 2x Kaffee, 1x süß Quark, Suppe - 2x Durch{fall} - Stehe früh auf. Beim Bettmachen fallen die Bretter durch! Appell: Jesaia = [gleicht] unserer Zeit. Tg {täglich} wilde Jpa. Brot? Die Kinder begrüßen die Ankunft [des Brotes] mit Freudengeheul. Abends läßt mich Kahn kommen, macht mich mit 2 Frauen bekannt, die nach ½ Stunde vom Alb{ala} kommen: Ich bin von jeder Arbeit befreit, um mich ganz Dr. Kahn widmen zu können. Das sagt er mir allein: Nun müssen sie schlafen und sonnen und wieder körperlich und geistig heraufkommen. Beim Warten auf Appell unterhalte mit Mehler und W. van Mohlen. Liege Nachmittag, bei W.C. Abends kann die neue Situation noch nicht fassen. Herzberger ist sehr herzlich. Mutter Päckchen von Magda.[49] Brief von Lisel.

Freitag, 4.8.1944

Naß - 2x Kaffee, dünne Graupensuppe mit viel Grün, Rasierseife, 1x Brot, Marmelade. - 1x [Klogang], lerne früh bis Appell. Dabei werden Männer +60 [über 60] für [Sand-]Tragen ausgesucht. Nachher bei G{erda}, die wieder zu Bett mit Fieber. B{eate} hat nach 2½ Prontosil unmittelbar keine Diarrhöe mehr. Versorge Essen für G{erda}. Dr. K{han} übersiedelt nach [Baracke] 27, wobei [ich] ½3-4 [Uhr] helfe. LA {Luftalarm} ½1-½2 [Uhr] dabei schlafe wie erschlagen. Meine Beine versagen, nach 4 Uhr etwas bei G{erda}. Etwas lesen - [bis] ½7 [Uhr]

[49] Magda: Magda van Emde Boas-Starkenstein, Freundin unserer Familie, kam aus Prag, wohnt in Amsterdam, ist Dolmetscherin.

wieder bei K{ahn}. Frau Aaron bittet für Dr. Ligtenstein, der 5 [Uhr] schon wieder vom Sandtragen weg. Abschied von den Kollegen. 9 [Uhr] ins Bett, schlafe schlecht ein. Alle erfüllt von den Kriegsberichten, Fragen über Innen-Politik Irrtum. Sofort kommen Civilwünsche [Privatwünsche] auf: Zahnarzt, Haarschneiden, Englisch lernen. Merkwürdig das Abladen von der anderen Seite des Zaunes zu sehen. De Jong verlangt das Hafermehl zurück.

Samstag, 5.8.1944

Sonne - [Essen] = mit vielen Rüben, Muscheln, Butter, 2x [Klogang] - Beschließe, bei [Baracke] 27 zu sein. Gottesdienst, helfe einer Französin. G{erda}, B{eate} 36,6 verlangt hauptsächlich nach Käse. Frau List schon 14 Tage aus der Arbeit, ohne Kinder! Jetzt sehe ich erst, wie viele im Lager herumlaufen. Tgb {Ta-gebuch}, bei Appell lerne. LA {Luftalarm} ¼1-2, ½-4 [Uhr] Bridge, mit Kindern lernen, die durch Hitze wenig Obacht geben. Ein wunderbares Buch über Kunst, dürfen die Kinder 2 Bilder sehen. Vorm{ittag} beim Zahnarzt. Omi hat aus den Mützenlitzen ein Haarband für Beate gehäkelt. Schlafe in Nacht schlecht, aus Angst vor Dieben [Diebstahl] aus Koffer. Blauer Anzug ganz stockfleckig.

Sonntag, 6.8.1944

Sonne - 1x Kaffee, lx süß, mehr Kohlrabi, Kaffee süß, rohe Karotten, Jam, 1x [Klogang] - Helfe früh G{erda} Mutter beim Deckenklopfen. Vor Ap{pell} erzählt D., daß ich als Heimpfleger [in Baracke] 19 eingeteilt bin. Bin darüber nicht erbaut, da viel Arbeit. Werde sehen. LA {Luftalarm} 10.50 -½3 [Uhr]. Sch{uhkommando} muß bis 9 [Uhr] arbeiten an Zelten, auch Frauen arbeiten, weil zu wenig in der Woche gearbeitet wurde. 50 Italiener aus Verona (zuerst Rom). 4 Uhr Dienstzettel von Br{omberg} persönlich. Nussb{aum} erklärt Dienst. Ziekenoppasser will auch Arzt bei Frauen werden. Bridge mit Cohn-Bendix, der sich gegen Laqueur ausspricht. Sehr ungemütlich. Die Kommandos müssen wegen der Sträflinge so lange arbeiten. Bei Paul sehr schöne Butterbrote (6 Stück). Enquete über Ödem.

Montag, 7.8.1944

Sonne - viel Grünzeug, Muscheln, Butter, 3x Brot, 2x Kaffee, 2x [Klogang] - Mache erst Bett, dadurch Gedränge im Waschhock [-raum]. Früh bei [Baracke] 19. Mit von Messel, dessen Frau in [Baracke] 4 ist, in [Baracke] 19 sehr dunkel. Verhindere Chinin an [Name nicht genannt]. Malaria, der abends aufgenommen wird. ½4 [Uhr] wieder Visite. Appell, Bibel, danach Zeit verzettelt. K{ahn} hat sein Essen weggegeben. Schlaf - ¾3 [Uhr]. Nach N. vergeht Nachmittag mit 0.

G{erda} nervös wegen Beates Nichtessen. Schließe Freundschaft mit der Küche, Gamellendienst mit Frankenhuis, Frau Joachimsthal, die unten war, erzählt von Amsterdam. - Die Sträflinge haben vier große Zelte aufgebaut. Kokous sind vollkommen frei, nach 2 Tagen werden Frauen anderen Kommandos beigegeben. - Sch{uhe} II arbeitet bis 21 Uhr.

<u>Dienstag, 8.8.1944</u>
Sonne - 2x Kaffee, mit gelbe Rüben, Salmpasta, Graupensuppe, 0 [Klogang] - Überhöre Wecken, rasch im Waschhock, Bett unordentlich, da Koffer daraufkommt. F{rüh} bei G{erda}, mit Messel in [Baracke] 20, dann für Kahn in [Baracke] 22, Krankenhaus wegen Medikamenten nach Besuch N{ussbaum} sehr kurz. Bokser [Deutscher] verhindert vor zählen Wasserholen. Bibel, Tgb {Tagebuch}. Herzog hat Mann Gebiß kaputt geschlagen, ihn gegen Draht geworfen. Die ganze Woche Abendsuppe? Die Sch{uhe} bekommen für 2 Tg {Tage} Überstunden 1 Abendessen. Sie [die Leute vom Schuh-Kommando] grüßen immer beim Vorbeiziehen. 1 Kinderunterkleid für 2 Kamp[lager]becher Essen. Renate hat frei, ist etwas mit uns. Erst ist blinder Alarm wegen Paketen, werden nicht von Bar{acke} 26 aufgerufen, sondern als schon resigniert [haben] von [Baracke] 19. 2 Pakete, die [wir] oben 3 hoch öffnen. Frau Emden usw. werden in Bunker geholt. Habe mit Wasser viel zu tun. K{ahn} bekommt stets von mir Tee. Schlaf unter Kamp[lager]decke - in Bett 19/8 20/ [?].

<u>Mittwoch, 9.8.1944</u>
Sonne - Tee, [Essen] = viel Kohlrabi, Muscheln von Kantine, Pap, 2x Brot - 0 [Klogang] - Bei G{erda} Rote Müller hat Leute aufgeschrieben, weil sie auf den kleinen grünen Fleck [Platz] beim W.[C.] sitzen, andere wegen Zeitunglesen! <u>N.R.C.</u>[50] G{erda} gibt K{ahn} für 4 Kampbecher 4 E{ßlöffel} Zucker. v. Messelt verschafft mir Bett und Schrank. Gebe dafür an Kaiser Watte und Teerkohle. Etwas besorgt um K{ahn}, da mager, aber (am 10.) erfahre, daß Albala ihn bes{ser} versorgt. Bridge mit dem Postmeister. Tolle Gerüchte, weil Scharfüh{rer} mit 3 Hitlerm{ädel} durch Kamp [Lager] ging. Bar{acke} 24 Brot entzogen. In [Baracke] 26 darauf Schlafsaalverbot außerhalb Tischzeit. Wasche Füße 10 [Minuten] vor 9. Kleine Simon als LW {Lagerwache}, will mit mir anpappen [anschmeicheln]. Schweitzer ist auch bei LW. Beende Deuteronomium. Immer der Hinweis auf den Fremden, der zu schonen ist im Andenken an Ägypten. K{ahn} ist stets besorgt um mich, daß ich nicht zu viel arbeite. - In Bett 19/4 20/ [?]

---

[50] NRC: Nieuwe Rotterdamse Courant, auch heute noch eine holländische Tageszeitung.

<u>Donnerstag, 10.8.1944</u>

Sonne, kalt - Tee, Kohl, Pellkartoffeln, Reissuppe, 3x Brot (Maria Milch) bei G{erda}. - Krankenvisite, Dr. N. läßt sich die Patienten vom Bett herunterkommen. Da früh Wasser aufgestellt, kann vor Visite Tee geben. Appell kurz, im Regen. Es ist doch eigentümlich, die anderen abmarschieren zu sehen, z.B. nach dem Zählen, um Stroh in die Zelte zu bringen. Tag vergeht mit 0. Suche die Frau meines Bettvorgängers, die erst protestiert, dann hilft Mutter beim Übersiedeln neben Monteiro, über Ladiger [im Etagenbett]. Komme nur wenig zum Lesen und Lernen. Essen verzettelt, da G{erda} Kartoffeln aufbrät und behauptet, daß wir genug haben. <u>Anita</u> hat Gelenkschmerzen und steife Hände und Füße. Gestern Extraportion Fisch für einige Ödeme. Abends Donner [?] den f [Satz bricht ab] - 3 Männer mit Durchfall in [Baracke] 19 neu - in Bett, 19 20 [Uhr?]

<u>Freitag, 11.8.1944</u>

Erst kälter, dann Sonne - [Essen] sehr dick mit vielen Karotten, Quark - bei G{erda}. Kann ihr helfen. Obwohl Wasser zeitig aufsetzte [um zu kochen], den ganzen Tag Jagd [?], deshalb [?] mit Frau Albala, die keine persönliche Kocherlaubnis gibt. - R{echtes} Auge fast gut, in Nacht beginnt sehr zu fließen. Mache Freude mit Wasser. Man kommt zu 0, eventuell etwas Lesen beim Appell. Laufe zwischen [Baracken] 19, 26 und 27 herum. Abends bei Elte über K{ahn}. - Mittag bei Essen Appell. Simon Schweizer 28 Tg {Tage} Gefängnis wegen 1 Paar Schuhen, wird sofort mitgenommen. Rau sucht dann 4 Männer für Küche aus. Jud[en?] sagen nicht an, daß Kinder nicht kommen müssen.

<u>Samstag, 12.8.1944</u>

Sonne - viel Kohlrabi, dick{er} süß{er} Grieß, viel Muscheln, 0 [Klogang] - Am Häuschen geht es los, sehr dünn (gestern 3x [Stuhl]), aber die vielen Muscheln habe ich vertragen. Bei G{erda} werde von Frauen und Männern angequatscht. Das Arge ist, daß sie weder Buch noch schreiben beachten. Wasser zeitig. Süßmann weder V{or-} noch Nm (Nachmittag) gemessen oder bei Wasserverteilung, beklagt sich. N. arbeitet schnell, läßt sich die Männer zur Tür kommen und untersucht selten. 2 Pakete, die G{erda} ohne mich öffnet. Das Nichtbeachten meines Wunsches ist so schade.

<u>Sonntag, 13.8.1944</u>

Sonne - Kohlrabisuppe, Butter, viel Zwiebeln, 2x Kartoffeln - 1x [Stuhl], dabei nicht haltend in Waschraum. S. bestraft Mann wegen Deckenklopfens vor [Baracke] 26. Wasser vor [?] Dr. {Doktor} auch für Kahn fertig. Dieser steht nicht f{ür} uns auf, sondern marschiert ein bißchen, hat danach 37.3 [Temperatur]. Hat große Pläne, die auch mich betreffen. Vorm{ittag} nicht gelesen. Nach Tisch schlafen ½3-5 [Uhr], Bridge, warten mit Kindern auf Abendessen. Man ißt von 6-½8 [Uhr]. G{erda} fühlt sich nicht gut, 38.6. Tröste Sternheim. Wallman hat Laxans [Abführmittel] bekommen, will jetzt dafür das versprochene Chinin für Spital nicht geben. Dornbusch usw. die solange im Bunker nach ein KZ [Konzentrationslager] geführt? Meine Fingerspitzen sind noch gefühllos. 2 Männer Perni{ziös [bösartig]} Ödem! Uhr steht schon wieder, Feder kaputt? Nachts geht viel über LA {Luftalarm} ½2 [Uhr]. Zum 1. Mal etwas Bammel [Angst]. Andere erzählen von viel Brand, Leuchtkugeln, usw.

Montag, 14.8.1944

Kälter - 2x Kaffee, [Essen] = süßer Brei, 4x Brot, 0 [Klogang] - Tröste früh Sternheim, G{erda} noch zu Bett, vergesse aber ihre Meldung in [Baracke] 15. Obwohl wenig in Bett, lange Visite. Wasser vorher Teeaufguß fertig. Ap{pell} stimmt nicht Edgar holt dabei 26 [Männer] weg. Ein weiterer Mann von Sch{uh-Werkstatt} nach Haus. Frau Meier verabredet abends, daß eine Frau für sie Essen holt. Komme nicht zum Lernen, nur Bibel bei Appell. Kahn gibt Essen ab, das M{ittag} und A{bend} an Max gebe, der sich sehr bedankt und zu G{erda} kommt.

Dienstag, 15.8.1944

Erst kalt, dann Sonne - [Essen] = 1¼ [?], Butter?, Marmelade, 2x Kaffee, Tee, 1x [Stuhl?] draußen im Waschlokal, dabei wieder Sterne gesehen. In Ba{racke} 26 bei G{erda}, was Frau Hesse in Erregung bringt. Helfe Mu{tter} mit Decke, dies darf nur zwischen Ba{racke}. Nur 2 mit Temp{eratur}, alles Durchfall, die 0 bekommen nur etwas Papaverin. Ba{racken}sperre, weil Transport Frauen Polen? in Zelte kommen, bewacht von Soldaten. Mann will andere Heimpflege, weil geröstet [?] erst um 5 Uhr klar [fertig] sein kann. App{ell}, erst Nm {Nachmittag} Tgb {Tagebuch}, da Bar{acke} gesäubert wird, und dadurch nichts mehr kochen kann. Diskussion über deutsche [und] h{olländische} Juden, man will kein D{eutsch} hören. - Sehen sie Nm {Nachmittag} mit ihren Packen und Leintüchern kommen, zuerst in die Zeltstadt, dann auch am 17. ins Schuhzelt, das am 18. von Sch{uhen} abgesperrt wird. Sie [die Frauen] lagern zum Teil nachts draußen auf Stroh und müssen mit den schweren Packen zur Station marschieren. Erst heißt es: "Frauen von poln{ische} NSB".[51] Am 19. spricht jemand mit ihnen

[51] NSB: holländische Abkürzung für Nationaal-Socialistische Beweging.

durch den Zaun (Der Weg längs der Straße ist zeitweise verboten (warum?)). Sie sind evakuiert und kommen zu Bauern, die Ernte einbringen oder in Fabriken. 15-18 [Uhr] ist G{erda} etwas fiebrig, Durchfall.

Mittwoch, 16.8.1944

Tee, [Essen] Quark. Ich sitze allein vor [Baracke] 19, habe aber nie Lust zum Schreiben. Lasse Uhr nachsehen, worin Sand. Abends berichtet Frau Br{omberg}, ich müsse sofort [Baracken] 27/28 übernehmen, da Herzberg krank (Diagn{ose}? Ich Ict!) [?]. Frage am nächsten Tag Br{omberg} um schriftliche Bestätigung, die "nicht nötig". Frau Herzberg (Tante, Mutter von unangenehmem Koll{egen} in Westb {Westerbork}) sagt, es sei nicht nötig, daß ich Visite mache, da im Revier doch anders beschlossen. Frau Ahrons verhindert zu lange Visiten, gibt eigenmächtig Medikamente aus. Erkenne nicht darin die Gefahr. Patienten begrüßen mich nett. Bin unbefriedigt, daß [ich] wenig Medikamente habe. "Taschenapotheke" aus Jackett von Herzberger benötigt bes{ondere} Erklärung, da jedes Medikament in anderem Röhrchen.

Donnerstag, 17.8.1944

Kühler - Kaffee, [Essen] = dicke süße Suppe - Bin so dumm, Messelt auch noch beim Temp{eraturmessen} zu helfen, stehe trotz allem um 5 Uhr auf und habe nur Nachm{ittag} weniger zu tun. Sehe die Möglichkeit, an Bücher zu kommen. Schlafe nachts schlecht. Die Bar{acken} sind sehr dunkel, eng. Frau Flörsheim unruhig schwitzt. Es ist mit Ausnahme des Zeltlagers so wenig, daß nach 1 Woche nichts mehr über die ersten 2 Tg {Tage} weiß. Lese etwas mehr Bibel. Samstag singt Dasberg schön. Obwohl einmal über Ziekenoppasser spreche, daß er heraus müsse, sagt Br{omberg} nichts, daß [?] für ihn gearbeitet wird.

Freitag, 18.8.1944

Sonne - Tee F{rüh} und A{bend} viel Blätter und Kartoffel, 3x Brot, Quark, Butter. - Kein Appell. Paket Nr. XIX.

Samstag, 19.8.1944

Sonne - Kaffee 1x, Muscheln, viel [Essen] = 1 Liter dicker süßer Pap, 0 [Klogang] - Um 5 wegen Tod von 90-j{ähriger} Frau aus Pristina, Chauverin 39,4, rascher Atem. Mit Albaner und Amico im Spital den Toten angeben. Hetze F{rühstück}, rasch rasiert, dicke Speyer hat schmutzige Füße, wäscht sich außer der erlaubten Zeit. Große Geschäftelhuberei der L{ager}W{ache} wegen Zählappell. 8 Uhr "Alles antreten". Edgar suchte sich 60 Männer aus, dann 0 Appell.

Nach Essen lese mit Kriek die Klavierpartitur von Salome. 3 [Uhr] Bridge mit v. d. Velde und Harker hinter [Baracke] 26, lange wird das nicht gehen, da Laufgraben gemacht werden. G{erda} nimmt Kahn dazu, was mich irritiert. Laderer hat ganz dicken Speck usw. Paket ? negiert sie. Visite ½8-½10 [Uhr]. Esse mit Max und Anita Kahns Kampbecher und Gerdas Extraportion vor Bar{acke} 26 auf (ich 1/6). Vor [Baracke] 21 Gitarre und Trombone [Posaune] mit Gesang. Kann in schwüler Bar{acke} nicht einschlafen. Trotzdem mich beim Herausholen meiner Schuhe am Schrank stoße, hört Kaiser es nicht. V. d. Molen ist krank. Messel kann doch kein Wasser für ihn bekommen.

Sonntag, 20.8.1944

Sonne, heiß - Tee, Salmpaste, [Essen] = Butter, Marmelade, Rüben, Zwiebeln. - 1x im Waschhock [-raum], dabei gewaschen, schlecht geschlafen, ¾6 [Uhr] noch rasiert, bei G{erda} mit M. F. Dann Wasser ausgeteilt. Vergesse Lindeman usw. und komme mir sehr unnütz vor. Bei Visite "O Ap{pell}". Leider später 13 [Uhr] Generalap{pell}, esse, schlafe in [Baracke] 19 und muß von L{ager}W{ache} auf Appl. {Appellplatz}. Besinne mich und gehe in [Baracke] 27, wo Tgb {Tagebuch}. Der Übereifer der G{efangenen} macht alles noch ärger. Die Polen stehen in langen Reihen zum Tee, Brot usw. an, Nonnen teilen aus. Ein Scharf{ührer} befiehlt deutsch, verstehen sie es? Gute Berichte. M{aria} häkelt sehr nett über eine Spule. Bin froh, daß nicht in Hitze stehen muß. Nm {Nachmittag} doch Bridge. Kann mich aber noch nicht gut konzentrieren. Abends singen die Französinnen sehr lustig wegen der guten Jpa. Seit einigen Tagen sitzen wir an einem Tisch hinter [Baracke] 26, wo sie die Schützengraben machen (G{erda} hat auf meinem Bett geschlafen). Da bin ich außer Bereich von Fragen, obwohl sie mich aufzufinden wissen. Irgendwann zieht ein Teil der Polen ab. Kann wieder nicht einschlafen.

Montag, 21.8.1944

Sonne, sehr heiß - Brot, - 3x Appell, auch von 13-15 [Uhr]. Die Kinder vertragen es aber gut. Herr Nussbaum beehrt mich mit Ergüssen. Alle J{uden} müssen nach ihm pal{ästinensische} Staatsbürger sein. Die Konsulen Steuer einheben. [Barakke] 28 bekommt niedrige Betten, dadurch verschiedene Männer "krank". Blumental treibt es so arg, daß er mich um ½24 [Uhr] aus Bett holen läßt. Rijksman wird wegen Sry[?] verdacht verlegt, er und der zweite Betroffene darüber sehr erregt. Verspreche ihm: Entscheidung nach 2 Tg {Tagen}. Dann will er nicht aus Bett. Habe keine Medizinen, viel Durchfall, viel Conjunctivitis [Bindehautentzündung], die mit Turgivin [?] behandle. Menschen sind zufrieden mit mir, aber ich finde es rott [elend], nur sehr erholend [nach der Arbeit im Schuhkommando]. Schw{ester} und Br{uder} sehr faul. Bespreche mit David Frau H. Bosman Incontinentia und bekomme bei Besprechung mit Br{omberg} von Prins eine glatte Weigerung, die [ich] taktvoll umzubiegen verstehe. Mit Frau Bosman (Lokomotive) Dypsomanie [?] nicht so geduldig. Frau Oberdörfer macht am meisten Sorgen.

Dienstag, 22.8.1944

Kaffee, 2x hauptsächlich Rüben, Butter, Jam. 1x Brot - 0 [Klogang] - Renate bekommt Paket mit Rüben und Zwiebeln. Enttäuscht, weil nur Mutter Paket. Alle sehr erregt, ich fast verzweifelt: XX L drohte mit K.Z. der ganzen Baracke, wenn Bett oder Kasten nicht sauber. Einzelne Holländer lachen darüber. Renate hält es für jüdische Übertreibung. Ich messe dem soviel Wert bei, weil von rotgelben und grüngelben Sternen hörte (die am 24. abgegeben sind). G{erda} Fieber Husten Pleura...ung [?]. Koll{ege} sehr nett. Überlege im Bett, da spät einschlafe, noch in [Baracke] 17 wasche, Aussprache mit Schw{ester} und Br{uder} über Disziplin und Sauberkeit. 2x App{ell}. Weder Dr. Alaluf noch Dr. Lek, (dieser allerdings [Baracke] 22), wurden mir gemeldet. Frau Bromberg fast ohnmächtig. - Fürchte sehr für [Baracken] 27/28, da dort doch keine Ordnung möglich. Möchte nicht gerne mitgepackt [verhaftet] werden (überlege wie Proklamation, v{on} Dr.[?] wegzukommen??).

Mittwoch, 23.8.1944

Sonne, heiß - 1 l dicken Pap [Brei], 1x Brot, viel Muscheln, 0 [Klogang] - ½6 [Uhr] auf rasch auf Häuschen (ebenso 24). Versorge G{erda} vor F{rühstück} (38.6 [Temperatur]). Bei Visite auf [Baracke] 28 kommt Ziekenoppasser mit von Br{omberg} unterschrieben Papier, er vertritt Herzberg, ich gehe auf [Baracke] 19 zurück. Übergebe wütend sofort alles. K{ahn} geht nach langem App{ell} zu Br{omberg} "Es ist alles zu meinem Besten geschehen." Um 6 behauptet er, es war nur ein Zettel an D.B. [vielleicht Dienstbereich 5?] 5 (den also Z{iekenoppasser} taktlos mir gab). Nach Essen Schlaf bis 2 Uhr, v{an} Messel 40.3 [Temperatur] wird auch aufgenommen. Nach 3 Bridge sehr unerquicklich hinter [Baracke] 26. Speyer setzt sich an unseren Tisch, was nicht hindern kann. G{erda} N{acht} 38.6 [Temperatur], Schm{erzen} in Brust, ist sehr stark abgemagert. 5 Uhr im Spital. B. scheißfreundlich. Zeit vergeht mit Hin- und Herlaufen und Essen. Ein W.C.-Gang ist so weit wie Transvaalkade 13 Hema.[52] Wir essen uns jetzt satt, aber nach ½ Stunde kann ich weiteressen. Habe eine Frau die Durst,

[52] Hema: Geschäft in Amsterdam um die Ecke Transvaalkade, der Straße, wo wir wohnten.

[als] Heimpflege in [Baracke] 27, wollte auch die Nonin [haben], [aber beide] gehen weg. - Schlafe sehr spät ein und überdenke alles. Halte das Ganze für Katz- und Mausspiel.

Donnerstag, 24.8.1944

Sonne, Wind - rote Rüben, Senf, Roggen, Leber, 3x Brot, 1x [Klogang] (vor 22 Uhr) - Um 5 Uhr auf, nach waschen Wasser versorgt, Messen, N(ussbaum) weigert, Bamb{erger} bei mir zu lassen (ebenso Groenemann bei App{ell} auf [Baracke] 20): es wäre für uns gefährlich. G{erda} besser. F{rüh} vor [Baracke] 28, kann nach N{ussbaum} Visite Tee verteilen. Frau Marx (mit cordis fällt mir um Hals deshalb). Speyer setzt Kamp[Lager]becher Essen für mich durch. Tgb {Tagebuch} bei App{ell}. Danach bei Dr. Katz. D.B. 5 [?] der den Wechsel Z{iekenoppasser}-O{estreicher} nicht begreift. Rederei wegen Barackeneinteilung, 19, 20, 15, dafür Bamberger den eigentlich bei mir halten wollte. LA {Luftalarm} 11-12¼ [Uhr]: 1-2 [Uhr] Luftgefechte erkennbar an den Spiralen. Schlafversuche um 11 [Uhr]. 2 Stunden. Lange warten auf Dr. N{ussbaum}. Nachtisch mit Dr. K{ahn}, der wieder betonte, ich dürfe mich nicht anstrengen. 1 Kamp-[Lager]-becher Extraessen f{ür} Heimpflege. Neue Frauen aus Pol{en} kommen an. [Baracken] 24, 25, 26 werden wir auf 3 hoch [Betten] umgebaut. Bekomme genug Bolus [?], so daß an Steinacker abgeben kann. Frauen mit kahlen Köpfen, bloßen Füßen, ohne Gepäck kommen an. Auch LW {Lagerwache} muß in Bar{acke} bleiben. Marx sagt 25 Auschwitz. (?) - Straßburg, Mühlhausen?

Freitag, 25.8.1944

Kühler - viel roter Kohl, Karotten, 2x Brot, Quark, 1x [Klogang] - Früh rasch alles gepackt. (Es ist so einfach), auch Bett-Bretter, die abends weg sind, organisiere sie [am] 26. Für mich App{ell}. M{ittag} schlafe auf der Erde. Nach Tisch App{ell} für alle, was durch G{erda} zu spät erfahre. Schw{ester} schickt mich zurück, Abram wollte mich hin [zum Appell]. Alle müssen in Sandgrube arbeiten. Fr{itz} tobt sich aus, so daß Männer ohnmächtig werden. Anita klagt sehr über Max. Neue Kessel für 3te Küche kommen an. Paket Nr. 20, gebe etwas für Max Geburtstag, werde von verschiedenen Frauen gebeten, bei Renate zu intervenieren. - Hitler-Frauen mit Kommandant am 27. im Zeltlager. Treffe am 28. bei Poliklinik Amico. Frauen haben seit Tagen nur 1 Klo und müssen sich nach der Arbeit in Kette anstellen. Das 2te [Klo] und weißes Haus [Klo] sind voll mit den Betten [werden gebraucht zur Abstellung von Betten]. - Landung Kieler Bucht?

Samstag, 26.8.1944
Sonne - 2x Kaffee, Karotten, Kohlrabi, dick Pap, 2x Brot, 0 [Klogang] - Der Tag vergeht mit nichts. 2 Stunden waschen und rasieren im Dunkeln. Tempen [Temperatur messen], warten auf N{ussbaum}, auf App{ell}. Hetzen, um G{erda} früh den Tee zu bringen. Bei Ap{pell} schlafe, nachher M{ittagessen}. Beate döst und hält nicht Platz. LA {Luftalarm} ½11-1 [Uhr]. Kommandos kommen zurück, sollen antreten, aber die Tommies [Engländer] sind gerade über uns. Versuche, im neuen Bett zu schlafen. Bamb{erger} 37,8 Tempen [Temperatur messen], warten auf N. Tg {Tagebuch}. N. kommt spät, weil roter Müller Schränke inspiziert und er auf ihn wartet. Kann mein Bett erst spät machen. R{oter} M{üller} jagt uns von Hinterfront weg, andere setzen sich hin. Jpa: 1500 reisen ab, deshalb Wäsche waschen. Dr. Br{omberg} attackiert mich, Frau Lissauer behauptet, ich will nichts arbeiten. Er habe mich aus dem Dreck geholt! Vorher mit Dr. K{ahn} die Lage diskutiert. Es zieht sehr. Mein Becher zu Max.

Sonntag, 27.8.1944 [im Text steht Montag]
Regen - Rüben, Rotkohl, 2x Kaffee, Marmelade und Rhabarber, 1x [Klogang] - 25 wird Bamb{erger} geweckt. Da Generalappell, messe ich. 6 [Uhr] friedlich{es} Fr{ühstück} vor [Baracke] 19. 7 [Uhr] Tee zu G{erda}. Kann K{ahn} nichts berichten. Van Praag attackiert Bamb{erger} bei Visite. Frau Lissauer will mit mir zu Al{bala}: ob er 2ten San{itäter} anstellt, nach App{ell} unmittelbar zu K{ahn}, der Alb{ala} zuerst zu sprechen rät. Diskussion mit Katz, Jultsiel [?] Brom, in die sich Weiss mischt, worauf [ich] loslege. Br. wird wütend, aber sie gibt dann praktisch zu. LA {Luftalarm} 1-2 [Uhr]. Ein kleiner Transport kommt an. Zelt ist abgebrochen. G{erda} sehr nervös. A{bend} jeder arbeitende Mann 1 Zigarette von 700 von Laderer. Rauche sie auf. Kaffeetopf ist verschwunden. Sitzen abends wieder hinter [Baracke] 26. Beziehe meinen Becher, den an Max gebe, G{erda} ist unfreundlich zu Anita. - Eupen, Malmedy

Montag, 28.8.1944 [im Text steht Dienstag]
Regen - 2 x Kaffee, Sauerkraut, Butter, Salz - Extraessen durch Groeneman abgewiesen. Muß Badeliste zusammenstellen. Bad nachts wegen zu geringen Drukkes. Laufe noch um [Baracke] 28 mit weiteren Namen zu Dr. N. Um 1 [Uhr] nachts kommt Speyer tobend, alle müssen, bei Frauen haben sie 4 Port{ionen} Brot entzogen. Ärgere mich, daß wir 12 verlieren, gehe mit, werde von Dr. Schw{eitzer} zu Pat{ient} gerufen, dadurch 1 Uhr früher in Bett. Bad schließt mit kalt. Kahn und Mutter befürchten Böses. G{erda} hat 2 Mittagessen weggegeben und heult deshalb. Weiße Wolljacke von Beate ist vergessen im Waschhock [-

raum]. Durch Regen kein Bridge. N. kommt immer zu spät. Vormittag zählten die Deutschen nicht. Auf Anraten von K{ahn} bei Alb{ala} der (verletzt) 2x sagt, daß ich nicht für einen Menschen da bin. - Rumänien Waffenstillstand!

Dienstag, 29.8.1944 [im Text Mittwoch]
Kalt - Kohlrabi, Rüben, 2x Kaffee, 2x Brot, Butter, Marmelade - Doch 1 Mann vorzustellen, wecke dabei, ½6 [Uhr] die Herren Kollegen im Revier. Nur unbedeutende Fälle. H. hat Term{ometer} kaputt, dadurch spät temp{en} [Temperatur messen]. Buffis Frau entpuppt sich als Klafte. G{erda} muß App{ell} 6 [Uhr]. 8 [Uhr] bei K{ahn}, kann erst nach 8 [Uhr] auf W.C. Menschen belästigen gestern a{bend} und heute f{rüh} bei Essen. N. hetzt durch Visite, aber Männer quatschen soviel. Speyer ist sehr anständig (Essen). Alle so zuversichtlich, daß bald nur Br{omberg} behauptet, Frau kommt nicht mehr in [Baracke] 28. Wieder kein Stopfmittel, lerne nicht mehr, aber lese viel Bibel. - Lüttich.

Mittwoch, 30.8.1944 [im Text Donnerstag]
Kalt - Rotkohl mit Pellkartoffeln, Brotsuppe aus unseren Schnitten in Scherbengraben. 1x [Klogang], - 12-1 [Uhr] LA {Luftalarm}. Tausche (Bincz fragwürdiges Individuum) unzufrieden, da G{erda} nicht tgl {täglich} will. Nichts bes{onderes} außer Bridge und guten Berichten. Man muß so vorsichtig sein, wer fragt, Neumann mit Br{omberg} bekannt, wird aufgenommen [im Spital], Vorst{er} 40.2 [Temperatur] wird nicht aufgenommen (nach 2 Tg {Tagen} besser). Fontaine Ödeme, Fieber, 2 Tg {Tage}. - Maastricht, Venlo, Bomber.

Donnerstag, 31.8.1944
Kalt, Regen - 2x Kaffee, Mangold mit Kartoffel, dicker Brei. - Schlafe etwas länger, dadurch keine Zeit zum Ras{ieren}, das erst ½7 [Uhr]. Um 7 [Uhr] bei G{erda} vorbereitet zum App{ell}. Alle kommen zurück. Angeblich kein Interesse. Ganz Tag sehr müde, kurz nach 8 [Uhr] im Bett. Vorm{ittag} nur Bibel, hin und herlaufen. 12-2 [Uhr] Schlaf. Kann zu nichts aufraffen, nur langsam und viel Essen (auch eingetauschte Ration). K{ahn} braucht mich weniger, lobt Z{iekenoppasser} sehr, aber wünscht oft meine Besuche. 3-5 [Uhr] Bridge. Vati L{aqueur} schickt 50 M{ark} Paul und ich: "Reisegeld". Gute Stimmung durch die Berichte. Alb{ala} schickt K{ahn} warm{es} Wasser. 4 holländische Autos sind bei Garage. Anita liegt 3 hoch an der Wand, aber M{ax} läßt sie nicht aufneh-

men, weil er 3x zu ihr will und Angst hat, [daß] sie seelisch kaputt wird. Fritz läßt 20 Männer dienstfrei abwechselnd. - Katwijk, IJmuiden, Den Helder.[53]

Freitag, 1.9.1944

Wärmer, Wind - 2x Kaffee, Zwiebeln, Pellkartoffeln, 1x Brot, Quark, Butter, 2x [Klogang]. - Gute Stimmung. Doch bis ½9 [Uhr] zu tun. F{rüh} in [Baracke] 19 9 [Patienten] auf der Krankenliste. Schwierigkeiten bei Ap{pell} aufstellen. Zomerplaag schimpft, daß nicht gepflegt wird. Kaffee bringen seine Freunde. Mit 1 Mann im Revier um ½6 [Uhr]. Beates Brot aus Bett weggegessen. Schachtel liegt auf Erde. V. M. kommt zurück aus Revier, setze durch, daß Bett über mir vorläufig frei bleibt. Paket 21 und von Re{nate}. G{erda} sehr erregt über Jpa, bei M{ittag}essen heult [sie], weil [ich] an Arbeitende Platz mache. A{bendessen} auf ihrem Bett zuerst, aber da Wind gelegt, dann doch draußen. Mu{tter} will von Paket wenig abhaben, aber an andere abgegeben. G{erda} schimpft, weil Becher nun nicht von mir zurück. Weniger Essen, keine Extrakartoffeln. Frau de Jong bei G{erda} als Hilfe. Nm {Nachmittag} Bridge mit Kahn, der etwas eifersüchtig auf Paket, er bekommt merkwürdigerweise nichts für ihn. Appell klappt nicht, weil Kind Kauvarin im Bett. - NH [Nordholland], ZH [Zuid/Südholland], Utrecht, Brabant.[54]

Samstag, 2.9.1944

Sonne - mit Kartoffeln, Muscheln, Kartoffelsuppe mit Fleisch - Niemand für Revier. Ab{ort} auf [Baracke] 11 derart vies [schmutzig], daß zur [Baracke] 12 gehe, da 5 Minuten vor ½6 [Uhr]. Viel Wasser auf Boden, in [Baracke] 12 wenig Kranke. Um 7 [Uhr] rasch bei G{erda}. V. M. fordert sein{en} Teil von Extraportion v. M{ittagessen}. Mit Abram über Essen des JR {Judenrates?} Grippe jetzt mit heftigen Kopfschmerzen. Ung{arisches} Kind wird operiert, aber Schw{ester} darf es nur holen. Vor M{ittagessen} ist wenig zu tun! Nm {Nachmittag} etwas Bridge. Kinder gehen früh ins Bett und wollen nicht lernen. Ruth Steinberg Angina. Ein Mann von dem die "Weltwunder" [Buch] hatte, kann kein Buch von mir bekommen. App{ell} im Eßsaal sehr gedrängt. Polenlager nicht von Jud{en} bedient. - Anita muß wieder in Dienst. Lese während App{ell} Bibel. G{erda} etwas besser. Im Bett bedenke 1 engl{ischen} Zeitungsbericht. Die Frauen beginnen jetzt, fahl gelb auszusehen. Die Zeltdecken sind abgeweht [weggeweht].

---

[53] Drei holländische Hafenstädte.

[54] Vier holländische Provinzen.

Sonntag, 3.9.1944

Regen, aber sacht [leicht] - Rotkraut, Pellkart{offeln}, Butter, Marmelade. - Nussbaum Sohn tot, Tbc, v. Raalte 20 [Uhr] 5, da Speyer bei Moses! die soviel von uns bekommen, hat den Extrabecher angezeigt. Keinerlei Stopfmittel. Tausch von Zigaretten gegen Brot verboten. Rot{e} M{ientje} hat bei Tausch erwischt. Waschen in Bakjes [Trögen] verboten. Nm {Nachmittag} Bridge bei Kahn mit Dr. Z{iekenoppasser}. A{bends} bei G{erda} im Gäßchen, sie hat einen Stuhl auf anderen gestellt, schneidet Brot, ich schmier. Barenholz überglücklich über Küchenbeschäftigung! Kind Sam binnen 3 Tg {Tage} tot?, Steinberg schwört auf mich als Arzt. R. Spanjaard Osteomyelitis [Knochenmarkentzündung]. N. behauptet 0. Renate hat Zuurtjes [Bonbons] Beate gegeben. Die Tür von [Baracke] 26 bricht aus im Eßsaal, dadurch sehr zugig. In [Baracke] 21 Kabarett Licht bis Bubetz. Alle gut gestimmt. I{ch} könnte weinen über Jpas. Wenn nur alle in A'dam {Amsterdam} am Leben. Schreibtag, aber Post nach Holland verboten. Elzas, die vor 2 J{ahre} Appendix zur Hand feststellte, erkennt mich.

Montag, 4.9.1944

Regen, dann etwas Sonne - Kartoffel, Rüben usw. Kaffee, 1x [Klogang] - Ausnahmsweise Licht, bis jetzt war es die letzten 8 Tage stockfinster. Kann in Ruhe ras{ieren}, v. Mes. geht in Rev{ier} und später um Medikamente. Frau de J{ong} rechtzeitig für Milch und Tee, gehe mit und bekomme wieder (3.x) 1 l {Liter} für die Kinder. Hetze mich, so daß erst nach N. op W.C. [Klo]. Sp{eyer} richtet Essen für uns. Um ½1 [Uhr] Generalapp{ell}. Edgar ronselt[55] mich persönlich. +/- 170 [Männer müssen] abladen am Zeltterrain. Zuerst Steine usw. auflesen. Dann bis 9 [Uhr] Arbeit. Schm{erzen} im r{echten} Arm andauernd. Gespräch mit Dr. - Nicht müde, in Ba{racke} viel Lärm. G{erda} hat noch mit Dr. K. gewustet [?]. Stimmung am Arbeitsplatz gut. Levy gibt mich zeitweise zu leicht[er] Arbeit. Fritz hat stehenlassen, aber Rote Mientje nahm alle mit. Dicke Speyer ist noch in Ba{racke}.

Dienstag, 5.9.1944

Sonne - Rotkraut, Pellkartoffeln, 5 [1 Stenozeichen], Brot, Seife, 2x Kaffee, 1x [Klogang] - Alles muß auf App{ell}. Doch rasiert. Herumstehen auf App{ell}-platz. Dasberg stellt DB5 zu den Kranken. Dicke Speyer muß nicht mit, aber v.d.

[55] Ein holländisches Wort, womit ausgedrückt wird, daß die Menschen unfreiwillig zur Arbeit angeworben wurden wie früher Seeleute und Soldaten, "ronseln" heißt also "zur Arbeit zwingen" oder "zwangsweise zur Arbeit anwerben".

L. holt doch 2 heraus, dann läßt Levy etwas gegen Willen von Edgar uns alle abtreten. Devise bis App{ell}: die Gamelle habe gestern ½2 [Uhr] aufgesetzt, jetzt ist sie weg. Sehr schönes Morgenrot. Neubauer Tbc, tot. Frau Ca [?], Mann ? - LA {Luftalarm} 1-2 [Uhr] Nm {Nachmittag} mit Michel ins Magazin Seife holen. X erlaubt Wagen zu laden. Zeige ihm, daß 6 übernommene Seifenstücke in Tasche trage. Lichtenstein fragt später, warum ich sie in Tasche habe. Kann leider keinen Kontakt mit Ungarn bekommen. Habe etw{as} Herzschm{erzen}. Es ist doch immer Erregung, wenn XX jeden einzelnen mustert, ob mit müssen. Die Sträflinge bauen eine Küche mit Zeltwänden. Pakete kommen noch an. In Nacht fern starke Bombardemente. Meine Gamelle war früh in der Küche nicht zu finden. G{erda} schon böse, aber Nm {Nachmittag} stand sie [die Gamelle] auf einem Regal. Die Alten wurden mitgenommen, weil soviele Junge nicht angetreten sind und sollen 4 Tg {Tage} arbeiten. Viele gehen mich an, bei Renate wegen Küchenarbeit vorzusprechen. Goldenberg am stärksten, Kriek hat es am nötigsten. An einem dieser Tage ist abends ein bunter Abend mit Lyrik und Vorsingen [Stenozeichen].

Mittwoch, 6.9.1944

Kaffee 1x, Kartoffeln, Kohlrüben, Brotsuppe, 0 [Stuhl] - Herr Bermann tot. Decubitus [Wundliegen]. Die blinde Frau kann bei App{ell} gerade noch den Wagen verschwinden sehen. Alles muß auf App{ell} [stehen], erst [das] Bahnhofk{o}mm{an}do, dann alles rechts um[kehren], mit Ausnahme Kanzler. Rau holt mich und Kranken heraus, de Windt fällt um, Dasberg ruft mir und schickt mit ihm ins Revier. Teeboom (Tbc?) auch mit. Dr. Werner Levy ruft mir vor Albala und Edgar zu, ich sei noch nicht glücklich, später gestellt, ich habe mich feindlich gegen Polizei geäußert. M{ittag} in [Baracke] 27 ein Pfleger frei, will nicht dahin und wird mit allen Kranken bei 2ten Appell mitgenommen. In [Baracke] 27 keine große Begeisterung über mein Erscheinen. Prins ist bei App{ell}, und Alb{ala} traf dort schon 3 Pfleger, [mehr] kann er nicht haben. Mittag ist de Lange wieder da, will nicht freiwillig in K{omman}do, spreche mit Dasberg, der ihn überredet. Versöhne mich mit ihn. Gesellig Bridge in [Baracke] 20. 1-3 [Uhr] Dr. N. macht nur Nm {Nachmittag} Visite. Früh Licht aus [in Baracke] 29, weil in Vornacht an, ein Mann schrecklich geschlagen von ? - Tor gemacht in Zaun, so daß dadurch Holz direkt überbringen möglich. Dr. M. hält Extraportion aufrecht. Mutter wieder besser, aber G{erda} sehr übel. Ursache? 3 SS-Hilfen im Lager, die sich mit Kindern und Frauen anfreunden. Abends Gamellenträger nicht angetreten, K{o}m{man}dant: "Trotz der kleinen Frontverkürzung werden wir mit euch Schlittenfahren, nicht ihr mit uns." Huste stark.

Donnerstag, 7.9.1944

Regen - Kohlrüben, dicke Grütze, 1x [Klogang] - Rasieren im Dunkeln. Keine Krankmeldung. ...vor Goßschalk in [Baracke] 27 nicht viel Arbeit. Wäsche Jrolak, der sich sofort [Satz nicht beendet]. Hatten zuerst LA {Luftalarm}, dann in [Baracke] 27 Kaffeegamelle gebracht, die ursprüngl{ich} nicht angetreten waren. Prins läßt sich mitzählen. SS. Hilfe zählt bei App{ell} mit. Dr. K. erzählt, daß man im Lager gegen mich, weil getauft![56] App{ell} wegen Bar{acken}sperre (Luftalarm?) abgebrochen. Tgb {Tagebuch}, 10-½11 [Uhr] LA {Luftalarm}. Nm {Nachmittag} will von Dr. Katz Dienstzettel, der alles mit Br{omberg} besprechen will. Platze im Spital in die ärztliche Arbeitsteilung hinein. Br{omberg} gibt an, daß er von Vertretung de Lange nichts weiß. Im Gespräch verrät er, daß er nicht einmal die Heimpflegerstelle mir gemacht hat. D. soll alles nun selber machen - Da er 39,8 [Temperatur] hat, gehe zu K{ahn}, der sofort 1 Stunde mit Br{omberg} konferiert, mich dann zu ihm schickt. Er sei übergangen worden. Ich wollte ihn nicht belästigen. Jedenfalls - [Zeile in Steno] - eher, daß in Kamp [Lager] herumgeht [gesagt], ich sei getauft. Herzb{erg} findet es ebenso wie Meyer nicht richtig, den Rr [Richter?] zu spielen [Zeile in Steno]. Herzb{erger} betet nie mit. A{bends} bin ich ganz kaputt, lese aber immer bis ½10 [Uhr]. Am Arbeitsplatz müssen die alten Männer Nägel ausziehen. Das Wäschefeld wird mit 2 Bar{acken} besetzt. Klosettwache [war] vorhin dort [bei] grünes Haus. - 1.VIII.-7. IX. kein Toter.

Freitag, 8.9.1944

Wärmer, Wind - 2x Kaffee, 1 l Rotkraut, Pellkartoffeln, 5x Brot, Quark, Butter - 1x [Klogang], Früh mit Rothschild jun{ior} [Baracke] 38, 38,7 [Temperatur, Krankheit unbekannt] im Revier. Edgar erkennt die Unterschrift von Morali nicht an. Laufe zurück für N. Komme mit 2 Männern Ed{gar} entgegen, der mich zum Appell treibt und Drückebergerei vorwirft. Sp{eyer} find es in Ordnung, bin in [Baracke] 27. Herzb{erger} arbeitet wieder. Während Appell Untersuchung auf Kleiderläuse. Heute Tee gelungen. "Freizeit" Vm {Vormittag}, Nm {Nachmittag} vergeht mit 0. Pakete von 1. Sept{ember} A'dam {Amsterdam} in Blockführerstube. Hoffentlich etwas für uns. G{erda} sehr brecherisch [mußte sich übergeben] 6-8 Tg {Tage}, M{ittag} Englisch lesen und dösen. Zeitig im Bett. v.

---

[56] Ich weiß nicht, ob mein Vater getauft war; er hat sich am 29.3.1933 aus der jüdischen Gemeinde ausschreiben lassen. Die Niederländische Hervormde Kirche erklärte am 31.8.1942, daß mein Vater schon vor dem 1.1.1940 Mitglied der Gemeinde war. Es gibt aber keinen Taufschein von ihm. Meine Mutter wurde schon nach ihrer Geburt getauft, wir drei Kinder am 6.9.1942. Ich erinnere mich daran, habe aber damals nichts davon verstanden (S. 256/257).

M. hat Extraportion nicht geholt: Männer in [Baracke] 27 mit mir zufrieden. Philosophische Gespräche über Mono- und Polytheismus mit Cohen, der Vorst gut kennt. A{bend} Gottesdienst. Versuche verschiedene Männer mit Klo zu erziehen. Lysol ist 0. 50 Frauen Nägelausziehen. Auch Kessel kommen an. [Baracken] 27, 28 muß LW {Lagerwache} am Klo stellen. Die Grundlagen sind bearbeitet. Alle Tische, die nicht in Bar{acke} Platz haben, müssen auf Appellplatz. Bierenhaak muß Wagen schieben. Sonntag aber Schuhe "Ehrensache", jetzt wollen in Retro{prospekt} M. und L., der zu schwach, [ihn] nicht zurücknehmen. Bin so zerfahren, daß vergesse, wohin Zigaretten gegeben und nochmals. [?] - Die Tische, welche draußen stehen, werden - um nicht zu verderben - auf App{ell}platz gebracht. - [Ein Satz Steno]

Samstag, 9.9.1944

Kalt, Regen - Kohlrüben, Käse, Kartoffelsuppe, dicke Kartoffelsuppe - Früh in Ba{racke} dunkel, auch um 10 [Uhr] Temp{eratur} Vorm{ittag} v. B. [gemessen]. Wasche Pat{ienten}, will dessen Decken klopfen. Br{uder}: Sabbat! Gerda ist übel. 3 Pakete (XXI 2 = Prof. [?] Révész[57]). Von [Baracke] 20 aus sieht man, wie die Männer geschlagen werden. Dr. Cohen Apotheker beschwert sich mit Recht, daß Betten nie gemacht werden. Ich wische ihn [den Popo] trotzdem nicht ab.

Sonntag, 10.9.1944

Wärmer - 1x Kaffee, 1 l Rotkohl, Pellkartoffeln, Butter, Jam - Mit 2 Männer bei Dr. Vorher getempt [gemessen]. Um 1 [Uhr] Tee, sehr dünn. Br{uder} G. tut 0, nur 1 Mann waschen. Betten werden wieder nicht geklopft. Kober. [?] Herzb{erger} faßte Wärmeflasche an Hausman geben als ärztliche Einmischung auf: Edvar Poeffe [Name?] wird mit warm{em} Kaffee gewaschen. Pißpott von Nacht steht noch voll. Bibel und Tee während Visite App{ell} Frau Leib: Ligtenst{ein} frühstückte bei Pat{ienten} auch Ziekenoppasser sonst sah nicht an.

Montag, 11.9.1944

Sonne - 1x Kaffee, Kohlrabi, Kart{offel}, dicke Nudelsuppe, 1x [Klogang] - Alter Kessel kann nicht auf Kinderofen gewärmt werden. De Lange erzwingt eine Besprechung mit Br{omberg}, der ihn einseift [nicht die Wahrheit sagt]. Irgendwie hat der Junge [de Lange] gelogen. Br{omberg} bietet mir Desinfektion an,

---

[57] Prof. Dr. G. Révész: Schwiegervater von Heinz Laqueur; die Familie wohnte damals noch in Amsterdam, weil sie nicht als Juden registriert waren.

werde überlegen, daß dadurch Kochen und Extraportion verliere. Nm {Nachmittag} alles antreten. Stelle mich in Desinfektion und werde von Edgar persönlich zum Abmarsch gestellt. "Barackenbau". Kann von neuem Bar{acken}bau berichten, dann am Zeltplatz erst Wagen abladen, dann Bretter tragen. Kleine Simon nimmt nicht Rücksicht, Kohn setzt [die Gruppe] zu Nagelausziehen ein. Gespräch mit Erfinder Schwartz. In der Sonne ist es nicht arg. G{erda} hat von Br{omberg) den Dienstzettel wegen Desinfektion bekommen, aber Albala unterschreibt nicht, lasse es laufen. Gerücht, daß in die Steinbaracken umziehen. Abends frage, ob nicht ruhig in K{o}m{man}do bleiben soll, worauf K{ahn} sehr wütend.

Dienstag, 12.9.1944

Sonne - Kaffee 2x, 1 l Kohlrabisuppe, (Rasierseife, 46 Stück zu wenig). Sauer- und Rotkraut, 0 [Klogang]. - Erst rasiert und früher auf, nicht fliegen gehört. Nur fieberfrei, daß nicht anerkannt werden. Mit v.d.M. Kaffeekanne gefüllt, verzichte auch sofort mit dieser auf Rasierseife. F{rühstück} erst, nachdem alle zum Arb{eits}app{ell}, dadurch Tee von D{inner} doch aufgesetzt. Beate erzählt nicht G{erda}, daß frei bin. Winke K{ahn} durchs Fenster, [der es] übersieht und böse ist. Packe Edg{ar}: was f{ür} Mißverständnis. "Zigarette schimmlig". "Barackenleiter hat freigegeben." 11 Männer offiziell krank. Stabsarzt gibt für 8 Tage Bettruhe. Schlafe bei App{ell}, der nicht stimmt, wegen LA {Luftalarm} (6-12 [Uhr]) abgebrochen. Dabei Dr. Landau. Esse Becher und kann nicht ganz nachfüllen, weil G{erda} Kohlrabi abgegeben. Mit Kindern zu ihr, die draußen sitzt. Sobald in Bar{acke} LA {Luftalarm} aus, daher außen essen (½3-½6 [Uhr]). App{ell} klappt nicht, weil 1 Mann auf Kmdo {Kommando} ?Drückeberg[er]? [sich drückt]. Leny Speyer, die für ihren kranken Mann Butter usw. aus Küche 1 gestohlen [hat], wird abgeführt nach K.Z. 2. Alle Frauen App{ell}, weil Kommandantur neue Frauen nötig, wegen zu guten Verhältnisses der bisherigen. - ½8-¾9 [Uhr] nochmals als Zählapp{ell}. Dabei Bridge. Mittag müssen alle Kranken draußen antreten. Die Wagen werden auf den Weg längs der Bar{acke} [bereitgestellt]. Ich habe doch etwas Bammel, wenn Fr{itz} da grade herumwirtschaftet.

Mittwoch, 13.9.1944

Erst kalt, dann Sonne - Kohlrabi und Kartoffel, dünne Brotsuppe, 0 [Stuhl] dadurch starker Drang auf weißes Haus. Keine ... [?]. Pat{ienten}: 13 bettl{ä}g{erig}. Eigen[er] Tee zu dünn. Suppe für G{erda} aufgesetzt. Kahn schläft. Tgb {Tagebuch}. Frau Hersheim tot, Verwirrtheit, völlig erschöpft. Pflege von ihr nicht schlecht, da immer gesäubert. Speisezufuhr?? Herr van Noorden Durchfall schlechter Puls, wird nur gewaschen, aber nicht gefüttert. Bringe volle und leere Kaffeegamellen. App{ell}, Bibel und Schlaf. Danach Dr. L. - LA {Luftalarm} ½11-¾12 [Uhr]. Sitzen auf Bank vor einem fremden Bett. G{erda} schläft danach in Sonne auf ihr, ich schlafe 1-½3 [Uhr]. Tgb {Tagebuch}. Man kann nicht 1 Seite lesen, ohne daß jemand hinein sieht oder ein Gespräch darüber beginnt. Frau Levy. Ich schlafe bis ½3 [Uhr]. D{inner}. Arbeit ½4 [Uhr]. L. dadurch später. G{erda} ist auf Anita böse, weil sie in Kartoffelküche über Vermögen G{erda} und Renate geklatscht. Schöner Sonnenuntergang. Gerüchte über Übersiedlung in andere Baracken. 2 Rolle[n] Pflaster ist 2 Ration[en]. Nm {Nachmittag} vergeht wie gewöhnlich. Ein B.D.M. [-Frau?] prüft unterwegs den Gummiknüppel, versteckt ihn vor Kindern. Ablade langs Hauptweg. Die Grundbalken müssen vom Zeltplatz auf Appellpl{atz} getragen werden. - v. W. repariert Reißverschluß für 2 Zigaretten. [Ein Satz Steno]

__**Donnerstag, 14.9.1944**__

Erst kalt, dann wärmer - 1 Kaffee, dicke Graupen, 1x [Klogang] - Erst Temp{eratur}. 2 Männer nach Revier. ½7 rasiere früh. Tee gut 7 [Uhr]. Etwas lesen. Alle Frauen Quarantänebad. Dr. Z. Rastenbaum tot, begegne dem Konduct [Leichenzug], wenn ich G{erda} die Decke zum Bad bringe. Sie ist deshalb bis ¾9 [Uhr] weg. N{acht} ganz kurz. Wie Dickens lese Dr. L. der gesteht, daß auch nicht konzentrieren kann, immer wieder der Hunger durchkommt. Ich lebe von einer Mahlzeit zur anderen. M{ittagessen} +/- 11 [Uhr], A{bendessen} +/- 3 [Uhr], Brot 7 [Uhr], sehe daß 8 [Uhr] ins Bett. Habe leider Obernachbar [im Bett darüber]. Schade, muß nun wie in [Baracke] 11b in die Koje kriechen. Esse den Becher in [Baracke] 19 und gebe ihn dann von [Baracke] 26 in Kasten. Lese vor [Baracke] 26, schlafe bis 2 [Uhr], muß doch um ½3 [Uhr] für N{acht} fertig sein. Edg{ar} bekommt 2 Zig{aretten} (die wirklich unten schimmlig sind). Meine 19er Männer packen mich vor [Baracke] 26 an. Sehr schöner Sonnenaufgang. Sehe Nm {Nachmittag} mit Kinder Buch an. Bea{te} will schon um 6 [Uhr] ins Bett. Sie spielen und essen Butterbrote. G{erda} hat schon wieder Appetit und ißt Mayonnaise (getauscht gegen Zucker). Edg{ar} und Loewy flößen mir doch immer Furcht ein. Nach LA {Luftalarm} Tgb {Tagebuch} vor [Baracke] 17. Habe aus Revier Enzypan geschnorrt. Frau Lindeman echte Ruhr? mit Blut, wagt nicht, um Prontosil zu bitten. Frau Rosin erzählt Abschied von 1 j{unger} gelähmter Mutter. Papiermangel für W.C. und Notizen. Frau Sachs stiftet mir Schreibpapier. Ein Mann sagt in [Baracke] 27 öffentlich, daß Herr Berman tot an [wegen] zu geringer Pflege [Stenozeichen?]. 6 Betten wegen Ofenbau herausgenommen. Doppelstaatler [Personen mit zwei Pässen] aufgerufen und examiniert.

Abendgebet im Freien vor Kinderküche. Stacheldraht zwischen [Baracken] 15 und 17 entfernt. Dr. K. erzählt von Pitts Rede für Sklavenbefreiung. Am Bahnhof viele Männer.

Freitag, 15.9.1944

Sonne, später warm - 2x Kaffee, Kohlrabi, Kartoffel, 1 l [Essen] 5x Brot, Quark - Werde um ½11 [Uhr] von heimkommenden Bahnhofk{o}m{man}do geweckt, da Sarphati und 2 Männer blutiggeschlagen und verbunden, nicht aufgenommen. Gehe im Wintermantel ins Revier. Resultat 0. S. bricht auch übertags, muß früh ins Revier laufen. ¾6 [Uhr] bewußtlos. Dr. M{eyer?} bezweifelt, daß Bare [Bahre] bewilligt wird. Schw{ester} und Br{uder} Barr müssen erst überwunden werden. "Lächerlich." Er gibt Zettel, und alles geht [in Ordnung]. Bromberg jun{ior} brummt, weil schon 6 [Uhr]. Während im Revier, kommen Autos mit Kindern aus Waisenhaus Wb {Westerbork}. Beste Jpa's. Mit Dr. L. nach App{ell}, aber nicht um 3 Uhr. Kann in Sonne Kindern etwas erzählen. Hole mit [Männern aus Baracke] 26 Brot 2x 6 Laib, die doch in Kreuz spüre. Abends 37,5 [Temperatur]. Mein Bett diese Nacht nicht besetzt, aber +/-5 Männer schlafen auf Erde. Stacheldraht bei [Baracke] 15 entfernt. F{ritz} und L. haben wieder geschlagen. Weinberg und [Name nicht genannt] haben Bunker [Strafe], weil albanesische Jungen beim Strohsackstopfen Kohlrabi mitgenommen haben. In [Baracke] 27 stehen um 10 [Uhr] noch die schmutzigen Waschschüsseln herum.

Samstag, 16.9.1944

Bedeckt [Himmel] - 1x Kaffee, 1x [Klogang] in grü{nem} H{aus} - Kohlrabi, Kartoffeln, dicke Kartoffelsuppe, Kamp[Lager]becher. 1x [Stuhl] - Da erst messe, komme zum Waschen erst 7 [Uhr], rasiere nicht. 1 Mann [?] Arzt Dr. N. zeitig, aber Tee erst 8 [Uhr], trinke bei Dr. Kahn. Nach App{ell} (10 Uhr) in Revier, treffe da Perrz und ... weinerlich. M{ittag} bei G{erda} Schlaf 1-2 [Uhr]. Zeitungen von 9 [9.9.1944], die alles zugeben. Ich Extrabecher noch an v. M. gegeben, aber oben aufsitzend [schwimmendes] Fleisch selber gegessen. Edgar will mich wieder ronseln [zur Arbeit zwingen], aber Dr. M{eyer} widerspricht. Der Stacheldraht beim Revier wird weggenommen. W. sitzt während LA {Luftalarm} ½5-6 [Uhr] in Tür von [Baracke] 26. 2 brüllende Kinder Ruth Kahn und Weinberg Jun{ior} sind in der Nähe. Aus [Baracke] 27 muß Frau Leib + and{ere} und von [Baracke] 28 Dr. Bless + and{ere} nach [Baracke] 25 umziehen. A{bends} Karte vom 19.V. aus A'dam. Inventar aus Vught kommt an. Verloren Brotmesser bei Frau Pinner. Beates Jacke ausgetrennt als Socken an Mann gesehen und angezeigt. - Düsseldorf.

Sonntag, 17.9.1944

Sonne - 2x Kaffee, Kohlrabi dünn, Butter, Jam - Durch Krankheit von Abrac [?] Brotkasten offen. Sehr dunkel, so daß schwer zu arbeiten. v. M. beschließt auch, aus Kmdo {Kommando} wegzubleiben. Bin zum Tgb {Tagebuch} zu faul. Sehr viele aus [Baracken] 27/28 gratulieren und danken. Nm {Nachmittag} Arbeit! Herr Neumann tot, Schlaganfall, Montaguez tot. Ca? Starker Speichelfluß auch von Ko{llegen} beobachtet. An 1 [einem] dieser Abende: "Alle Männer heraus!" Dann Männer bis 40. Rauferei Monteiro jun{ior} mit Edgar. Monteiro wird später weggeholt. X "Alles raus". Schließlich ich mit 32 andern +/- 1¼ Stunden im Regen vor Tor. Edgar geht schließlich weg und wir ins Bett.

Montag, 18.9.1944

Sonne - 1x Kaffee, 1x [Klogang], 8 Kartoffeln, ½ l Weißkraut, ¼ l Gulaschsauce. 1 Kampbecher [Lagerbecher] gepfefferte Nudelsuppe. Früh kein [?]. Schreibe dies erst am 20. Zum erstenmal satt. Kornblum berichtet, daß Lisel noch in Westerbork. Rasiere in [Baracke] 12. Frau Perez traktiert [bewirtet] uns mit Butterbrot, worauf Paradeis [Tomate].

Dienstag, 19.9.1944

Sonne - Rotkohl ½ l, Pellkartoffeln 8 St{ück}, Zwiebeln, Butter, Marmelade, 1x. [Klogang] - Frau Menco Bar{acke} 22 sagt XXXX die Meinung sehr tapfer, Antwort: "Ein Offizier kann sein Wort nicht zurücknehmen." Nach Vm {Vormittag} Ap{ell} sagt er Alb{ala}, daß Strafe 0. Sehr angenehm, daß durch v. M. bis ½6 [Uhr] schlafen kann. Beim Arb{eits}app{ell} werden neue Transporte vollkommen eingeteilt. Da sich Nm {Nachmittag} 45 Männer drücken: "Alles antreten." Edg{ar} rät zu gehen, da von Lubben kontrolliert. Dr. L und ich, die beieinandersitzen, gehen. V. L. gegen mich [zu mir] ruhig: "Etwas rascher" (aber ruhig), fragt dann 2x nach Beschäftigung und läßt uns los. Früh Dr. L., ganz früh Fußwaschen in [Baracke] 12, vorher am WC. Bei Essenausteilung Frau: "Maria beim App{ell} sehr ungezogen", diese läßt (glücklicherweise leere) Essenschale fallen und verschwindet heulend, läßt sich während M{ittag} nicht blicken. Wollen erst nur 4 Kart{offeln} geben, auf Anregung von Frau bekommt sie abends das ganze M{ittagsessen}. Wir sitzen sehr schön in Sonne. G{erda} geht zur Gerichtsverhandlung, die sie wenig befriedigt. ½20 [8] sofort LA {Luftalarm}. Lese viel in Harry Price, sogar A{bend} beim Licht. Da Husten noch nicht los, ziehe Schneemütze an, spüre dadurch Zug 0. Am App{ell}platz 3 Bar{acken} bei Isolier[-baracke], 1 Parallel mit [Baracke] 10. Die Teile müssen von Zeltterrain zum

App{ell} getragen werden. Lampe bekommt Paket mit verfaulten Äpfeln! - Düsseldorf Haus - [Stenozeichen] Arnhem [Arnheim][58] [Stenozeichen].

19.9.1944 [6 Stenozeichen]
Wir haben die Freiheit vergessen,
Ihr treibt uns, jaget und höhnt.
Wir haben doch Trinken und Essen,
Wir haben keine Sorgen,
Bekommen alles genau,
Ob Mann, Kind oder Frau.
Wir denken nicht an morgen,
Wir sitzen, frohnen, träumen
Von Theater, Musik und Kunst,
Von schöner Frauen Gunst.
Wir leben in anderen Räumen,
Die Körper spüren die Schranken,
Fühlen den Stacheldraht.
Doch nicht geraubt man uns hat,
Frei sind die Gedanken.
[Mit Tinte überschrieben, vgl. S. 222]
Was wir hatten, was wir waren,
Kehret niemals mehr zurück.
Wollen darum ohne Trauern
Bauen uns ein neues Glück.
Dieses lehrten uns die Zeiten,
Wertvoll ist nur zweierlei:
Vieles lernen und genießen,
Was sich bietet, nebenbei.

Meine Seufzer werden verwehen
Figuren gleich gezeichnet im Sand.
Niemand wird später Deutsch verstehen,
Lernen die Sprache von Deutschland
... [?]
Muttersprache hab ich eingesogen,

[58] Anfang September 1944 versuchten die Alliierten, bei Arnheim den Rhein zu überqueren; die Schlacht um Arnheim ging jedoch zunächst für sie verloren.

In ihr klingt die Melodie.
Auch lernte ich die andren Sprachen,
Doch vielleicht will es so das Schicksal,
Waltet hier eine höhere Macht.
Die Tat vergehe mit dem, der gesündigt,
In Deutsch sei tiefste Schmach verkündigt,
Und dann sei ihrer Sprache gedacht.

Kommando zur bes.{onderen} Verwendung
Das ist das Kommando Bauer,
Steht bereit
Jederzeit
Zur Arbeit schwer und sauer,
Mit Hacke, Picke, Schaufel.
Hier einebnen die Müllgrube,
Weg den Dreck,
Gar kein Fleck.
Muß rein sein wie die Stube.

Dereinst müssen wir vergessen
All den Dreck,
Das Verreck
Durch wenig Schlaf und Essen,
Durch Hacke, Picke, Schaufel.
Sonst wird es dereinst im Leben
Für uns niemals Ruhe geben,
Trotz Wohnung, Schlaf und Essen.

[2 Stenozeichen]
Wir haben verlernt uns zu freuen,
Unsäglich gemeine Worte bringen
Wohl Bewegung den schlaffen Gliedern,
Dringen jedoch nicht ins Bewußtsein.
Hunger, Hunger, Hunger
Beschattet alle Gedanken. Essen
Ist stets der erste. Der zweite Vergessen,
Was einst wir gehabt und gewesen.

Mittwoch, 20.9.1944

Sonne - 2x Kaffee, Kohlrabi mit Kartof{feln}, lx [Klogang] - Hat vielleicht das engl{ische} Radio und die Nachricht von Fallschirmtruppen in Hannover die Haltung des Kmnd {Kommandanten} beeinflußt? Kein App{ell} wegen Quarantänebad. Bei Arbeitsapp{ell} werden Edgar und Dr. Loewe mitgenommen. Waschen in Zim{mer}, Pyjama, dann ankleiden, finde dabei noch Herrn Stern jun{ior} mit 39 [Temperatur]. Brot um ¾7 [Uhr] geg{essen}. Vorher grüne Kanne geholt. Gebe wie gestern Tee erst hinein, wenn dabei. Tee an Frau Marx, die besser aussieht, aber viel Schm{erzen}. Wasser in [Baracke] 19, dadurch Tee wieder kälter. Klopfe mit Frau de Jong, Mutter und G{erda} Decken. K{ahn} berichtet, dadurch zu spät zu Z{iekenoppasser}, der wegen StA {Stabsarzt} früher beginnt. (Bibel lesen). Danach suche Dr. L., den erst bei [Baracke] 26 auf Suche nach mir treffe. G{erda} böse, da Beate mich vergeblich gesucht. (Wäsche, Brot) M{ittagessen} sehr gut. Schlaf 12-½2 [Uhr]. Tgb {Tagebuch}. Brom{berg} und Alaluf beraten über Plan der Krankenhausba{racke}.

[Hier ein Strich unter dem Text]

Nm {Nachmittag} durch Edgar zu 3 Stunde Arbeit geronselt. V. M. bleibt, van Os kann ich bei Hans-Guck-in-die-Luft [Deutscher] freibekommen. Lampe geht mit und bricht unterwegs zusammen. 10 Decken von 9 bis zu den Zelten [?]. Muß mich etwas zusammennehmen, aber es geht. Die Zelte sind teilweise leer und ein Teil noch mit Stacheldraht abgerastert. Nehme nachts die Schneemütze [Wollmütze gegen Zugluft].

Donnerstag, 21.9.1944, geschr{ieben} 25.9.1944

Warm - Kohlrabi, Kartoffel, Graupensuppe - Weil [ich] Mann mit Handphlegmone besser selber zu helfen glaube, gehe zum Revier, wo ein Vorfall mit Dr. Nordheim, den sowie Scene mit Br{omberg} nach App{ell} G{erda} in Steno diktiere. Morgen oder Montag keine Kmdos {Kommandos} mehr. Br{omberg} sehr optimistisch. Beim Arbeitsapp{ell} läßt Rau die Heimpflege stehen nach kurzem Verhör. Edgar plädiert für uns. - Königin hat gesprochen Dienstag Statengeneral [Niederländische Regierung im Exil[59]], nachts sehr warm.

Freitag, 22.9.1944, geschr{ieben} 25./26.[9.1944]

Warm - 1x Kaffee, rote Rüben mit Kartoffeln, Käse, Butter, 2x Brot, 0 [Klogang] - Schwarz, der Erfinder, mit dem [ich] beim Nagelausziehen sprach, abends tot,

[59] Königin Wilhelmina war im Mai 1940 mit der holländischen Regierung ins Exil nach London gegangen, wo sie Rundfunkansprachen hielt.

Schlaganfall. Der "beste" Posten, der Zigaretten und Feuer gibt, hat mit Gewehrkolben Losischinsky, Ligtenstein, 3 Männer beim Kohlenladen blutig geschlagen. Marx in Spital. 4 Dosen aus Portugal, an G{erda} adressiert mit 2 Kindern aber nach hiesigen Listen abgeschickt durch Gertrud? 3 Ehepaare Palästina [mit Einreisepapieren für P.] kommen in ander[es] Lager. Sprechen Rapperport ganz kurz, während bei ihm und Renate, die Zucker gibt. Tot Schwarz. Renate von Zigarette mit Goldmundstück begeistert. Herr Gerson bericht[et]: G. schrieb aus Wien und Istanbul. Gebe Edgar Zigarette. Zählapp{ell} erst [Baracke] 27 wegen Quarantänebad von [Baracke] 27. Kann nur von [Baracke] 19 die Decken G{erdas} tragen, die sofort von fremd{em} Kind [Decke] abnimmt [trägt]. Da Gerichtsvorladung ersuche leider Dr. Levenbach, der sich sehr schlapp erweist, gleich Vergleich will, als Anwalt. - Stern hat Zirker blutiggeschlagen an Nase. - Heute Schlägerei mit Vierer, biete Z{irker} meine Vermittlung an, die dann formell ablehnt. - Aachen, Tarnow alles nicht wahr, alle deprimiert.

Samstag, 23.9.1944, geschr{ieben} 25.[9.1944]

Kälter, zeitweise Regen - 2x Kaffee, rote Rüben, Kartoffeln, dicke Kartoffelsuppe, 1x [Klogang] - (Schwarz) wird gleich früh begraben. Es ist eigentlich etwas dämlich, wie hinter v. M. wegen Arbeit nachlaufe. Bei Dr. Z. schreibt er alles auf. Pakete aus Schweden. Dr. v.d. Reiss wird bei App{ell} mitgenommen. Habe gestern Visraper geraten, mit dem gegen alle Leute unhöflichen poln{ischen} Barbier, der Alb{ala} tgl {täglich} rasiert, zu sprechen. Der Mann quält ihn wegen der Privatkundschaft. Nun schneidet er mich. Schon bei Morgenvisite dankt er [Visraper]. Bibel wie gewöhnlich. O (?). App{ell}. Dr. L{evenbach} geht hinter meinem Rücken zu Br{omberg}: schlägt vor Vertagung. (Dr. Aaron verlangt Rückzug der Klage mit Erfolg) und nach disciplinair Verhandl{ung} (Dr. Levi und L. Zeugen). Kein Br{uder}, aber vielleicht Portier. Sitze mit L. hinter [Baracke] 20, XX schickt auf App{ell}, gehen in [Baracke] 26, später zu [Baracke] 19, wo Dasberg uns weiterschickt, da Rau drin. Edgar fragt später, wo war? "Auf meinem Posten, in Ba{racke} 19." V. Mess. wird wieder mitgenommen. - Kinder spielen bei Suppeessen "Essenvereilung".

Sonntag, 24.9.1944, geschr{ieben} 26.[9.1944]

Regnerisch - 2x Kaffee, 2x Brot, 2x [Klogang] - Weißkohl, viel Kartoffel, Butter, Marmelade. - Vor Waschen Temp{eratur}, dies um ½7 [Uhr], während App{ell} wird Schwester von Ascher begraben, die in Nacht Schlaganfall. Vor App{ell} will Dr. K{ahn} Br{omberg} noch sprechen. Suche Dr. L{evenbach}, den erst kurz vor App{ell] erreiche. Da Mr. Levenbach "dienstlich" verhindert, ersuche zum Verschieben der disziplinär Aussprache. Dr. L{evenbach} tobt, droht sich zurückzuziehen auch vor K{ahn}. Bei App{ell} kann etwas lesen. Lese tgl. {täglich} 4-6 Seiten Bibel. Nach App{ell} fragt L{evenbach} sehr gereizt, ob auf Verschieben bestehe. Dr. Lev{enbach} will gleich mit, bestehe auf Verschieben. L{evenbach} kommt zurück, deutscher Arzt anwesend (dadurch auch K{ahn} erst spät mit Br{omberg}), er L{evenbach} hat sich für 3 [Uhr] angemeldet, verzichtet auf Mitkommen, +/- 1 Uhr läßt K. nicht kommen. Schickt mich hin, ich solle um Entschuldigung bitten. Br{omberg} liegt im Bett am Fenster Nu.[?] und Koll{ege}. Wir sprechen ziemlich leise, wollte nie beleidigen. Br{omberg} das genügt. "Haben sie L{evenbach} geschickt?" Er kam zuerst ohne mein Wissen, aber als er berichtete, sie wollen keine Gerichtsverhandlung ganz [in] mein[em] Sinn. Ich will nur für arbeiten, nicht gegen. Wollte nie in Befugtheit von anderen eingreifen, dies klarmachen, daß wir Jud{en} in K.Z. helfen müssen und nicht formell sein. Haben sie ersucht, von Posten entl{assen} zu werden? (!). Portier konnte nicht garantieren. Ermahnung und Warnung. Ende mit Handschlag. 0 ? [6 Stenozeichen][60]. - A{bends} Konzert in [Baracke] 27, das zufällig höre, danach gemütlicher Bridge mit Steinacker. [Siehe Aufzeichnung vom] 26.[9.1944] - K{ahn} erzählt: Land{auer}[?] hat Diagnose von mir verraten. Wollte mich wegen ?? Erregungszustand "isolieren". Hat zu Br{omberg} gesagt, daß ich in seiner Behandlung [sei].

Montag, 25.9.1944

Regen - 1x Kaffee, Spinat, Kartoffeln, dicke Nudelsuppe, 2x [Klogang] - Das Waschen ist paradiesisch. Sowohl vor [Baracke] 26 als nach 27 stehen nackte Männer und Frauen durcheinander im Waschhock[-raum]. Die Frauen stehen in Reihe vor dem w{eißen} H{äuschen}. Die LW {Lagerwache} ist abwesend oder ohnmächtig. Um 7 Uhr wird mehrere Tg {Tage} das Wasser abgesperrt. Es wird behauptet, daß der große Grieche absichtlich rasch abdreht. Der Ofen kommt

[60] Ich kann mich nicht erinnern, was der Anlaß für diese "Gerichtsverhandlung" war (siehe Aufzeichnung vom 21.9.1944). Mein Vater hatte jedoch sehr oft Streit mit seinen Kollegen; dabei mag auch eine Rolle gespielt haben, daß er aus einer ganz anderen Kultur stammte als die holländischen Ärzte. In den Augen der Holländer war er ein Deutscher, das war schon genug, um zur Zielscheibe ihres Spottes zu werden. Dazu kam aber noch, wie mein Vater auf diesen Spott reagierte: Die Holländer haben gelernt, mit ihresgleichen nicht zu "fechten", sondern zu "bekvechten - mit der Schnautze", d.h. mit dem Mund zu streiten. Es gibt viele "sehr gemütliche" bis "sehr gemeine" holländische Ausdrücke, um dieses Verhalten zwischen Brüdern, Studenten oder Kollegen am Arbeitsplatz zu charakterisieren. Mein Vater, sicher auch jähzornig, war in einer Hofkultur aufgewachsen, er kam aus der Welt der Habsburger Monarchie, einer Kultur, in der man einander Komplimente machte, was in Holland viel seltener der Fall ist. Mein Vater hat unter diesem Spott sehr gelitten und ich mit ihm.

nicht an, so daß der Tee erst nach dem Appell fertig ist. Vor App{ell} herumstehen, volle und leere Gamelle tragen. Kurz G{erda} und K{ahn} begrüßt. Mu{tter} gibt mir nach App{ell} Brot mit Condensmilch. Essenholen mit G{erda} bei 2ter Tür von [Baracke] 26. Die Mensch{en} sind rücksichtslos, lassen Tür offen. Kinder sind frech. Nm {Nachmittag} Schlaf statt Bridge. Tgb {Tagebuch}. K{ahn} rät, gegen Koll{egen} unbefangen zu sein. Bei App{ell} stehen wir draußen. Bin ½6 [Uhr] gewaschen. Höre Frau Neumann an. Vor App{ell} ersucht Stern (da Detectiv Dr. Mehler verhört?) um Vermittlung mit Mehler, dieser lehnt vorläufig ab. Nm {Nachmittag} Essen auf G{erda}s Bett, nach Suppe Geschichte an [den] Kinder[n] erzählt. ½8 [Uhr] in Eßsaal Brot. Kriek singt in [Baracke] 19. ½21 [Uhr] geht Licht aus. L. läßt sich grüßen, aber hält sich fern. Kann Max kurz erzählen. Warum sucht man gerade mich für Opfer einer Intrige aus? Warum soviel Mühe, bis zum Plan, mich zu isolieren? Man kann Antisemit werden. Kruppwerken ... [?] - Aber schlechte Menschen gibt es überall.

Dienstag, 26.9.1944

Regen, auch Sonne - 1x Kaffee, Kohl + Kartoffel, 1x Brot, Butter, Sauerkraut, 1x doch auf [Stenozeichen] - [eine] Viertelstunde später Tagwacht, bis 6 [Uhr] geschlafen, da dunkel und Katzenwäsche mit Hoffnung auf Rasieren später mit Spiegel am Bett. Gamelle voll spät, Licht erst ½7 [Uhr]. Tee, Licht. Wäsche zu Gerda. Warten auf App{ell}. Granat [Name] fällt um. Dr. v. E. zeigt einen Kunstgriff dabei. Tgb {Tagebuch}. Ziehe Lederhose an. Nm {Nachmittag} Schlaf, lesen, Kinder erzählen. A{bends} auf G{erda}s Bett. Gute Rede Schuster [Baracke oder] (am 28.), tapfer Mehler [Baracke] 19.

Mittwoch, 27.9.1944

Regen - Karotten + Kartoffel, Zwiebeln, Brotsuppe, 2x [Klogang] - In Nacht durch 2 hoch gegenüber geweckt wegen Schuhverwechslung. Glaube, daß mein Kissen geleert. Früh 0![Stuhl/Essen?] ¼6 [Uhr] ganz waschen in [Baracke] 18. ½6-½5 [Uhr] Bad! Tag vergeht mit Vorbereitung zum Appell. Luftalarm 10-½12 [Uhr]. Schlafe, ½6 [Uhr] wieder App{ell}. Vm {Vormittag} hat gute Milch Ausgabe und dabei meine Schüssel verloren. V. d. M. weigert erst Ersatz. G{erda} findet Kaffeekanne zurück. Bibel, Dickens verloren. Höre Mussaf [Gebet] in Bett, ebenso wie gestern Kol nidre [Eingangsgebet am Vorabend des Jom Kippur]. Hole mit Frau Brot und Zwiebeln, wobei Gamellen zurückbringen. Frau Baruch [viele Stenozeichen], Kahn will über L. [kein Name] erzählen. Sie haben ... [kein Name] bei Diebstahl ertappt, der ist als geisteskrank erklärt, was Gericht annahm. - Aachen, Köln.

Donnerstag, 28.9.1944

Kalt, dann Sonne - 1x Kaffee, Kraut, Kartoffel, gelbe Rüben, Graupensuppe, 1x Brot. - Tag vergeht mit Appell, LA {Luftalarm} (½12-2 [Uhr]) wieder Appell ½3 - ½4 [Uhr] wobei auch wir stehen. Z{iekenoppasser} gibt G{erda} bereitwillig 8 Tg {Tage} df {dienstfrei}. Sitzen in Sonne bei Waschhock [-raum]. Dr. K{ahn} kommt auch. G{erda} zärtlich. M{ittag} während LA {Luftalarm} auf G{erda}s Bett. Breche dabei durch. G{erda} muß reparieren. Gelber, Kann, Andriessen wegen Sabotage d{er} Holländer abgesetzt. Dasberg verkündigt, falls Kmd {Kommandos} nicht vollzählig, wird Essen allen entzogen. A{bend} vor Waschhock [-raum], Lederer gibt die Zigarette. G{erda} kann zurückhalten von teuere Schuhreparatur. 1 statt 2 Zig{aretten}. Essen auf G{erda}s Bett ist Qual. Kann mich schwer hinaufziehen, habe oben etwas Schwindel, muß auf Schuhe aufpassen, daß Unterstehende nicht am Kopf stoße. Oben ist ein Querbalken, woran Becher, Uhr, usw. hängen. Muß unter diesen tauchen. Stern/ ↓ Mehler, St/Zirker ausgeglichen. Sternberg fragt Auskunft über Zir{ker}.

Freitag, 29.9.1944

Erst kalt, dann Sonne - wie 28.[9.1944]. 4/5 Käse, Butter, Brot - Erst um ¾6 [Uhr] auf, Gamellen holen, Kaffee schenken [eingießen], Tee setzen, (bei App{arat} in meinem Bett [?]). Werkapp{ell} v. B. N. Sp{eyer}[?] bringt uns wieder dahin. Lange Zählerei mit Kranken in freier Luft. Noch unrasiert. Bibel, Price, Tgb {Tagebuch} M{ittag} bei G{erda}. Lese bei Frau Neumann. Nach Dr. Visite bei G{erda} am Bett lesen, da Kinder englisch[61], später Rübezahl. G{erda} verhandelt mit Grünberg wegen Rep{aratur} der Klompen [Holzschuhe]: 10! Zigaretten. West rep{ariert} für 1 schlecht, was er nach 2 Tg {Tagen} für 2 tut! Posten 6 ist nicht mehr besetzt. Alter schielender Mann zählt. - ... [?] Metz, Landsberg, Krakau, Arnheim [Stenozeichen].

Samstag, 30.9.1944

2x Kaffee, wie 29.[9.1944], Spinat, Kartoffel, Kartoffel + Kürbis, 1x [Stuhl] dunkel, - erst ½7 [Uhr] Licht. ¼6 [Uhr] gleich rasiert. Zeit vergeht mit Gamelle holen, Kaffee, Tee aufsetzen [kochen]. V. M. hilft mit Krankenliste beim Arb. App {Arbeitsappell}. ½9-11 [Uhr] App{ell}, wobei Bibel lese. Dann gleich Warmwasser. Tee verteilt und M{ittagessen}. Danach ein Abenteuerbuch gelesen. LA {Luftalarm} ½2-¼5 [Uhr] (Schlaf) Dr. K{ahn}. Tgb {Tagebuch}, während Kin-

---

[61] Eine Frau gab Beate und mir Englisch-Unterricht; wir lernten:"What is your name? - My name is Maria!" Leider gab es diese Stunden nur zwei- oder dreimal.

der englisch. Dann erst wieder Rübezahl im Bett. Habe dünne Suppe bekommen Kinder und G{erda} das Unterste aus der Gamelle [bekommen]. G{erda} hilft mir Decken klopfen, das seit 3 Wochen notwendig war. Unterhose ist beim Waschen gestohlen. Nach Kinder[n] erzählen mit G{erda} spazieren. [Baracke] 19 wieder dunkel. Das neue Waschlokal zwischen [Baracken] 25/26 kann endlich benützt werden. Das Buch von Dickens erhalte von 1 Mann in [Baracke] 16, der behauptet, es seit 7 Tg {Tagen} zu haben! Beim Essen am nächsten Tag erzählt gegenüber, daß ihre Tochter (in [Baracke] 26!) es gelesen habe. G{erda} gibt Kaffeekanne an Kahn, die erst durch 2x Nachforschen zurückerhalte.

Sonntag, 1.10.1944

Regen - 2x Kaffee; Graupen mit Kürbis, dick, Butter, 0 [Stuhl], daher erst nach Vi{site} [Baracke] 17 rasiert. Gamelle Kaffee, Tee. Visite wie gewöhnlich. App{ell} ½9-10 [Uhr], danach bei G{erda} gelesen. M{ittag} ist sehr eng zu sitzen, die Damen der Nähstube wollen nicht erst Platz machen, obwohl sie viel später essen. Kann mit ihnen besser umgehen. Schlaf, lesen, 15 Uhr in Revier. Vorstellung von A. Levy als Chef von [Baracke] 5, kann weder Deutsch noch Holländisch. Saltiel im Ältestenrat. V. M. steht nicht in [Baracke] 19 eingetragen. Bin etwas verstimmt, daß Br{omberg} mich 2x beschimpfen ließ und Unrecht tat und jetzt öffentlich bös ist. Voss und Lafontaine besucht. V{oss} hat Gedicht von [Name nicht genannt] übersetzt ins Ivrit. Sehen gut aus, Granat 3 Tg {Tage} > 39,5 [Temperatur], schlage Aufnahme vor, da 7 Betten frei. Bei Mutter am Bett, bekomme 2 Butterbrote, die annehme, die sie heute nachbekam. In [Baracke] 19 war ich heute dran 1 l [Extraessen], den Mu{tter} Frau Pinkus aß. Umstellung auf Winterzeit. +/- 12 [Uhr] überfliegen Flugzeuge kurz, aber viele, wie Orgelklang. - Köln, Krakau [?]. - G{erda} 38 [Temperatur], Beate Ohrschmerzen.

Montag, 2.10.1944

Sonne - 2x Kaffee, Spinat, Kartoffeln, Brot, Graupen, 0 [Stuhl] - Bis App{ell} wie gewöhlich zu spät für Tee, Rasieren, später Bibel, Tgb {Tagebuch} Mann in [Baracke] 27 tot, lange Diarrhöe. Früh mit Hirsch (Dieb) bei Ziek{enoppasser} wegen? Gallenanfall. Nm {Nachmittag} simuliert er wieder, geht aufrecht zum Appellpl{atz}, aber nicht weiter. A{bends} frägt mich Felsental wann und wie. Obwohl glaube, daß vor ½1 [Uhr], gebe an, ihm nicht schaden zu wollen und wisse. Er geht auch ½20 [8 Uhr] nicht zu F{elsental}, weil Zeugen sucht, und löchert mich, für ihn auszusagen. ½19 [7 Uhr] Milch auch ohne Attest. M{aria[62]} stellt sich vergeblich an, läuft weg und heult bei uns. Vorwürfe statt zu erklären. Kind{er} wünschen Don Quichotte. Ladereres versucht vergeblich, M{ahlzeit} von gestern gewärmt zu bekommen. Große Schüssel mit 2 Port{ionen}. Schiebt auf Kasserol etwas, das für mich erbitte. Wie ihm Schüssel zurückbringe, schiebt er mit 1 Finger 1 großes Stück wieder zurück! (mit Kürbis). V. M. und ich spekulieren, wie ihm das ganze abzulisten, trotz Beteuerung Durchfall, Erbrechen, frißt er selber auf. Bridge mit Steinacker, Joskin. ½21 [9 Uhr] LA {Luftalarm}. - XX kommt fluchend, weil im Zimmerchen Kerze brennt, Speyer: das kostet euch das M{ittagessen}. (2 Flugzeuge abgeschossen, siehe auch 1.10.1944). - Steinberg brennt bei Kind Kerze in Topf. - 1 Toter.

Dienstag, 3.10.1944

Kalt, Regen - 2x Kaffee; dick Kartoffel mit Kürbis, Sauerkraut, Butter, 0 [Stuhl] - 101 (?) Kisten mit Suppenwürze vom Roten Kreuz ins Lager gekommen und verzollt! Nm {Nachmittag} haben 20 df{dienstfrei} vom Holzkmdo{kommando}, aber weitere > [mehr als] 20 haben sich gedrückt! Daher großer Appell und Strafgericht. 3 Portionen Brot, 250 l. Essen - [weniger]. App{ell} ½9-10 [Uhr]. G{erda} 39,6 [Temperatur]. Arbeit 6-6 Uhr, daher ½5 [Uhr] auf! Bei App{ell}, Bibel nach M{ittag}, Bridge, wobei schlafe! Sehr schöner Sukkotdienst [Sukkot: Laubhüttenfest] für Kinder. Hole mir Seife. A{bend} bei G{erda} auf Bett, Kind{er} so müde, daß nicht erzählt. Frau Bloch hilft G{erda}, die sich mit Marienthal zankt. Kann K{ahn} leider nicht sprechen. Schlafe schlecht, weil v. d. M. und v. Mals in Bar{acke} bleibend angab. Werde mich wieder herumstreiten müssen? Keine Ruhe. Erst nach 18 Uhr zu G{erda}, da Ziekenoppasser die Visite vergessen hat. Hole ihn aus [Baracke] 21, weil an 1 Mann mit 39.3 [Temperatur] ein Poliklinikbrief + Erklärung für Sanitäter gegeben und will, daß er es weiß. - Pfeife schmeckt, wasche für G{erda} Geschirr in vollkommen dunklem Waschhock [-raum].

Mittwoch, 4.10.1944

Regen - Kaffee 1x, Spinat, Kartoffeln, Brotsuppe, 5x Brot, Salmpaste - Soeben ½ 10 [Uhr] großer Jubel d{er} Kinder: Brot ist da, aber keine Strafe. Heute früh großer Appell, jedes Bett kontrolliert. X Mann mit leicht{em} Dienst aufge-

---

[62] Ich hatte den ganzen Nachmittag im Regen draußen auf diese Milchverteilung gewartet und stand mit anderen Kindern ganz vorn. Als man endlich die Tür geöffnet hatte, wurde ich von hinten heftig in den dunklen Raum geschoben und dabei fast zertrampelt. Ich habe nie wieder soviel Angst gehabt wie in diesem Moment.

schrieben. Warm[es] Wasser. (Heimpflege erst ab 11 Uhr!) ¾5 [Uhr] auf[stehen]! Im Dunkeln ras{ieren}. 38 [Temperatur] bei G{erda}, vorher Gamelle Kaffee usw. App{ell} kurz.

Donnerstag, 5.10.1944

Sonne - 1x Kaffee; wie am 3., Seife, 3 Männer 200 vloeitjes [Zigarettenpapiere], Graupensuppe, 1x [Klogang] - ½5 [Uhr] auf, rasiert, Gamelle Kaffee geben. F{rüh} Wasser für Tee Vorbereitung ArbApp {Arbeitsappell}: sehr einf{ach} (für gestern sind +/- 11 Männer) vorgeladen, die (nach W. Loewy) [durch] Brot[-entzug] bestraft werden. K{ahn}, dem dies erzähle, wird sehen, Strafe abzuschwächen. Dr. J. App{ell} Bibel und Detective. Jesaia will doch auch nur die guten Werke. M{ittag} Mädels essen ihre Portion nicht auf. Viel Fleisch. ½12-1 [Uhr] Schlaf. E.H.B.O. [siehe S. 59] Warm{es} Wasser. Rest an K{ahn}. Helfe G{erda} mit Decken, vorher Mutter mit Decken für Bad. - 1 Toter.

Freitag, 6.10.1944

Sonne, erst Nebel - Kaffee 2x, Weißkraut, Kartoffel, Butter, Käse, 1x [Klogang] - Vormittag vergeht mit dem Quarantäneb{ad}. Kann nur früh Mu{tter} Milch (von Grünbaum gesch{enkt}) bringen. Bei Bad wieder Schreien und Hetzen von Harry. Habe Angst um Buch, das in Jacke ist. Nehme leider alle Decken und braunen Anzug mit. Müssen ohne Wasser unter Dusche warten, Männer sind sehr unordentlich, Hemden bleiben liegen. ½12-½2 [Uhr] LA {Luftalarm}. Schlafe, meist wird doch nur Unsinn gesprochen. Nach LA {Luftalarm} müssen wir warten, bis [wir] abgeholt werden. M{ittagessen} kalt. Danach Bettmachen. Dr. [Doktor] Tee. Warm[es] Wasser, lese etwas bei K{ahn}. G{erda} hat Erbsensuppe ge-kocht. Nach A{bend} im Dunkeln auf Kinderbett. Don Quichotte. Sowie in [Baracke] 19 Schuhe einfette 8 Uhr LA {Luftalarm.} Zieke [Kranke; Satz abgebrochen].

Samstag, 7.10.1944

Sonne - 1x Kaffee; Kartoffel, Kürbis, Kartoffel, 5x Brot, 0 [Stuhl] - Licht erst ½6 [Uhr]. bis dahin wie gewöhnlich. V. M. gibt Tee für Turksma [Baracke] 27, kann vor ½8 [Uhr] bringen. Dr. Bibel, Tgb {Tagebuch}, App{ell}, dabei 7 Zigaretten [Baracke] 21 zu Dr. {Doktor} - App{ell}. Kaiser wirft v. M. vor, schon 3x falsche Anzahl Kranke angegeben. M{ittagessen} und A{bendessen} vor Bar{acke}. Tausche Abituriententag [Buch] LA {Luftalarm} ½12-½2 [Uhr]. Kmdos {Kommandos} kommen erst ½2 [Uhr]. Schlaf, dann lesen, 2 Uhr kam Wasser. G{erda} unfreundlich, als ich geschliffene Messer bringe. Deshalb in [Baracke]

19 bis nach 5 [Uhr]. Z{iekenoppasser} kam spät. Alle Männer auf AppPl {Appellplatz} (Albala), aber nur wenige gehen. W. Levy wird von Schacht verklopft, weil Wache nicht auf Posten. Alle deprimiert über Churchill-Rede. A{bend} bei Waschhock [raum]. Mu{tter} traktiert [bietet an] Fischpasta. Dr. Schw{eitzer} auch. Kinder erzählen. ½8 [Uhr] nach [Baracke] 19. 20 [Uhr] schon LA {Luftalarm}. Nehme 9 Ration[en] Brot in Koffer. Zirker läßt mich, obwohl ausziehen will, packen. Tot Schwarz-Pollak in [Baracke] 27. - 1 Toter - Raum von Oldenburg.

Sonntag, 8.10.1944

Kaffee 2x, wie 6.[10.1944], viel Fleisch, Butter, Kartoffel 1x [Stuhl] - ½5 [Uhr] auf, ½6 [Uhr] Licht. Die Türken gehen um 7 Uhr in das Schneebaumlager.[63] V. M. borgt meine Lampe, dadurch verlege das Unterhemd. Ras{ieren}, Kaffee wie gestern, Tee dito, dabei heiß{es} Wasser an [für] G{erda}. Mußte vorher Kanne, Gamelle von ihr holen. Tgb {Tagebuch}. Bin bei F{rühstück} eher satt. Kein App{ell}. B{eate} hat sehr schön{en} Geburtstag. Komme durch lange Visite Dr. Z{iekenoppasser}, erst 11 Uhr. Mu{tter} Socken, Schlafschuhe, 2 Brot, 1 Schok{olade} G{erda} Puppenrucksack. Freunde, Puppentuch, 1 Kartoffel! Butterbrot. Bekommt Extraportion, wovon Kranz uns gibt. Bridge. ½3 [Uhr] Frau Bloch, Kahn zum Kaffee bei uns, auch etwas Bridge. Santilgano als Bauchredner[64], A{bend} bei G{erda}s Bett 19? [Uhr] LA {Luftalarm}. Dr. Maier, Muiderschans weigert, als Arzt verwendet zu w{erden}. - 2 Tote. - Marsch auf Bremen.

Montag, 9.10.1944

Regen - wie 7.[10.1944], dicke Graupensuppe, 1x [Stuhl] - 1 Uhr Laufer Krämpfe, kann nur Belladon{na} geben, bricht, dann Ruhe. ½8 [Uhr] müssen schon die Transporte Männer am App.Pl {Appellplatz}, doch App{ell} 8 [Uhr], der rasch stimmt (½10 Uhr). Komme mit Hirschberg, der auch bei Decken hilft. Frau Cohn [Baracke] 17 Ohnmacht, dabei von Spitz franz{ösisches} Buch. Ligt. gibt Buch zurück, das von Herman sehr erregt gefordert wird, kann nicht über App{ell}

[63] "Schneebaumlager" war eines der vielen Lager von Bergen-Belsen, nach dem Lagerältesten benannt. In diesem kleinen Lager waren amerikanische Juden untergebracht, die keinen Stern trugen. Auch türkische Juden waren dort untergebracht (vgl. Abel J. Herzberg, Kroniek der Jodenvervolging 1940-1945, Meulenhoff reprint, [1950] Amsterdam 1978).

[64] Santilgano als Bauchredner: Ich erinnere mich daran, er hatte eine Micky-Mouse-Puppe, es war sehr lustig, ich hatte noch nie so etwas gesehen. Ich war sehr traurig, daß an meinem Geburtstag im folgenden Februar gar nichts Besonderes geschah. Die Lage im Lager war zu dieser Zeit sehr viel schlechter geworden, wie man im folgenden nachlesen kann.

warten. G{erda} kauft M{ittagessen} für Abendsuppe. 1-3 [Uhr] Schlaf, werde von H. nicht geweckt. Grieche sehr ausfällig bei Abtransport von Posen, fulminiert auch abends beim Tragen van Praag gegen [zu] van M. über Ärzte, als Br{omberg} van Pr{aag} mit 39.7 [Fieber] sollte von Dr. Z{iekenoppasser} gehen - Kollaps, lege ihn auf Brettchen, weil weder 3 hoch noch auf ander{es} Bett will legen. Monteiros (10 Menschen) kommen zurück. A{bend} auf Mu{tter}s Bett. Dr. K{ahn} schickt Bea{te} etw{as} Milch, die sie mit M{aria} teilt, kann nur kurz ihnen erzählen. 20 [Uhr] LA {Luftalarm} Kinder waren bei Aufführung in [Baracken] 28, 15, 13. Bei M{aria} fällt Schuh von Koffer auf Frau Sternheim. Frau Kohen Bendiks angeklagt wegen Diebstahl. - Gef{echte} bei Bremen?? [Stenozeichen] ...

Dienstag, 10.10.1944

1x Kaffee, wie 8.[10.], Sauerkraut, Butter, 1x [Stuhl] - Schlafe schlecht, erwache ¾4 [Uhr]. Dr. Cr. muß auf Transport, sehe im Traum Name auf Liste. Ras{ieren}. Mache Bett, Decken usw. fertig für Quarantainebad. V. M. läßt mich messen, gibt sogar Kaffee aus. Will nicht Rapport aufstellen lassen. Tgb {Tagebuch}. - 2 Tote, Frankenhuis, [wohnte in] (Almelo).

Mittwoch, 11.10.1944

Kälter - 1x Kaffee; Kartoffeln, Kürbis, Fett, Brotsuppe, 1x [Stuhl] - Tag vergeht mit App{ell} wie stets. M{ittag} 1 Uhr Schlaf, Bridge, Dr. v. R. untersucht Ungarn, davon > 12 krank. A{bend} außen, gehe mit Dr. K{ahn} auf und ab, dadurch schlafen die Kinder, als ich bei G{erda} auf Bett fertig bin. Bea{te} liegt auch 3 hoch. ½8 [Uhr] in [Baracke] 19 schmökern bis 21 Uhr. Posen tot: Ruhr, Erschöpfung. Ino (= v.M.) zetert weiter. (Ist nicht geschehen, da Frau Lissauer mit v. M. spricht.) Ich spreche auch mit ihr: "Jemand muß auch ungefragt fürsorgen." Deshalb um 12 [Uhr] mit v. M. Decken geklopft. V. R. sieht Nm {Nachmittag} Ungarn nach, läßt danach 2x Kampbecher Suppe sich geben. Frauen lagern in Zelt, großes Gezwitscher. - Tot Frankenhuis, Frau Rittmeister - 2 Tote.

Donnerstag, 12.10.1944

Sonne - 2x Kaffee, Sauerkraut, Pellkartoffel, viel Fleisch, Rasierseife, Graupensuppe, Kürbis, 1x [Stuhl] um 6 [Uhr] Schützengraben. - LA {Luftalarm} ½4-5 [Uhr]. ½6 [Uhr] ¼ Stunde waschen, Kaffee. F{rüh} 6 Uhr tempen [messen], aber Ung{arn} müssen alle mit. Lese. App{ell} vorher F{rüh} Bibel. Tgb {Tagebuch}. Kann Bea{te} und G{erda} mit Decken helfen. Kaiser macht 2 Fehler bei App{ell}. Popeye wütend. Bei M{ittagessen} ungeschälte Kartoffeln und Sauerkr{aut}. - 13 [Uhr] Schlaf, Bridge, warten auf Dr. und Transport ins Revier. Ino durch K{ahn} beschwichtigt. Gespräch mit Dr. Tas über Sprechmeister [Name]. Bei App{ell} mit kl{einer} Mehler und Abtrot. M{ittagessen} innerhalb [Baracke] 26. Als ich Suppe holte, G{erda} sehr unnett, hetzt Kinder gegen mich. Esse draußen und muß Krankengeschichte Frau Abtrot von Esso anhören. In [Baracke] 19 etwas Arbeit, lesen 8¼ [Uhr] LA {Luftalarm}. Dr. Mehler lobt v. M. vor G{erda}. Durch Wegzug [Abzug] der Radauschläger ist es ruhiger in Ba{racke}, 3x tgl {täglich} muß mitgeteilt [werden], daß Ansprechen deutscher Soldaten nicht erlaubt. Api und Aron werfen Semel mit Steinen. Bei App{ell} hat Redner, der stets gegenarbeitet [Widerstand leistet], großen Mund. Abraham erzählt das Essenaufsicht nützt. - 3 Tote [durchgestrichen].

Freitag, 13.10.1944

Sonne - 2x Kaffee; Sauerkraut, Kartoffel, Käse, 4/5 Butter, 5x Brot, 0 [Stuhl] - ½5 [Uhr] auf, 6 Licht. Ras{ieren} Klo, Gamelle, Kaffee, F{rüh} bei Kahn, die Bea{te} Milch schickt. G{erda} faucht wieder, bei Mu{tter} kein Verständnis. Scharjo erzählt. Tgb {Tagebuch}. M{ittag} Schlaf, tot Rehbock. Bridge in [Baracke] 20. Brot kommt spät abends, holen bei Scheinwerferlicht. Brot für [Baracken] 26 und 19. In [Baracke] 19 keine Verteilung, deshalb Nachtwache. (auch v. M.) die jeden Klogänger aufschreiben will, da Deutsche Strafe androhen, falls um Bar{acke} Geruch. Dadurch gestört. Schlaf 13 - 14 Uhr. Mit Hirschberg Sternhimmel betrachtet. Erinnere mich an viele Sternbilder. Muß G{erda} mit Drohung ins Bett schicken. Zeltlager nachts sehr laut. - 3 Tote Rehbock.

Samstag, 14.10.1944

Sonne - wie 11.[10.1944], 1x Kaffee; Kartoffelsuppe, 1x in Ruhe halb gewaschen. Liste wie stets. Helfe Mu{tter} und Bea{te}. App{ell}. M{ittag} Schlaf 1-2 [Uhr]. Bridge. XXXX App{ell} 4-½6 [Uhr], um Frauen und Männer zur Arb{eit} herauszuholen. Edg{ar} 5 Brotrat{ionen} und ins Kmdo {Kommando}. V. M. verdrückt sich in Ba{racke}. XXXX fragt nach mein{er} Arbeit. Alb{ala} bestätigt. Versöhnung mit G{erda} nach A{bend}essen. Frau Pin{ner} hört gerade vor uns mit dicker Gamelle auf (entschuldigt nicht einmal, Becher ging durch) [es gab kein Essen mehr aus der Gamelle, wo viel dickere Suppe drin war]. Sonnenberg hat aber daraus bekommen. Man muß anfragen wegen Post mit Angabe des Landes wohin. XXXX sagt Menco, Montag nur kleiner Transport, kann nicht > Essen geben! - 1 Toter.

Sonntag, 15.10.1944

Sonne - wie 13.[10.1944] = Butter, Marmelade, 1x [Klogang], LA {Luftalarm} 4-6 [Uhr], ½9-½11 [Uhr] Generalapp{ell}. ¾5 [Uhr] Wecken. Ba{racke} im Dunkeln, Licht 1 Stunde an. V. M. läßt kein{en} Kaffee geben, macht [stellt] nicht Liste auf. Dasb{erg} schickt in Ba{racken} 19 und 13. V. M. Dr. in [Baracke] 13 läuft davon. Ihm nach, auf Chef berufen, nach [Baracke] 13 gesch{ickt}. Er gibt Papiere erst nicht ab, berichtet gleich v. d. M. Paardek{oper} ist in [Baracke] 13 geblieb{en}. V. M. aufgesch{rieben}. Dr. [macht] Visite bei LA {Luftalarm}. Lege G{erda} mit Witz Frau Pinner ans Herz. In [Baracke] 19 alle Ungarn schreiben. Kein Zählapp{ell}. LA {Luftalarm} von ½20 [½8 Uhr] stört Kameradschaftsabend der SS. Schlaf 12-1 [Uhr]. Dann lesen. Bei G{erda} von ½5 [Uhr] lese, tue nichts. 1-2 [Uhr] mit Kindern in Sonne. A{bend} ist Renate bei uns. Edgar geht ins Magazin.

Montag, 16.10.1944

Regnerisch - 1x Kaffee; 1x [Stuhl], Kartoffeln, Kürbis, ¾5 [Uhr] noch LA {Luftalarm} - 5 [Uhr] Ras{ieren}. Kaffee wie stets nach ½7 [Uhr] F{ühstück} bei G{erda}. App{ell} mit D{oktor}. Tgb {Tagebuch}. - Tot Herr v. Gelder in [Baracke] 28. - Viel LA {Luftalarm}, auch von ½9 [Uhr]. - Helgoland?

Dienstag, 17.10.1944

Viel Regen - Kraut, Kartoffeln, Butter, Sauerkraut, 1x [Stuhl], - G{erda} muß in Sch{uhe} II arbeiten, langweilt sich sehr, die Kinder sind sehr tüchtig, haben A{bend} alles geholt. Lese viel. A{bend} machen wir Sardinendose auf. Herr Maier tot in [Baracke] 27, hatte von mir restliches Wasser als letzt{en} Liebesdienst. Bridge. G{erda} ist vor App{ell} bei mir. Bekomme von Frau Spitz franz{ösisches} Buch. - 1 Toter.

Mittwoch, 18.10.1944

2x Sonne + Regen - Kaffee, 1x [Klogang], süße Kohlrabi m{it} Speck, dicke Brotsuppe - 5 Uhr auf, erst Kaffee und Gamelle, dann ras{ieren}. Bericht Kontrolle und A{bend} App{ell}. Kontrolle mit Ber{icht}, nach [Baracke] 21, dann [Baracke] 26 um mit G{erda} F{rühstück}. Rote M{ientje} schlägt B. v. M., weil der sich trotz Verbot bei Sani{täter} nach Hieben gemeldet! Dabei auch Maker. Hiebe. Bringe leere Gamelle nach Tor und werde dabei gewarnt. Lese. Brillemann: erwischt M., wie er vom Essen der Kranken in seine Gamelle gab! Will ihn entfernen als San{itäter}. Deshalb hat er mich aufgefordert, Essen zu holen (schon gestern). Nach App{ell} noch lesen. M{ittag} die Kinder kommen vom Bad zurück, wir holen für alle, warten auf G{erda}, bis sie Bea{te} aus [Baracke] 28 holt. G{erda} hat gebrochen. Nach M{ittag} Schlafversuch 1-3 [Uhr] Bad. Komme durch Dasberg mit [Baracke] 21 ins B{ad}. Vorm{ittag} wasche Kahn die Füße mit warm{em} Wasser. Nm {Nachmittag} holt er sich Mu{tter}, habe aber für Pat{ienten} genug. Da Beate das Bett neben G{erda} hat, kann ich in engerem Gang hinaufkommen und oben bei ihnen essen. Wir erwischen eine sehr dicke [mit nicht viel Wasser verdünnt] Gamelle. Dann sitze ich im Eßsaal, leider ohne lesen zu können, wartend auf Extra. Es ist zu wenig Brot, daher noch 1 Gamelle Mittagessen. Bei Verteilung wird gelost. Bev. [?] Extra erhalte 2 Br{ote}, 1 M{ittagessen}, das sehr dick. Gehe bald heim gerade vor LA {Luftalarm} 7 Uhr. Max rät mir, Tschechisch zu üben. - Unser Bad war glimpflich, in Sonne zurück. G{erda} hat gebrochen, appetitlos; v. R. [Stenozeichen] 2 Zigarett{en}.

Donnerstag, 19.10.1944

Kohlrabi, 1x Kaffee; Kartoffeln, gut Grütze - 1x [Klogang] - Da Jpa von Wirbellen [?] spricht etwas enttäuscht. Bis App{ell} wie gewöhnlich. Dann Depot schon Vormittag offen. "Erbiete mich" an G{erda}s Stelle zu gehen. Komme durch Nathan Speyer in 1ste Reihe, finde erst nicht Koffer, statt 240 werden 20 gruppenweise eingelassen. Winterhandschuhe im Koffer. M{ittag} auf G{erda}s Bett. 1 Uhr Schlaf. Bridge. Visite, Weiß am 21.[65] weder Wetter noch M{ittagessen}. Sprechmeisterin [Name] macht sowohl Schwierigkeiten als Sorge. 1 Uhr Generalapp{ell}, zu dem weder v. M. noch ich gehen. Dr. K{ahn} macht mich auf Prohn aufmerksam, will, daß v. M. gerichtlich belangt wird, aber Brillemann weigerte Sternberg Aussage. Habe [am] 20. auch kein Interesse mehr. A{bend} auf Bett erzähle den 3 Frauen "Jagd nach der 4 Rupie". Die Schuhe [Werkstatt] arbeiten bis ½8 [Uhr!] Die Kmdos {Kommandos} müssen genau gerichtet ohne Sprechen marschieren. Versäume Extra, weil soweit hinten. G{erda} hat Kapuzen für Frauen gearbeitet. Habe Bibel und deutsch{es} Buch reichlich gelesen. Grünbaum beklagt sich über zu kalten Kaffee und fehlendes Wasser. V. M. hat warm{es} Wasser verteilt, aber kein M{ittagessen} geholt, obwohl [ich] ihm vorm Weggehen auftrug, ist Nm {Nachmittag} etwas heftig, weil ihn um Wasser oder Ähnliches ersuche. - Mr. de Zoete [Stenozeichen] - Kinder haben Milch in Brei für alle bekommen.

---

[65] Mein Vater schrieb nicht täglich Tagebuch, daher vermerkt er, daß er am 21.10. nicht mehr weiß, welches Essen am 19.10. ausgegeben wurde und wie das Wetter war.

Freitag, 20.10.1944

Kalt - 2x Kaffee; Kraut, Kartoffel, 1 Kuch{en} für 6 Tage, Frauen Käse, Quark, 1x [Klogang] - früh erst am w{eißen} H{äuschen}. G{erda} hat wieder Appetit. F{rühstück} mit ihr und M{ittagessen}. Türken kommen aus Wien, 21 Tg {Tage} unterwegs. Schießandrohung bei ungenügender Verdunkelung. V. M. erregt, daß Bericht kontrolliere, bringe den nach [Baracke] 21. Vorher requiriere Ungarn zu Kaffeegamellen, trage aber auch. Alle{s} Sanitätsperson{al} muß sich melden. Dr. v. R. vor App{ell}. Bei App{ell} Vortrag an Herschberg kann Blutgruppen nicht gut. M{ittag} auf G{erda}s Bett, ebenso A{bend}. Nach Schlaf gratuliert mir Dr. N., sagt aber nicht wozu. Dr. Kotek kommt, er muß Bericht von [Baracken] 19 und 13 holen. V. R. sehr müde, schon 15 Uhr fertig. Bei G{erda} und Bridge bei K{ahn}, bin unruhig, da auch Milch zu verteilen(?). Wie [ich] mit Dr. N. darüber spreche, höre [ich] von Einteilung lang als Arzt in [Baracke] 19. Doch sehr erleichtert laufe [ich zum] Revier, treffe aber Br{omberg} vor [Baracke] 23. Alles vergeben und vergessen. In Ba{racke} und überall Giückwünsche. Esse rasch. Kriek singt in [Baracke] 19. - 3 Tote - Belgrad, Budapest, Köln.

Samstag, 21.10.1944

Wärmer - 1x Kaffee; Spinat, dünn mit Kartoffeln, Kartoffelsuppe, 1x [Klogang]. - Es ist doch etwas anders, liegenbleiben zu können, wie lange ich will, wenn auch nur 3 Stunden, weil ganz wasche (mit Ledermantel), ras{iere}. Bett machen. Mit G{erda} und Maria, Beate F{rühstück}, helfe bei Decken klopfen. Bei Mu{tter} und Dr. K{ahn} 8 Uhr Visite, auch bei App{ell} 10.15 [Uhr] bei XXXX aber voher im Revier, treffe Dr. Schweitzer. Dieser empfiehlt, besser herzurichten, bürste Hose und Schuhe, sehe dadurch > Luza. XXXX erkundigt sich doch persönlich: "Herren können abtreten." M{ittag} auf Bett. G{erda} will in Küche zu Renate. Diskussion über Brot. Mu{tter} hat etwas erarbeitet und gibt mir 2 Butterbrote. Etwas Pat{ience}. ½2-½3 [Uhr] Schlaf. Visite. Tgb {Tagebuch}. Erzähle Kinder "80 Tg {Tage} um die Welt". Jpa, 4x Kartoffelsuppe, 2x Grütze, 1 Suppe = 2 Zigaretten. 5 Löffel Hafermehl und 1 Ration Brot 1 [=] Rasiermesser. - Durch Mißverständnis um 5 [Uhr] beim Revier, besuche Paul, der Kleiderl{äuse} hat. Ein alter XX, der viel versteht. Leider bis 7 [Uhr], so daß bei G{erda} eben Essen am Saal beschließe. LA {Luftalarm}. Mit der Gamelle schon am Boden, gehe in [Baracke] 19, wo [ich] esse: 2 Port{ionen} - Jpa: Prag, Wien?

Sonntag, 22.10.1944

2x Kaffee, Kraut, Kartoffeln, Butter, Marmelade, 1x [Klogang] - Tot Schwarz in [Baracke] 28. Waschen im Pyjama [und] Ledermantel. F{rühstück} mit Kindern,

Bibel. Mu{tter}, Dr. K{ahn}. App{ell} M{ittag}, Revier, X läuft weg, weil angebl{ich} noch nicht alles fertig. Läßt uns [während] LA {Luftalarm} warten 1-4 [Uhr]. Dabei Bridge mit Luza, Reißt, Poliakoff, 6 Uhr. A{bend} Geschichte ¼8-½9 [Uhr] LA {Luftalarm}. Weiche meine Wäsche bei mir ein. Habe für Max Essen geholt, da Außenk{o}mm{an}do Essen bekommt, seine Portion zurückgegeben. Dann bekam er draußen nur ½ Portion. - 1 Toter.

Montag, 23.10.1944

Kalt - 1x Kaffee; Kraut, Kartoffeln, Graupen mit Früchten [?] - 0 [Klogang] -½6 [Uhr] auf. Da angeblich 0 Kaffee an Grünbaum Kaffee gebracht. Ras{ieren}, Wäsche, mehr Kaffee an G{erda}. F{rüh} bei ihr, mit Kindern Bibel, und Decken [zu] Mu{tter}. K{ahn} schläft. Bei App{ell} schimpft Gosschalk, daß v. M. die Kartoffeln aus Essen nimmt. Alles muß auf App{ell} M{ittag}, dabei Erzählung; G{erda} kauft für 1/3 Rat{ion} 1 M{ittag}essen. 1-½3 [Uhr] Schlaf. Vi{site}, Tgb {Tagebuch}, lese bei G{erda}. Die neue Suppe schmeckt und riecht gut, aber Darmwirkung (anscheinend gut). Neuer Polik{linik} [?]. Pol{nischer} San{itäter}. Komme gerade vor LA {Luftalarm} (7-½9 [Uhr]) in [Baracke] 19. Esse Brot teils im Dunkel an Tisch, teils in Bett. Rot{e} M{ientje} kommt kontrollieren, stößt v. d. M. der Achtung ruft, kommt ½ Stunde später, schreibt Goslar auf, der sich Zigarette anzündet. Nacht sehr unruhig. Es geht nochmal Licht an für 5 [Uhr]. G{erda} konnte kein Extra holen. Seit 2 Tg {Tagen} halte ich früh beim App{ell} einen kl{einen} Vortrag med{izinischer}, der Anklang findet.

Dienstag, 24.10.1944

Trocken - 2x Kaffee, Kartoffelsuppe, Butter, Jam, 1x [Klogang], danach nicht mehr gut schlafen. Ab{ort} ist schon eine Wanderung, früh Ras{ieren}, Bett f{rüh} mit G{erda}, M{ittag} Decken [zu?] Mu{tter}. K{ahn} Visite. App{ell} Sta {Stabsarzt} gibt nur ungern app{ell}frei. Visite dauert lange. "Guten Tag". M{ittag} Erzählung, Schlaf -½3 [Uhr]. LA {Luftalarm} ½3-4 [Uhr], dabei Besprechung, daß Rau Lagerdienst nicht erkennt. Visite, Tgb {Tagebuch}. Bei Besprechung auch Milch, frage vergebens!

Mittwoch, 25.10.1944

Kalt - 1x Kaffee; Kohlrabi, Kartoffeln, Brotsuppe, ½ Kuch{en}, 1x [Stuhl] Früh in giw. [?] - F{rüh} in [Baracke] 26 beide Kinder. Lese auch Psalm vor. Decken, Mu{tter} Kahn, der auf seinen 60. Geburtstag am 17. aufmerksam macht. App{ell} Clausoir Visite. 12 [Uhr] M{ittagessen} erst allein, da G{erda} baden. Pinner glaubt nicht, daß Herzog verboten hat in Schuhk{o}m{man}do. Mache sie aufmerksam, daß, wo Deutsche erleichtern, Ju{den} nicht erschw{eren} dürfen. G{erda} trotzdem nervös. Kinder hören begeistert Heine. LA {Luftalarm} ½1-2¼ [Uhr]. Schlaf, Visite, Bad. Kann gerade zu G{erda} essen! Sanit{äter}Führer drängt Aufnahme Sohnes (will > 16! [Tage]). Br{omberg} verkürzt Tage, die San{itäter} vorschlage. Noch bei G{erda}, lese Heine bis ½9 [Uhr]. Bin gereizt, wenn Menschen mich aus Neugierde stören. - Man kann nichts für sich ungestört allein tun.

Donnerstag, 26.10.1944

Kalt - 1x Kaffee; Suppe wie [am] 23., Grieß, 1x [Klogang] - 5 Uhr im Dunkeln auf. ¼6 [Uhr] Licht bei ras{ieren}. V. M. nimmt Unger nicht mit, so daß ich bringe. Bett machen. 1 Gamelle geholt ohne Schm{erz}. Bibel in [Baracke] 26, Tgb {Tagebuch}, ohne zu sehen, was schreibe. Lese nach F{rühstück} vor, mache Decken. Visite, App{ell} dabei Cauvarin. LA {Luftalarm} 10-11 [Uhr] M{ittag-essen}. Da um 7 [Uhr] alle Männer gebadet und nicht antreten mußten (was nicht wußte) will Pinner mir weiß machen, daß bestraft werde. Spricht mich deshalb an. M{ittag} Schlaf, Visite, Suppe, LA {Luftalarm} ½7-½9 [Uhr]. Die (zufällig 2) Sanitäter marschieren ab. Konsternatie [Bestürzung] wegen der Briefchen. Schlage provisorisch von Nussbaum (Dienstarzt) vor. Schwer, dies begreiflich zu machen. Br.[?] nur Verweis auf Buch. 1 Mann ist Mittag bei Holz[kommando] nicht miteingerückt, weil schon (zufällig?) in Kamp [Lager] zurückgeblieben [war]. Holz[kommando] 140 Mann, bekommt kein Mittag{essen}, 170 l{iter} müssen netto zurückgegeben werden. Irgend jemand hat über Extraessen der Küche beim Kmdt [Kommandant] gesprochen. 70 l Suppe an Häftlinge! Wieder essen! ↓ [weniger]. Renate ist [Satz nicht vollendet] - 1 Toter.

Freitag, 27.10.1944

1x Kaffee; Kohlrabi, Kartoffeln, 4/5 Käse, Butter, 1x [Klogang] in Graben. - Ras{ieren}. Bei Ambulanz in [Baracke] 19. F{rühstück} mit G{erda} und Kind{ern}. Frau Pinner grüßt nicht. Bei K{ahn} und Mu{tter}. Decken, Visite in [Baracke] 19, bei App{ell} liest de Wolf vor. 10 Uhr XXXX. Br{omberg} hält Vormusterung. Weniger Pat{ienten}, die bis auf wenige anerkannt werden. Danach ziehe ich Uhr, gerade wie XXXX sich umdreht, vielleicht habe dadurch Gespräch versäumt. G{erda} hatte mein Extra aufgehoben, schmeckt wie Obstschaum. Lese vor. M{ittagessen} danach Schlaf. ½3 [Uhr] Visite, lese, will in [Baracke] 26 Visite machen, aber Poliakoff war noch da. Gehe nur Liste durch. Freudebezeugungen der Frauen. ½6 [Uhr] Spital. Betrachte Erleichterung WC-Benutzung daselbst. Nach San{itäter} kurz auf Saal, v. d. Haal Eringpal [Medizin] wird aufgenommen. Fieber ↓ [niedriger] nach 3 g aber trotzdem weitergeben. Noch bei G{erda}, lese bis ½9 [Uhr]. Griet[66] kommt mit Popeye, sagt G{erda}, "möchte euch alle erwürgen." Kmdt {Kommandant} kommt in [Baracke] 19, hat Wortwechsel mit v. d. Mo. 3 Tgn {Tagen} abgesetzt, Sajo meldete soldatisch - Reis tot. G{erda} hat sich breitschlagen lassen, 10 Esbit [Würfel] Tee zu kochen und kann jetzt [diese] nicht zurückfragen. - 1 Toter.

Samstag, 28.10.1944

Kaffee, Kartoffelsuppe, 1x Kuchen, 1x [Klogang] - 5 Uhr auf, 2 Briefe in [Baracke] 19, nach Revier kann erst nach Pat{ienten} rasieren. Rote M{ientje} auf Jagd mit Frau. "Was stehen sie hier im Ledermantel? Regnet es hier?" - "Komme vom Dienst im Revier, um Kranken zu untersuchen." Mache Bett gut auf, und f{rüh} in [Baracke] 19 Visite. Bei Kahn. Längere Visite in [Baracke] 26 bis App{ell}. Dabei in [Baracke] 19 Visite. Tgb {Tagebuch}. M{ittag} auf Bett. Dabei Kontrolle durch Griet, 17 Betten notiert, (ebensoviel in [Baracke] 19, 21, also vorgenommen) [beabsichtigt]. Bin von Bett ab. Nachts Generalapp{ell}, wobei Marx auch [?] und hinausjagt, sofort Gegenbefehl von Mogendorf. v. M. Bett ist Kopfkissen zu hoch. Griet nimmt bei App{ell} Mann aus [Baracke] 17 Schirm weg. M{ittag}portion in [Baracke] 26 ist > [größer]. Es sind auch Männer > [über] 60 im Holzk{o}mm{an}do, das als leichter Dienst gilt. Dadurch nur lesen. Visite, Suppe auf G{erda}s Bett, da auch Bibel. Bei S. drängen die Ungarn so, daß einen mit Hodenverletzung nicht vorstelle [vorschlage]. Ziekenoppasser wirft wieder vor, daß zu viel und ungeeignet vorstelle [vorschlage]. Allerdings ein Hirn[kranker] war 0. Br{omberg} lacht mit dem San{itäter} mit, arbeitet gar nicht für Juden. Hat wider Hirschberg gegengesprochen, aber Maandag Epilepsie??? [Kranker], sofort 3 Tg {Tage} gegeben. Stehe dann 2 Stunden für Brot, so daß G{erda} schon schläft. LA {Luftalarm} 8-½9 [Uhr], aber im Dunkeln ins Bett. - 2 Tote.

Sonntag, 29.10.1944

Sonne - Rasierseife, 2x Kaffee; Butter, 100 gr. Fleisch, - 1x [Klogang], danach nicht mehr geschlafen. Wasche, Kaf{fee}, Ras{iere}. Spreche mit Roselaar, Grünbaum. F{rüh} Frau Pinner, Sternheim stehen erst um 7 [Uhr] auf. Decken. Vis{ite} [Baracke] 26. App{ell} [Baracke] 19 mit Tgb {Tagebuch}. Griet stampft [schlägt?] ein{en} Mann. - 1 Toter.

---

[66] Griet: abwertende holländische Bezeichnung für weibliche Militärangehörige.

Montag, 30.10.1944

Regen - Kaffee, gelbe Rüben, dünne Nudelsuppe. Die Häftlinge verkaufen 1 Zig{arette} = 2 Brot. - 2 Tote.

Dienstag, 31.10.1944

Kalt - gelbe Rüben, Kohlrabi, Kartoffeln, 4 L{öffel} Jam, 6x Brot bis 7.XI., Butter - 0 [Stuhl] - ¼6 [Uhr] Tgw. [Tageswäsche?] um diese Zeit schon rasierend. Ambulanz wieder App{ell}: 2 Männer zu wenig, bevor Levy sie auftreibt. Gen{eral}-App{ell} 67 Männer. Mutter hat G{erda} 1 gute Decke besorgt. 5 Rationen, wobei sie 2 bei [?] verteilte. Lasse mich in [Baracke] 26 mitzählen. Pinner erzählt Griet: Frau Sonnenberg behauptete, ich "hat den Strauß aufgeschrieben, nicht Sie." Wutausbruch mit Ohrfeigen-Androhung. Bromberg aufgeregt: "Ich erkläre alles a{ls} f{alsch}." Führt uns an wie ein XXX. Wir sind dran Schuld. XXXX kommt nicht. 5 Uhr mustert B{romberg} vor, statt 75 nur 25 ins Buch eingetragen. M{ittag} und A{bend} auf G{erda}s Bett. 1 Stunde Schlaf bei mir. Nm {Nachmittag} Langeweile, klage G{erda}, daß nicht geistig beschäftigen kann wegen Lichtmangel. LA {Luftalarm} 20-21 [Uhr]. Konnte gerade G{erda} noch begrüßen, nach Br{omberg} Visite. 3 Zig{aretten}. Frauenbad mit der Erlaubnis bitten und Schwierigkeiten. - 1 Toter.

Mittwoch, 1.11.1944

Erst kalt, dann Sonne - Rüben, Kartoffeln, Brotsuppe - 2x [Klogang] - ras{ieren}. ... wiegen. F{rüh} in [Baracke] 26 Visite. Pat{ient} mit Fieber von XXXX ins Werk geschickt. App{ell}, danach warten auf XXXX. Dasberg in Bahnhofk{o}mm{an}do gesandt. Bromberg läßt abends auf sich warten, bis er die Suppe aufgegessen hat. - L[ager]-Arzt macht App{ell}, so daß Leute zusammentrommle. Gesuch A. van Roselaar 0, kommt aber 3.XI. in [Baracke] 28, und dadurch außer Schuß. G{erda} wurde vor dicker G. [?] Gamellenträger und 4x vorgezogen, so daß dünn bekommt. Weinberg wird davon Werk machen [etwas unternehmen]. Mehler weigert Thermometer an Mej. Speyer zurückzustellen [geben], will sich verteilen lassen. 20 P{atienten}, so daß Aaron nicht in Konsult. - 2 Tote.

Donnerstag, 2.11.1944

Regen, dann Sonne - Kaffee, nur gelbe Rüben, andere viel Kartoffeln, dünnste Kürbis, Kartoffel. - Weinberg hat mit Lehmann gesprochen, dieser mit mir und gegen Zusage auch mit Pin{er}. Spiker wird früh im Revier als Analyste, bitte Levy eine mit E.H.B.O. [vgl. S. 60] zu suchen, was vielleicht auch Sternheim erbittert. 17 Uhr will G{erda}, die von Vorrangsverbot (Wäscherei, Nähstube) doch nichts weiß: für mich 1 Port{ion} Suppe haben. "Es wäre doch lächerlich, wenn sie das wünschte jetzt als Frau, während sie kein krankes Kind hat", wird ihr als Vertretung der Heimpflege gestattet.

Tabelle mit Krankenergebnissen von Oktober 1944

	3	**4**	**11**	**12**	**13**	**14**	**16**
Durchfall	3	4	2	3			
Grippe	2	5	2	3			44(39)
Geschwür	3	4	12	9			18 37(41)
Oedem	3	3	3	1			
Unfall	1 4	1	1	2			
Ict.	1 3	4	3	3			
Cos[?]	1	1	1	2+2			
	18/1	22	28	42,42	40	45	42

JK 1 39 8 35. (36) 41 38

[Es ist nicht klar, was alle Zahlen dieser Tabelle wirklich bedeuten.]

Freitag, 3.11.1944

Kalt, Regen - Kohlrabi, Kartoffeln, dick, Butter, 100 gr. Fleisch, - 1x [Klogang]. - Ein A{bend} ohne LA {Luftalarm}. Ziehe aus Kantine, Visite rasch. Pin{ner} und Freund an [zu] Levy: "Dr. O{estreicher} liest viel und kümmert sich zu viel ums Essen." - Griet Speyer erzählt [, daß] Mehler Fleisch schlecht teilt. - 1 Toter.

Samstag, 4.11.1944

Bosmann tot, Armer. Ras{ieren}. Kaffee. Frühdienst 2' [Stunden?] Marode Schw{ester} Di.: größter Fluch in B{ergen}-B{elsen}: eet smakelijk [guten Appetit!]. Die San{itäter} XXXX und B. Bei Zahnarzt wird gerade der Bohrer weggeholt, so daß wiederkommen muß. Rasch in [Baracke] 19, komme gerade vor Zählen in [Baracke] 26, wo Pinner mich nicht dulden will und ermahnend fragt, ob [ich] wirklich arbeite. Visite bis 11 [Uhr]. Aussprache mit Sternheim, der behauptet, ich spreche nicht mit den richtigen Pat{ienten}. M{ittag} LA {Luftalarm} ¼1-½2 [Uhr], dabei in [Baracke] 27 Bibel. Vis{ite} [Baracke] 26. Tgb {Tagebuch}. G{erda} hat mit Pinner Disput, während er ihre Brotration untersucht. (Diebstahl bei Mayer, Lichtenberg wird während LA {Luftalarm} A{bend} vor Kasten ertappt.) - 6 Tote.

Sonntag, 5.11.1944

Regen - Kohlrabi, Kart{offeln} 1 l, Butter, Jam, Zigarettenpapier, 2x Durchfall, - wasche ganz, dann erst ras{ieren}. Amb{ulanz}, Bib.[?], in [Baracke] 26 Frau 40.2 [Fieber], deshalb ins Revier. Komme kaum zum F{rühstück}. App{ell} in [Baracke] 19, de Vries 39 [Fieber], schwer zu verbinden. Gomperts tot: Durchfall, Heymann 76 [Jahre] tot, Bosmann, Blokjesmann tot: Pneumonie. Kann bei G{erda} gemütlich essen. Renate verkauft Butter. Ungar plagt [quält] mich früh um Zigaretten, gibt Schere in Pfand und findet abend{s} Zigarette zu schmal [dünn], andere tauschen um. Aaron gibt Prontosil, ½1-½2 [Uhr] schlafe. Gerade noch zur Zeit bei Bromberg. Poliakoff rät, Schwache doch vorzustellen [schlagen], aber verteilen. Etwas lernen bei Kahn, der im Bett seinen Plan entwickelt. Dann auf Bett erzählen, auch Naturgeschichte. 5 [Uhr] LA {Luftalarm}. Lese noch mit Max. Bin stolz, daß 8 Mon{ate} Gravida [Schwangere] entdecke. - Essen: 4. 1x Kaffee, M{ittag} Kohlrabi 1 l - A{bend} Kohlrabi + Kartoffel ¾ l.

Montag, 6.11.1944

Regen - 2x Kaffee, süße Nudelsuppe - Vermisse früh die Knijpkat [Taschenlampe], muß braunen Anzug nehmen. In [Baracke] 26 soviel, daß App{ell} da. Frau Plum wird wegen Nähen zu 3 Tg {Tage} Bunker [verurteilt]. Lore macht erst in App{ell} Visite mit. Bibel mit Kindern und Tgb {Tagebuch}. Clara Lukmaker Di hat noch [?]. Ich bei Nussbaum, öffnet in Bar [Name einer Person] großen Rachenabszeß, ist um 1 [Uhr] bei ihr. In [Baracke] 19 Nm {Nachmittag} war viel zu tun. Männerbad, so daß nur rasch nach Lore und Nutersitz sah. Der San{itäter} machte Br{uder} Kotek und mich aufmerksam, daß von unseren Baracken Klagen gekommen und Inspektion deshalb. LA {Luftalarm} ½7 [Uhr], bin dabei noch bei Stoppelm{an}. Bitte Kahn [um] Intervention bei Levy. Schlafe durch Durchfall schlecht und rede mir ein, Br{omberg} werde sein Wort, ["]ich lasse Dich in [Baracke] 26 auch trotz P{iner}["], nicht halten. - 2 Tote. - Erzähle "Vom Nordkap zur Sahara" [Buch]. - Im Zeltlager sind vor 2 Tg {Tagen} 3000 Frauen aus Auschwitz gekommen. Darunter Leni Speyer, Frau Elzas, Rappoport, Fontein. L{eni} Sp{eyer} sieht angeblich gut aus. Mutter ißt tgl {täglich} 2 Ration{en} Brot. Gestern (5. Sonntag) wurden die Butterextraportionen ausgeteilt. Mehler verspricht, Thermometer in Ordnung zu bringen. Dr. Schweitzer behauptet, daß er schwere Lanze für mich gebrochen habe. Neuer Vorwurf: Schmutz.

Dienstag, 7.11.1944

Regen - 1x Brot, Butter, Durchfall, - Bus [Dose] Ambulumi[?]. Höre dabei, daß St{oppelman} tot! Lore hat mich nicht benachrichtigt, ducke [gehorche] sie und

Stutter, Oetinger. Geburtstag Frau Pinner, die trotz Toten [im Krankenhaus] mit Musik empfangen wird. Durch LA {Luftalarm} spät in [Baracke] 19. App{ell} in [Baracke] 26. Beate zeichnet sehr nett.

Mittwoch, 8.11.1944

Kalt, Regen - lx Kaffee; dünne Kartoffeln mit Rhabarber, 1x Brot - Höre früh zufällig, daß [Baracken] 27/28 sofort übersiedeln (nach XXXX Visite erzähle dies den Barackenleitern, die es nicht weitergeben beim Zählappell). - Übersiedlung, trage viel für G{erda} und Kinder. Finde keine Schw{ester}, so daß Kranke sehr improvisiert wegbringen muß. - 1 Toter.

Donnerstag, 9.11.1944

Kalt; Kaffee, Brotsuppe - 0 [Klogang]! - 3 Tote. - Amb{ulanz?} kann Mann so krankschreiben. G{erda} Durchfall, Prontosil. Frau Chuhn 4 Pulver gut.

Freitag, 10.11.1944

Regen - 2x Kaffee; Butter, Jam. lx [Klogang] - Amb{ulanz?} 1 [Stunde] lange XXXX, so daß knapp noch [Baracke] 19, dann mit 1 [Uhr] gerade M{ittag}-essen, durch[komme]. Visite [Baracken] 19, 26. Mutter Bett machen. Visite X hin- und herlaufen zum Revier, endlich kein[e?] Ord{nung?} Br.[?], weil Licht nicht angeschaltet. 3x LA {Luftalarm}, nachts 5x! Lichtspartag. - 1 Toter.

Samstag, 11.11.1944

Kalt - Kaffee; - 2x [Stuhl] - ½6 [Uhr] auf, ½7 [Uhr] Licht, ras{ieren}. Essen, teilweise Visite in [Baracken] 19 und 26. Niemand weiß, wann XXXX beginnt, dadurch hin- und herlaufen. - XXXX wenig Visite [Baracke] 26. Tgb {Tagebuch}. G{erda} noch Durchf{all} mit Übelkeit, Schweiß vom Alendron. Frau Frank gibt doch täglich für 2 Menschen M{ittagessen}. Räume eine Dose, wobei Zucker und Orgatonicum [Medizin aus der Organonfabrik] finde. Gegen [Stenozeichen] M{ittag} ist nichts Greifbares. Mu{tter} weint fast, weil ihrem Wunsch [,] nicht 8 Zi{garetten} zu geben [,] erfüllte. "Spaziergang" mit ihr und Tgb {Tagebuch}. In den letzten Tagen viele Tote ... Frau Mitler, Ascher Pinkhoff, Herr Findler[?] und Blokjesmann [über] dessen Tod V... sagt. In der Küche: "Was fährt der Wagen? Tote. Nein Kaputte. Vieh geht kaputt." Kmdt {Kommandant}: "So wenige Tote, bei den Häftlingen sind mehr."

[Weil dieser Text wahrscheinlich nicht an diesem Tag, dem 11.11.1944, sondern später geschrieben wurde, erscheint es möglich, daß der nun folgende Text gleich hier mit dem gleichen violetten Bleistift geschrieben wurde.]

17.XI. sind Pakete aus Schweiz und Schweden gekommen. Das Altersheim ist in einer großen Baracke, ohne Licht, ohne Wasser, mit Tonne in der Ecke. - 36 Betten sollen herausgehen, 12 sind leer, also müssen 24 [erst] tot, bis jemand hinein kann. Es wird doch viel gestohlen! Mu{tter} ihr Kleid direkt vom Bett. Habe Milchpulver gefunden, das [ich] in die Suppe rühre. Puddingpulver früh in Kaffee. Maria gibt von ihrem Brot ab. Beate ißt die Portion nicht auf, sehr mager. - 4 Tote.

Montag, 13.11.1944

Regen - dünne Kartoffeln - 2 Tote. Kein LA {Luftalarm}. Frühdienst gut mit XXXX. Die Kinder schimpfen, daß ich eine G[?] und doch zuletzt komme.

Dienstag, 14.11.1944

Kalt - Kaffee, Käse, Marmelade, 6x Brot, - Nehme seit 2 Tagen Kaffee-Ersatz auf Brot und abends so mit Löffel. - 2 Tote wie gewöhnlich. Schon 2 Tage kein LA {Luftalarm}. G{erda} noch Durchfall. Ligtens 20 Tg {Tage}! Bunker [Baracke] 9 + 11 ist Nordheim Stellvertreter von Br{omberg}. XXXX gibt viel frei, behandelt uns wie seine Unterärzte; aber Medikamente 0. Für Durchfall aus Gnade etwas Membron etc., das infolge zu geringer Dosis auch nicht mehr hilft. Na [Natrium] scheint die Krämpfe zu lindern. G{erda} hat noch bei dem Urinieren Stuhl! Viele ulzernierende Erfrierungen teilweise mit Erisipel [Medizin]. Es wird wieder flink geschlagen, auch schwer verletzt. Ein Mann von Bahnhofkommando hat 5 l M{ittagessen} gegessen. (J{uden-} und SS-Essen). 8 Jungens von Bahnhofkommando haben ohne zu fragen den Gamellenrest aufgegessen: 8 Tage Bunker. Albaner, Italiener gehen 15./16. weg, am 17. die Engländer. Gerüchte: alles kommt weg. J{uden-}R{at} wird aufgelöst. Überall Militär und Hitlermaiden [Dirnen] im Block. 1 Toter. - 2 Absätze = 1 Ration. Esse abends viel Kaffee-Ersatz = + Kakao [?].

Mittwoch, 15.11.1944

Schnee - rote Rüben, Kohlrabi, Brotsuppe. G{erda} verdient ½ Ration - Mache mich früh voll [die Hose], deshalb bei Mutter, die dann Wurst spendet. Esse A{bends} auch ½ Ration, die Cadeau hatte. Pinner ist gegen mich zuckersüß, aber nimmt doch andere beim Essen vor. Hat Streit mit Lore, wobei die [Baracke] 26 [-?] Schw{ester} das Opfer wird. - 2 Tote.

Donnerstag, 16.11.1944

Wärmer - Kohlrabi, Kartoffeln, Jam, Käse, 2x Kaffee - Electrizitätsspartag, kein Licht, // [?] warm Wasser. - 5 Tote. Dr. Kahn 60 J{ahre}, hat mich noch gestern wegen der Feier interpelliert.

Freitag, 17.11.1944

Wärmer - 2x Kaffee, [Essen] = Kohlrabisuppe - Beim Warten auf XXXX Tgb {Tagebuch}. Dann Visite. Höre, daß Renate 4 Pak{ete} hat. Gehe nach M{ittagessen} zu ihr, um unser Teil zu fordern, bekomme freiwillig Salm [Lachs], Leber, Sardinen, die G{erda} sehr sparsam auf Brot gibt. Die Pakete sind schon Vormittag teilweise verteilt. Nach [Satz unvollendet].[67]

Samstag, 18.11.1944

Mache früh Hose voll, so daß wechseln muß und auswasche. Komme ohne Gerda zu sehen ½8 [Uhr] in Revier. Z{iekenoppasser} macht dumme Bemerkung, daß niemand da war, sich an Verabredung (7 Uhr) gehalten. Kotek bittet XX. - 1 Toter.

Sonntag, 19.11.1944

Warm - Käse, Butter, 2x Kaffee - Im Dunkeln gewaschen. Noch 19 Patienten. Milchpulver in Kaffee schmeckt wie Friedenskaffee. Dienst in Revier gibt wenig Arbeit, so daß dort ras{ieren} kann. Visite [Baracke] 19, Appell. [Baracke] 16 M{ittag}. Neuerlich Appell ½6 [Uhr]. Stimmt nicht, so daß schließlich alles auf Appellplatz muß, sogar bis 40° Fieber. Stehen vor [Baracke] 16, dadurch teilweise bei G{erda}, der [da]durch Bettruhe in Baracke ermöglichte. Alles zählt selbst XXXX. Im Dunkeln verkrümeln sich nach Abzug der SS die Juden. 7 Uhr Barakkenschluß, höre in "Bett" nicht mehr Namensappell. G{erda} hatte sehr schön die Brote dick belegt. Habe Angst vor Durchfall durch Pankreasinsuffizienz. G{erda} ist am 20. erst glücklich über Paket. - 1 Toter, van Straten Schw{ester}.

[Montag, 20.11.1944 kein Tagebucheintrag]

Dienstag, 21.11.1944

Nicht zu kalt - fast keine Kartoffeln, 6x Brot, Stroop [Sirup] - 1 Toter - Die neue alte Decke bewährt sich.

---

[67] Ich vermute, daß mein Vater an diesem Tag den Tagebucheintrag für den 9.11.1944 gemacht hat, da die Farbe der Schrift sich ähnelt.

Mittwoch, 22.11.1944

2x Kaffee wie gestern, [Essen] = Brotsuppe - 2x [Stuhl] Die Kinder haben sich erholt, trockne mit [Satz nicht beendet].

Donnerstag, 23.11.1944

Streit mit ...[Essen] = dicke Grießsuppe - Wartend im Revier ½8-½10 [Uhr] auf XXXX. Die kleine Ambulanze soll mit Schwestern, 2 Portiers, +/- 8 Ärzte und 4-5 halbkollabierte Kranke. Draußen warten 80! App{ell} ist gezählt. Wir sprechen über alles: Essen. Die skandalöse Verteilung der Restpakete am 21. 40 Pakete waren seit 18. offen!, sollten an 700 Bedürftige verteilt werden. Leefmann: Erst waren Familien mit > 2 Kindern, die auch am 20. zuerst erhielten, dann hieß es, Bedürftige zu nennen und alle Freunde bekamen. Z{iekenoppasser}: "Diesmal klappte es. Kein Freund ist vergessen." Pinner, Michel, Gericht etc. Ich selber sah Pinner Kartoffel schälen aus dem Essen. Die Schalen waren mehr als ich je im Essen hatte. (19.XII. Fort{setzung}) [hier schreibt der Autor weiter über den 23.11.1944] XXXX blieb meist über App{ell}. Dann mußte laufen in [Baracken] 19 oder 21 Visite. Die vielen Durchfälle bringen zu Verzweiflung. Nur wenig Bolalb[?]. Prontosil nur für 2-3 Kranke, das wahllos wie Lotterie verteile. V. M. hat auch Ödem, Gesicht und Bein. Lore ist manchmal nicht bei Visite. Komme zu G{erda} oft erst M{ittags}. F{rüh} in [Baracke] 19. ½6 [Uhr] muß bei Vorprüfung sein, Al{aluf} dabei stets nervös.

Freitag, 24.11.1944

Erzähle abends den 3 vor der Bettstelle sitzend Märchen. Pinner. 3 Tote - trokken, warm [Wetter]; Kaffee, [Essen] = Käse, Butter

Samstag, 25.11.1944

[?] Kalt - 1x Kaffee, [Essen] = ? zugleich fette Kohlrabisuppe. - Kahn gut, hat mit Frau Pinner gesprochen. Dadurch gibt sie abends 1 Schep [Löffel] ... 3 in 4 [?] normal. Al{aluf} regt sich auf, daß +/- 6 [Stenozeichen] vor XXXX der sehr benigne [wohlwollend]. Fürchte wieder Hetze gegen mich.

Sonntag, 26.11.1944

Regen - 2x Kaffee; Butter, Blut[-?] oder ... Wurst - M{ittag} Aufregung, weil P{ortion} Essen als Küche [?] gestrichen - 1x Nachm{ittag} [Stuhl] - Übersiedlung ins Revier, gutes ½ Fensterbett. Frau Dr. Lichtenstein tot perlule[?]. M{ittag} ½1 [Uhr] LA {Luftalarm}. 18 Amerikaner aus Slowakei, davon 13 in G{erda}s Saal. Ma{ria} und Be{ate} müssen zusammen schlafen. Dr. Aaron will nicht, daß "Externe" [d.h. Familienmitglieder] in seinem Zimmer uns [sich] aufhalten, nicht einmal Essen erhalten! Wir können vor den anderen in einen Saal mit 48 3 [Etagenbetten] hoch ziehen, haben 1 Kasten, der noch hergerichtet werden muß. Mein Bett ist rasch gemacht. Enger, aber höher. Kein Appell. G{erda} gibt letzte Rosinen aus Paket. Pinner hat P{aket} bekommen. ½2 [Uhr] haben wir mit Nordh{eim} Vorkeurung [Musterung]. Früh angenehm, daß nicht in Revier muß. - 1 Toter, Frau Ligtenstein [Stenozeichen].

Montag, 27.11.1944

Kalt - 1x Kaffee ...[Essen] = Kürbis, Kartoffeln, 1x Brot, 2x [Klogang] - Pat{ienten} aus der [Baracke] 19 wollen mich nicht. XXXX verspricht uns Mittel für Kranke. Wirtschaften 3 hoch übereinander. Kahn auf, sehe Mu{tter} gar nicht. Nachtigal schwer krank. - 1 Abendsuppe = 3 Zigaretten - G{erda} gibt wieder Rosinen, aber letztes Stück Käse aus dem Paket. LA {Luftalarm} ¼7 -? [Uhr] - Rutte Jan [?]. - Es ist eine Wohltat, ruhig bis ½7 [Uhr] durchzuschlafen. Rasiere mit Schüssel im Zimmer. Werde zu Col{lege} Ung{arn} gerufen und finde Zurel sterbend. Tot: Erschöpfung. Zirker = tot. XXXX viel schärfer, [behandelt] aber Weinberg, wie ich vorschlage. Kann [Baracke] 19 Visite, teils [Baracke] 16. M{ittagessen} in Rev{ier}. Nordheim tritt für Extraessen für uns ein. Kein Appell. - 3 Tote.

Dienstag, 28.11.1944

Rauhreif - 1x [Klogang] - ½7 [Uhr] bei Licht mit fremdem Spiegel ras{iert}. Nach Kaffee bei Kahn und Mu{tter}. Brote im Lab{or} geröstet. Bin glücklich, das gute Portionen [erhielt]. Gestern war Suppe überall dick. XXXX gestern und heute sehr streng. Poliakoff verlangt plötzlich für sich Diätessen, im Augenblick, wo XXXX uns das doppelte Essen verschreiben wollte. Visite. Langes Warten auf Essen.

Mittwoch, 29.11.1944

Brotsuppe. - Nach dem Lab{or}, Frau Boch findet es herrlich, daß nur 4 Menschen in einem Raum sind. Habe hier 2 Tg {Tage} Brot geröstet, das doch zum F{rühstück} besser schmeckt, nur stört: jeder kritisiert die Menge. Elte naschte übriggebliebene Krümmel von Ofenplatte weg. Beim Appell wird alles zum Bretter-Tragen genommen. Tgb {Tagebuch}. M{ittag} bei G{erda} wieder App{ell}, lese dabei Bibel und Buch. Visite in [Baracke] 17 bei Kahn. ½6 [Uhr] neue Diensteinteilung: Chef der Hygiene, erzähle es, da LA {Luftalarm} 7-¾8 [Uhr] Kahn. G{erda} hat Konserve aufgemacht, überlegt [dort zu arbeiten] Kartoffelküche. Noch bei Nachtigal. Schlafe von 2 [Uhr] mit Herzklopfen, da Falle von Weinberg fürchte. Der zwar ganzen Tag nichts von sich hören läßt, aber sich entschuldigt. Plotzke liegt mir wegen [Stenozeichen] Milch in Ohren.

[hier Strich unter Text]

2x [Stuhl] von 2 Uhr an mit Herzklopfen, alle Sünden überlegt (Berger, Hofmann, Weinberg). Dadurch früh unausgeschlafen. Spreche mit Menkel über K{ahn} geheim, der erst poltert, dann sich (für jetzt) beruhigt. Strolche im Kamp [Lager] herum, [Baracken] 21, 22 Altersheim, was mir am 30. den Besuch einer hilfesuchenden Schw{ester} einbringt. 35 Menschen fehlen bei App{ell} (ebenso am 30.). Von jetzt ab 2x tgl {täglich} Zählapp{ell}. 200 Frauen für Weberei sollen dann auf 400 kommen. Kann Kindern vorlesen. Abends: "Erzähle, dann vergißt du und wir." - "Denk nicht an morgen, dann kann der Krieg aus sein." Während ich früh noch beim XXXX meine Leute vertrete, erlaubt mir Alaluf das abends nicht. Leider gehe ich nicht sofort weg. Als 2 Ung{arn} nicht verstehen, weist A{laluf} mich aus Zimmer. Früh hat er sehr liebenswürdig behauptet, es sei rein dienstlich und keine Verstimmung. Z{iekenoppasser}: "Dein Auftritt mit Alaluf." Pinners sind beide bei K{ahn}. Ich habe zuviel vom Innendienst krankgeschrieben, sei knietschig [geizig] beim Tauschen. Gebe da 3, wo andere 4 Zig{aretten} geben. XXXX hat im lang{en} App{ell} 2 Extragamellen für uns angefragt. Erzählt es abends.

Donnerstag, 30.11.1944

Saure Kartoffeln, - Bier tot, ... tot - Lewin Viera - Pays tot - lx raus in Hemd, doch zu kalt, in kalt{es} Lab{or}, sammle dafür Holz, während Dasberg wegen G{erda} suche. Diese bei Z{iekenoppasser} und Alaluf und bei S. und Bierhack kann nicht versprechen [daß sie krankgeschrieben werden?]. Alle Kr{anken} müssen danach so heim. Statistik, Bibel, Tgb {Tagebuch} beim App{ell}. Alaluf grüßt nicht. Levi will in einigen Tagen mit mir sprechen. Katz hat schon auf Karlhove [?] verändert, bekomme auch die Berichte. Kahn rät, Pinner direkt anzupacken [-greifen], da auch Bromberg ihn als Urheber bezeichnete. Appell bis ½12 Uhr], M{ittagessen} und Sup{pe} in Revier, noch keine Extragam{elle}. Verrate sie leider aus Freude beim Aufstehen. - Am 29. [11.1944]: 1 Toter, am 30. [11. 1944]: 2 Tote. - Nov{ember}: 47 Tote.

Freitag, 1.12.1944

Käse, Butter, - tot TBC Santeros, - 2x Durchf{all}, wache stets +/- 2 [Uhr] auf (Harn + Stuhl), schlafe dann schlecht, um 7 [Uhr] auf, ras{ieren} im Dunkeln. Schw{ester} leuchtet ins Gesicht, um Besitzer von Knijplampen [Taschenlampen] zu erkennen. Bei Kindern, die Einrichtung der Kinderbaracke ruhig aufnehmen, "Da bekommt man mehr Brot. In der Creche[68] war es so." Aber sie werden zusammenhalten. Kahn krank nach Suppe, hat gegen[über] Nachtigal faux pas begangen, bei ihr "er ist so verstört davon". Sie läßt nichts los. Mu{tter} hat 6 Eßl{öffel} Zucker = 1 Rat{ion} Brot getauscht. G{erda} hat Werkappell übertaucht [nicht mitgemacht]. 150 Frauen <! [weniger] Levi denkt, daß Kinder genommen werden. Nachts überlegte ich: 4 Ba{racken} mit eigen Tor [?] rasch geräumt, das kann K{onzentrations}lager werden, will dahin als Arzt, fürchte a) Kahn dadurch zu verlieren, b) bei zu früher Anfrage Leute gegen mein Wunsch einzunehmen. Bei App{ell} Bibel. Tgb {Tagebuch}. Neuer Kmdant {Kommandant} XXXX besieht Statistik. Wir rösten am Ofen das Frühstücksbrot. Ich laufe im Kamp [Lager] herum. [Baracke] 22, dadurch spreche verschiedene Schwestern, auch Frau Kurz, die sehr schwach und verzweifelt. G{erda} irrt auch herum, wie sie Arb{eits-} App{ell} entgehen kann, kann ihr nicht helfen, da selber nicht fest. G{erda} hat Durchfall und riskiert Krach mit Pinner wegen Krankenmeldungen. "Ich bin ein holländischer Arzt und kämpfe für meine Pat{ienten}." Kerze für Freitagabend, esse meinen Käse auf, G{erda} hat Hafermehl mit Schok{olade} gemischt. Spreche mich auf Anraten von Kahn mit Herr Pinner aus, der jede Feindschaft ableugnet. G{erda} kann sich "nicht einfügen". Habe 2x wegen Diebstahlverdacht für sie interveniert. Brot von Mayer weiß ich, das finde ich selbstverständlich, daß nachgesehen wird. Aber Seife? im Dunkeln im Waschlokal vergriffen.

Samstag, 2.12.1944

Kalt, Regen - nichtgebundene Kohlrabisuppe, 2x Durchfall (Milch). - Pinner kommt bei App{ell} zu Alaluf und bringt Zettel mit A für Z [?]. Die Tage vergehen mit 0. Viel Ärger durch P{inner} und Ala{luf}: Weinberg verspricht immerfort Extra, ohne zu geben. Die endlich eintreffende 2 l mehr gibt doch etwas aus, zumal wenn etwas fettes Fleisch drin. 1 Zündholzschachtel ½ Kop [Tasse]. Frau Reich hat dieser Tage zu viel Schlafmittel genommen, wurde früh schlafend gefunden. Kolek durfte wegen App{ell} nicht zu ihr, dann Aufnahme [ins Spital] von A{laluf} abgeschlagen. N. durfte nur Doffeïn geben. Erst Nachmittag Dora-

[68] Creche: Gebäude gegenüber dem jüdischen Theater in Amsterdam, wo die Kinder untergebracht waren und dort bis zum Transport nach Westerbork in viel zu kleinen Betten schlafen mußten (vgl. Fußnote 20).

min, tot nach 2 Tagen. Blick [Person] von Amsterdamse Bank tot, Apoplexie nach Bun{ker}[?]. - Beate hat selber Puppe gestopft.[69] - 2 Tote.

<u>**Sonntag, 3.12.1944**</u>

Nur Kohlrabi, 6x Brot, Butter +/- 100 gr. Leberwurst (viel Milch, die Kinder holen) 10, 12, 2, 6 Uhr - [aus dem Bett zum Klo] - Tot Murkus, Banraf Ödem, Loschinski. Joh. Klein im Reisigk{o}mm{an}do wird auf einem Schubkarren tot eingebracht. Um 7 Uhr Kaffee und auf Besuch. Altersheim Brot geröstet. Bes{uche} Katz in [Baracke] 16. Appell plötzlich abgesagt, da Ungarn abreisen, bekommen <u>Gulasch</u>. Müssen lange auf Essen warten. G{erda} freut sich über ½ l mehr, sie ißt Rosinen, ich dafür Brot. Schlafe, lese, gehe in Ung{arn}saal, bekomme von K{ollege} Kakao und Kampseife [Lager-]. Das Arge bei Durchfall ist: man wird im Bett, das beim W.C.-Besuch kalt wird, nicht mehr warm. Mu{tter} gibt mir ihr Dagenan, bis G{erda} ausgepackt hat. 9 [Uhr] 3 Spritzer, 13 [Uhr] Dagenan 2, 2 Norit, 16 Uhr 4 Norit [Kohletabletten], um 4 [Uhr] noch 2x. Mit K{ahn} bei Nachtigal. Habe Wochenbericht aufgesetzt. Alf Levi will ihn erst morgen. Eli Dasberg schwer krank, Bierenhaak dito, so daß diese nicht erreiche. Nm {Nachmittag} vergeht mit Teekochen, dabei Tgb {Tagebuch}. Tausche 1 Wurst = [?] gute Zigaretten. Wir dürfen jetzt M{ittag}essen ins D{okto}rzimmer holen, aber nicht dabei im Warmen warten. A{a}r{on} erlaubt nicht. LA {Luftalarm} 7-9 [Uhr], auch nachts. Menco ist eifersüchtig, daß mir Zeit selber einteilen kann. [Stenozeichen] im Altersheim. Die Decken usw. sind abends brauchbar, aber nachts noch feucht. Levi schnodderig beim Auftragen der Desinfekt{ion}. - Pinner will 8 Eßl{öffel} Hafermehl für 1 Rat{ion} Brot. - 4 Tote.

<u>**Montag, 4.12.1944**</u>

Kalter Wind - 2x Kaffee, [Essen] = ohne Kartoffeln, Rüben mit Kartoffeln - 4x [Klogang] - 2 Tote - bin etwas besser, aber 7 [Uhr] auf. Knoller tot, im Revier, von 25 [Patienten] haben 10 Ödem. - Trinke viel, Wagen kann erst ½ gefüllt werden, deshalb zu Kahn. Dieser sehr ↓ [deprimiert] wegen Pessimismus von Herzb{erger}, will mich in Altersheim [als] Arzt und [ich soll mich] um ihn kümmern. Verspreche warm{es} Wasser aus Des{infektions}wagen, das nicht bekomme, da immerfort XXXX. Nordt usw. infolge Aufruf der Diamant[gruppe] in Umgebung. Desinfektion sehr undiscipliniert, v. d. Reis hilft nicht mit. Loteryman vertritt ihn. Unser Saal sollte erst, aber Dr. müssen bei [zu] XXXX, des-

---

[69] Beate und ich nähten aus weißem Trikotstoff, der aus der Nähwerkstatt stammte, kleine Puppen; auch Leder wurde beschafft, um Gürtel daraus zu fertigen.

halb Ung{arn}saal erst, bringen und holen durcheinander auch noch von [Baracke] 28, so daß Männer weinend aufgeregt, ihre Sachen suchen, schimpfen. Noch 5 Uhr liegen Sachen am Tisch. Kosek vermißt Jumper, der dann hinter Bett geglitten ist. Menkos Schuhe sind futsch. Muß auf M{ittag}essen und A{bend}-essen solange warten, daß erst ½7 [Uhr] bei G{erda}, die mich anbläst. LA {Luftalarm} ½7-8 [Uhr]. Mu{tter} gibt Dose. Kein Z{ähl}app{ell}. Nachts überlege Versöhnung mit Alaluf. (Kaffeebüchse). Pin{ner} hat ihm 31A [?] statt 7 von v. d. R. gezeigt. Sage Sternheim beim Begräb{nis} von Losch die Wahrheit über pesten [piesacken]. Kahn: "Oe{streicher} hat zuviel von Deutsch verlangt." Dadurch 3 Uhr nervös als nicht mit [Baracke] 23 beginnen kann und Schw{ester} Snapper über [mich] plötzlich [sagt: "] Oe{streicher} unglücklich.["] Übrigens pudert sie sich, als [ich] ihr Hilfskräfte bringe. Wird viel geflogen nachts.

Dienstag, 5. 12.1944

Regnerisch, Wind - 100 gr. Leberwurst, 2x Stuhl noch um 6 Uhr schwarz. - 6 Uhr gewaschen, ras{ieren} ½7 [Uhr]. Da Wagen noch nicht an, zu Kahn, der meine Versöhnungsversuche billigt, besser gelaunt fühle mich, da Stuhl formt kräftig. F{rühstück} teilweise bei Mutter. Kein Kaffee (mache mir später Tee). Sehe von Mu{tter}, daß [Baracke] 23 schon Pakete bringt, fülle Wagen mit [?]. In [Baracke] 21 kurz. Diamanthäer-Frauen müssen auch weg. Mr. Levenb{ach} tot, Erschöpfung im Revier! G{erda} auch ohne Kaffee, will nicht, daß P{aul} 3 Zig{aretten} gebe! Weint über Paket-Nachricht (durch Pinner). Wieder bei Des{infektions}wagen. Es läuft prima. Kein App{ell}. Bekomme noch Extra ½ l (gestern 1 l{iter}), die auch dann an Ofen wärme. LA {Luftalarm} 10 [Uhr] - [?]. Dabei Bibel, Tgb {Tagebuch}. Frau Sternheim über Zig{aretten}angebot sehr erschüttert. Diskutiere mit Renate Lage Desinfektion wieder durch. Abzug der Diamant-Frauen auf Tol Punkt [?], nehme [Baracke] 21, was Mißvergnügen schöpft. G{erda} wieder unverständig, liegt ganzen Tag im Bett, erzählt Kindern. Loteryman will sie durch van Elte untersuchen lassen. Maria sehr geschickt beim Milchholen, wird von Beate als Aschenputtel behandelt, heult gleich, wenn etwas tun muß, was sie ungerecht findet. Diamant-Frauen von Kindern getrennt. Pinner will nichts von ihrem Anteil an v. d. R. Absetzung wissen. Was für Gerüchte gehen, sie hat nichts gegen ihn usw.- Stark geflogen in der Nacht. - 2 Tote. Levenbach.

Mittwoch, 6.12.1944

Wetter = [?] - 1x Kaffee 1x, [Essen] = Brotsuppe - 1x [Stuhl], aber viel Drang und anscheinend unzulänglich Abgang. Zuerst f{rüh} bei Mu{tter}. Kahn informiert noch Gang der Versöhnungsaktion. Nicht kleinlich sein. Desinfektion geht langsam, behindert durch Indolenz und Appell. Kann Paket nicht abholen, muß in Revier bleiben wegen nachzählen. Bibel. Pin{ner} schickt gepulstes[70] Essen als Sinterkla{as}[71] [Nikolaus-Geschenk]. Nachtragspaket Sinterkla{as} Zucker, Malz, Milch. Im Zimmer hält abwechselnd A{bends} jemand einen Vortrag. Von 7 und 8 Uhr schlafe ich dabei ein. Von Messels sind weg. Al{aluf} bedankt sich für Kaffee (7) [?], auch Br{omberg} und K{ahn} sind darüber froh. Loschinsky ist seziert, kleine nekrotische Herdezentral.

Donnerstag, 7.12.1944

Regen - 1x Kaffee; mit Kartoffeln, kleine Graupen, 2x viel Stuhl. - Desinfektion. Die ganze Familie steht unabhängig voneinander um Milch an. 0. Nm {Nachmittag} kommen 2200 Ungarn aus der Umgebung von Wien. Kahn predigt mit Pin{ner} gut zu [sein]. Wissenschaftlich Gespräch mit Ahrin. G{erda} fragt immer wieder, ob sie ihre Dinge entlausen soll. Tirza [Stenozeichen] ist wieder entfiebert, Frau Bachrach auch.

Freitag, 8.12.1944

Trocken - 2x Kaffee; Butter, Käse, 4x viel Stuhl, - sehe früh Lissauer mit Bierenhaak über Bar{acke} sprechen. M{ittag} muß G{erda} nach [Baracke] 23 Desinfektion. Lese nach Tisch in Kunstgeschichte. A{bend} vergeblich bei Renate, finde beim Tor eine Gamelle Tee, bringe G{erda} und mache in Hose!. Desinfektion von [Baracken] 14/11 statt vorgenommene [Baracke] 12. Merkwürdig, daß über Tag Elektr{izität} an ist. Ahrin borgt sich Buch von mir aus. Vorm{ittag} ist St[?] nicht zu bewegen, die Kinder auseinanderzulegen. Ma{ria} und G{erda} 3 hoch jetzt, B{eate} 2 hoch, dunkel, naß. Übersiedlung ging besser als dachte. Die Betten sind höher als in [Baracke] 16, da unterstes normal. A{bend} gemütlich bei ihnen am Bett. Frau Chajes in [Baracke] 23 Vorstand. Liss{auer} weigert G{erda} in [Baracke] 22, weil Menkel gebeten, niemand zu schicken, ist grob. - 2 Tote: Maler, van Raalte.

Samstag, 9.12.1944

Rauhreif - 1x Kaffee, [Essen] = ohne Kartoffeln, A{bendessen} = viel Kartoffel, 6x Brot, 4x [Stuhl] und bei Gasen etw{as} in Hose. - Beschließe deshalb, mit Überredung der Koll{egen} im Bett zu bleiben. Liege platt am Rücken, beende

---

[70] gepulst: beschlagnahmt; die Firma, die in Holland jüdisches Eigentum beschlagnahmte, hieß Puls.

[71] Sinterklaas: Großes Kinderfest in Holland, bei dem die Erwachsenen Geschenke verteilen.

Kitzer v. S. "Hügel". Es ist schön warm im Bett. Habe mich früh gewaschen und rasiert. Menco: "Niemand wird entlassen." Mu{tter} besucht G{erda} und Kinder, verkaufe M{ittagessen} 2x, kann aber rückgängig machen. Menco bringt Enterovioform. G{erda} wäscht Hose im Kondenswasser: die Hybris von Donnerstag und ... Ich lese, schlafe, freue mich von 1 Mahlzeit auf andere. 3 Uhr 1x [Stuhl], aber spritzend. Moers kommt morgen. Kurd tot, Pneumonie. Habe im Bett über Tag Jumper an. - Leberpastete wird uns aus Büchse genommen und cm-weise geteilt. - Toter: Kurd Pneumonie [zweimal aufgeschrieben].

Sonntag, 10.12.1944

Schnee - Kaffee 2x, etw{as} Kartoffeln, Leberpastete, Butter, Senf. G{erda} macht Reis. - 7 Uhr, 11 Uhr, 4 Uhr, 7 Uhr, 5 Uhr [Stuhl] ohne Drang. - 2x Hosen, die G{erda} waschen muß. Lese, finde es herrlich zu liegen. Lerne meine Gedichte, habe Hunger. G{erda} setzt durch, daß Lampe nicht abgebe. Birnbaum will dann in Nacht mein Po [Nachttopf] nicht leeren. Generalapp{ell}. ½2 [Uhr] ist Zähl-app{ell}. Kahn kommt flüchtig, Mu{tter} früh, G{erda} läßt mich ab 5 [Uhr] im Dunkeln allein, worüber böse. Max kommt über Anita: Durchfall klagen, schicke ihn wegen seiner Position zu Aa{ron}. Holländer spricht gut über Chanukka. Kinder bekommen 3 Würfel Zucker, 2 El {Eßlöffel} Malz. Jpa: 3 Waggon Le-bensmittel hier Albala-Lager. Trinke Saft, gebe Rüben für 2 Scheiben Brot an G{erda}, die leider // [?] Dia{hröe} hat, deshalb 12 [Uhr] nicht bei mir. Reisverschluß von Jumper kaputt. Esse IV [?], 11A [?] 5tes Brot. Kinder singen Chanukka[-Lieder] vor Fenster. - 2 Tote, Eitje, Salomons.

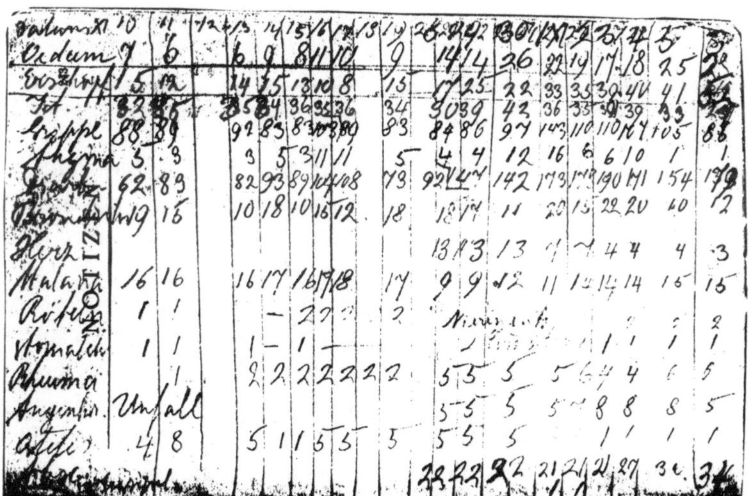

Krankenstatistik ab 10. November bis 7. Dezember 1944

Datum XI	10	11	12	13	14	15	16	17	18	19	20	22	29	30	1	2	3	4	5	6
Oedem	7	6		6	9	8	11	10		9		14	14	26	22	19	17	18	25	28
Erschöpfung	15	12		14	15	13	10	8		15		17	25	22	33	35	39	40	41	52
Ict.	32	35		35	34	36	35	36		34		30	39	42	36	35	39	39	33	27
Grippe	88	89		92	83	83	103	89		83		84	86	97	143	110	110	107	105	86
thyma[?]	5	3		3	5	3	11	11		5		4	4	12	16	6	6	10	1	1
Diarhöe	62	89		82	93	89	104	108		73		92	147	142	173	179	190	171	154	179
Bronchitis	19	15		10	18	10	15	12		18		18	17	11	20	15	22	20	40	12
Herz												13	13	13	7	7	4	4	4	3
Malaria	16	16		16	17	16	17	18		17		9	9	12	11	14	14	14	15	15
Röteln	1	1			0	2	2	2	2	2								2	2	2
Stomatitis	1	1		1	0	1										1	1	1	1	1
Rheuma		1		2	2	2	2	2	2	2		5	5	5	5	6	4	4	6	6
Augenkr./Unfall												5	5	5	5	7	8	8	8	5
Ostitis	4	8		5	1	1	5	5		5		5	5	5	6	5	1	1	1	1
Absces Erysipal[?]												22	22	22	21	21	21	27	30	34
Windportzin?	3	3		1	1	1	1	1	1	1										
Ischias											1	1	1	2	2	1	1	1	2	2
dystitis	2	2	3	3	2	1	1	2		2		2	4	4	4	1	2	2	2	2
Lagirda[?]	4	4		4	5	9	13	14		5		13	14	13	3	5	7	14	13	13
Laryngitis												1	1	1	1					
Frostschaden												5	5	3	8	9	16	19	16	8
Hand (Pellagra)												3	3	3	4	5	5	4	4	4
Pellagra												2	2	2	2	2	2	2	2	2
Magendarm												2	3	2	3	8	3	7	7	7
Ve........[?]											4	4	4	4	4	4	4	4	4	4
Gallenkrh.					2	2					1	1	1	1	1	1	1	2	2	2
Appendicitis					1	1						2	2	2	5	3				
Leistenbruch																1	1	2	2	2
Anemie														1	1	1	2	1	1	1
																388	454	528	461	
																				539[?]

Montag, 11.12.1944

Schnee - dünne Nudeln, Vanille, (11 Uhr Reis) - 7 Uhr, 11 Uhr, 7 Uhr, 24 Uhr [Stuhl] - Wasche Hinterteil, Rasiere nach kurz Entschluß. Lese Arnordie [?] Kunstgeschichte. Apotheker von Weltwil. Beginne wieder zu lernen. Mu{tter} kommt ganz früh, G{erda} später, stört mich um 3 [Uhr], weil da noch lesen könnte. 1 Gamelle [von] 50 l ist umgefallen, dadurch nur ¼ l {Liter} < [weniger]. XXXX bringt 18 Uhr Zigaret{te} für Ärzte. Menco sofort: 4 sind schlecht geteilt. Rechne nachts aus 100/25. Kann im Bett nicht mit Lupe schreiben. B{e-ate} sieht beim Warten auf Essen Kunstbuch an, erkläre ihr blind P [Stenozeich-en?]. Kahn besucht. Ab 5 [Uhr] übersetze Gedichte in Englisch, denke Zeitungs-artikel aus. Ein Ung{ar} bietet mir früh gratis kaltes Essen an. Kann von ½6-6 [Uhr] ohne

Harndrang im Bett bleiben. (Eitje tot, Dieb Hirsch tot) wird als Segen bezeichnet. Großer Saal der [Baracke] 16 muß für Schw{ester} Snapper Platz machen. - LA {Luftalarm} ½19-½21 [Uhr]. 1 Toter.

Dienstag, 12.12.1944

Wärmer, Regen - Kaffee, 1½ l [Essen], Marmelade, Butter, Zwiebel von G{erda} - 4 Uhr, 6½ Uhr, 13 Uhr, 23 Uhr [Stuhl]. - Keine Phantasien in Nacht. Beim Appell alle hohe Tiere incl{usiv} Moers. Wasche Hinterteil, ras{ieren} ½7 [Uhr]. Versuche weiterzuschlafen. Mu{tter} macht Bett. Tgl {täglich} Pat{ienten} neidisch auf Aussicht auf den Appellplatz. Die Männer, die am Fenster stehen, wollen nicht zur Seite. Die Mischlinge aufgerufen. Dr. v. d. R. Geburtstag, ist für Assimilation. [Baracke] 22 bei Appell. Um 7 Uhr alles Brot aufgegessen (auch um 13 [Uhr]). Lerne etwas, wiederhole das in der Nacht. Im Dunkeln übersetze meine Gedichte in Englisch und Tschechisch. Kann doch mühsam, da keine Lehne, etwas schräg sitzen und schreiben. M{aria} und B{eate} Vorm{ittag} Kunst-[buch]. 4 Uhr Bild[erbuch?], M{ittagessen} hier, Extra von drüben: Bin etwas satt. Lese Schmöker, Bibel, G{erda} kommt ½4 [Uhr], so daß stört. Vorwürfe deshalb, weil Buch WC-[Papier] gebrauchen will. Kommt dann 18 Uhr schnukkeln. Hat von allem genossen daheim, mehr als ich. K{ahn} sehr ↓ [down]. Max Heimpfleger in [Baracke] 12 durch Aaron. Beschließe mit Bloch, Englisch zu lernen. LA {Luftalarm} 19-½8 [Uhr]. Holländer hält Vortrag: Staatenlose. - 3 Tote.

Mittwoch, 13.12.1944

Nicht so kalt - 1x Kaffee; dicke Brotsuppe. (Befehl: kein altes Brot an Vieh) - 6 [Uhr], Träume (1x), daß mir ein Omelett gemacht wird, wache dadurch auf (3 Uhr) höre jemand essen. Um 6 [Uhr] wieder auf, ras{ieren}, wasche hinten. Trachte zu schlafen. Ernst Berger tot, verhungert. Kok, Knoller, Heynemann. - Mu{tter} bringt kalt[en] echten Kaffee. Hier nur ½ Becher lau. Nordheim kommt. Menco muß 15 Männer entlassen. Beachtet weder Tas noch mich. T{as} beschwert sich später über das viele Schwätzen. F{rühstück} noch im Dunkeln. Dann Englisch, Bibel, Tgb {Tagebuch}, suche Psalm für Kinder aus. Max kommt um Rat, ob Anita 1 l{iter} gut{es} Essen > [mehr] nehmen soll. Erst ½3 [Uhr] Aufstehen. Tas krank mit Husten. - 3 Tote. Knoller (Bündelrit).

Donnerstag, 14.12.1944

Wetter - 1x Kaffee, kleine Graupensuppe, [Essen] = 24 Uhr, 6 Uhr, 18 Uhr [Klogang]. - Frau Kahn tot. Franz durch die Übersiedlung [?]. Denke nach 7 [Uhr] mich anzuziehen, warte aber, bis Kind Rucksack bringt. Bis 8 [Uhr] muß

[Baracke] 23 usw. enträumt sein. Viel deutsch{es} Geschrei, Kinder schleppen brav. Nur Wäscheleine und Nägel futsch. Erst alles zu mir, dann Nm {Nachmittag} wieder in [Baracke] 16 (jetzt 24). Auch Mutters Gepäck bringe bis vors Revier. Es ist viel Geschlepp, auch mit Karren und Wagen. 1200 Frauen und Männer ziehen um, alle müssen zu 2 schlafen. G{erda} mit Krakenberger 3 hoch bei Sternbergs. A{bend} Suppe im Lab{or}. Kann doch mich nicht zurückhalten, auch zu essen. Spüre A{bend} Herz, vertrage Suppe. 2200 Ung{arn} kommen in die Bar{acken} 22, 23, 24 neu. - 1 Toter.

Freitag, 15.12.1944

[Essen] = mit Kartoffeln, 6x Brot, Butter, Käse - 24 Uhr, 6 Uhr [Stuhl], - Lichtspartag, 16 Uhr - Eitje tot. Lange dunkel. Wiederhole im Geiste, dichte. F{rühstücke} 8 Uhr, Bibel, engl{isch}, Tgb {Tagebuch}. Kein Kaffee. Elte ist noch wählerisch mit Literatur. Stuhl ist hell. Der Zaun zwischen Ung{arn} und uns wird verdoppelt. Die Ung{arn} heben Graben aus. Neuburger tot. Lerne viel Eng{lisch}. Tas sehr unduldsam gegen meine Besuche. Mu{tter} erst M{ittag}. Nehme Flasche, die schon an Laderer verkauft, leider zurück. G{erda} und Kind{er} essen bei mir. Bekommen // [?] noch immer von [Baracke] 23 am App{ell}platz. A{bend} auch bei mir G{erda}, sehr unglücklich, untröstlich. LA {Luftalarm} ½20-½21 [Uhr]. Dichte in Nacht. Lasse uns Bohnen wärmen. Ung{arn} wenden sich an mich um Hilfe. Nachts machen viele einfach vor Tür. - 4 Tote, Eitje, Rafael.

Sehnsucht (1.-15.12.1944)
Die Sehnsucht ist am stärksten abends
Die meisten Gefährten schlafen. Wir sitzen
Beisammen schwätzend dieses und jenes.
Appell, Verteilung des Essens, der Betten.
Die Reden flackern ruhig plätschernd,
Das Ganze gleicht dem Stammtisch zu Hause.
Da plötzlich fragt einer: "Die neueste Jpa?"
Wir stecken geheimnisvoll die Köpfe
Zusammen lauschend der Botschaft, die oft
Als falsch sich erwies und unwahr.
Dann kriechen wir müde in die niedrigen Betten.
Auf Sargesbreite sind wir beschränkt.
Halbliegend streife ich ab die Kleider
Und ordne sie alle an ihre Stelle,

Damit ich sie im Dunkel finde.
Im Dunkel, das so oft uns hüllet,
Bei Luftalarm und Lichterspartag.
Dann packt die Sehnsucht stark und würgend
Nach Ruhe, eignem Bett und Stube.
Ein eigner Hocker ist hier Luxus.
Nicht mehr beim Waschen den Nachbarn stoßen
Und unbeobachtet essen können,
Die Kinder sprechen ohne Zeugen,
Allein ein Buch zu Ende lesen,
Von lästigen Fragen ungestört.
Alleine die Zigarette rauchen.
Das alles war sonst selbstverständlich.
Jetzt spiegeln vor es uns die Träume
Und unsere Sehnsucht wachset täglich.

Samstag, 16.12.1944

Kalt - 1x Kaffee, kaum Kartoffeln, viel Fleisch bei G{erda}, Fleischbrühe. [Baracke] 23, ½3, ½8, 3 Uhr, 24 Uhr [Stuhl], - LA {Luftalarm} ½7, 7-½8 [Uhr], ras{ieren}, wasche Bett. Zeiger von Uhr ab. Schreibe, Bibel, Tgb {Tagebuch}. Gedicht beschäftigt mich ganzen Tag. Von ½4 [Uhr] Kinder bei mir. Vm {Vormittag} lerne etwas mit Maria. Dann verteilen die Ungarn ihr M{ittagessen} direkt aus Gamelle, direkt durch den Zaun. Es ist traurig zu sehen, wer da holt: Bloch, v. d. R., Frau Z., Mu{tter} bringt Wurst. Gerücht über Pakete. Mischlinge aufgerufen. Die Diamantkinder sind in [Baracke] 18, haben Extraessen. Alle Küchen[arbeiter] entlassen. Rätsel über 2 ✞ nach Hol{land}[?] wegen Austausch. Dichte weiter in Nacht. - Holland, Osnabrück.

Gebet (16.12.1944)
Manche Menschen tragen tapfer
Krankheit, Kummer hier und Hunger.
Doch viel mehr vergießen Tränen
Bittren Leides, täglich, stündlich.
Herr, Du wirst nicht unbescheiden
Fleh ich täglich: Gib mir Stärke!
Besser hatt' ich es als viele,
Hab auch jetzt es nicht am schlechtsten
Recht zu solchem Leben gib mir:

Andre stützen, ihnen helfen
Durchzuhalten diese Hölle,
Durchzukommen diesen Jammer
Heilen Leibes, heiler Seele.
Spar mein Weib, spar meine Kinder!
Gib mir Kraft, gib ihnen Kräfte
Durchzuhalten, durchzukommen
Heilen Leibes, heiler Seele!

Kamp [Lager] (16.12.1944)
Wie im Bergener Kamp [Lager] wir hausten,
Worte können es nicht schildern,
Auch wer selbst dabei gewesen
Kann die richtigen nicht finden,
Eine Hölle ist es, würdig
Dantes Phantasie zu nähren

Wißt Ihr wie im Kamp wir hausten?
Zwei und drei hoch schmale Betten
Aneinander eng geschoben,
Schmalste Gäßchen nur dazwischen
Holzwolle füllt die dünnen Säcke,
Keine Polster, kurze Decken,
Rucksack, Essen, eigne Decken
Untern Strohsack sind geschoben
Nägel dienen hier als Haken
Schränke gibt es bloß für 20,
100 schlafen, wo Platz für 50,
Kinder schreien, Mütter schimpfen,
Männer poltern, Türen schlagen,
Eine kleine schwache Birne
Spendet Licht dem ganzen Zimmer.
Finster ist das 2 hoch Bettchen,
Tag und Nacht ist nichts zu sehen,
24 Menschen leben
In dem Gäßchen beieinander.
Will man sich aufs Bett begeben,
Muß man Nachbarn vorne unten

Höflich fragen, Kopf und Glieder
Einzuziehen, daß dann langsam
Kletternd man hinauf kann kommen.
Kinder klettern spielend, stehlend
Überall herum wie Affen.
Brot und Butter, Kleider, Essen
Muß man deshalb gut verbergen.
Diebe auch im Dunkel kommen.
Bunker schreckt sie nicht noch Schläge.
Hunger zwingt auch beste Männer.
Schlaue finden extra Arbeit,
Vom Ertrage Brot zu kaufen
Rege blühet hier der Handel
Mäntel, Tücher, viele Dinge,
Anders Plunder, hier sehr wertvoll,
Tauscht man gegen Brot und Essen.
Kommt man abends von der Arbeit
Müde nach vielen Stund
Muß man lang in Reihen stehen
Essen, Brot und Kaffee holen.
Das Verzehren dieser Schätze
Bietet ein neues Kopfzerbrechen,
Tische, Stühle sind sehr selten,
Wenig können daran essen
Hockend, liegend in den Betten
Wird die Mahlzeit eingenommen.
Gierig wird ein jeder Löffel
Einzeln in den Mund geschoben
Hastig erst die warme Suppe,
(Wärme ist hier sehr notwendig)
Langsam dann sobald es kälter.
Geist abwesend starren Blickes
Schmeckend wird das Brot gemahlen,
Andre schlingen es hastig in sich
Schmatzend, schlürfend, Finger schleckend
Will man dann zu Bette gehen.
Muß man mit dem Bettgenossen
Regeln wie ein jeder liegt,

Schlaf kommt bald dann wie erschlagen.
Leider doch durch Harn geweckt,
Nachts WC-Besuch ist mühsam,
Meistens schwimmt er, ist im Dunkeln
Schwer auffindbar. Pfannen, Töpfe,
Werden deshalb vorgezogen,
Die Baracke st{inkt} entsetzlich!
Wie wirs trugen? Viele starben
Weinend, mager, ganz verzweifelt.
Doch die meisten setzen kräftig
Ihre Zähne aufeinander:
Durchzuhalten ist die Losung
Israels Söhne streiten weiter.

Sonntag, 17.12.1944

Kalt - 2x Kaffee; = [Essen?] + Weißkohl, Fett, Butter, gute Leberpastete. - 4 Uhr, 8 Uhr, 14 Uhr [Stuhl], LA {Luftalarm} 7-½8 [Uhr]. 1 Toter - Fontein tot, Tumor. Schade um Junker, Spärlich. F{rüh} ras{ieren}. Tg {Tag} G{erda} bei mir Nähen. Man freut sich von 1 Mahlzeit auf andere. Habe für A{bendessen} 7 Brote, von G{erda} Milch gebracht und ½ l Kaffee mit Kondensm{ilch}, so daß ½7 [Uhr] letzte Brote des Geschmackes wegen nicht liegen lasse. Eine Schnitte von Maria fehlt. Hat sie selber gegessen? Raterei über neu geforderte Angaben, warum, wo, weshalb weg. Kinder kurz Bibel, lerne, lese, denke, dichte. Etwas Schm{erzen} beim Ausgehen. Loterymann kommt in Saal. Reis weg? Lab{or} für alle verboten. Wo soll man sich aufhalten? 15 Männer für leichte Arbeit aus Saal. Ung{arn} können ↓ [weniger] abgeben. Z{iekenoppasser} sorgt für [Baracke] 19. Suche vergeblich, Leber zu kaufen.

Montag, 18.12.1944

Kalt - 1x Kaffee; Nudelsuppe - 23 Uhr, 4 Uhr, 7 Uhr, 9 Uhr, - 19 Uhr [Stuhl]. - ganz waschen. Bett, das riecht, machen, Mu{tter} für mich zu laut und lange. Seit 3 Tg {Tagen} wieder App{ell}. Ma{ria} am Fenster, Herr Z{iekenoppasser} pessimistisch, wir kommen weg. 5 Tote! (Levy, Fuldauer, Mal, Lichtenstein) - G{erda} hat 3 Zigaretten, eine Pastete, näht bei mir. Esse M{ittag}essen sehr langsam genießerisch, sehend, wie Ung{arn} verteilen. Lasse etwas über [übrig], das G{erda} dann gern ißt. Habe Portion mit Rüben und bin satt. Weine, weil Karte von G{erda} 2. J{uni} zurückerhalten. Wie viele bekommen Post nicht mehr. Wieviel Freude ist 0. Laufer zurück, tapfer mit XXXX. R{enate} hat etwas

Speck und Zucker (von 2 Paketen) abgegeben. A.L. hat auch geschrieben, hoffe Paket. Allein im Dunkel, A{bend} durch Milch, Zucker usw. gut, habe für morgen Brot. Viel gelernt, wegen Krankheit. Nachts viel LA {Luftalarm}. Zurückgestellte Diamant-Frauen aufgerufen. - 3 Tote.

Dienstag, 19.12.1944

Butter, auf S{uppe} vergeblich warten, - ½3 [Uhr] Harn, ½7 [Uhr] Harn, - ½3 [Uhr] gedichtet. 7 Uhr ras{ieren}, waschen, Mu{tter}, dicht{en}, Bibel, Tgb {Tagebuch}, G{erda} Kinder, Paket. Tas ißt von Paket, macht mir Hunger. Lerne, lese (auch Nm {Nachmittag}), Loteryman wohnt über mir. Parsetz (16. Hochzeitstag) muß ausziehen. Floh Heyman tot, Hunger. Levy mißt [vermißt] Brille, sucht vergeblich bei mir Hilfe. Kahn besucht. G{erda} wäscht seine Wäsche. P{aul} hat 4! Pakete, ärgere mich über meinen Neid. Schade, daß sobald finster, Klo mehr als paradiesisch [nackt], das öffentliche W.C. von Frauen und Männern, bei Waschen Frauen und Männer. B{eate} philosophiert mit G{erda}. Beide Kinder wollen Frau Birenhaack nicht ver[...?]. Bin gegen Pin{ner} blutdürstig, da G{erda} Extraschep [Portion] für W.C. [saubermachen] weigert. A{bend} im Dunkel, vergeblich warten auf Jam. Ger{ücht}, daß alles für Austausch fertig, Wien. - 2 Tote.

Mittwoch, 20.12.1944

Heiß - 2x Kaffee, dicke Kartoffeln mit Kürbis - V [?] auch 7 Uhr, 20 Uhr, 3½ Uhr, 7 Uhr [Stuhl], - Berner tot. - Mu{tter} kommt früh plauschen, was Tas stört. Junge Reis ist psychisch gestört. Bibel mit Kind{ern} lerne, Tgb {Tagebuch}. Kmdo {Kommando} bekommt bei Arbeit Essen, dadurch waschen usw. M{ittag} unmöglich. Familienleben noch mehr gestört. Kult [?] beklagt sich, daß H. sie in Kälte stehen läßt. N. zu schlaff. Nm {Nachmittag} auf, liege im Anzug am Bett, esse A{bend} beim Revier sehr zufrieden. Stehe wegen de J. auf, der schlecht. Paul erzählt: Durchfall war weg, nachdem er 4 Gamellen Pap [Brei] ausgekratzt + 4 l Pap [Brei]. Nomit Kohn ist Schwes{ter}. Erzähle V. [es?]: Gam{elle} mit Extra ist nicht gekommen, aber Ino zaubert. - K{ahn} hat mit Al{bala} Stunk, weiß von kommenden groß[er] Veränderung im Lager. G{erda} wäscht für Verdoner = [bekommt dafür] ¾ Rat{ion}. - 1 Toter, Landauer.

Donnerstag, 21.12.1944

1x Kaffee. Dünne Grütze 14 Uhr, 6x (durch Strafe 4 [Strafe durch Essensentzug; Ziffer unklar, könnte auch ein Stenozeichen sein]) Brot. Nacht gut, - große Aufregung. Frenker kommt Bagage [Gepäck] in [Baracke] 21 untersuchen und wegnehmen, nur 2 Garnituren bleiben usw. Betten sind abends zu 4 nebeneinander, so daß durchlassen müssen. Bei de J{ongh} ist Kahn. Br{omberg} rät, noch krank zu bleiben. 19 Brote zuviel ausgegeben. Saal muß ½ Rat{ion} aufbringen. Verlosen. Dr. B. und ich müssen 1 [Ration] ausgeben. Schw{ester} Snapper großes Paket. Streng vorgehen. V. M. schießt gegen bettelnde Ungarn. - Tot: de Jongh Henry [Vorname] im Bett, Essensträger, Frau Paardekoper Diph{therie}.

Freitag, 22.12.1944

Kalt - 1x Kaffee; als Strafe für [1 Stenozeichen] 0 [nichts], 2x für Tag 0 [nichts] bis 18 Uhr [Essen]. - Albala abgesetzt durch ein{en} Kapo ersetzt. Zimmer kaputt. Mu{tter} kommt A{bend}, will nicht glauben, daß 0 Essen. Stehe deshalb nicht auf, friere, lerne Vorm{ittag} und p... [?], lese ab ½5 [Uhr] mit Kindern, die sehr gut aufnehmen, rechnen auch gut, jede für sich. Glücklich{erweise} haben wir noch Sardinen. Früh kamen 5 Kapos, große Aufregung, weil Folgen nicht übersehbar. (Ich fürchte für Pakete). Kahn kann nichts sagen. Bei Stubbenk{o}mm{an}do viel Schläge. Griet hat 2 Tg {Tage} hintereinander Austausch prophezeit. Esse vor Erregung ein Jam[Marmelade]glas Klontjes [Zuckerwürfel] leer. Betten in [Baracke] 21 sind wieder auseinander. Frau Brink schimpfte gegen [auf] Mu{tter}; wir 200 Pakete. - (2 Tote (Onderwijzer, sigma phi [6 Stenozeichen]) 21) - 3 Tote.

Samstag, 23.12.1944

-6 [Außentemperatur] - 1x Kaffee; = [Essen] + viel Kartoffel, nur 2½ [Uhr] 7½ [Uhr], +/-3 Uhr [Stuhl], - ras{ieren}, während G{erda} Bett macht. Licht 8¼ [Uhr], Bibel, Tgb {Tagebuch}, vorher Mu{tter}. Max wegen Pfleger gefragt. Holz kommt. Frau erzählt, Ba{racke} viel sauberer. G{erda} schlägt sich doch gut durch, nicht aufs Klo zu kommen. Stehe M{orgens} auf, Nm {Nachmittag} wieder auf Bett. Röste A{bend} Brot und bringe Mu{tter} und Kahn Tee. Ino bezahlt Brot mit Nachsilber[?]. Will mir keine Pat{ienten}[-]Milch geben, droht mit Erzählung an Capo. Menco fragt dann, ob ich hatte? Menco und ich arbeiten, um Mann von Stubbenk{o}mm{an}do, der moribund kommt, zu retten, was gelingt! Prins und .. [?] Dorner, die leere Gamelle trugen, sind zu Stubbenk{o}mm{an}do mitgenommen. Der Ältestenrat ist aufgehoben. Das Lager wird nach KZ-Regeln verwaltet. - 3 Tote, Landauer, der Ausgeber tot, Dr. Vles tot - Gegenangriff [Ardennen] bringt Michel [den Deutschen?] 24.000 Gefangene.

Sonntag, 24.12.1944

Eisblumen - 1x Kaffee; [Essen]: Grutjes [Grütze] + Kartoffeln, Butter, Leberwurst; 500 kg, 500 kg Fleisch [für] 4000 J{uden}. - ½1 [Uhr], ½2 [Uhr] klein, 7 [Uhr], ½15 [Uhr] [Stuhl] - Menco findet: Tot Baffy, Driefus [Dreifus?]. 6 Tote und Bett. Nm {Nachmittag} Levenbach. Bleibe zum [bei] Tag in Bett liegen. Max kommt früh. G{erda} dito, weint, weil ihre Extra für WC-[Saubermachen] und unsere aufgehoben, was nicht wahr. Bibel, lerne, Faust bis Nm {Nachmittag}. Mu{tter} hat für jeden von uns 1 Rat{ion} Brot, für Kinder Puppe, G{erda} beschämt gibt ½ Rat{ion} an Renate, die wieder Paket [erhalten hat]. Pin{ner} beschimpft G{erda} immer wieder. Tausche mit Mu{tter} Erinnerungen. 5-6 [Uhr], 7- ? [Uhr] LA {Luftalarm}. M{orgens} einmal etwas voll [satt]. Röste Brot, esse auf Hocker, das Brot auf Dosendeckel. Esse nur wenig > [mehr] als 7 Brote. Menco hat Paket, gibt Zucker. Ras{iere} erst um 2 Uhr. Müssen lang auf M{ittag}essen warten. - Waltmann tot - Magazinpersonal bekommt 2 hoch Einzelbetten in bess{erem} Zimmer!! Alle müssen um 5 [Uhr] auf[stehen], Kinder nicht. Angebl{ich} nur 2x in Woche Appell. - Levy [Satz unvollendet].

Montag, 25.12.1944

1x Kaffee; 1x süß, Roter Kohl, Pellkartoffeln, Käse, 1 Eßl{öffel} Senf, Butter - ½3 [Uhr], 7 [Uhr], hätte auch länger ausgehalten - F{rüh} kommt Max wieder bitten. G{erda} hat hier zu räumen [?]. Wie sie Frau Perlberg anbietet, Wanten [Fäustlinge] zu machen: "Machen Sie ihrer Schere keine Konkurrenz." Goldstein tot, Ang{ina}, nackt in Baracke. Bei Kind{ern} Bibel, Tgb {Tage-buch}. Lerne. G{erda} liest etwas bei mir. Stehe erst um 5 [Uhr] auf, bei Mu{t-ter}, die gereizt, G{erda}, Kahn (Transport geht!). Renate Durchfall, gibt nichts ab [schenkt nichts]. Die Männer prophezeien erst: Essen ½3 [Uhr], erst Rotkohl, Kartoffeln umgefallen [?] usw. Gute Portion, kann etwas schlafen. (-½4) [Uhr]. Klarer Abend. Lampe muß gemacht werden. Beate am Bett, sehr gemütlich mit Haas, leider muß morgen Zwischenwand raus. Lese Faust. Nm {Nachmittag} LA {Luftalarm} +/- 6-½7, 8 -? [Uhr]. Schlafe durch, 1 Tag, an dem Minimumbedarf gedeckt! Doch böse und neidisch auf Renate. 5 Pakete für 2, wir 1 für 5. - 24.000 [?] Gefangene 450.000 bis Ostende? [?] - 5 Tote, Lutemirsky, [2 Stenozeichen], 26 [3 Stenozeichen]

Dienstag, 26.12.1944

1x Kaffee, Nudeln und Gulasch, dick Graupen. ½20 [Uhr], 4 [Uhr] [Stuhl], - ½9 [Uhr] ras{ieren}. Lernen mit Kind{ern}. G{erda} bei mir. Tgb {Tagebuch}. Beate will nicht mehr rechnen. - 6 Tote (Lutemirski, Adler, Herr Fürst, Goldstein

Angina [?]. Um 6 Uhr geht Z{iekenoppasser} nicht ans Bett, als [er] gerufen [wird]. Erst um 5 [Uhr] auf, bei Kahn und Mu{tter}. Warte auf Suppe. M{ittagessen} kommt spät. G{erda} hat auch davon ½ 1 > [mehr], die [sie] gegen Abendsuppe mir gibt. A{bend} bei ihr am Bett, sehr müde. Mit Frau Haas gemütlich, sie ver-wöhnen G{erda}. Erzähle Kind{ern} Turandot, Don Carlos usw. Habe guten Kopf zum Lernen. 1 Tag, an dem Minimumbedarf gedeckt ist. Es werden wieder Karten zum Schreiben, daß Austausch bevorsteht, gegeben. Unbe[zu]stellbare Pakete 1:6 verteilt. Frau Nordheim bekommt 1, Kotek 0.

Mittwoch, 27.12.1944

Kohlrabi, wenig Kartoffeln, dicke Brotsuppe - Nacht ungestört, lx WC. - Liege ganzen Tag, Kahn, Kinder, Mu{tter} besuchen. G{erda}, etwas kotzend, vermißt Klompen [Holzschuhe]. LA {Luftalarm} mit Unterbrechungen, um 5-8 [Uhr] esse die dicke Suppe im Dunkeln, vorher bei Licht Grütze, gelesen. Ren{ate} bringt ½ P{ortion} Speck, verspricht mehr, wird aber durch G{erda} verärgert! Dichte Schauspiel in Nacht. Offensive steht. - 5 Tote.

Donnerstag, 28.12.1944

Schnee - lx Kaffee; Kohlrabi, 20 Uhr dicke Graupen. 2 Tote. - Nur Harn in Gamelle. Ras{ieren}, lerne, Kinder, vermisse Lupe. G{erda} hat Klompen [Holzschuhe] zurück. LA {Luftalarm} in Nacht, 7-½8 [Uhr]. Hein van Pr{aag} tot, hat lang gebraucht. Es ist eine Wohltat, in Nacht nicht heraus zu müssen. Mache M{ittag} Bett. Lupe in Rocktasche. Bekommen um 15 [Uhr] noch durch Wachsamkeit von Blok [Name] ¼ l sehr dick vom Lagerältesten. - Kahn verschafft G{erda} Waschkunde [jemand, für den sie Wäsche wäscht, um damit etwas Essen hinzuzuverdienen]. Kind{er} viel bei mir. Von 5 Uhr wird viel LA {Luftalarm} mit Unterbrechungen. Es wird auf Licht in Ba{racke} geschossen. Loteryman spricht über Pal{ästina}reise, döse und lerne bei LA {Luftalarm}. Faust, Bibel. XXXX droht uns, durch Häftlinge versetzen zu lassen [Häftlingsärzte]. Luza bekam von Kapo Schläge, dann 2 Rat{ionen} Brot. Paul ist - wie ich empfahl - Nachtpfleger in [Baracke] 24. Ung{arn} kriechen durch Stacheldraht ins andere Lager. Unser Sälchen wird langsam enträumt, soll verbaut werden. Meine Knijpkat [Taschenlampe] soll repariert werden. Moser tut es nicht.

Freitag, 29.12.1944

Maria 1/3 weiß{es} Brot, lx Kaffee; 11 Uhr Essen: Butter, Kunsthonig, 1 Eßl{öffel} Zucker, 1x Brot - lx 7 Uhr [Stuhl]. Vorm{ittag} wie stets. Finde die Kind{er} störend, verschwinden vor App{ell} 10 [Uhr], dann hier, nachdem aufgestanden. Mu{tter} bringt Wurst. Kann viel lernen. K{ahn} packt mit G{erda} um, diese schlägt [durchgestrichen], nimmt von ihm nicht Kohlrüben. Mu{tter} ist über meinen Besuch böse. Muß zu Reis, dem nicht mehr helfen kann. Leib hat Ödem. Reis möchte mich gerne weiter haben als Arzt. Tas erzählt: XXXX wollte mich ins Altersheim geben, aber Luza mußte rehabilitiert werden. Sowohl K{ahn} als Mu{tter} sind mit mir einig, daß gegenwärtiger Zustand für mich besser, auch wenn mehr Essen bekäme von Pat{ienten}. Frau de Vries gibt dickes [Essen], das bei LA {Luftalarm} 18-19 [Uhr] wärme, Brot röstend. Dann erzähle noch am Bett bei G{erda}. Kotek gibt seine Kerze zum Honig austeilen erst nach starker Ermahnung und allgemeiner Empörung. 1 Hosenträger seit Tagen kaputt. Kann mich nicht aufraffen zu Schw{ester} umtauschen gehen. - 3 Tote - Wien bedroht.

Samstag, 30.12.1944

Schnee - dünne Kohlsuppe, M{aria} + B{eate} El {Eßlöffel} Milchpulver, 1x 7 Uhr [Stuhl], - ras{ieren}. Bibel, lernen. Die Wände bei G{erda} werden durchgebrochen. Reis tot, Ersch{öpfung}, Monikkendam tot. Will mir ruhig Schabbat machen. G{erda} hat Bett über mir verschoben, daß bei Kopf eben frei ist. Pyjamahose durch Waschen naß. Tgb {Tagebuch}. Sitze dann am Ofen und trockne vor [vorne] und nach [hinten]. M{ittag} Wäsche, Rust[Ruhe]pause mit Max. Meine braune Anzughose ist ganz kaputt. Gürtel? Bei Stubben[-Kommando] wird sehr geschlagen. 1 Ungar gewürgt! 1 Mann fast erfroren. Monikkendam tot, Teitelbaum ist mo{ribund}. - Erst 3 Uhr Suppe, dann ½10 [Uhr]. G{erda} und Kinder bei mir. Esse 5 [Uhr] etwas, dann 6 [Uhr] "Salat" von G{erda} und döse. LA {Luftalarm} mit Unterbrechungen 6! [Uhr] auch hörbar. M{ittag}essen = 2 Stück Zucker. Habe ganzen Tag Pfeife in Mund. - 5 Tote. - 60 Divisionen im Angriff!

Sonntag, 31.12.1944

Butter, Fleisch, 2x [Klogang], ½8 [Uhr] durch Suppe. - Feffer tot, Monikkendam tot, Frau tot. Wasser ist ½8 [Uhr] abgeschlossen. G{erda} bringt aus [Baracke] 12 für Menco und mich [Wasser]. Alles zu Stubbenk{o}m{man}do mitgenommen. Rev{ier} muß Mann zum Holzholen stellen. Kurker tot. Schöner Sonnenaufgang. 3 Pakete, G{erda} sehr erregt, Renate hat 7! leugnet 1 ab und behauptet 2 ans Krankenhaus zu geben gezwungen. Hat, seit Kapo da, 0 gearbeitet. Paul ist Nachtpfleger. Mu{tter} kam gerade dazu als ich überlegte, zu ihr zu gehen und Pak{et} kam. G{erda} sehr nervös. Später und bei Zeit bringe Kahn bei LA {Luftalarm} warm{es} Wasser. LA {Luftalarm} 6-8 [Uhr] mit Unterbrechungen. Esse im Dunkeln. An das Essen werde ich denken. Erzähle von früher. Die Wände sind ausgebrochen. Ba{racke} steht wie [Baracke] 19. Durch 2 in 1 Bett alles zu eng. - 4 Tote.

Montag, 1.1.1945

1x [Klogang] ½7 [Uhr] - 2 Tote. - Viele Gase (Wurst). Früh sehr dünn [Stuhl]. - B{eate} 39,6 [Temperatur]. Tas sehr lang aufstehend. Für M. und mich Kaffee, der mit Milchpulver sehr gut ist. Menco schlägt Lot{eryman} und mich für Milch vor, ½ l süß[-]sauer, gebe deshalb v. d. R. 1 Eß{löffel} Milchpulver. A conto Renate bekommen meine Kinder kein Milchpulver. Paul ist unauffindbar. K{ahn}, dem abends Tee bringt, erneuert Freundschaft. Viel LA {Luftalarm} auch in Nacht. Weil zu wenige Gamellen, tragen ½-¾ l in Baracke (Sonntag wurde zu wenig gearbeitet). Röste Brot. Appell sehr kurz. Nachts auf bei K{ahn} und Mu{tter} [von] Leib [Name]. A{bends} kurz auf G{erda}s Bett. Lauf ihr nach. Ertappt Krakenberger als Dieb, der alles zurückgibt. K{ahn} bekommt Tee. G{erda} heißen Kaffee von Ofen. = [Essen] = Nudelsuppe.

Dienstag, 2.1.1945

Kälter - Butter, Käse, Kaffee 2x, Butter, Käse - 2x [Stuhl] 7 Uhr. 10 Uhr [Durchfall] spritzt rund, daß mir selber schmiere. Leo de W{olf} erzählt, daß Renate in [Baracke] 21 schlechten Ruf hat, Paul es nicht wisse. G{erda} hat auch Durchfall, deshalb in Bett. Um 1 Uhr Kahn und Mass. bei mir. Dr. T{as} macht wieder Lärm, daß M{ittag} auch bei mir. Lerne und lese viel. Von 5 [Uhr] an auf, bei G{erda}, LA {Luftalarm} 7-X. [10 Uhr]. A{bends} große Besprechung der Holl{änder} über Verhältnis zu Aaron und Nordheim, die noch immer mehr Essen haben, warum? Frau Bloch [?] bei mir. Menco hat wieder Milch durchgesetzt, wovon ½ l an Rev{ier}. K{ahn} spricht beste für mich. - 2 Tote.

Mittwoch, 3.1.1945

Tau, dann glatt - +/- 1 l Graupen. Die Extraportion wird immer ↓ [weniger]. 5 [Tote]. Posen und Kuhschneider tot. 7 Uhr auch Dr. Silberberg. Marcel warnt, daß alles Gepäck von Revier auf Nr. weg und ... Stehe deshalb auf und laufe ganz{en} Vorm{ittag} {her}rum. Mu{tter}, Kahn, G{erda}. An Mu{tter} Milchpulver und Zucker. M{ittag} 2 l (von G{erda} und Nachschlag), bringe davon Anita. Es ist schrecklich, daß man um die wenigen Dinge, die man noch hat, sich wagen muß und unnütz teilen. 15 Betten aus Saal, bei Ofen, dadurch Platz. Restpäckchen verteilt, v. R. Familie hat ½ zusammen. Mit K{ahn} am Ofen. Ma{ria} röstet Brot und trocknet Wäsche. Bleibe dann am Bett. Unterhaltung mit Leo Wolf. Schlafe bei L{eo}'s Vortrag ein. Frau Bloch, Menco schlafen hier. Anita ist geschwollen, und v. d. R. schimpft jeden, gereizt, dankt mir ½ weinend für einige El {Eßlöffel} Milch + Zucker. A{bends} ist Extra-Suppe sehr wenig. Mit Zucker + Milch sehr gut. V. d. R. bat um etw{as} Zucker, den ihm abschlage, schämte mich dann darüber. Meine Kamp[Lager]decke lege auf ein Unterbett und weg ist sie. Wenig gelernt und gelesen.

Donnerstag, 4.1.1945[72]

Tau - Leberpastete, Senf, 2x [Stuhl], 7 Uhr ras{ieren}, dabei Licht und Wasser ab[gestellt], so daß nicht wasche. Paul bei mir, vollkommen ego, bringt nach langem Palaver 1 Paket ohne Bouillion[würfel], ohne Kracker. Er hat freiwillig 2 Pak{ete} konfisziert. Paket Butter abgegeben, dafür sofort 100 Zigaretten bekommen und wöchentlich weiter. B{eate} fieberfrei, Ma{ria} kurz bei mir. G{erda} und K{ahn} lassen geröst{etes} Brot schmieren. Lot{eryman} Diarrhöe. G{erda} hat sich für Heimpflege gemeldet. Frau Z. Di{abetes}[Diphtherie?]-Verdacht. Lerne, röste viel Brot. Sehe A{bends} schlecht aus. V. d. R. weint nach Zucker, gebe K{ahn}, schicke Anita Zucker und Essen. K{ahn} hat 6 Uhr hohes Fieber, bin sehr besorgt. 2 Tote - Wiener Neustadt.

Freitag, 5.1.1945

2x Kaffee, [Essen] = ½ l A{bend} Grießsuppe und ½ l Grießsuppe, Senf - 2x [Stuhl]. Auch früh auf wegen Gepäck. XXXX erlaubt zu behalten. Na{chmittag} an Männer [-] Seite großes Scheuerfest. G{erda} wäscht im Revier. 3 Tote (Kleeblatt, dessen Frau in wimmern, M{ittag} tot), Kind Tal... [2 Stenozeichen] 38° [Fieber]. Lot{eryman} fällt hin 39°. Mache Tee für K{ahn}, der mir Stelle bei Versicherung verspricht. LA {Luftalarm} ½7-X [10 Uhr,] auch ganze Nacht viel geflogen. Schlafe mit Unterbrechungen, weil Gepäck überlege. Bromberg Zwillinge haben Kamp[Lager]fieber und sehr kalt. Braun{er} Koffer leider in Depot. Viel geschmökert, nur Bibel. 2 Tote.

Samstag, 6.1.1945

1x Kaffee, Essen = ½ A{bend} und 1½ l dünne Kohlrabi - 2x [Stuhl] 7 Uhr dünn. - Wieder aus Angst vor Bagage[Gepäck]beschlagnahme 6 Uhr auf, mache Bett. Fam{ilie} Tisch, bringe Mu{tter} Zucker, große Räumerei bei G{erda}, die doch Wäsche aus Revier abgibt. XXXX überlegt Stube, "gute Besserung". Schw{ester} B. schlägt erst Wäsche aus, weil glaubt, sie sei zu waschen. Lese, Tgb {Tagebuch}. Tot: Huhn, v. Lier (Eiter). Laufe zu viel herum. Bringe K{ahn} 2x

[72] Siehe Fußnote 7.1.1945.

Tee, auch Mu{tter}. A{bend} bei G{erda} am Bett, bei LA {Luftalarm} (7- Uhr) nachts viel Fliegen. Kinder helfen trocknen. G{erda} begeistert, daß hier M{ittag}essen kann. - 1 Toter.

Sonntag, 7.1.1945

2x Kaffee, rote Rüben + Kartoffeln, lx heiß, sehr fettes Fleisch, Butter, 1x, 2x 7 Uhr [Stuhl] - 7 Tote: (Heinzheimer), Pinkhof, Vrouw Chitroen, Herr Sternberg. Ras{ieren}, leider viel auf, kann Nm {Nachmittag} Füße nicht warm bekommen. Z{iekenoppasser} wirft No{rdheim} Interesselosigkeit vor, daß er nicht nach Krankh{eit} Koll{ege} informiert. No{rdheim} sehr stur [,] begreift nicht, worum es geht, er sei stets kollegial gewesen, nie Pat{ienten} von anderen untersucht, wir seien nur leicht krank. Tag vergeht mit 0. Kahn etw{as} bei mir. Mu{tter} dito bringt Rübenmus. M{ittagessen} mit Begeisterung empfangen, ebenso fette Wurst abends El {Eßlöffel} +/- 1800 Kal. Es kann auch sein: [der] XXXX wieder wegen Huban im Saal mit jemand hol{ländisch} [?]. Nachts viel fliegen. Lerne etwas, dicht [Über]Fliegen in der Nacht. Kinder sehr artig am Tisch. Kinder und G{erda} hier M{ittag}essen. Pot sehr pessimistisch über Kurts Mu{tter}. Magazin[personal] ist abkommandiert. Gerüchte über Russenlager. Vor meinem Fenster Kapo-Posten, um Verkehr mit Ung{arn} zu verhindern.[73]

Montag, 8.1.1945

Kaffee 1x heiß, Graupen dünn (Kind[er] dick) - 2x [Stuhl] 7 Uhr. Ras{ieren}. Nur Bett gemacht und ruhe bis ½8 [Uhr]. Tgb {Tagebuch}. Letztes Milchpulver zu G{erda}!, die wird Do{nnerstag} Augen machen. 1 Tote Urbach, Ullmans. Saxl tot, erfahre erst: 4! [Tote, Satz mit Tinte eingefügt]. Barenholz wegen Sohn bei mir. XXXX bei Elte und Z{iekenoppasser}. Später Pol{iakoff} und Nordh{eim} bei Z{iekenoppasser} Diskussion mit N. über Verhältnis beider Abteilungen. Lerne Nm {Nachmittag}. Nm {Nachmittag} Kinder bei mir. Jpa, später Brei. Liege ganzen Tag, bringe Mu{tter} an Verstand [überzeuge], daß dies auch für sie notwendig. Der Saal wird ganz enträumt. Es [gibt] noch Männer die (Aneva[?] und de Vries) etwas sich hier zu tun machen, statt in Bar{acke} hier schlafen, was nicht erlaubt von Menco, mit Schimpfen geduldet wird. Nachts bedienen [?] die Br{üder} [?] uns. Um Ofen ist großes Gedränge. Brot rösten, Essen wärmen, Wäsche kochen. Kinder sachverständig im Kochen. Ma{ria} heult sofort,

---

[73] Der letzte Satz des Tagebucheintrags vom 7.1.1945 ist mit Tinte geschrieben, ebenso das Ende vom 9.1.1945 sowie Anfang und Ende vom 10.1. und der Anfang vom 12.1.1945, auch das Gedicht 'Peter Pan' ist mit Tinte geschrieben.

wenn sie sich nicht der Lage gewachsen fühlt. Pinner fragt nach G{erda}, wir besorgt sie, will gekapt [frisiert] sein. Um 5 Uhr wird auch mein Essen (übrig von Kindern) gewärmt. Von 3 Uhr an wird nur gegessen und gewärmt.

Dienstag, 9.1.1945

=, [Essen] = Butter, Kunsthonig - ½ Rat{ion} Brot - 2x [Stuhl] 7 Uhr. 6 [Uhr] Kaffee, dann gedöst, um 8 Uhr zu G{erda}! App{ell}. G{erda} bringt Karte aus Schweiz. Benedikt tot, Sluizer tot. 4 Tote. Levi kommt mich fragen, ob morgen in [Baracke] 21 Dienst zu tun. Ärzte bekommen Binden. Nm {Nachmittag} mit Kahn am Tisch. Lerne noch viel. A{bend} erzählt v. d. R.: er hat [Baracke] 21. G{erda} darüber am 10. sehr böse, aber: Pin{ner} ist der Barackenleiter. Früh Visite 11 Uhr. Nm {Nachmittag} [muß] 4 Uhr beendet sein! (Levi) G{erda} sehr begeistert von B{eates} Illustration zu Butterfly. Alle sitzen im Kreis um Ofen, der abwechselnd raucht oder auszugehen droht. Dr. B. Familie vollkommen apathisch. Der Junge heizt nicht mal. Leo de Wolf bringt jeden Früh Bericht an M. Die Kinder fragen sehr gescheit über Bibel. Durch Holz einbringen immer viel Schmutz.

Peter Pan im Hyde Park Garten,
Vieler Kinder Spielgenosse,
flötend steht der schlanke Knabe
Im Barett und Kurzen Röckchen.
Auf dem Postament im Stein.
Viele Tiere kommen lauschen,
Hirsche, Rehe, Schweine, Hasen,
Eichhorn und das listige Wiesel,
Salamander, Krähen und Frösche.

Viele tausend kleine, zarte Kinderfinger
streicheln zärtlich täglich die vielen Tiere.
Sonnenschein und blauer Himmel in dem grünen Garten.
Und die Kinder kommen, staunen jubelnd alle Tiere an,
Nennen stolz die vielen Namen.
Doch das Schönste ist von allem,
Man darf jedes Tierchen streicheln.

Mittwoch, 10.1.1945

1x Kaffee, [Essen] = < [weniger] Kartoffeln, Kartoffeln + grüne Blätter, ½ Ration Brot. - 2x 7 Uhr - 5 Tote, Benkman. Mercado, 7 Uhr auf, vor Frau Levi, ich in [Baracke] 22 fragt mich um 11 [Uhr], ob schon Visite gemacht. Es ist eine Hille [Name] Heimpflege[r?]. 3 sehr nette Franz{ösinnen?}, aber keine Med{ikamente}, keine Möglichkeit, 3 Betten hoch zu 2 liegend untersuchen. Unendlich{er} Schmutz. Rucksack usw. werden einfach z{um} Fenster herausgeworfen. Kein Ofen, habe kalte Füße und tropfende Nase. 2x bei Kahn, der Fieber. G{erda} wieder verkorkst appetitlos. M{ittagessen} 2 Uhr. A{bendessen} erst 8 Uhr. Bin müde. A{bend} Vorführung rasch. Al{auf} läßt warten. Z{iekenoppasser} drängt wegen möglich{em} LA {Luftalarm} (6-½9 [Uhr]). Bringe dabei Tee an [zu] Kahn, der weder Arzt noch Pfleger (von 6-17 [Uhr]) gesehen hat. Irgendein Hoher hat inspiziert.

Donnerstag 11.1.1945

Schnee - [Essen] = dicke Graupen, 1½ Brot - 2x [Stuhl] 7 Uhr - 6 Tote. Bines ihr Mann. Um ½6 [Uhr] geweckt, spüre dies, nur 2 Männer bei Frühvisite, von den 1 durch Kapo weggeholt. Kein Kaffee. Frau [von] Freund sehr frech, als ihn [Freund] von Saal hole. W. sterbend schon weg. Aus unserem Schrank Brot und Butter gestohlen. Arie B. macht G{erda} sehr ungeschickt darauf aufmerksam. XXXX "sehr nett, daß wieder hier", sonst benigna! V. d. R, Br. der nichts einschreiben will [,?] bekommt nur Binnendienst. Ein Mann ... fällt in Lab{or} um. Sein Sohn steht hilflos dabei, hüllt ihn nicht einmal ein. Arbeite bis 5 Uhr, dann so müde, daß in Bar{acke} bleibe. Extra Portion für Krankenhauspersonal + vorher ½ Portion Brot esse, dann schlafe, bis Pap [Brei], der bei uns dick. Mu{tter} und G{erda} bei mir, 7 [Uhr] ich bei ihr. Ab 5 [Uhr] kein Licht und Wasser bis 7 [Uhr]. In [Baracke] 22 Leute nett vor M{ittagessen}. 1 Kind Beinbruch, den von N. richtig diagn{ostiziert}.

Freitag, 12.1.1945

Tau - 1x Kaffee, 1½ Port{ion} Käse, Butter - 2x [Stuhl]. Kann ausschlafen. 7 Uhr ras{ieren}. Kein Kaffee, da Gamelle nur 50 l Kaffee. Kaffee in Poliklinik warm, Extra von G{erda} > 1 Becher! Tg [Tagebuch] 5 Tote. Apotheker, Kahn, Gersons, van Cleve. - Der Ofen muß immer frisch unterhalten [gepflegt] werden, also Hände schmutzig. Kapos holen Mann aus Poliklinik. Kahn sieht schlecht aus. Marcell liegt mit Fieber. Nordheim liegt. Kinder Rr. besser. Br{omberg} sehr dankbezeugend für Boeillonblock [Brühwürfel]. Frau Br. Ödem. Der große Saal von Menco faßt 70 Männer, 3 hoch, sehr eng beieinander, finster, viele Menschen am Ofen. Viel Schmutz. Reibe A{nita} [?] mit Cuprin ein.

Samstag, 13.1.1945

[Essen] = gelbe Rüben, Winterkohl, rote Rüben. Kartoffeln. 6x Brot - 2x [Stuhl] 5 [Uhr] - 7 Tote. Das Heizen mit feuchtem Holz ruft Protest der Oberbetten hervor, da Rauch. G{erda} und Kinder bei mir. Meier Kahn N{achmittag} Impfung obligat, doch kein Impfstoff. Bar{acke} etwas rascher fertig, doch bis 5 [Uhr]. M{ittagessen} und A{bendessen} fabelhaft gut. Lange warten auf XXXX. Kotek und Al{aluf} bekommen de Haas mit Mühe aufgenommen [ins Spital]. Frau Men{co} fragt Rul Anema: "Warum 0 freiwillig mit Transport mit?" - "Jeder Mensch muß sich selber retten." G{erda} wieder unlieb. Reibe A{nita?} mit Cuprin ein, es hat geholfen. Bei Stub{ben}k{o}mm{an}do wird viel geschlagen.

Sonntag, 14.1.1945

Frost - [Essen] Wurst, Butter - 2x 7 [Uhr, Stuhl bzw. Klogang] - Schlafen lange. G{erda} hilft mit Bett. Bei Appell 7 Tote (in letzten 3 Tagen 200 von 20.000). Kampf um de Haas mit Z... [?]. Kaffee und Runka [?]. Impfung en gros in Bar{acke}. Die Französinnen verschwinden um 11 [Uhr], sind Nm {Nachmittag} nicht zu sehen. 1 Tag, daß nicht so müde. Tag vergeht mit 0. Mu{tter} Diarrhöe. Frau Rosin hat Dieb{stahl} durchgeschl{afen}. Zi{ekenopasser} und El{te} bekommen > 2 l! dicker Papp [Brei]. Kinder artig im Zimmer. Maria will Mu{tter} von Wurst abgeben. Beate gibt mir ab. Lese oben abends und wasche mich. Empfinde schon Kahns Ankunft als lästig. Bridge kommt nicht zustande. Russenkamp[lager] mit uns vereinigt usw. Auch politisch merkwürdig. - Reitl Schef? - 10 Tote.

Montag, 15.1.1945

Kalt - Kohlrabi, Boerenkool [Grünkohl] , Marmelade, Butter - 2x 11 [Uhr], 18 [Uhr Klogang], - Höre in Nacht, daß Dienst habe. ½6 [Uhr] auf, rasiere in Zimmer, kann mir in Poliklinik Kaffee wärmen. Keine Schw{ester}, 0 Thermometer. Temp{eratur}, die dann [später] Schw{ester} Ernd [?] aufnimmt ?? Frau Gersons, De Haas tot. 12! Bchunh[?], Redner [Name wieder durchgestrichen] de Lange, Kind Decker, Frau Gurel mit Kind. - XXXX sehr schappelijk [nett]. Die Poliklinik wird hastig umgebaut, weil Standartenf{ührer} kommen soll. Bei Visite viel Last [Ärger] wegen Diefenbonner, die unter sich Deulitrin [Medikament?] hat. Al{aluf} will sie nicht [im Spital] aufnehmen. G{erda} hat g{estern} extra [Essen], [weil sie] als Putzfrau [gearbeitet hat]. (Damit viel Käse und Fleisch).

Mu{tter} besser. Kahn von Elte aus Zimmer gewiesen. Darüber morgens große Debatte, worin Lot{eryman} die Partei von K{ahn} begreifend nimmt. Nm {Nachmittag} Visite mit wenig Impfen. De Jong gibt mir (zu wenig) Vaseline, da Brille mit Futteral von ihr{em} Mann [?]. Frau Freund kommt lauschen. In Baracke 10 Zigaretten pro Nase. Kapo und Posten schlagen Stubben[-kommando]. XXXX schreibt auf. Laufer fragt für uns Diätessen. 17 Uhr sitzen wir alle am Tisch. Abends G{erda} hat gestern und heute Mu{tter} Hafermehl gemacht - russ{ische} Offens{ive} - 13 Tote.

Dienstag, 16.1.1945

2x Kaffee, 2 gut{e} Kartoffel, Kohlrabi. 2 [Uhr]! Dick{er} Grießbrei - 6 Tote: Frankenthal, Pinkus. Vorher war [ich] bis ½8 [Uhr] im Bett, dann nur im Zimmer Tgb {Tagebuch}. XXXX ich habe 0. Durch Ap{pell} im Revier gehalten. Platz vollkommen eisig. Von V. eine echte Praline. Morgens Visite ohne, Nm {Nachmittag} mit Impfen. Nordheim hat noch Knäckebrot. Nm {Nachmittag} schlafen, rumstehen. 5 Uhr essen alle, dann noch bei Mu{tter} und Dr. K{ahn} Vorprüfung in der kleinen Poliklinik: Al{aluf} muß aus 10 Männern Stubbenk{ommando}, davon 5 auswählen. Wir in Mänteln zerrissen, beschmutzt. Die Männer fahl, blutig zerschlagen. Werden von Frauen gestützt. Fürchterliche Wunden. Diskussion zwischen No{rdheim} und Al{aluf} über Zulassung. Seit die Zig{aretten}, bekomme [Essen] von Pat{ienten} kann dadurch mitessen. Die Heimpflege versagt vollkommen, nicht einmal bei Visite. Innendienst dito, alles schmutzig. Vor Bar{acke} alte Decken. Kleider usw. in Tonne. Nachts auf Gamelle ist eine Wohltat. G{erda} hat gerade Extra [Essen] von Revier. R. kaufte M{ahlzeit} für 3 Zig{aretten}. Nachher stark geflogen.

Mittwoch, 17.1.1945

Wärmer - wie am 15., 2 Uhr - saure Brotsuppe, 6x Brot, 2x 7 [Uhr] [Stuhl], - 15 [16?] Tote. [:?] Josua, ..., Frau Oppenheimer, Frau Slagter - bis ½8 [Uhr] geschlafen, mit G{erda} nach F{rühstück} in Wind Holz geholt. XXXX kaffert [beschimpft] Br{omberg} ab, wegen Unkollegialität. Morgen muß alles sauber sein. Umzug noch immer? Visite, dann beizeit, aber kurz bei Mu{tter}. Frau Rosin hat um Diätzulage ersucht und erhofft es täglich. Grünbaum mit ... 2 gr aus Bunker. Impfe. Stubbenk{omman}do macht Russenkamp[lager] klar [fertig]. Der Abfall (Kleider, Decken) von hinter Infektion nach Abfallgrube gebracht. Rege mich innerlich auf, daß Zimmer nicht besser in Ordnung gebracht. Kein Licht von 17-19 [Uhr]. Kann mit Kindern lesen. Kann Kahn Tee bringen. Mu{tter} wieder besser, verträgt Suppen. Frau Menco hat oft Extra. Debatte mit Luza über Extra, daß besser es an Menschen geben, die noch zu retten. - Tot Laderer.

Donnerstag, 18.1.1945

Teilweise Glatteis - Kaffee 1x, wie am 15. Graupensuppe, ½ l Milch, - 3x [Stuhl], ½8 [Uhr] [Stenozeichen] Diefenbonner und Molnar. - [Strich unter Text] - Tag vergeht mit Warten auf Inspektion, von ½2 [Uhr] an in [Baracke] 22, aber erst von 2 [Uhr] an dort. Suche Nm {Nachmittag} Patienten wirklich zu zählen. A{bends} Brot getauscht. Schon im Bett Milch. XXXX verspricht wieder Diätessen. Kurd wird durch Verwundung der Kapos [im Spital] aufgenommen. Frank deshalb entlassen. Dr. K{ahn} deprimiert. Br{omberg} erscheint nicht mehr bei Visite. Kapo unterhält [unterrichtet] Franz{ösinnen} über Impfen. Frau Onderwijzer verfolgt mich bis in Zimmer wegen Extra für ihre Schwester. Sitze bis ½6 [Uhr] in Magazinzimmer in Licht. Sehe G{erda} und Kinder nicht. Luza in Nacht schlecht. A{bends} große Diskussion über XXXX. Gestern wurde von 1 wasserlosen Tag gesprochen. 9 [Uhr] früh M{ittagessen}! Wir machen große Gamelle voll Wasser, braun. Schaf ermöglicht Waschen im Zimmer. - 3 Tote Neu, Spitz, Diamant.

Freitag, 19.1.1945

Lau - [Essen] Butter, Käse - 3x [Stuhl] 7½ [Uhr] - Bauer, Solln[?], N. Hesse, Meyer, (Gliederpuppen), Cohen Bendix, Frau Marx (Röteln) Dr. Pollak. - Große Aufregung über Aufrufe. R. [?] Kahn =. Laufe zu R. wegen Postvollmacht, bei K{ahn}, der goldene Berge verspricht. Ärztezimmer erst um 13 Uhr heizbar. Wasser erst A{bend}. Popeye ist sehr ↓ [down] sieht wie unsere Männer aus. Samuel und Hirschfeld bekommen täglich extra. Friere in Baracke. Alle Dasberg Aufruf. N. verbreitet wieder meine Tarife. Tausche mit Brot. M{ittagessen} unten aus Gamelle. R. macht Schwierigkeiten mit Postvollmacht. Mu{tter} bleibt auf Bett. Elte kritisiert Bibellesen, weil Kinder nicht verstehen.[74] Luza gegen Tas gereizt. Z{iekenoppaser} noch immer > 38 [Fieber]. Erzählung von p.u. [?] über Euthanasie hier. Vorkeurung [Voruntersuchung] ohne Br{omberg}. Laufer nimmt allmählich Führung. - 6 Tote. Frau Marx, Oppenheimer, Feilebenfeld - ([3 Stenozeichen]).

---

[74] An diese Szene erinnere ich mich sehr gut: Ich habe Elte damals gehaßt, weil er über meinen Vater gelacht hat! Er hatte recht, daß ich die Bibelszene über den Tempel nicht verstand. Aber er hatte kein Recht, meinen Vater im Beisein seiner Kinder lächerlich zu machen. Im übrigen habe ich die meisten anderen Bibeltexte sehr gut verstanden.

Samstag, 20.1.1945

Nicht so kalt - 2x [Kaffee] = 2 Uhr [Essen], [Essen] = sehr dünn, - 3x 6 Uhr [Stuhl] - Schlafe schlecht. Vor Morgendienst noch Kaffee. Morgen nicht viel. R. weigert Vollmacht. Lange warten auf XXXX. XX macht schließlich Prüfung, wird um ½11 [Uhr] wegen ...d [?] Transport von J..[?]. In [Baracke] 22 kurz. Renate ausgeschrieben, heult. K{ahn} sehr großsprechend, bringe sein Gepäck an Pforte mit Lissauer [,?] er hatte nur Dug[?] zurück. Kapos und Lubbe treiben. Gepäck aufladen. K{ahn} [?] wieder über Nacht in [Baracke] 21 geht mit, gibt mir auf Bitten Brot, daß sie am 21. wieder zurückfordert. Langes Warten auf Suppe. Schlecke Gamelle. Streit darüber im Zimmer. Tas im letzten Moment von Liste. Tausche wieder Brot. G{erda} kämmt Kinder, findet 17, bzw. 22 Kopfläuse. Ihre Decken sind seit Tagen nicht gelüftet. - 7 Tote [:] Bolle, Ginzburger.

Sonntag, 21.1.1945

Schnee - Kraut, Kart{offeln} ½3 Uhr Wurst, Butter - 2x [Harn], 2x [Stuhl] - 9 [Uhr] wach, nachts wärmer. Warte auf Tee wärmen. Kotek krank. Wir müssen Dienst selber regeln. Werde [Baracke] 16 nehmen. Auch diese verschmutzt. Bin (M{ittag} ½3 [Uhr]) nicht bei Vorprüfung. G{erda} hat Bett von Kra. damit Frau Iljun allein mit Mann kann sein, erst auf dessen Intervention. Sehr schön aber schwindlig wegen breiten Gang. G{erda} wieder verkorkst. B{eate} gibt von Wurst an Große ab, sie ißt sehr appetitlos, heult dabei. Frau Nordheim hat noch Knäckebrot. - 9 Tote: Hauf (geb{oren}), [18]63).

Montag, 22.1.1945

Kalt - 1 [Essen] wie [am] 21. +/- ½3 [Uhr], dünnste Nudeln - 2x [Stuhl], 2x [Harn] auf Gamelle. Wieder Frühdienst, kaltes Revier. Kann auf electrischen Kocher Tee für uns und Br. [zubereiten]. Leider meine [Koch-] Platte nicht anschließbar. Muß für R. [Baracken] 16, 21 machen [ärztlich betreuen]. // [?] macht, beeinflußt von Lau{fer}, gute Visite. Frau Koppel Bieren plötzlich verwirrt, desorientiert, Redefluß. Sennifil, [Name?] tot, [ist in] letzte Minute gekommen. Nm {Nachmittag} kommt, nach langer Debatte mit Poliakoff, Nordh{eim} und Al{aluf}, dieser zu ihr [Frau Koppel Bieren], während sie schläft, schwitzt, wacht auf: normal. Vorwürfe, daß Psychose diagnostiziert. Levy wollte vorher Tas, der fiebert, eiligst hin haben. Aufnahme sofort! Vrouw Tal vorher Auf{nahme}. Dichte, Statistik beim Warten auf M{ittagessen}. Entscheidung im drübigen Ärztezimmer. Komme gerade mit Bar durch. [Baracke] 22 bekommt Licht, deshalb Elektra erst ab ½7 [Uhr]. Da Vorprüfung! Bin 5 [Uhr] drüben, kann Stern 40 Grad [Temperatur] heimschicken. LA {Luftalarm} ½7-½9 [Uhr].

Al{aluf} erst zaudernd, ob Voruntersuchung} aufheben soll. Wieder Luz{a} über Essenverteilung. Menco und Z{iekenoppasser} raten ab, Ino zu interpellieren. Versuche von Ausführungsseite extra Portion nach zu geben, Küche. Magazin, Marx: 1 Doppelportion Wurst: 8 Zig{aretten}. Als schon im Bett, Ino Extrasuppe, leider Kohlrabi. Komme nicht dazu, mit Kindern zu sein. Frau K. ½ Becher Kohlrabi G{erda} Extra als Fegerin [erhalten], esse dies sehr hungrig. Frau Epstein Diphterie von Pol{iakof} ohne mein Wissen aufgenommen [im Spital]. Heimpfleger hat es ihm gemeldet. Mogendorf 40° [Temperatur] wird aufg{enommen}. Magazinzimmer muß plötzlich Küche 3 Platz machen. - Gompert Infektion: Schädeldecke. - 5 Tote.

Dienstag, 23.1.1945

Kalt - [Essen] 11 [Uhr] (in Bar{acke} 10 [Uhr]) - 1x [Klogang] 2x [Harn], auf Gamelle ½8 [Uhr]. - Tote?, laufe unrasiert, auch auf // [?] neu warten. Holz an Pforte, wird nur von [Baracke] 19 weggeholt, leihen nichts, fast Schlägerei: mit Nordheim. Menco hat großen Mund, aber geht nicht. Bei Mu{tter} 1 Rat{ion} = 9 [Zigaretten?], kaufe nicht. Ofen erst ½12 [Uhr]. Visite in Bar{acke} 21 vollkommen verschmutzt. Durchf{all} 3. 4 [zwei Stenozeichen]. Alles Skelette, die von Kapos mit Stockschl{ägen} zum Appell getrieben werden (11Uhr). M{ittagessen} ½12 [Uhr], danach Tgb {Tagebuch}. Kotek 10 Kartoffeln groß [=] 4 Zig{aretten}. - Dr. Wirt tot. - Mu{tter} sieht sehr schlecht aus. Von 85 Alten im August sind noch 18 lebend. - Gehe nachts auf Gamelle nur, auf Menco ['s Versuch?] abendlich Entleerung verpflicht, hilft. Extra an Max. Luis Tas ist in Küchenk{ommando}, schläft 2 Tage hier am Bett von Leo W{olf}.

[Strich unter dem Text]

Am 25. will Frau Holstein Aufnahme für Mann. Die verweigert wird, allgemein schlecht zu sprechen auf ihn, ebenso Stern.

[Strich unter dem Text]

Dr. Haas will mich in [Baracke] 23 lotsen, verweise ihn an Poliakoff.

[Strich unter dem Text]

Al{aluf} hält am 24. Rede, wir müßten Bar{acke} unter uns teilen (ich dabei abwesend). Ursache[:] Brief von Hanke, daß in [Baracke] 23 2 Tg {Tage} kein Arzt gewesen [sei], worauf erzählte, Pol{iakoff} sei benachrichtigt. - 4 Tote.

Mittwoch, 24.1.1945

Wärmer - 2x Kaffee, 1 l Milch, [Essen], ¼ l Extra [für] Personal, Brotsuppe - Teile Milch und kann sie Mu{tter} warm bringen. Neuerliche Aufrufe Ung{arn}. XXXX läßt Temp{eratur} nehmen. Extra warm [Essen oder Wasser] an Anita.

Versuche vergeb{lich} Mej. v. d. K. Aufnahme. Spritze Eviansk. Prontosil. Extra Elte nurmehr 1 l. 2x Appell. Hanke droht mit 2 Tage kein Essen. Koll{egen} lassen sich Urinfl{asche} von Frau geben. Weiss[75] hält in Bar{acke} Ansprache und bedeutet mir, daß Strafe nicht durchgeht [erfolgt]. Bin tgl {täglich} bei Frau Koch, von der ½ Kamp[Lager]becher dafür bekomme. Brotsuppe hier dünn, von ihr dick, bewahre für Zig{aretten} und lasse an [für] G{erda}. Wir beschwindeln uns so gegenseitig mit Essen. G{erda} und Kinder haben Ekel vor Kohlr{abi}. In [Baracken] 20/21 nehmen sie Betten heraus anstatt Menschen einzeln zu legen. In [Baracke] 22 alle Hpfl {Heimpfleger} krank. Schw{ester} Alf L. hat mir ihn [?] gezeigt. Ve{e}rman macht wieder Dienst. - 9 Tote.

Donnerstag, 25.1.1945

Kalt - 2x Kaffee, [Essen] ½11 [Uhr], Personal Extra 1¼ l - Butter. Käse, 12 [Uhr] 2x [Klogang] - Mutter [in Baracke] 38. Hole Holz mit Frühdienst. Rotschild pöbelt Kotek. N. nimmt Nm {Nachmittag} Holz von uns. Hanke droht mit Sträflingsärzten ab Montag. Mache Vm {Vormittag} Visite in [Baracke] 21, obwohl v.d.R. anwesend, erzählt dies niemand. Kohlrabi widerlich [für] mir [mich], so daß an Leo Wolf gebe, weil zu müde, [um] zu Anita [zu bringen]. Rat{ion} Butter 3 [Zigaretten?], später 2 [Zigaretten]. Komme nicht dazu, Kindern zu erzählen. Zungenschm{erzen} gehen nach [Stenozeichen] weg. Pol{iakoff} fragt Aufnahme [von] Sonnenberg, ohne vorher mit mir zu besprechen! G{erda} hat Bramb. 7 Zig{aretten}, die herrlich sind. Pakete aus Portugal über Westerbork, von Frau Loeb etwas Schokolade. Frau Schwartz bekommt Aufnahme von Mann. Nordheim, Al{aluf}, Aaron, Pol{iakoff} fallen bei Menco[s] Saal ein und bestimmen 15 Pat{ienten} zur Entlassung! - Frau J... kommt a{bends} extra Jpa erzählen. - 1 Toter.

Freitag, 26.1.1945

Schnee - 1 Kaffee, Kartoffeln, Kohl ½11 [Uhr], - dünne Grutjessuppe [Graupensuppe] - 2x 7 Uhr [Stuhl] - Mutter besser. Menco sagt Pol{iakoff}, der Bar{acke} 23 abgeben will, die Wahrheit über Aufnahme Br{omberg} [in Baracke] 67 und von Medikamente[n] hinter unserem Rücken. 7 Uhr Kaffee, Brot. Habe Widerwillen gegen Kohlrabi. Bl. gesteht dies 27. ein. Versuche, Nm {Nachmittag} zu impfen, die Frauen kommen nicht aus Betten. In 2 Stunden +/- 80

[75] Josef Weiss, ein Deutscher, war, seit Albala am 22.12.1944 abgesetzt wurde, Judenältester, und als das Lager eine KZ-Verwaltung bekam, Stellvertreter des Lagerkommandanten; nach dem Krieg schrieb er für die holländische Regierung einen Bericht über das Lager Bergen-Belsen.

[Patienten]. - Nordh{eim} krank. G{erda} bringt mir Käse von de Haas. Komme M{ittag} so spät (12 Uhr) aus Bar{acke}, daß Essen von Ino holen muß. Nicht voll Maß, aber dick, so daß G{erda} sich davon Kartoffel aufbäckt. // ist redlich. - 19 [Uhr] in Bett, um ½21 [20 Uhr 30] Frau Menco [berichtet, daß] Frau Sonn{enberg} hat merkwürdigen Anfall. Lasse Bella donna geben. Rasch irregul{ärer} Puls! Bericht nach 1 Stunde, falls nicht besser. Überlege, daß Pol{iakoff} zu ihr gehen wird. Ängstige mich vor Konflikt. Kinder bringen Mu{tter} Wärmeflasche. - 2 Tote: Reisinger, Klein.

Samstag, 27.1.1945

Kalt, Schnee - Extra [Essen] für Personal 12 [Uhr] Rüben, Kartoffeln, dünn, 4 Uhr - 2x 23 Uhr, 7 Uhr, 14 Uhr, ½20 Uhr, ½5 [Uhr] [jeweils Klogang] Geschwächt. 10 Tote: Dr. Landauer, Reisinger, Mira Meyer. Kind ruft Mutter, ganz l{ange} Nacht, früh röchelt sie noch. Lag schon tagelang verlaust und untätig. Tbc Dr. Holstein Conijn. - // [?] wenig Menschen, davor rasch bei Sonnenberg, die gut und dankt. [Baracke] 16 Vm {Vormittag} und Nm {Nachmittag} geteilt. Renate 40° [Fieber]. Paul A{bend} bei uns, ersucht v. d. R im Namen von M., ihn heute vorzustellen, bekommt wegen Umweg Wind von vorne [Schelte]. Schl{afe} 1-4 [Uhr]. L. drängt, Statistik [zu machen]. Anita bettelt um Essen: Max hat ihr 3 Port{ionen} Brot für Schuhe weggenommen. Extra Port{ion} in [Baracke] 16 mit Bar{acken}leit{ung} besprochen, 3 pro Tag für Kranke! Paul schwindelt, was er mit Zi{garetten} für Pakete getan. Karte aus Stockholm. Nm {Nachmittag} kein Licht, sitzen um den Ofen trübsinnig, Kinder raunzig, ich rillerig [zittrig]. Gute Jpas finden bes{onders} bei Menco keinen Glauben. Heimpflege in [Baracke] 16 berichtet nicht von Aufnahme. Anita, der Es{sen} bringe, liegt im dunkelsten Hok [Verschlag]. - Appell 2 Stunden! Kinder backen Rüben. Mu{tter} hat Pastete aufgemacht, gibt davon ab. Durst.

[Mehrere Stenozeichen] Kattowitz.

Sonntag, 28.1.1945

Kalt - Butter, Honig, 2 Uhr 2x [Klogang], früher Brot - Mit kalten Füßen ins Bett, glaube in Nacht, Fieber zu haben. Früh nur Brot im Bett. V. d. R.: cor{rigiert} 0. Temp(eratur) 36.7, bleibe bis Mittag im Bett. - Thoren tot. [Stenozeichen] - Mu{tter} besser Tgb {Tagebuch}.

Montag, 29.1.1945

Kalt - Butter, Honig, ¾ l Milch - Nachts sehr starke Blähungen, so daß erst Herz fürchte. Vorm{ittag} ausgebreitete [lange] Visite in [Baracke] 16: mit Tod Gilber,

Frau Straton tot 4 Uhr, gebe Totenmeldung an Heimpflegerin, die nicht weitergibt. Frau Camio hat Graviditätserbrechen [Schwangerschafts-], schicke ihr Peremesin. Max hat bei Stubbenkommando Mütze, Schuhe, Handschuhe verloren, für 3 Rat{ionen} Schuhe gekauft. - 4 Tote.

Dienstag, 30.1.1945

Kalt, Wind - Sauerkohl, Kartoffeln, 2 Uhr süße Mehlsuppe, Butter, 3 cm Brot an 2 Seiten beschimmelt. - 2x [Stuhl], 2x [Harn in] Gamelle nachts - 8 Tote; ¾8 [Uhr] nach // [?] stopft mir jemand Papier für Holz in Hand. "Geh mit // ebenso wie Nussbaum." Bei Küche 1 zurückgeschickt, muß bis Crematorium, da erst mit Beil zurückgejagt, auf 1 Zig{arette}, prachtvoll{es} Holz, so daß 17-20 [Uhr] gut Ofen an. Von G{erda} und Mu{tter} Tee, Kaffee kann [ich] heiß bringen. Laufe tagsüber in Schuhen von Leo W{olf}, so daß A{bends} sehr stolz die eigenen Schuhe gut genäht habe (1 Zig{arette} + 1 alt{en} Gummiabsatz, den G{erda} gefunden). A. weigert Medikament für Mu{tter} Frau A. Das ist das Bonzin [?] von Dr. Herz{berger}. Bei // [?] bestimmt Al{aluf} von sich selbst, daß ich [Baracke] 22 allein nehme. Mu{tter} sehr schwach, lasse eigenes Dorgan [Medikament], bin in Nacht unruhig deshalb. Gebrauche Citropepsin mit gu{tem} Erfolg. Tas bekommt Paket. Seine Frau echt kameradschaftlich, nimmt ihm und anderen nichts übel. Nach Morgenspaziergang esse > 2 Rat{ionen}, 1 Rat{ion} But{ter} und den Honig. A{bends} laufe hin und her mit warm{em} Trunk. G{erda} im Bett. App{ell} 2 Stunden. Schlafe 2-4 [Uhr]. Gamellen auf Schlitten gebracht. Da kein Licht, keine Vorprüfung. - 10 Tote.

Mittwoch, 31.1.1945

Tau, Regen - 12 Uhr; ½l extra [Essen] für Personal, dünn{es} Brot 4 Uhr, 6x Brot - 2x [Klogang], kann bei // [?] Tee für Mu{tter} machen dito G{erda}. Visite [Baracke] 22 in Ruhe ¾8 [Uhr] Chorea keine Aufnahme [im Spital] zu bekommen. Wenn spät bekommen wir Essen = u > [?] - 5 Tote: H. van Rijn, um den Menco 3 Tage mit Spritzen gekämpft [hat]. Wasser tropft von Decke ins Zimmer. Broekman und Frau tot am selben Nm {Nachmittag}. Edith W. wird abends auf Geheiß von Weiss aufgenommen. Nm {N. chmittag} kurz Visite. Dabei war erst 6 Uhr Feuer. Kinder bei G{erda} im Bett. Bekomme für sie 20 Enterovioform. 6 davon an Cardozo, die 0 helfen. Kann am Ofen für Mu{tter} echten Kaffee machen und Brot rösten. T{as} arbeitet wieder, will E{dith} W. nicht aufnehmen, Frauen in Bar{acke} sollen sich darum kümmern. Weil für Mu{tter} Tee koche, schlafe nicht. Mein Bett kann nur gerade auf und > [?] machen. Bibel auch 0. Ino weigert Extraessen f{ür} G{erda}, weil sie nicht arbeite.

Frau Herzb{erger} ist so aufgenommen. H{erzberger} selber will bei uns schlafen können und Nachtdienst abwechselnd eingerichtet haben. (Hatte ich vorgeschlagen vor 6 Wochen). Da neue Medikamente gekommen, kann etw{as} erhalten. - 5 Tote. - Breslau.

Totentanz
Ich frag mich oft, bin das denn ich,
Dem dieses alles widerfährt.
Nur Schatten sind wir unser selbst,
[zwei Stenozeichen] Schatten gehen viel,
Ganz langsam, schlürfend Schritt für Schritt,
Gesenkten Kopfes schleichen wir.
Doch viele liegen stumpf im Bett,
Zum Lesen fehlt uns das Buch,
Zum Denken fehlt uns die Kraft.
Die trüben Augen sehen nicht,
Die Ohren hören nur ein Wort.
Gamellen kommen, Essenszeit:
Dann kommt Bewegung in den Leib,
Die keiner Kapo Schlag erzwingt.
Doch vielen fehlt auch jetzt die Kraft,
Die meisten holt Durchfall und Laus,
Und täglich schafft man sieben weg
Mit Karre und Wagen im offnem Sarg,
Ein Trüppchen Frauen hinterdrein,
Ein kurz Gebet, das ist der Schluß.

Donnerstag, 1.2.1945

Tau - 2 Uhr Butter, Quark - 2x [Klogang] 7 Uhr freiwillig - v. d. R. wieder Durchf{all}. Al{aluf} läßt mich [Baracke] 21 nehmen. Bei // [?] nur ich paar Frauen, koche dabei Kaffee für Mu{tter}. Sie hat Magenschm{erzen}, ist sonst besser. G{erda} sehr schlaff. Visite [in Baracke] 22 mit etwas Impfen. Dann Tee kochen in Revier mit Bibel. [Stenozeichen] an Mu{tter} und G{erda}, Tg {Tagebuch}. Die Frauen von 16-50 [Jahren] müssen früh im Wald Holz holen, bringen etwas, aber unsere Frauen holen nichts von Pforte. Wagen mit Gamelle w{ird} von Nussb{aum}, Zahnärzten gezogen. Unser Zimmer ist naß, aber jugoslaw{ische} Frauen räumen schlecht auf. Luza erzählt, was für Intrigant Pinner [ist]. - 7 Tote, [darunter] blinde Hirsch. Diaconide [?]. - Kein Wasser ½8-13

[Uhr]. - Lot{erymann} ersucht Ino, uns zuerst M{ittagessen} zu geben, da wir in Bar{acke} müssen. Ino antwortet nicht einmal. - Nordsturm [schlechtes Wetter] Dr. No{rdheim} macht etwas nervös die Vorprüfung. Frau Birenhaak ist seit 2 Tagen sehr verwirrt. - Königsberg.

Freitag, 2.2.1945

Lau - ¾ l Milch, dünn Mehl - 7½ [Uhr] 2x [Stuhl], +8 Diacomid [Medikament?] - Vorm{alige} [Baracke] 21 [wird] auch Altersheim. Viele freie Betten ohne Matratze, ohne Bretter. Mann will Aufnahme, verweise an Schuster, der an Herzb{erger}. 170 [Personen] auf Liste. Dann verweist Schuster dessen Fürsprecher an mich. - G{erda} nicht angetreten, also 0 Milch, meine Portion mit G{erda} und Kindern geteilt. Früh vor // [?] Holz von Pforte, nur ich für uns. Sturm hat Dachpappe von vielen Bar{racken} abgedeckt, gestern 1 Schornstein von [Baracke] 11 [umgefallen], [hat] unsere Fensterdeckel eingekeilt, heute früh leimen, von Segall nicht rechtzeitig repariert im [?] Fensterscheibe, die dann von Tas sehr langsam mit Pappe ersetzt wird. Vorher haben alle über mich geschrien, aber 0 Frau hat Holz mitgeholt. Nach M{ittagessen} nur 2 Stunden Bibel ohne Kinder, die nur in Zimmer. Nm {Nachmittag} [in Baracke] 22 Vorprüfung mit Dr. V. sehr rasch und harmonisch. Quarantainebad für Ärzte, was uns nicht rechtzeitig mitgeteilt. Abend in Zimmer, dann Tgb {Tagebuch} bei Warten auf warmen Tee für G{erda} am Kocher. G{erda} gut, Mu{tter} dito. - XXXX ist zurück, sehr müde, hat 14 Tage nicht geschlafen. 2 Tote.

Samstag, 3.2.1945

Etwas kälter, Wind - [Essen] mit Kartoffeln 2½ Uhr! Eßl{öffel} Jam - 7½ [Stuhl] - Um ½6 [Uhr] auf, aber LA {Luftalarm} bis +/- 12 Uhr. Dadurch im Dunkeln rasiert. G{erda} bei mir [Herz?] ausgeschüttet. Schreibe in Poliklinik, auf Tee wartend, auch weil besser Licht. Seit früh kalte Füße. [Baracke] 21 ist eine Hölle, wo 0 tun kann. Früh kamen statt 100 79 Frauen für Holz, so daß nur 12 neuerlich antreten. Ergebnis: wir 2 Stunden Ofen, worauf jetzt Hafermehl für mich gemacht. Nach // [?] [Baracke] 22, ½ Stunde im Zimmer [des] Altersheim. M{ittag} Kinder [in Baracke] 21. Dazwischen noch Tee gemacht. Ino schimpft, weil wir 3 uns Essen in [auf] Männer[-]Seite holen, hat Krach mit Elte wegen kalt{em} Essen, das unt{en} aus Gamelle. Müde. Gerüchte über Übersiedlung ganz nach hinten beim Crematorium. M{ittag} kommen ganz langsam Männer langs [entlang] unser Lager. - Tas will mit Laufer zu Weiss wegen unseres Essens. Meyer bekommt noch 4 Tg {Tage}, dann läßt er sich einschakeln [einschalten]. - 7 Tote.

Samstag, 3.2.1945
0 [Kaffee]

Sonntag, 4.2.1945
Schnee, mild - 1x [Kaffee?], [Essen] Kart{offeln} 10 [Uhr]! dicke Brotsuppe ½3 [Uhr]! - 5 [Uhr], ½8 [Uhr Stuhl] - Durch viel Gase beim Essen gestört. Liege bis ½9 [Uhr], säubere dann Bett, das erst um 2 [Uhr] gut mache. Wieder zu wenig Frauen zum Wald angetreten. Schnurre [finde] rasch einen Mann in [Baracke] 21 (alte 13) und komme trotzdem so, daß M{ittagessen} aus Saal holen muß. Dann [Baracken] 21, 22 so daß zum Vorprüfen zu spät [komme]. N. wirft vor, daß 3x ! nicht anwesend, und da ruhig korrigiere, schweigt er. Kriek hat Frau nicht eingetragen [aufgeschrieben]. Eitje und Kriek bekommmen von Aaron Aufnahme [in Spital] versprochen. Al{aluf} verbietet auf Inos Vorsprache, uns Essen in [Baracke] 19 zu holen. Ino werde bei uns beginnen. Nach M{ittagessen} bei Mu{tter}, die mit Kartoffel traktiert [beschenkt]. Nm {Nachmittag} bei G{erda} mit Kindern komme [?]. Frau Haas vertraut mir. Tg {Tagebuch}, in Poliklinik auf Tee warten. Onderwijzer sitzt unter Kleiderl{äusen}. Schw{ester} V will sie ebenso wenig reinigen wie Schw{ester} Aaron im Altersheim, wo 3-4 Männer sehr verschmutzt. Aaron ist <u>nie</u> anzutreffen, jetzt gibt er etwas extra. Milch ¼ l [Liter,] die noch warm im Dunklen zu Mu{tter} kann bringen. - Frankfurt und [?] - 7 Tote [darunter] Neuberger, Kleistadt.

Montag, 5.2.1945
Tau - [Essen] mit viel Kartoffeln, Wurst, Butter - 7 Tote, sehr abgespannt, mache A{bend} 7 [Uhr] Kaffee, den durch LA {Luftalarm} nicht zu Mu{tter} kann bringen. Mache in [Baracke] 21, 22 Visite, ohne Heimpfleger in [Baracke] 22, mit in 21. A{bend} werde von Delcombo[-]Tochter aus Bett geholt und überlege rechtzeitig (noch in Unterhosen), daß Herzberger es kann tun. Sandbank geht es besser. Holstein bekommt großes Paket. 5-½7 [Uhr] kein Licht, also 0 Vorprüfung, bin dadurch bei G{erda} am Bett, nachdem bei mir gegessen. In unser Zimmer regnet es von allen Seiten. Ohne Holz! Impfe Vormittag, die Frauen kommen nicht und fragen dann, wann ich impfe.

Dienstag, 6.2.1945
Lind - ¾ l Milch, [Essen] dito 0 wie am 5. Gerda Extra, auch wir dicke Nudelsuppe, Salz - 4 Tote. Ruhige Visite in beiden Bar{racken}. N. ist bei Vorprüfung genauso aufgeregt wie Al{aluf}. Beim Holzholen läßt Hanke Waisenhaus vorgehen, und dann nehmen Schwestern von meinem Karren ab. G{erda} wieder so

übel, dadurch heulerig und zärtlich b... [?] Früh. Habe durch Vrt 1 [?] nicht beseitigbar Mundfäule. Die Arbeit in Bar{acke} ist nur Neinsagen und Milchzettel, die dadurch wertlos werden, schreiben. 1 [Fall] Di{phterie[?]} entdeckt. Frau Simon im Kollaps von Phlegmone ap[?] muß nach Bar{acke} zurück.

Mittwoch, 7.2.1945

Mild - [Essen] G{erda} extra und rote Rüben, Brotsuppe kein Extra, 3x [Stuhl] ½6 [Uhr] - ½6 [Uhr] auf, obwohl dunkel, kalt und hungrig ohne Elektrizität. Organisiere im Dunkeln kochend Kaffee für Ärzte und Mu{tter}. Dann 1 Stunde noch am Bett. Esse in G{erda}s Gegenwart fast > 1 Ration mehr. // [?] ganz kurz dann mit Veerman Visite wegen Brankard und Hilfe in [Baracke] 21, die Männer kommen zu 500 in Baracke ohne Licht. M{ittag} teilweise bei G{erda}. Tgb {Tagebuch}, alles egoistisch. Haas, obwohl völlig gleichgültig, ob G{erda} mitkommt. Aaron gibt beruhigende Auskunft über uns (Essen). - 12 Tote: Simson, Frau Leib, Main, deren Tod feststelle, Cohen Bendix Abcess, Rob Meyenfeld, Dr. Simson Phlegmone. Delanko [?] Diar{rhöe}. - Tag vergeht nur mit Warten auf Übersiedlung. Frauen von Ärzten kommen in alte [Baracke] 21 unter Ch [?]. Packe Rucksack mit viel Wertlosem und habe wieder D{urchfall} 3x. Mache mir Tee und bin beim guten Licht. Die [Baracke] 33 wäre besser, wenn sie wasserdicht wäre und Licht hätte.

Donnerstag, 8.2.1945

Tau - Rotkohl, Kart{offeln} 1 l - am 9. ½ Käse, Butter - 2x ½8 und 2 [Uhr Stuhl] - übersiedle erst G{erda}, der gutes Bett versprochen, in [Baracke] (17), Französin verteidigt es mit Schlägen gegen meinen Kopf trotz Intervention von Chajes. Unser Gepäck auf Wagen kommt langsam {her}über. Kotek sitzt im neuen Raum, von dem aus [?] Br{omberg} 1 Fenster genommen. Leo de Wolf verteilt die Betten. Menco fordert plötzlich Unterbett dem Alter nach "losen". Ich ziehe [Los für] Mittelbett, schimpfe, G{erda} heult. Niemand kümmert sich um Kranke in Bar{acke}. Lasse Lampen {hin}übertragen. Sandbank stirbt vor Transport. Die Sträflinge tragen und fahren (Sachsenhausen), aber oft auch gegen Brot. Helfe 4 Kranke mit Wagen überbringen. Extra 0. - 10 Tote: P[illegible]tsching, Frau Cohen Bendix, Sandbank.

Freitag, 9.2.1945

Warm, Sonnenschein wie am 8. - 1 l Graupen süß, ½ l Kohlrabi, dick - 1x [Stuhl] ½8 - 11 Tote. Mutter hat auf Erde geschlafen, bekommt gegen Nm {Nachmittag} 3 hoch, ist ganz erschöpft (am 10. weinerlich), hat erst alles Gepäck vermischt, ich konnte ihr 1 retten. Am 10. 2 Stück, so daß nur 1 Köfferchen vermißt. Noch [am] 10. [Februar] liegen viele am Boden, man steigt buchstäblich über Sterbende. 3 liegen da [Tote], nicht abgeholt. Alles ist voll Schmutz. Stroh, die Deckenpacke [Rollen] auseinandergerissen. Tücher etc. am Boden. Frau Berg hat einfach alles mögliche auf Straße gefegt. Ich selbst schwitzte 2 hoch. Lot{erymann} drängte unternehmungslustig auf Bar{acken}teilung, hat [Baracken] 17/19, Meyer die große Frauen, ich in [Baracke] 33. Von Bar{acke} kommend organisiere mir breit{es} Bett, 1 hoch unter Fenster, richtige Lasterwiese, großer Protest: Wir haben ehrlich gelost! Jetzt nehme [ich] anderen "Wohnraum". Meine Mädels sind darauf.[76] Reis und Z{iekenoppasser} fulminieren bes{onders}, bis A{bend} droht Ino, es [das Bett] herauszusetzen, erwische ihn ruhig, sage, daß durch Tas nichts anderes [konnte]. "Dann muß Tas raus." Tas in mein Bett. Herzberger liegt auch mit Nachbar zusammen. Langes Warten auf Abend[essen], darf M{ittag} von Tas nicht erzählen, kann nicht A{bend} durch Mundfäule. Frau Menco schläft am Tisch. Levi verbreitet Jpas, Ungarn verkaufen Wurst 1 Port{ion} oder 2 = 5 Zig{aretten}. De Hond sitzt 2 Tage in Bar{acke} ohne Pflege und [ist] tot am 10. und Emden trotz Pflege [auch] Lampi. Verrückte de Sola. In [Baracke] 28 hat Pinner Sternheim, Zimmer ohne Licht.

Samstag, 10.2.1945

Regen - 0 [Kaffee], [Essen] = Brotsuppe + 1 l, lx [Stuhl] - 13 Tote. Hölle. In [Baracke] 33 regnet es hinein. Alles ist dunkel. Kann nicht einmal zum Zettelschreiben sehen. Versorge vor allem Mu{tter}[von] Dr. Bl., von der 3 Zig{aretten} für 3 Gepäckstücke [bekomme], 1 zufällig von Rollwagen geholt. Tgb {Tagebuch}. Durch Warten auf Extrabecher der dünnen angebrannten Suppe, langer A{bend}, aber alle Koll{egen} sind satt. Noch immer Zungenfäule. Bekomme von A. 8 Prontosil. Frau B. ist noch immer schlecht. G{erda} öffnet Milchkonserve, hat mit B{eate} 1 Zwischenbett, in dem sie nicht ausgestreckt liegen kann, ohne Licht. M{aria} ist bei and{erer} Dame.[77]

---

[76] An diesen Streit erinnere ich mich sehr gut: Alle schrien und waren sehr empört, daß mein Vater ein einzelnes Bett aufgestellt hatte. Das Ärztezimmer befand sich am Ende einer großen Baracke, der Krankenbaracke. In diesem Zimmer standen die Bettstellen an der Wand, drei Betten übereinander. Wieviele Betten es gab, weiß ich nicht mehr. Das Zimmer hatte ein Fenster. Vor den Betten stand ein langer Tisch; an diesem Tisch durften auch wir als Kinder der Ärzte sitzen. Das hat uns bestimmt beim Überleben geholfen, denn auf diese Weise mußten wir nicht den Tag draußen in der Kälte verbringen.

[77] Der Zustand im Lager war um diese Zeit so schlimm, daß man zu zweit in einem Bett liegen mußte, was zu viel Streit führte. Ich war mit einer Dame zusammen, die mich aber gar nicht mochte: In ihren Augen beanspruchte ich zuviel Platz und war schmutzig, weil ich meine Kleider als Kopfkissen benutzte. Meine Mutter hat alsdann Beate zu ihr gelegt (vgl.

Sonntag, 11.2.1945

Lau - [Essen] 1 Kuch{en} [für] 7 Tg. [Tage], 25 g Butter, 10 g Wurst, eine Rat{ion} = 3½ cm. - Appell. G{erda} näht endlich meine Hose. - 9 Tote, [darunter] Kind Rittmeister.

Montag, 12.2.1945

0 - [Essen] roter Jam, 10 Zig{aretten}, ½ l Milch - trotz Prontosil x [Stenozeichen] nervös, will am nächsten Tag ausruhen. In Nacht Herzjagen. Frösteln. A{bends} noch glimpfliche Vorprüfung - 9 Tote.

Dienstag, 13., Mittwoch, 14.2.1945

[Essen] = Graupen [13.], [14.] 1 [x Kaffee], [Essen] = Brots{uppe}, (Schw{ester}) 1 l Extra der G{erda} ..., 1x [Stuhl] - Frösteln, dösig, Nachts Schlaf, salzig{er} Geschmack in Mund. Mu{tter} tgl. {täglich} 2x bei mir. G{erda} füttert. Starke Kopfschmerzen. Nächte nicht schlecht. Stuhl normal. Menco sieht [am] 14. nach v. B. - 14 Tote [darunter] Frau Lindeman [13.] 8 Tote [darunter] Weinthal, Vigeveno [14.]

[Strich unter dem Text]

Es starben in diesen Tagen Frau Branson plötzlich, Frau Loeb Di{enstag} im Schock nach der Intubation. Die Deutschen machen keine Marodenvisite.

Donnerstag, 15.2.1945

[Essen] 5½ El. [Eßlöffel] (Senf) extra - +/- 15 gr. Butter, 1 El [Eßlöffel] Quark, 1x [Stuhl] - 39.8 [Temperatur], A{bend}, 1 Elmedine, dadurch? 2 Stunden Schweiß, dann wieder Frösteln. G{erda} hat seit gestern stark{es} Ödem. Mu{tter} Halsentz{ündung}, in Bett. - 7 Tote [darunter] Knoller mit Bart. Kornblum. [Folgendes Gedicht steht im Tagebuch an dieser Stelle, ist aber vielleicht doch "nachher", d.h. nach dem Krieg geschrieben:]

Nachher

Viele, viele Frauen wandern
Leeren Blickes durch das Leben
Ziellos, zwecklos. Alles haben

25.2.1945), weil sie wohl etwas ruhiger war als ich. Das war aber auch keine Lösung. Am Ende haben Beate und ich in einem Bett geschlafen und meine Mutter bei der besagten Dame. Möglicherweise hat meine Mutter auch mit uns beiden geschlafen, ich erinnere mich nicht mehr genau. Auf jeden Fall haben Beate und ich dann gut geschlafen. So war meine Mutter auch!

Sie verloren alles, alles:
Eltern, Kinder, Mann und Heimat.
Jahrelang im Kampe [Lager] fronend
Regten sie mechanisch Hände,
Füße wie befohlen ohne
Denken, stumpfe Sklaven.
Und jetzt?
Jetzt sind sie frei
Wer kann den zerstörten Leben
Ziel und Inhalt wiedergeben?

Freitag, 16.2.1945

Mehlsuppe - 1x [Stuhl], 14 Tote - 37.8 [Temperatur]. Viel frischer. Versuche zu rasieren. Mu{tter} kommt 1x. Kinder haben unt{en} aus Gam{elle} fast nur Suppe und Fleisch. G{erda} füttert mich davon soviel, daß [ich] sie (A{bends} mit Krach) verdächtige, selber 0 zu essen. Mache [beschäftige mich oder habe] ganzen Tag physiolog{ische} Probleme. Nacht 3x Traum: viele weiße Kapes [Mantel] Schw{ester/n?} führe rum, spreche französisch, erkläre schließlich, selber 39 [Temperatur] zu haben und werde 1x mit, 2x ohne G{erda} in Sauzug [Viehwaggon] geladen, komme 1x bis in ein San[atorium] in CSR [Tschechoslowakei]. Gepäck ist Nebensache. Frau und Kinder werden gefunden!! - 300 RK {Rote Kreuz} Pakete. Dr. K{ahn} kann, weil G{erda} die Füße auf Bank hat, nicht durch. Regt sich etwas auf. Sie hat Ödem. Wegwerfend: Ach, was ist schon Ödem! - Dieb Ligtenstein tot. Beermann [Stenozeichen] tot.

Samstag, 17.2.1945

Kalt - [Essen] 9! [Uhr] ganz dünn - 1x [Klogang] 36.9 , 37.7 [Temperatur] - Will gerade richtig F{rühstücken}, als M{ittagessen} kommt! G{erda} strahlt: Paket. Hörte vorher mit etwas Neid [:] v. d. R. und T{as} Paket aufr{eißen}. 2! Paul bringt 1 kg, das Nm {Nachmittag} wieder zurückverlangt, sie auch nur 2 [Pakete], Ren{ate} vorher wild gegen G{erda}. K{ahn} weiß nicht einmal, daß Eitje aufgenommen - 13 Tote [: darunter] Pfifferling, Goudsmit Juda. Marx. - Paket: 2 kg Zucker, Tonijn [Thunfisch].

Sonntag, 18.2.1945

Lau - O = [Essen] mit Dürrkraut, Wurst, 20 gr Butter - 1x [Stuhl] - 37.2 [Temperatur] - Nachts H_2S aufstoßen. [Stenozeichen]. Fürchte, daß G{erda} plötzlich zusammenbricht. Träume: Ellis [Stenozeichen] ihr[?]. Erhalte nach Untersuchung sofort Einw{eisung}. Wasche mich [?] mit Hilfe von Frau Kalkstein. - Unruhe, da Herzberg{er} für einige Tage mein Bett haben will. A. überredet mich, aber G{erda} heult, soviel, daß [ich?] Unterbett fordere, es nicht bekomme und vorläufig bleibe. Appell kurz. - 14 Tote [: darunter] Menco Diarrhöe, Fresco, Ginzburger, Frau Aladjin (Meningitis).

Montag, 19.2.1945

Lau - Kohlraap [Kohlrabi] mit etw{as} Grüngemüse, 20 g Butter, 1 Eßl{öffel} Honig - 37.7 [Temperatur], 1x [Stuhl] - Al{aluf} läßt sagen, bis 1 Uhr muß Bettfr{age} erledigt [sein], Kotek geht für eine Woche aus Bett. Sowie er hört, daß ich in sein Bett gehe, weigert er. Jetzt sind T{as} und [Name nicht genannt] plötzlich auf meiner Seite gegen die Forderung von Herz{berger}. Sowie F{rühstück} gebrauchen wollte, kommen Gamellen. 1 Port{ion} [Essen] = 2 Zig{aretten} - Jpa: Krieg aus! Aber vorhin wurde geschossen. Kann es nicht glauben. G{erda} verspricht ihr Zutrauen und lag bis ½5 [Uhr] ruhig bei mir. A{bend} noch donnernd Krach mit Frau H., dank Leo Wolf, der sich ungefragt in ihr Gespräch mit einmischt. Jpa über Waffenstillstand hält sich, aber wird nicht bestärkt [bestätigt]. Kein großer Enthusiasmus, obwohl alle fühlen, es dauert nicht mehr lang. LA {Luftalarm} 19 Uhr - 6 Tote [:] Frau Dr. Holstein, Onderwijzer.

Dienstag, 20.2.1945

Warm - 1x [Kaffee] 9½ [Uhr], ½3 [Uhr] Graupen 1¼ l, 4 cm Brote Extra - 1x [Harn?], 1x [Stuhl] - Tag vergeht mit Warten und Raten, was erst kommt. Lese Bibel und Zweig. - Impfung gegen Exanthem [Typhus] - LA {Luftalarm} von 19 [Uhr] die ganze Nacht. Es ist unter die arbeitenden Krankenhausmitglieder Brot verteilt - mein{er} Mein{ung} richtig - aber heimlich. Darüber Diskussion. Z{iekenoppasser} schlägt Wahl [des] Zimmerälteste[n] vor. G{erda} lag noch lang gestreckt auf Bett. - Wallberch ist bei Häftling. Es wurde wieder bei App{ell} geschlagen. 8 Tote [:] Hecht, Handgriff [mehrere Stenozeichen]

Mittwoch, 21.2.1945

Lau - Brotsuppe, Mehlsuppe - 1x [Harn], 1x [Stuhl] - Morgens kommt Ino mit Drohung, er nehme 3 hoch Bett von A. und setze es an Stelle von Tisch. Elte als frisch gewählter Zä {Zimmerältester} stellt mir 2 oder 3 hoch vor. Schicke um G{erda}, die natürlich heult. Übersiedlung rasch, Bett schmal, aber gegen Erwartung hell. Lese Bibel. Tgb {Tageb.}. Luza nett. Es ist ja nur G{erda}, die verliert, B{eate} und M{aria} werde [ich] schon heraufkriegen. Habe dadurch nicht gewaschen. Minder schlaff als gefürchtet. Rasiere später, lese ganzen Tag, habe

O [nichts] von Kindern und G{erda}. Komme in Nacht gut ab von 3 hoch, aber sehr taumelig. LA {Luftal.} 19½ [Uhr] - . T{as} hat irgendeine Diskussion mit H. Mu{tter} war 2 Tg {Tage} schwach, jetzt besser. Menco behauptet, Frau A nicht auf [im] Saal gesehen, auch and{ere} Schw{ester} 0. Meine Gamelle wird mir nicht zugelassen [darf ich nicht haben]. - 6 Tote [:] Voorzanger [5 Stenozeichen].

Donnerstag, 22.2.1945

Lau - 1x [Kaffee] - rote Rüben, Kartoffeln, 20 g. Butter, rote Rübensalat, Fischrogen - 2x [Stuhl], 1x [Harn] - 9 Tote [:] Rab{biner} David, Aneonu, van Leeuwen (Pfleger) Kaufmann, Frank Pop - 7 [Uhr] auf. F{rüh} Frau Kalkstein besucht, Lese, G{erda} kommt arbeiten; verabreden mit Ar [?] 1 T{a}g nj [?]. Kinder spielen bei mir am Bett. Viel lesen, starkes Fliegen über Tag.

Freitag, 23.2.1945

Lau - 1x [Kaffee], rote Rüben, Kohlrabi 10 Uhr, A{bendessen} rote Rüben, extra Kartoffelsuppe 1 l. - 1x [Klogang] - 7 Tote - 2 Pakete, auch für Mu{tter} und Ren{ate}. 90 [Leute] S{traf}A{ppell} bis 16 Uhr gestellt! - Dr. M. ist dabei. Kinder bei mir spielen: G{erda} erzählt, daß sie zum 1 [ersten] Mal bei F{rühstück} richt{ig} sattgegessen, nahm auch Milchpulver. Ofen ist an. Menco sagt, daß im Revier schlecht[er?] Ton getrieben wird [herrscht]. Appell kurz. Al{aluf} verkündet [berichtet] Diät für alle Ärzte eingetroffen, worauf verschiedene Lobreden auf XXXX. Größte Enttäuschung [:] es wird pro Familie nur 1 Paket abgegeben. 2 - bei uns. - Appell 2x. Dr. M. schläft noch bei uns, um 7 [Uhr]: Transport geht nicht überhaupt. - Elte schlägt vor: 4 El {Eßlöffel} D{inner} abgeben für Nachtbr{uder}, 1 T{a}g{br}uder} und eventuell Chajim. Blok und ich protest{ieren}. Später rechne ihm vor, daß nur 720 cc zusammenkommen und andere auch fordern können. Br{omberg} trennt sich von uns, mir? Maier, Bronson stehen nicht auf Liste. - Dresden 38 Stunden bomb{ardiert}.

Samstag, 24.2.1945

Lau - 1x [Kaffee], D{inner} 800 cc Brotsuppe, A{bendessen} = 1½ l Brots{uppe} - 2x 8 [Uhr], 18 Uhr [Stuhl] - schlafe schlecht. Wasche im Waschhock [Lokal], danach so müde, daß gerne wieder liege. G{erda} bekommt für 4 P{ersonen} 2tes Paket und R{enate} sehr gehässig, wie sie sich vergällen ließ, gestern. - 6 Tote (Dasberg, Andriesen, van Creveld) - Lese, lerne. G{erda} probiert Erbsenpulver mit Flüssigkeit von gestern aus, macht sich unbeliebt. - Sitze Nm {Nachmittag} auf, habe dösigen Kopf, lese, Patienten. Beratungen mit Tas, daß Ino uns beim Diätausteilen nicht zuviel wegnimmt. Beate kann durch Frau P.

nicht schlafen. Frau Barnkl [Barackenleiterin] droht, G{erda} aus Baracke [zu] entfernen. G{erda} ist 1 Brot aus Bett, wo Maria schlief, gestohlen. Die Barakkenl{eiterin} hat 3 Brote für G{erda} der M{aria} übergeben, die mit Fieber im Bett lag. - Sie haben keine Posten zum Holzholen im Wald. - 12 Tote. Wer kein Paket [bekommen hat, bekommt] 1/7, dadurch beste Stimmung im Zimmer. - Paket: Zucker, Butter, Kracker, Erbsenpulver, Bouillonblokjes [Würfel] - Brandenburg.

Sonntag, 25. 2.1945

Lau - Kohlrabi 9 Uhr! ¾ l saure Milch, Graupen, dünn, Wurst (80 gr.?), 20 gr. Butter, 6x Brot, aber niedriges Gew{icht} - 1x 7 Uhr [Stuhl] - Stehe auf, aber kalt, Kopf schwer, zitterig. Mu{tter} hatte Dag. [?] gut[en] Erfolg, aber kreideweiß, schicke heim. Lese erst im Bett, dann Tgb {Tagebuch} am Tisch im gefütterten Wintermantel. Um 10 [Uhr] viel Flieger und Bomben. Lese viel, kalt, Ofen an, sehr müde und zittrig. - Kaffee ist früh immer warm. M{ittagessen} war dünn, aber Fleisch. G{erda} hat wieder Klompen [Holzschuhe]. Schuhe sind verschimmelt. Den ganzen Tag nur gelesen, gespielt, sehr müde. Ganze Nacht LA {Luftalarm}, auch in Bür.[?] schlechter Schlaf, ich denke immerfort an G{erda}s dicke Beine. Sie hat nur ½ Port{ion} Wurst gegessen und von Erbsensuppe zu wenig. - 9 Tote. [:] Dr. Goslar, Sandelowsky.

Montag, 26.2.1945

Lau - 1x [Kaffee], [Essen] 20 gr. Butter, 4 Eßl{öffel} Roggen - 3 [Uhr] 8 Uhr 1x [Klogang] - F{rüh} 7 Uhr sehr schläfrig. Bleibe bis 2 [Uhr] liegen. Küche gibt für Diätessen keine M{ittagessen}. Weiss hat es [Diätessen] geschickt. Ino verspricht sich dabei 20 l. Wir bekommen nur +/- ¾ l. Tgb {Tagebuch}. G{erda} kocht wieder am Ofen. Z{iekenoppasser} hat Holz gebracht. Der elektr{ische} Kocher ist wieder? - sehr schlaff, Stimmung wie im Nachtasyl, lese Karten. A{bends} große Beratung über D{inner}. Ino, wird von E{lte} behauptet, daß er viel zurückhält. Perlbergs sehen auch zu gut aus. I{no} soll haupts{ächlich} Brot und Zigaretten behalten. T{as} berichtet am 27., daß 42 l. D{inner} geliefert werden, und daß von 52 Pansen [Magenteil der Widerkäuer] [?] bekommen sollen, d.h. Eltern und Schw{ieger}eltern von entlass{enem} Küchenpersonal. A{bend} bringt Purimgabe 5 cm Brot, ½ Port{ion} Wurst, letztere esse [ich] auf. Vom Brot bekommt M{aria} als Geburtstag ½. 4 l Roggen über in Küche. - Köln, Düsseldorf, Essen, Dresden [bombardiert?] - 5 Tote [: darunter] Rotschild, Andorn.

Dienstag, 27.2.1945

Lau - 1x [Kaffee], 1 l D{inner}, Brot +/- 700 [g] Graupen 1 l. - 3x [Klogang] 7 [Uhr] mit Kollaps, 12 [Uhr], 18 [Uhr] - v. R. um 7 Uhr. Gratulant.[78] Schlafe nach dem weg drüben wieder, stehe dann 10 [Uhr] auf. Bridge mit Kotek, Reitz, Luza. Mu{tter} macht Flensjes [Pfannkuchen] von [aus] Erbsenmehl. G{erda} hat es gegen Milchpulver getauscht. Tgb {Tagebuch}. Lese Buch Esther. Gerüchte über Transport Libenau. M{aria}: 2 Kartoffeln, von Renate Zucker und Butter, 2 Rat{ionen} Brot, 2 P{aar} Socken von Omi, 1 Reep [Tafel] [?] von mir + ½ Rat{ion} Brot. Die Besprechung mit Al{aluf} wegen Krankheit von Elte aufgeschoben. 4 Tote [:] Rui Rokers - LA {Luftalarm} von ½20 [8 Uhr] an stark[es] Bomb{ardement} in Nacht. - Al{aluf} untersucht, daß er gerade die Hände hinaufstreckt. (Z) Wenn gut[es] Essen, ißt er in Küche vor. Edgar hat von Ino süße Milch bekommen (Elte). Kartoffeln werden von Transport gestohlen. - 2x Impfung gegen Fleckt{yphus}.

Mittwoch, 28.2.1944

Wärmer - 1x [Kaffee], [Essen] 1 l. (10 Uhr) D{inner} = 66 l [?] Grütze, 700 c[?] Brotsuppe - 1 [Uhr] 2x, 8 [Uhr], 12 [Uhr] 1 [?] [Stenozeichen] [Klogang] - 2 Pakete, das ist jetzt das Max{imum} für 4 Personen, aber sehr schön, G{erda} beginnt zu essen, hat offene Zehen. 8 [Uhr] lese, rasiere, Tgb {Tagebuch}. Br{omberg} sehr brummig, schilt alle Egoisten. 10 [Uhr] auf. Lese, spiele. 12 [Uhr] Konferenz bei Al{aluf}. Er und Ar {Aaron} drehen und drohen, daß // [?] alles wegnimmt. Al{aluf} spielt sehr traurige Rolle. Dann warnen L. und Elte Ino vor langen Unterhandlungen, aber wir bek{ommen} 22 l. - Arische pol{itische} Häftlinge in Fabriken entlassen für Auto[?]. Poln{ische} Frauen dito. - Herzb{erger} 38, 39,8 [Temperatur] aber fri[?] Kopf - 5 Tote - Pakete: Zucker, Butter. Kräcker, Erbsenpulver, Bouillonblock[würfel].

Donnerstag, 1.3.1945

Kälter - 20 gr. Butter, 1 El {Eßlöffel} Quark - [Essen] 1½ [?] - D{inner} = 900 Graupen, ¼ l Milch - 2x 7 [Uhr] 11 [Uhr], 18 [Uhr] [Stuhl] - Luza hat Krach mit Ino, aber nach 1 Stunde kommt Nussbaum, teilt +/- 900 cm [?] aus. G{erda} kommt früh triumphierend [:] Prachtpaket aus Schweiz. Mit Ration [Stenozeichen] u{nd} B{utter} u{nd} Z{ucker}. G{erda} ißt jetzt ordentlich. Nm {Nachmittag} Bridge, spiele mit Ma{ria}. Vm {Vormittag} Kind am Bett Blaurote Methusalem [?]. Stuhl dünn gelb. LA {Luftalarm} ½20 [Uhr] stark in Nacht.

[78] Ich habe am 27.2. Geburtstag (M.G.-Oe.).

Licht wird nicht ausgeschaltet, weshalb Wachen schießen in Waschlokal. - 8 Tote, Frau Semmel tot, Diphterie. Es ist 0 Serum. - G{erda} kommt mit Hilfe auf Bett. - Herzb{erger} 37 - A{bend} 38 [Temperatur], sehr gesprächig. Alle Männer und Kinder bis 20 1/7 [ein Siebtel] Paket, - 2 kg Zucker, Käse, Obstkuchen. [Inhalt Paket mit Pfeil angegeben] - Schlacht bei Prag.

Freitag, 2.3.1945

Kalt, Schnee - lx [Kaffee] [Klogang], [Essen] 1½ A{bend} Mehl, 10 Z{igaretten} - 2x 7 Uhr, 12 Uhr, 18 Uhr [Stuhl] - Kann 7 [Uhr] Tee machen. G{erda} ißt 9 [Uhr] ordentlich hier. Lese etwas. 10 [Uhr] auf wegen Haarschneiden (3 Klontjes [Zuckerwürfel]). Holl{ändische} Berichte. Unser Elektr{ischer} [Kocher] ist rep{ariert}, aber zu schwach. Stark{es} Fliegen ohne LA {Luftalarm}, Bridge, Lesen - 6 Tote (738) [Gesamtzahl?]. - Menco erzählt: 8 Tg {Tage} hat er Schw{ester} A. nicht gesehen. G{erda} kommt ohne Hilfe auf Bett. Ofen ist an (1 Z{igarette}). G{erda} macht Erbsenplätzchen, obwohl wir nichts haben, wird immerfort gekocht und sitzt jemand essend am Tisch. Menco erzählt: im Altersheim arbeiten die Schw{estern} nur gegen pers{önliche} Belohnung (sehe ihn auch 4 Zigaretten erhalten). Z{igaretten} [=] 1 l Milch, - Stargard.

Samstag, 3.3.1945

Schnee - lx [Kaffee], [Essen] = 1 Uhr, A{bendessen} = M{ittag} 1½ l. - 2x 8 [Uhr] rasch 4 [Uhr] 7 [Uhr] [Klogang] - Stehe erst 1 [Uhr] auf, vorher Bibel [:] Apokryphen. Kinder am Bett. - In Nacht komme ich noch gerade [ins] Waschhock [-raum]. Mu{tter} macht mich durch Da{bei}sein beim Bridge nervös, ist sehr klapprig. Tee, Erbsensuppe gehen sehr rasch. Tag mit Lesen, Patience, Bridge. Streite mit G{erda}. Luza foppt mich sehr, glücklich[e] schöne Frau. Schwiegervater [schickt] Pakete, Karten. A{bend} lang warten auf Suppe, die sehr schlecht. 6-½8 [Uhr] LA {Luftalarm}, lang LA {Luftalarm} in Nacht. Bei Tag sind Flieger zu sehen. Jpa's über Transport. Ofen an. Brot geröstet. Mu{tter} macht sich Erbsensuppe. Z{iekenoppasser} spaltet 1 Hocker. - 13 Tote. Beate hat beim Gamellenauskratzen 1 Becher! [vollgemacht] G{erda} macht Karamell. - Menco: Bleiweiss handelt, hat von XXXX doppelt[e] Diät bekommen auf bes{onderen} Brief. Poliakoff holt 1 Kamp[Lager]becher davon.

[Hier Strich unter dem Text]

Mann wird nach 5 Tg {Tagen} wegen Kam{p}ko{o}rts [Lagerfieber] auf Drängen von Weiss aufgenommen.

[Wieder Strich unter dem Text]

Die Griechen bekommen 1 Tag [Stenozeichen] oder Mundfäule-Medikament. Angeblich sind 400 Pakete Medikamente [gekommen]. Mayer Bonneterie ist in Poliklinik voll Läuse, muß erst energisch von mir darauf aufmerksam gemacht werden. - 60 km Rein [Alliierte vor Rhein?], Kiel?? [Essen] Danemurs [?], Schweden, Schweiz, Portugal, Rio[?].

Sonntag, 4.3.1945

Schnee - 1x [Kaffee], [Essen] = 1½ - D{inner} = 900 [?] Brotsuppe, 20 gr. Butter, ¾ l Milch - 'IXIX [?] 8 Uhr 2x [Klogang] - Ino weckt mit Paketankündigung, wovon Koll{egen} aufgezogen [begeistert]. Mu{tter} hat auch [Paket], sage es erst G{erda} nicht, [aber] Frau Menco [hat es] verraten. Diskussion, daß G{erda} nicht mehr arbeiten soll. Z{iekenoppasser} muß appellfrei geben. Lot{erymann} will, daß heute beginne [?], lehne aber ab. Hole selber Paket. Liss{auer} bemerkt: Dachte, daß sie nicht kommen. Bei Mu{tter}, Rosin, Beate. Doch davon müde. G{erda} die ganze Zeit am Bett, Elektr{ischer} Kocher nach Tee kaputt. Pat{ience}, Tgb {Tagebuch}. Bei Mu{tter}, die sehr glücklich mit Paket. Kann 9 [Uhr] 2x warm[es] Wasser für Ovomaltine bringen. G{erda} den ganzen Tag am Bett, Bridge, lesen. G{erda} macht Erbsensuppe zu wenig, so daß M{aria} [?] murrt. Komme von Bett gut auf einer Seite herunter. - Paket: 1 kg Zucker, ½ Dose Kondensmilch, Käse, 2 Pakete Keks, 1 Dose Fisch. LA {Luftalarm} 1-½5 [Uhr] - 7 Tote.

Montag, 5.3.1945

Lau - 8 [Uhr] [Essen], 2x [Stuhl] [um] 12 [Uhr] und 7 [Uhr] - Nach ras{ieren} App{ell}, wonach mit G{erda} frühstücke. Spanier und Polen waren schon mit Gepäck auf Station [Bahnhof], mußten wieder zurück. G{erdas} Beine besser, ist ganzen Tag oben. Alle Frauen und Kinder bis 20 [erhalten?] 1/7 Paket. Lot{eryman} drängt wieder auf Arbeitsbeginn, bin 1 [Uhr] bei Französinnen, die nett. Nicht anstrengend. 2x bei Mu{tter} mit warm{em} Wasser. Muß sie zurückhalten, Ovomaltine abzugeben. Stuhl kommt immer bei Harn. Frau Rosin holt mit meiner Hilfe Essen. Lange warten auf M{ittagessen}, Bridge dabei. Lese, puzzle. Ofen an. G{erda} macht Flensjes [Pfannkuchen]. Herzb{erger} findet, sie hat mit jedem Krach. D{inner} [hat] sehr viel Speck. De Vries Judith wird aufgenommen [ins Krankenhaus]. Ihr Mann sucht M{ittag} ein Bett aus. Frau Pol. kommt darauf, um neben Mutter zu liegen. De Vries macht Krach, obwohl ein ander[es] Bett gut vorhanden und setzt durch. - 6 Tote.

Dienstag, 6.3.1945

1x ½5 [Uhr], 8 [Uhr], 4 [Uhr] [Stuhl] - 10 Uhr schwindlig, nachh{er} von ½5 [Uhr] nicht geschlafen, gerade rasiert, kommt M{ittagessen}. - G{erda} hat mit Elte Krach über ein Stühlchen, mit mir, weil ich nicht ihr Essen mit will [?]. Tg {Tagebuch}. Herzklopfen, deshalb von Menco Ruhe. Frage Lot{erymann} nur, daß später wird. Er will, daß [ich] arbeite. Was ihn an Kopf getroffen, weiß ich nicht, aber wird als Beschuldigung Chor [?] aufgefaßt. Herz{berger} darauf schwer gegen mich, und Elte bestätigt, daß ich (nur? durch H?) als korr{upt} gelte. Verlange Ehrengericht. H. tuschelt ganzen Tag weiter, so daß ihm 1x mit Schlägen drohte. Aar{on} kommt, 3 Ärzte müssen bei [zu] Elte, Luza dagegen. Brüder heraus. Dagegen alle. Warum nicht in andere Zimmer? Reviera: Bar{acken}ä{rzte}. Hanke kommt zu oft zu ihnen. G{erda} bekommt 1/6 [ein Sechstel] Paket, weil 4 Pers{onen}. Mache 11 [Uhr] Visite. Aaron finde 4 [Uhr] 0. 2x bei Mu{tter}, mit warm[em] Wasser Fußwaschen. Lang warten auf A{bendessen}. LA {Luftalarm} ½20 - 3. [Impfung] Exanthema{thicus} - Bridge. - 9 Tote.

Mittwoch, 7.3.1945

Lau - Kohlrüben + rote R{üben}. D{inner} 1¼ l süß{er} Grieß. A{bends} 1¼ l. Brotsuppe dick - 2x 18 Uhr [Klogang] - G{erda} beichtet, daß nachts Käse gegessen. Tee ist wärmbar, r{ote} R{üben} nicht, Kinder machen Salat. Visite. Tgb {Tagebuch}. Al{aluf} läßt einfach 3 Betten hereinbringen. Beratung über Protest. Menco weigert mitzugehen. Herzb{erger} am meisten sittlich empört. G{erda}s Extraportion ¾ Becher Fleisch. Diskussion, worüber Beschw{erde}: Ton Ino, der gegen Lot{erymann} (nicht mit Unrecht, er will alle Ärzte beisammen haben) sehr wild war. Verteilung Extraessen. 3 Bett. Aaron: Al{aluf} ist Barackenleiter, kann beschließen. Mu{tter} ist nicht so gut. Puls gut, aber Stimmung ↓ [schlecht]. Luzaki zieht mich bei Bridge auf. Visite v. B., lang warten auf A{bendessen}, dafür 2 l E{xtra} als schon in Bett. Mit Maria Decken nachgesehen: 3 Flöhe. Wurst v{on} Ungarn gekauft, da Paket [von] Gerda mit Vitamin. Edgar bittet sofort um Zig{aretten} gegen Br{ot}. Beppo will auch 1:2 haben. Erzähle Kindern, 6 [Uhr], nach Paket opulent[es] A{bendessen}. Der 1 Leichenträger verlangt jetzt Regie: Z{igaretten} für Br{ot} 9. Z{iekenoppasser} raucht tgl {täglich} auch im Bett. Gestern mit Frau Wit und nachher mit G{erda}. Menco sah bei Häftlingen Haufen Leichen. In alt[er Baracke] 16 ist jetzt Frau Katz, Tochter von Leib. Spreche mit Schweitzer, ihr die Trauringe zu verschaffen. Renate Schwedenpaket. Jpa: 4000 Pakete, so daß jeder 1 erhält. Gebe Luza 1 Diopter Brille. Großes

Hallo über mein Paket, alle wollen abhaben. Spreche mit Mayer, daß lieber Familienväter erhalten. - 8 Tote.

Donnerstag, 8.3.1945

Schnee, lau - 1x [Kaffee] - ½10 [Uhr] Kohlrüben, zufällig viel Fleisch D{inner} dünn Grieß (4 Uhr), 20 gr. Butter, 2 Eßl{öffel} Rübenmarmelade - 1x 7 [Uhr], 2x 16 [Uhr] [Klogang] - F{rüh} Krämpfe im kalten W.C. Schalte Elek{trisch} ein, leider ½8 [Uhr] aus, so daß lau[es] Wasser - Warte mit F{rühstück} auf G{erda}, rasch danach M{ittag} Visite. Tgb {Tagebuch}. 100 Frauen sollten Holz aus Wald holen. Strafandrohung - 4 Brot. 0 Pakete. G{erda} ist auch in Spit{al} nicht angetreten, liegt im Bett. Mittag bringen sie viel Holz, wovon wir ordentlich holen. Ofen an mit entsprechend Betrieb. G{erda} Erbsensuppe. Die Frauen werden von 2 // [?] im Wald sekiert [gequält] und geschlagen. Bin mit warm[em] Wasser 2x bei Mu{tter}, die sehr apathisch. Fieber, Puls gut, Laune ↓ [schlecht]. Die Kinder sitzen apathisch rum, spielen nicht, nicht einmal Patience. Wir etw{as} Bridge, warten auf D{inner}. Man kann sich nicht konzentrieren. G{erda} 20 Z{igaretten} [?] gut an Ed[gar?] gibt 3 R{ationen}, verspricht die restlichen 2 [Rationen]. Hat Haarschneidekunden, die an Tas abgibt. Laufe mehr herum. Esse viel Zuck{er}. G{erda} viel besser. Schildwachen und Stacheldraht zwischen uns{erem} Lager und [Baracke] 22. - 3 Tote.

Freitag, 9.3.1945

Wärmer - 1x [Kaffee], ¾ l Grieß, 1 l Kartoffeln, 6 St{ück} Speck, [Essen] 1½ l - klein{es} Brot für 6 Tg {Tage} - 2x 1x 10 [Uhr], 14 [Uhr], 19 [Uhr] [Klogang] - F{rühstück} mit G{erda}, das Neid von Br{omberg} und Elte hervorruft. Menco, Luza bedanken sich noch bei mir f{ür} Brot. Kr{äcker} und B{utter} [?]. Mu{tter} Puls gut, etw{as} geschwollen Gesicht. Nacht 8 Tg {Tagebuch}, G{erda} wäscht. Erst A{bends} Suppe. Wie Brot aufhabe [gegessen], kommt ausgezeichnet[es] D{inner}. Elte weigert 5 Stück Speck, weil Paket. Erst 680 cc, dann 10 Löffel noch {da}bei. And{eres} Zimmer verlangt [:] Gamellebeginn abwechselnd. Einmal haben wir Speck erst abgeschöpft. Bridge ohne mich. Z{iekenoppasser} epilept{isch}, G{erda} verlangt von mir noch im Anfall Bett von Z{iekenoppasser}. Im Überwachen von Z{iekenoppasser} wird Elte wieder aggressiv. Als wir später Tee machen, nimmt er zwar Tee von mir, aber raunzt, daß ich noch habe. G{erda} verliert Schlüssel von Sack. Mit Edgar bei Renate. - 1 kg Zucker = 6 Port{ionen}. 1 Stück Wurst für 1 Zig{arette}. - Ofen, trotzdem ich viel Holz gebracht, nicht an. - 4 Tote.

Samstag, 10.3.1945

Wärmer - [Essen] = 1 l D{inner} +/- 1 l dicke Brotsuppe, A{bendessen} = 1½ l [?] = (1 großes Stück Fl{eisch}). G{erda} macht Erbsenplätzchen - 2x [Harn], 1x 8 [Uhr], 14 [Uhr], 20 [Uhr] [Klogang] - bis 8 [Uhr] Z{iekenoppasser} erzählt, daß ein Mann aus diesem Kammer [Zimmer] 1 Dose Insektenpulver verkauft habe. Nennt 0 Name, aber wird auf Drängen von v. d. R. nachgehen [nachforschen]. Elektrisch Bouillon und Brotsuppe. Mutter etw{as} Fieber, wenig Appetit, aber ißt Käse. Komme ger{ade} M{ittagessen}. Dann Visite. Bringe Holz. Tg {Tagebuch}. B{eate} hat Schlüssel gefunden. Dr. Dr. Oz[?]. zieht ein. Dito = . [?] Tag vergeht wieder mit Warten auf D{inner} und A{bendessen}. D{inner} sehr dick, kann Mu{tter} 2x noch warm[es] Wasser bringen. A{bend} auch bei Renate. Habe Decken mit G{erda} gesäubert. Kinder raunzig, wollen nichts erzählt haben. Z{iekenoppasser} impft im Magazin und kann dort viel essen. - 7 Tote.

Sonntag, 11.3.1945

Warm - 1x [Kaffee], 9 [Uhr] +/- 1½ l Rotkohl, Kartoffel, etw{as} Fl{eisch}. D{inner} = Starkosan [?], 20 gr Butter, 100 gr Wurst - 2 x 0 [Stuhl] früh muß drücken. Beim Waschen 8 [Uhr] 1 Gamelle im Revier. Habe um 7 [Uhr] F{rühstück}). G{erda} bäckt für Essen das Fl{eisch} mit Brot auf. Visite, lasse Mu{tter} schlafen. Luza erzählt, daß Anita auf Liste: ich bei ihr erzählt. Tg {Tag} Waffenstillstand verhandelt? ½11 [Uhr] schon wieder Appetit. 12 [Uhr] dünn Starkosan [?] wie dünn Pudding. Bridge, schlafe im Sitzen. Lesen. Elte ist [hat] blind{en} Haß gegen mich, verlangt aber kleine Dienste. Holzbringen macht mich müde. Nm {Nachmittag} (5 Uhr) heult G{erda}, weil beim Ofen zwei vorgehen und schimpft auf mich. Mu{tter} besser, ißt Hafermehl, Käse, gibt Wurst ab. Ma{ria} näht Puppenkleider. Ligtenstein tot, sein Sohn bekommt D{inner}. Ala{luf} krank. Der Handel mit den Ung{arn} ist dadurch sehr erschwert. Polizei hält sie [auf] 2 m Abstand vom Draht. - 4 Tote.

Montag, 12.3.1945

Warm - 2x [Kaffee], 1x 2, 1¼ D{inner} = Kartoffel, 3 Eßl{öffel} Fischsalat - 23 [Uhr] 2x [Stuhl] - Chajim will 3 hoch über Morali. Große Debatte über Leistung holl{ändisch}[-]deutsch ... Juden für Judentum, holl{ändische} 0 [keine Leistung]. Deutsch [Martin] Buber umstritten, aber [die] Debatte zwi{schen} Herzb{erger} und Luza zeigt mir Haß gegen Deutsche und [wie sie] kankeren [meckern, eigentlich bedeutet kanker: Krebs]. Bouillon für Mu{tter}, die [ich] zu Essen nötige. Vis{ite} [:] 3 Masern. Beim Tor ist ein Karren mit toten Häftlingen umgefallen. Tgb {Tagebuch}. Al{aluf} Pocken? Excanthymatic? nach Infektion. Bridge, wobei unaufmerksam, gehe aber nicht Bloch holen, so daß weiter spielen. Lese viel, erzähle. Noch einmal bei Masernkindern. Max ist l{inks} gelähmt. G{erda} schrubbt meine Bettplanken, findet 0. Elte schimpft sehr unflätig, weil [wir] dabei auf seine über[s] Bett ragende Decken treten. G{erda} wäscht abends Füße. Br{omberg} will ihr verbieten, auf uns{erem} Koffer zu sitzen [:] "sein Zimmer". Habe viel Holz geholt. Schwester von Frau Luza in [Baracke] 22, von Theresienstadt 24 Tg {Tage} meist zu Fuß. Z{iekenoppasser} hat 5 Butterbrote dick im Magazin, 1 groß[es] Paket von Hanke. M. hat Stimateks [?]. - 4 Tote.

Dienstag, 13.3.1945

Kalt - 1x [Kaffee], Rotkraut, Kart{offeln} D{inner} = Grieß, 50 gr. Tabak, A{bendessen} erst 7 [Uhr] und am 14. Dünn{es} Mehl - ½4 [Uhr] 2x [Klogang]. F{rüh} wird Herzberger von allen mit seiner Forderung [:] kein{e} Konsult{ation} befreundeter Ärzte, keine Geschenke abgewiesen. Max S. v. S. sehr ↓ [down], hungrig ohne Brot. Lähmung zurückgegangen. Kotek bekommt Salat von Weil bei Mu{tter}. Visite. Lesen, wie wir M{ittagessen} holen wollen, kommt D{inner}. Laufer teilt +/-. Etwas Holzholen ermüdet mich. Bridge, A{bendessen} lang warten im Dunkel, LA {Luftalarm} von ½8 [Uhr]. Luza ganzen Tag mit Essenszuteilung beschäftigt. Paul Levi [von] Schuh II [Kommando] tot 12 [Uhr]. Man hat von Lichtenstein von 1 M{ittagessen} 4 Kliekjes [Restchen] Marmelade = 5 [Zigaretten?] gekauft, und dieser [Lichtenstein] drängt auf Bez{ahlung}, will nicht auf mich hören. Kotek verurteilt ihn. Mu{tter} sehr raunzig; kann erst ½2 [Uhr] M{ittagessen} bekommen, vorher Haferm{ehl} und Kaffee, den noch am 14. hat. 100 [Blatt?] Zigaret{ten}papier, 5 Ziek{enoppasser}, davon 2 an Anita. Lese Detect{iv} aus. Louis Tas enthusiastisch von Schopenhauer. Kommission (?) im Lager. Deshalb Holzk{ommando} nicht mehr ausgerückt. - Febr. 15.000 Tote im ganz[en] Lager, an 1 Tag 878! - 45.000 Insassen (Zieken [Kranke]) - 4 Tote.

Mittwoch, 14.3.1945

Warm - [Essen] 9 Uhr! D{inner} = dick, naß Grieß A{bendessen} = dick Brot [Suppe?] fast 1½ l. - 2x 8 Uhr [Klogang] Krämpfe, deshalb erst später in [Baracke] 29. Barnhal weigert Extrabecher, den Kotek und v. d. R. haben. Um ½9 [Uhr] bei Mu{tter}, die gute Nacht und Appetit hat. Elte krakeelt gegen G{erda}, daß sie soviel kratzt. Küchen // [?] läßt Frau Kniebeuge machen wegen Brotdiebstahl. Schweiz{er} bespricht Max mit mir. Langeweile. Jpa, daß morgen 6 [Uhr] M{ittagessen}, dadurch Brote gegessen. Erzähle Kind{ern}. Vergeblich Gespräch mit Frau Freudenberg. G{erda} schneidet Haare. Tas fragt, ob Sohn von Gelber auch ihn übergebe, sehr erstaunt über + [positive] Antwort. A{bends} noch Brot gebacken für Mu{tter}, die von selber Appetit hat und Omelett bäckt. Gebe ihr von D{inner} Keks. 37.7 [Temperatur] Em{ering} nervös, deshalb Vertretung notwendig. Herzb{erger} schlägt A{bend} vor: v. d. R. Infect{ionsbaracke}, ich ganze [Baracke] 29. Nachher Gewisper zwischen v. d. R. und Ziek{enoppasser}. "Ich kann doch nicht meine Pat{ienten} an [dem] Fel{ix} lassen." Fahre (leider) dazwischen. Morgen werden wir besprechen. Kann länger nicht einschlafen. LA {Luftalarm} ½6-½23 [Uhr], danach Läusesuche, leider mit Erfolg (ebenso Nm {Nachmittag} im Hemd), lasse G{erda} nicht mehr auf B{ett}. F{rüh} Besprechung über Extra. G{erda} hört, Pfiff [?] soll bekommen, erzählt naiv: Pf{iff} hat von Bar{acke} tgl {täglich} bekommen [Essen]. Groß[es] unflätig[es] Geschimpf[e] von v. d. R., Tas, Z{iekenoppasser}, Luza. Will mit Holl{änder} in Gegend von Br{omberg} sitzen, der wehrt sich, 2 leere, nicht benutzte Hocker zu holen. Elte dito, weil Schweitzer darauf sitzen soll. 7 [Uhr] dikke Zunge, die Abend verschwindet.- 3 Tote.

Donnerstag, 15.3.1945

Frühlingsluft - M{ittagesssen} = 2 l.? 1 Eßl{öffel} Quark, Zucker, Grieß, D{inner} Kartoffeln 900, 25 g. Butter, Hafermehl - Gut geschlafen, ½23 [Uhr] 2x [Klogang]. Wasche im Waschhock[lokal]. Neue Debatte über Bar{acken}verteilung. Mir mehrmals [Baracke] 26 zugesprochen, übergebe v. d. R [Baracke] 29. Z{iekenoppasser} weigert Übergabe, nach Gewisper mit Br{omberg} Z{iekenoppasser} nimmt Infektion bei [dazu], trotzdem er Bar{acke} gibt. Zuerst war Diskussion, daß er Magazin behalten will. Menco verspricht ihm, alles abzuliefern. V. d. R., Kot{tel} Lot{erymann} verschwanden gestern vor Suppe. Vis{ite}. Kann Mu{tter} nur Keks bringen. Elek{trisch} 0. Schweitzer tröstet mich. M{ittagessen} für 6 [Uhr] angesagt kommt 1 [Uhr]. G{erda} zu [für] jede Besprechung unzugänglich. Will nicht, daß Mu{tter} von D{inner} abgebe. Mu{tter}, die 1 El {Eßlöffel} kosten lasse, heult im Zwiespalt zwischen G{erda} und mir. Herz{berger} hält Mu{tter} für erschöpft. Sie ist raunzig, weinerlich, will nicht essen. 2x Visite verspätet durch Magenkrämpfe. Nach der Grießzuteilung große Geschäftigkeit am Ofen. G{erda} macht VI [6] Grießplätzchen. Nm {Nachmittag} richtige kleine Omeletten. Lese Josef-Kapitel. Kind{er} erzählen. Fast ganzen Tag LA {Luftalarm} enorm viel geht über uns. Nacht = --- ½23 [Uhr] mit Entlausung, 2x [Klogang]. Bei alt[em] Revier Leichen wie am Schindanger.

Freitag 16.3.1945

Lau - M{ittagessen} 1½ l (nachgemessen) Rotkohl, Kartoffeln, - D{inner} +/- 900 [?] süßer Grieß. - 6 Tote. - A{bendessen} süß[es] Mehl - Transport kam gestern, von denen 40 entflohen, 16 wieder gefangen. - Gestern wurde 1 Frau in [Baracke] 26 von Kapo [ins] Gesicht geschlagen. Heute hat 1 K{apo} in [Baracke] 26 den and{eren} blutig geschlagen. ½10 [Uhr] auf Tee f{ür} Mu{tter} wartend. Tg {Tag} Mu{tter} raunzig. Jpa, daß mehr Kartoffeln. Vm {Vormittag} Visite. Lese, Karten. +/- 5 [Uhr] wieder zu Mu{tter}. Nachdem oben geschlafen. De Vries wünscht von Menco Konsult{ation}, der Bronchopn{eumonia} fürchtet. Geben gleich Dag. [Medikament] am 17. dadurch entfiebert und ruhig atmen. A{bends} mit G{erda} und Kind{er}. Suppe kommt 16 [Uhr]. Pufbi läßt uns (Menco, mich) warten, so daß weggehen. ½7 - ½8 [Uhr] LA {Luftalarm} - dann mit Unterbrechungen. Z{iekenoppasser} wird in Inf{irmerie} geholt, bleibt da [über] Nacht. Z{iekenoppasser}: "Pol{iakoff} kümmert sich nur um Essen, nicht um Pat{ienten}." Nacht gut. ½23 [Uhr] 2x [Klogang]. Menco traf mit Schlome: Schl{ome/o?} er trägt 0 Pat{ienten}) zu Poliklinik außer [mit] Unterschrift [von] Aar{on}. A{bends} erzählen alle, daß 1 l{iter} in Bar{acke} erhalten. Lot{erymann} sogar 2x.

Samstag, 17.3.1945

Regen - M{ittagessen} Rotkohl, Kartoffeln ¼ l, 1 Rat{ion} Brot, D{inner} Kartoffeln - A{bends} 6 Uhr Kohlrüben, - Menco, R. v. d. R. diskutiert: Bett muß raus. V. d. R. schnorrt frische Klontje [Zuckerwürfel]. F{rüh} mit G{erda} und Kinder. Visite. Frau sehr nett. Sage, sie sollen das Freudenberg erz{ählen}. Spreche mit Menkel, die später ihr Versprechen nicht hält. Freudenberg 4 [Uhr] angesprochen. (G{erda} jagt mich vom Essen weg), sehr [wenig]. 1 Gamelle kommt 1 [Uhr]. Menco [und] ich komme[n] gerade zu spät (gute Suppe). Früh ist Max schlecht, wartend auf M{ittagessen}, werde heulend von Frau Peper geholt, gehe erst, als Elte 3 hoch[zu]steigen weigert. Kollaps, finde dabei Max in Agonie. Hole Anita, die Klontjes [Zuckerwürfel] fragt. Ich esse ½ Rat{ion}, dann zu ihr. Sie ißt beim Sterbenden sein Brot und verlangt das für ihn bestimmte Stück Z{ucker}. Führe sie weg, 2 [Uhr] tot. 5 [Uhr] gehen wir im Häuschen ihn sehen wie Ramses. A{nita} sehr "anhänglich", gibt ihm die besten Namen. Die Medikamente sind aus seinem Gepäck weg. M{ittagessen} nur ¼ l von Marcell nachgemessen. Lu Tas berichtet, daß Lausekohn 2 Löffel in 1 Kamp[Lager]becher bekommen. - 2 Tote.

<u>Sonntag, 18.3.1945</u>

Wärmer - 6 [Uhr] Suppe von A{bend}, 7 [Uhr] M{ittagessen} Weißkohl, Kartoffel, 25 g. Butter, 1 Rat{ion} Brot, 1 cm Wurst (Blut, Leber), Rüben. - G{erda} beginnt nichtsahnend mit Arbeit. Frank erzählt ihr: Dr. beschwerten sich über ihre Arbeit, wollen auch keine Ärztefrau mehr haben, verspricht andere Anstellung, aber Extraessen nun für 1 Tg {Tag} futsch, auch für weitere, da am 19. behauptet, A. und Schw{ester} B. wollen entgegen Behaupt{ung} von A. G{erda} nicht haben. G{erda} darüber fast heulend. Mu{tter} schlecht. Lot{erymann}: Die getauften Ärzte sind faul: Br{omberg}, Em{ering}, Oe{streicher}. Beschimpfe ihn als Hetzer. Nicht meine Schuld, daß nur ½ [Baracke] 29. Debatte über We... Elte [: "]Nächste [kann] auch = Feind [sein"]. LA {Luftalarm} 11-17 [Uhr] [und] fast ganze Nacht.

<u>Montag, 19.3.1945</u>

<u>Lind</u> - 1x K{affee}, M{ittagessen} = ohne Kart{offeln}, D{inner} Kartoffeln, 25 g Butter, 100 g Salami, 1 Rat{ion} Brot, ½ l Milch - Nachts bei Frau Weissmann, Krämpfe erst laut, dann bewußtlos, enge, nicht reagierende Pupill[en], schnell[es] Herz, 0 Puls, ruhig atmen. Habe leider Ampulle schon offen, gehe zurück, um Herzmittel. Elte zufällig auf, berate mit ihm, daß nur Somnifen gebe? Bei Zurückkunft Cheyne-Stokes [Atmung] als Oedema cerebri. Franz Frau holt mich. Muß Aa{ron}, dann Schw{ester} B. wecken. Bei der schläft ihr Freund (v. Emd. dito bei seiner Frau). Frau Rosen in Poliklinik. Bei M{ittagessen} nach Paketverteilung mit großer Bestürzung. Elte: Oe{streicher} hatte > 100 Pakete, > 10 in Monat, hat 0 abgegeben. Will erst meine Entgegnung nicht hören (Im Aug{ust} nur Wasser von mir bekommen). Appelliere an seine wissenschaftliche Exaktheit. Gute Stimmung im ganzen Lager. 2x Visite, auch bei Anita. 1 Mäntelchen = 2 Rat{ionen} Wurst. Raten: über Dauer Rat{ion} Brot. Durch Bemerkung von Herzb{erger}: "Manche Ärzte arbeiten nur 2 Stunden. Er sehe alles" (irritiert). Debatte zu [zwischen] Luza und Tas: Essenszulage zu [an] nichtarbeitende Ä{rzte} müßte man eliminieren. A{bends} lange warten auf Milch. Mu{tter} delektiert sich, bat schon früh um Teil von D{inner}. G{erda} dringt auf Entfernung der Lebensmittel aus Mu{tters} Bett, sagt es ihr, erreicht aber 0, nur daß uns schon vorher versprochene Wurst gibt. ½20 [19 Uhr 30] zu Mu{tter} noch bei G{erda}, die wieder ißt, Rest von Milch und Wurst aufmacht [ißt]. 1 von Mu{tter} gegebene Rat{ion} hat sie mit Kindern aufgegessen. Kann es nicht erreichen, daß [ich] mein Paket alleine verwalte. G{erda} hat Erbsensuppe gemacht, in die wir Wurst gaben. Wenig gelesen. Karten haben gefehlt, die unter Bett fand. Nach Besuch in [Baracke] 29 in Hosen auf Decke und frühzeitig mit Tee bei Mu{tter}.

Denke viel an Mariechen. [Schwester von Felix: 19. März Geburtstag]. - 6 Tote. Aus [Baracke] 16 sind Frauen weg. 4-5 [Uhr] müssen alle aus Bar{acke} spazieren. WC in [Baracken] 31/22 ist fürchterlich. Man sitzt, d.h. hockt vor Männern und Frauen. Die Schüsseln muß man vor- und nachher übersprühen. Urin läßt man an der Seite bei den Fußwaschbänken.

Dienstag, 20.3.1945

Lind, Wind - M{ittagessen} = aber gebunden [?], D{inner} = Kartoffeln, A{bends} = dünn[e] Nudel[n], - Mäntelchen von B [Beate?] = 2 Rat{ionen} - 6 Tote. - Wurst - Nacht viel L.A. {Luftalarm}. - Vor Ras{ieren} mit warm[em] Wasser bei Mu{tter}, dann lange Unterhaltung mit Renate. F{rüh} mit Be{ate} und Ma{ria}. Ras{iere}. Visite. M{ittagessen} 9 Uhr, hole erst ½12 [Uhr]. Tgb {Tagebuch}. G{erda} lag bis 11 [Uhr]. Etw{as} Bridge, lange warten auf D{inner}. Visite A{bend}. Nach Suppe noch Tee für Mutter auf Kochapp{arat} in Saal. Komme bei LA {Luftalarm} bei [zu] ihr an und laufe rasch zurück ... Nm {Nachmittag} d.h. A{bend} blieb ich klagen [?]. Z{iekenoppasser} schlägt Hilfe vor.

Mittwoch, 21.3.1945

Kälter, bedeckt - Rotkraut, D{inner} dick[er] süß[er] Grieß, A{bendessen} dünnste Mehls{uppe}, ½ l Milch. - Nach Bettmachen F{rüh} mit Kind vor Ras{ieren}. Impfe 40 [Personen] (von Barackenleitung auf mein[en] Wunsch ausgesucht) gegen Exanthematicus [Flecktyphus] und Nm {Nachmittag} mit Tetra. G{erda} drängt mich mit Tränen, nochmal zu Gelber (natürlich vergeblich) zu gehen. Mu{tter} wider Erwarten besser, auch Puls activer. Jpa = 0 Brot bis Sonntag. Elte wieder grob gegen G{erda}, wünscht mich nach Amerika. Wasser an Nm {Nachmittag}. Tgb {Tagebuch}. Frau von ca. 50 J{ahren} bekommt von allen Nougat. Schw{ester} Hürtimann sieht fahl aus. Aus Hunger Pfeifenrauchen. Nm {Nachmittag} impfe [gegen] Typhus. G{erda} macht Erbsenplätzchen. Frau Ros erz{ählt}: Zahnarzt arbeitet eher, wenn Frau geschmiert. Elte erzählt M{ittag} jedem, daß 5! Stück Fleisch gefunden. G{erda} hängt gegen Willen der andern Mantel in Gang bei Bett auf Leine, hänge ihn, von Elte aufmerksam gemacht, an Fenster und lasse [2 Stenozeichen] verschwinden. Teile Milch unter Frauen, ohne daß G{erda} es merkt. Mu{tter} hat dadurch ½ l. - [Russen] 16 km von Berlin. Tot Frau Neubauer. - 2 Tote.

Donnerstag, 22.3.1945

Lind - M{ittagessen} = 9 Uhr 1 Rat{ion} Brot, D{inner} Graupen, 1 El {Eßlöffel} Quark, 25 gr Butter - Nacht ohne Dia{rrhöe}, LA {Luftalarm} von ½1- früh ½8 [Uhr]. 0 Elek{trisch}, 0 Wasser. - In Nacht kam Transport in alte [Baracke] 16 aus Griechenland mit vielen Toten, die vor Bar{acke} lagen. F{rüh} Erbsensuppe von gestern, dann 0, da 9 Uhr M{ittagessen}. Mu{tter} besser. Visite [:] nur 2 Fieber nach Impf{ung}. Tgb {Tagebuch}. Mu{tter} bestellt sich fette Erbsenkuchen! G{erda} hat Schwierigkeiten am Ofen, und deswegen wird von Frau R. verspottet. Elte prahlt laut am Tisch, daß er 5! Stück Fleisch im M{ittagessen} gefunden [am] (25.). Herz{berger} hat wieder Fieber, hat ein{en} Brief an Weiss aufgesetzt, um Milchverteilung an Lu{za} zu bringen. Lang LA {Luftalarm} bei Tag und Nacht. Kann erzählen. Rauche Pfeife. - Eine Frau in [Baracke] 27 will mir wegen warm[em] Wasser Klontjes [Zuckerwürfel] geben, die [ich ver-]weigere. Mu{tter} Herzb{erger} fragt andere Frau [nach] Wasser. Ung{ar} bringt letzte ½ Wurst verspricht Rest von sich für Sonntag. Kein Elek{trisch}, 0, kein Wasser ½7 [Uhr]. Mainz ? [?]

Freitag, 23.3.1945

Warm - ganze Nacht kein Licht, weil (in unserem Anschluß) Leitungsfehler. M{ittagessen} rotter [verfaulter] Käse, Tabak - D{inner} Kartoffeln, viel Fleisch, A{bendessen} dick[es] Rotkraut mit Rüben, 1 Chnurgl. [?] - Menco hat Gesichtsödem. Nimmt meine Vertretung an. Wogegen H. auch später nichts hat. Bin dadurch Vm {Vormittag} und Nm {Nachmittag} länger weg. Weigere auch angeboten[es] Knäckeb{rot}, was Rudi[s] Geste doch freute. [?] G{erda} 6 [Uhr] nicht freundlich. Transpiriere sehr stark, auch nachts, trotz 1 Hei Ho [?] - M{aria?} sitzt, ruft laut, schimpft, daß ihr keiner Marmelade getauscht. G{erda} empfängt mich: Vom Käse darfst du 0 abgeben. A{bends} erzählt Z{iekenoppasser}: Hanke hat Käse im Magazin für Kranke requiriert. 1 Posten hab ich um Zigaretten gebeten, nicht zum Tausch. (Vor [Baracke] 16 liegen wieder Leichen, die mit Hotzen[?] weggeholt werden [,] Leichenpicker 24). Komme Vm {Vormittag} etwas zu Bibel. Schlafe spät ein. Ung{arn} soll[en] in 3-6 Tagen weg. Schlagen verboten, Elte schimpft über Specktausch von Zie{kenoppasser}, der soviel von Hanke gütlich bekommt. - Tote [:] Frau Schabowsky, Herr Gompert - Stätner will erst jetzt 1 cc Fleckfieberserum, wahrsch{einlich} Tas desavouiert. - G{erda} drängt mich, M{ittagessen} zu holen, ißt meine Extra-Suppe. Magazin aufgerufen. 10 extra Brote!

Samstag, 24.3.1945

Heiß - M{ittagessen} = mit roten Rüben 9 Uhr, 4 El {Eßlöffel} Ovomaltine - D{inner} Kartoffeln, viel Fleisch - A{bendessen} Mehlsuppe, dünn, 7 Uhr Erbsenfladen mit Rotkrautsuppe, Knäckebrot. - Gleich früh zu sterbend[em] Moses, dadurch spät ras{ieren}, nachdem in Becher M{ittagessen} gegessen. Frau Frankenberg bietet mir von selbst Extra an! G{erda}, der [ich] es erst 12 Uhr erzähle, [sieht es als] Sieg. M{utter} [er]bittet wieder meinen Teil v{on} meinem Extra. Vm {Vormittag} [Baracken] 29, 27. 2-½1 [Uhr] M{ittagessen} vor Baracke und am Bett. ½4 [Uhr] in [Baracke] 29 Cibasol [?] an l[?]. Weitere Arbeit durch Entlausung unmöglich. Alle 2 Stunden 50 Frauen in Bad. Desinfektion auf bekannte Weise. Moses tot und Roselaar, liegen so in [Baracke] 27, daß [man] darüber stolpert. Hanke: Lager binnen 3 Wochen aufgelöst. Schweden, Schweiz, Theresienstadt [?].

Sonntag, 25.3.1945

Heiß - Weißkohl, Kart{offel} 9 [Uhr], 1 Rat{ion} Brot, 25 gr. Butter, "Salami". D{inner} Graupen - Beim Erwachen von Gamelle gehört, dadurch kein F{rühstück}, daß erst 12 [Uhr]. Habe immerfort schlecht[es] Gewissen wegen G{erda}. Gamelle in [Baracke] 29. Komme auch dazu, leider zu spät, was G{erda} viel Tränen kostet. Mu{tter} viel besser. In [Baracke] 27 fast unmöglich[e] Arbeit. Frau Stargarter liegt seit 16. 3 Wochen mit Schenkelhalsbruch. Laufer zugezogen hat 0 Gips. Mu{tter} Herzberg{er} hat ausgebreitet krustiges Ekzem, das erst [am] 21. zeigt, wird irrtümlich von 2 auf 5 [Uhr] bestellt in Polikl{inik}. Kann sie dafür bringen. M{ittag} vor [Baracke] 32 in Sonne. G{erda} weint, daß Mu{tter} Gamelle nicht auslecken durfte. Ich sei nicht genug für sie eingetreten. Tägliches Gefecht um Reihenfolge am Ofen und elek{trischem} Geschirr. Elte bringt alte Decken zum Verbrennen vom Terrain. 1 Suppe kochen draußen kostet 2 Zigaretten. Die Kinder sind müde, reizbar, zanken untereinander, heulen mit G{erda}. Br{uder} de Vries hat beginnend[es] Ödem, stand nicht einmal Wache, daß ein Ung{ar} die Kleider zur Desinf{ektion} gibt. Mös ist im Lager [,] // [?] meldet, daß Entlausung vollzogen. In [Baracke] 27 sind noch immer Lauseherde. Ziek{enopppasser} und Aaron schildern Mös auf Befragung unbhängig voneinander die Lage, daß Transport Tod von allen. Hanke Wind antworten auch, Stichworte zur Lagererhaltung gebend. Bloß tot. Desinfektionswagen zu Ungarn. Wegen [Stenozeichen] Schlouoff nicht geimpft.

Montag, 26.3.1945

Wetter = [?], M{ittagessen} = 9 [Uhr], 11 [Uhr] geholt, Kaffee 0, 2 - D{inner} 2 Eßl{öffel} (100 gr ??) Marmelade. A{bendessen} Nudeln um 10 [Uhr] - 25 g Butter, 1 Brot - Früh bei G{erda}, die Mu{tter} Tee brachte. B{eate} bringt aus [Baracke] 29 [Nachricht], daß bei G{erda} esse. Impfe in [Baracke] 27, plötzlich ist genug Vaccin.

Dienstag, 27.3.1945

D{inner}: Brotsuppe, A{bendessen} Nudeln. Visiten. Impfung in [Baracke] 27. Nehme weißen Mantel. Rauche aus Hunger. G{erda} backt mit Schwierigkeiten Erbsenplätzchen. Bringe A{bends} Freudenberg warm[es] Wasser. Lese etwas. A{bends} sehr müde. Jpa, die aber wahr. Nur am Tag ohne Suppe Brot [Brotsuppe]! Hanke zu A., der Südamerikaner transportfähig erklärte: "Sie sind wie ein Staatsanwalt, der Leute zu 3 Jahren Zuchthaus verhängt." Kommt A{bends} zurück: "Transport geht durch." [findet statt] Mös zu Ungarn: 14 Tg {Tage-}Reise ferienmäßig. Junge Leute in Arbeitseinsatz ferienmäßig. Luza ist abends in Bureau wegen Verteilung. Gelber und Cr[?] essen 3 l.! dicke Suppe, ohne abzugeben. - Rotschild Enzephalitis - Felsenthal und Virtemiss[?] isoliert.

Mittwoch, 28.3.1945

Noch kalt - esse F{rühstück}, das A{bend} von [Baracke] 27 kriege, dann 8-9 [Uhr] Visite [Baracke] 27 -12 Uhr. Mu{tter} war gestern hungrig. Herzb{erger} wird neuerlich von Elte Menco wegen "Dose ..." zugedeckt. G{erda} ißt meine 2{te} P{ortion} auf. [Baracke] 30 wird isoliert. Häftlingsarzt erklärte alles Fieber mit Kopfschm{erzen} [:] Fleckt{yphus}. Kotek in [Baracke] 30. Visite 3-6 [Uhr]. Dadurch D{inner} zu spät. Esse mit Erbsensuppe. Jeder noch neue Gesichtspunkte, aber langweilig. Kotek sitzt mit Pfeife am Tisch, Reiss läuft hin und her. 22 [Uhr] 1 Toter. - Wenigstens warm. Elte will nicht, daß G{erda} Haar schneidet. [Baracke] 28 Desinfektionswagen bei [Baracke] 30. Fenster von [Baracke] 27 zugenagelt. Waschhock [Lokal] abgesperrt. Mann Stargarter lag mit Di{arhöe} und Furunkel hilflos in [Baracke] 27. Toter 1 Tag im Revier. In [Baracke] 29 204 Portionen Suppe f{ür} 250, also 0 extra. G{erda} schimpft wieder, daß nicht rechtzeitig dabei war. - Erst ½10 [Uhr] im Bett.

Donnerstag, 29.3.1945

7 Uhr wegen Mayer, Bonneterie geweckt. Tot 13 Uhr [:] Mayer, Kahn, Mossel, v. d. Kar. 7-10 [Uhr] in [Baracke] 27, dann bei G{erda}, die hat gestern A{bendessen} noch von Mu{tter} und [Baracke] 29 geholt. Kinder erzählen: "Wir haben

es aufgegessen. Du mußt es selber holen." 1 Kamp[Lager]becher Rüben mische mit Butter, Suppenwürfel, Zucker, 3 Rat{ionen} Brot als F{rühstück}. Liege 1 Stunde auf Bett. Dann, obwohl sofort bereit, Mantel wegzuhängen, unnütze Diskussion darüber. Visite [Baracke] 29, Elte gestellt, entschuldigt sich wegen Impfung ohne vorherige Verabredung. Tg {Tagebuch}. 6 Wochen Quarantaine. Branson hat [Baracke] 33 [zu putzen?]. G{erda} sieht das ein. Kapos haben 0 Brot, noch nicht rasiert. 4 Uhr Visite [Baracke] 29 [:?] Exanthematicus. Vortrag 5 [Uhr] von Jugoslav Hirz. A{bends} Milchabgabe an Kinder und Zieken [Kranken]. G{erda} hat großen Hunger. Erst ½10 [Uhr] in Bett. Nürnberg?

Freitag, 30.3.1945

Tas 25 (Jahre) verheiratet. T{as} jun{ior} will Shakespeare leihen, wenn Vater nicht liest. Dieser weigert. Liege lange. ½9 [Uhr] Visite ... in [Baracke] 27, dann M{ittag} 29. Tg {Tagebuch}. Rasiert. Lot{erymann} hetzt gegen Barac, die von Bar bekomme. R. findet nichts daran. Ärzte bekommen Milch nach Kinderz{ahl} ¾ l. Bureauchef gegen uns O[?]berschep! [?] F{rüh} kalte Kohlrabi mit Erbsenpap[brei] und Butter - Felsenthal tot, Exanthematicus. - Kind Herzberg Masern. - Spät Visite in [Baracke] 27. Albala muß (mit Protest) nach [Baracke] 27. Sehe mit Morali verdächtige Fälle durch, 2 nach [Baracke] 30. Kann Nm {Nachmittag} Kindern Münchhausen erzählen. Für Tas wird Nougat gemacht (5 Klo{ntjes} [Zuckerwürfel], etw{as} Bu{tter}.)

Samstag, 31.3.1945

F{rüh} 3 Rat{ionen} Brot, 200 cc [?]. Milch. Bringe Milch an [zu] G{erda}. Gehe nach [Baracke] 33, van der Laan impfen. Frau Marcus will mit aller Gewalt, daß [ich] zu ihrem Söhnchen komme, was [ich] tue. Später spricht mich vor ihr R. an, daß [er] ihn [Sohn] gesehen und Aufnahme [im Krankenhaus] notwendig. Bringe das in Ordnung und mache ihr entsprechend Vorwürfe. Es ist neuer Typhusimpfstoff da. Visite [Baracken] 27, 29. Nm {Nachmittag} nur auf D{inner} wartend. Später macht G{erda} Haferflockenpfannkuchen. Da ich heute Kaffee zu Mu{tter} bringe, mache da erst Visite. Rückkehr [:] meine Pf{eife} ist weg. Während G{erda} Be{ate} kämmte, brachte M{aria} Knollen weg, ließ ihn unbeobachtet. G{erda} und ich verdächtigen unabhängig v. d. R., der ihn gesehen hat und vorgestern beim Butternäpfchen saß. Bin zuerst darüber mehr erregt als Kinder. G{erda} heult A{bends} über unser Verhältnis, werde versuchen, mehr Geduld zu haben. ½6 [Uhr] LA {Luftalarm} - 5 Uhr! Sehr gute Stimmung wegen Jpa's, die in [Baracken] 27 und 28 erzähle, ... daraufhin Kl{ontjes} [Zuckerwürfel] bringe. Kaum bin [ich] zurück, als Leuchtkugeln über Kamp [Lager]. Lange

Debatte, angeregt durch Lu Tas, über Entlausung. G{erda} machte Sardinenbüchse auf. Herz{berger} will vor Tas verdächtige Namen nennen, was [ich] verhindere. Jetzt werden durchlöcherte Blechbüchsen als Öfchen zum Kochen benützt. Es geht sehr gut.

Sonntag, 1.4.1945

D{inner} = dünne Brotsuppe, A{bendessen} dünne Kohlrabi mit etwas Reis - 4 Uhr, 8 Uhr, 3 Uhr [Stuhl] - 4 Uhr wegen Unruhe von K{rayfisch} herausgeholt. Bleibe dann auf Decken liegen. Kr{ayfisch} bekommt etw{as} Somnifen. Schlafe lange nicht ein, um 8 [Uhr] raus. WC derartig, daß in Nöten auf Weißes Haus [gehe]. Vis{ite} [Baracke] 27. Goldreich Salopprythme} [?], aber gut. 1 Französin: "Nous tous vous aimons de tout notre coeur." Frau Freudenb{erg} erkundigt sich über Extra, ob nicht vergessen, aber leider war 0. Am Weg macht eine Frau vor Dr. Abeles mir ein Kompliment, wie ich mit Frau Feith (verlaust?) gesprochen habe. [In Baracke] 27 Parser [?], Heidenheim [?]. Ich sehe noch so viele Todeskand{idaten}. Grünberg ist ruiniert. Luza lief um 8 [Uhr] vergeblich um die Milch. F{rüh} noch 6 Kl{ontjes} [Zuckerwürfel], 1 dünne Scheibe Brot (bei G{erda} drei weitere) [,] wartend, daß in [Baracke] 29 nicht. Zu viele völlig nackt, viele rohe Knollen. Müde, Ma{ria} sitzt stumpf da, lustlos. Zwischen ½7-8 [Uhr] ist 1 Löffel + 1 Rat{ion} Brot von Br. Leo de W{olf} verschwunden. Frank begreift sofort, warum [ich] verdächtige. 300 Pakete im Lager, finden sie nicht der Mühe wert auszuteilen! Frau Lissauer, die Ovomaltine usw. bringt von Extra. Herzb{erger} wieder zur Arbeit. Elte will Kontroll-Kommission einsetzen über Arbeitsfähigkeit. Vorteile allen Ä{rzten} zukommen lassen. Von 11-3 [Uhr] geschlafen nach Visite in [Baracken] 27 und 29. Nm {Nachmittag} Visite für S. in [Baracken] 27, 29. Danach Alarm, daß [weil] Goldstein delirierte. Will zuerst mich, aber Elte, Menco, Ziek{enoppasser} hetzen, Ziekenoppaser am frechsten. Finde Mo [?] vorläufig nötig. Habe wieder Angst vor Schlechtigkeit der Koll{egen}. Renate fühlte [sich] schwach (Hunger ?!!) LA {Luftalarm} [von] ½8 [Uhr] ganze Nacht fast. - Chagrin tot.

Montag, 2.4.1945

1x [Stuhl?], lange wach, +/- 4 [Uhr] 1 Maschinengewehranfall[angriff] von tauchend [niedrig fliegendem] Flugzeug. Darum sofort Licht aus, +/- 6-7 [Uhr] Kaffee, bleibe gleich auf, um Füße zu waschen, Tee [zu] Mu{tter} [von] Frau Freude[n]berg mit Milch zu bringen. Erfahre dann ½9 [Uhr] Sommerzeit. F{rüh}: kalte Kohlrüb{en}, Klo, letzter Rest des Brotes. Visite kurz [Baracke] 29, dann [Baracke] 27 ausführlich mit Verband. Tg {Tagebuch}, während G{erda} Kohlrüb{en} mit Erbs{en} aufbackt. Nach Mittag sehr müde, so daß einschlafe, erzähle Mu{tter}. Z{iekenoppasser} bringt: Die Südarmee hat die weiße Fahne gehißt. Popele [will rasch] Kaffeesetzen [Kaffee kochen], um in [Baracken] 27 und 29 zu erzählen. In [Baracke] 27 singen Damen. In [Baracke] 29 große Freude, aber zu müde, um laut zu zeigen. Wurststücke sind ganz verschieden, so daß manche 2x soviel erhalten als andere. Hier Dif{ferenz} nicht so, werden verlost. Frank, Elte, Luza, (der viel Fleisch in Port{ion} hat) beim Licht. Kaffern [Stänkern] mich an, als beim Licht entlausen will. Tas auf meiner Seite. Danach große Debatte über Möglichkeit der Kamp[Lager]entlausung. Tas sehr enthusiast{isch}, Luza + Elte dagegen. Verweise Luza, daß Strohsack [von] Chagrin noch immer da. Er erst sehr verwundert, daß mich beklage, 3 hoch mit Läusen untersuchen zu müssen. - Z{iekenoppasser}: 16.000 Griechen nach Auschwitz, davon viele wegen Scabies! nach Himmelsk{omman}do [tot]. Von 200 Hergeschickten [sind] 75 hier angekommen. +/- 45.000 Lagerinsassen, davon tgl {täglich} +/- 1000 Tote. Die Kadaver liegen lange vor [Baracke] 20. Sehe wie Kapos schlagen. Todesursache in Lager 1 Tbc oder Herzschwäche, im [Lager] 2 nur H{erzschwäche}. Hanke hat Pneumonie.

<u>Dienstag, 3.4.1945</u>

1x [Harn] 6x [Stuhl] besser geschlafen, aber geweckt durch 2x hinterander Maschinen{gewehr}feuer. Nach 2tem meint Ziek{enoppasser}, er geht noch urinieren, doch wieder [Maschinengewehrfeuer]. Höre dann im Halbschlaf früh. Frank will von uns 22 l{iter} [von] D{inner} sein Teil. Abstimmung; ich neutral, als Reis sein - [nein] begründet, auch - [nein] auch wegen Präzedenz: Tas verlangt Wiederholung [der] Diskussion. {Ab}Stimmung: was überflüssig wird, da auch Kanner - [nein] stimmt. - F{rüh} saure Milch, Brot 0 (+/- V6) [?]. Warmer Tee, die [ich] dann Mu{tter} und G{erda} bringe. Nehme in [Baracke] 29 auf für Milch usw. Komme +/- 2 [Uhr]. G{erda} backt extra Wurst, schlafe - [bis] 6 [Uhr], wobei M{ittagessen} kommt. Verbinde in [Baracke] 29 Mossel, wobei [er] bittet, trotz H. es zu tun. Da [ich] 9 [Uhr] Medikamentenlieferung sehe, bekomme 5 fpy [?], 24 Sulfa[?]. Nach Visite wartend auf A{bendessen}. Bringe noch G{erda} und Fr. Tee. [Baracke] 29 essen gut. Schuster passiv gegen Verlagerung von Goldstein. Früh schimpft Menco, weil seine Gummischuhe etwas weiter unter Bett. Hole Gummischuhe und sage: "Du bist doch lui [faul]." Worauf er: Ischias. Ich: "Gut dann in Ordnung." Er: "Es komme immer ein übler Duft herüber, wenn [ich] heruntersteige usw." Halte ihm vor, daß er mir nie bis gestern etwas beanstandet. Tas versucht, Entlausung durchzuführen. Elte, Luza sehr dagegen. Aaron bestimmt, dafür Leute zum Transport der Bündel zu bestimmen. Um

½21 [20 Uhr 30] es gibt wohl Milch, aber Essen erst früh. Milch ½10 [Uhr] bei LA {Luftal.} im Dunkel. Vorher Rumpunsch von Tas gestiftet. Pinner verbietet Vortrag Tas. "Beim Essen spricht man nicht von Läusen." - Tot Stargarter, Franken. - Frank [?] wohnt mit Frau und 2 Kindern in dem Verschlag bei Poliklinik.

Mittwoch, 4.4.1945

½4 [Uhr] 5x [Stuhl], aber muß drücken. 10 [Uhr]. Höre beim Anziehen, daß Herzb{erger} wieder arbeiten will. Später liegt er im Bett, so daß frage. ["]Er geht nur als mein Assistent", das heißt 0. Suppe um ½8 [Uhr] wenigstens warm, dann Portion von [Baracke] 29 viel Salz[-]Fl{eisch}, Nudeln. Durch Kälte keine Arbeitslust. Habe fast vergessen, was gestern war. Das Bett von Chagrin ist noch nicht abgeholt. Frau Stargarter dito. Sobald ich in [Baracke] 27 mit Aufschreiben beginne, brüllt es von allen Seiten. Nach Essensankunft in [Baracke] 32 [,] Tg {Tagebuch} Herzb{erger} hat dicke Füße und darf nicht von Dr. Aaron arbeiten [gehen,] entgegen dessen gestriger Meinung. Wartend auf D{inner}, rauche. Tgb {Tagebuch}. Ma{ria} sucht die Kohlrüben für Kuchen aus, abwechselnd eine Gabel in den Teller und Mund steckend. Herr Nagel beklagt sich, daß nie etwas bei[dazu]bekomme, und Bea{te} sollte D{inner} [von] G{erda} haben. Luza ruft dann Nortje auf. Lange in [Baracke] 27 mit Verbinden [beschäftigt]. Gute Jpa's. G{erda} ungeduldig, weil bei ihr Komst [Ankunft] aufhöre [?]. 2 cc [cm] Wurst = 8 Zig{aretten}. Lange warten auf A{bendessen}. Milch im Dunkel. In Kleidern schlafen (nur ich). Menco läßt sich von mir bedienen. Nm {Nachmittag} neugierig. Kann keine Freude aufbringen. Teile Milch mit G{erda} und Kind{ern}. Wenn sie nur kämen, sonst gehen zu viele tot [sterben]. Für mich pers{önlich} fürchte [ich] wenig, aber ein Marsch! Ziek{enoppasser} gibt Gründe dagegen. Tot Nathan Kohen - Hannover [durchgestrichen], Leipzig ?

Donnerstag, 5.4.1945

½3, ½9 [Uhr] 5x [Stuhl], - müde, kalt, doch hungrig. G{erda} nervös und Hunger. F{rüh} 300 [?] Suppe, 6 l Milch, 4 l Kohlrabi. Nach Ras{ieren} von G{erda} die Suppe [aus Baracke] 29 geholt. Visite kurz, alle wollen Nachrichten. Visite [Baracke] 27 Un{garn} 0 Fieber. Barnard Hirnödem, Poliakoff sehr langsam dabei. G{erda} gibt von D{inner} das Fleisch, vielleicht verdorben, nur wenig an Mu{tter}, dadurch müde, schlafen bei D{inner}. Visite [Baracke] 27. Chohn bringt [behauptet]: 600.000 Amerikaner übergeben sich in Gelderland. Dadurch müde. G{erda} hat etwas Reis gekocht, die Schachtel v. d. R. öffnen lassen, was entsprechend [Kommentar] auslockte. Wollte nicht für sie aufstehen, weil ich bei F{rühstück} ihm nicht gleich das versprochene Chinin gegeben. Frau v. d. Laan kann nicht aufgenommen werden [im Spital]. 1 Frau mit Handrückenphlegmone, [war auch so eine am] 28., dito, diese tot am nächsten Tag.

Freitag, 6.4.1945

1½ El {Eßlöffel} Hafer, 1 El {Eßlöffel} Gort [Graupen], 2 Zucker - ½3 [Uhr] 6x [Stuhl] kann mich 12 [Uhr] auch schon nicht mehr erinnern, was war. Bei Verteilung sehr nervös. Muß von G{erda} alles selber essen. Das W.C. wird immer ärger. Tag vergeht mit 0. A{bends} Herzberger macht bei seiner Mutter Visite und spricht mich an, die Frau [ver]weigert aber off{izielle} Visite. Goldstein viel besser. Cohn hohes Fieber, tot auf Transport, junger hübscher Kerl. Habe während Arbeit in [Baracke] 27 nur 1x Frau A{bend} gesehen. Schw{ester} Barr gibt plötzlich Cibazoling [Medikament] ab, so daß Br{uder} Tas [eine Person], Citron usw. helfen kann. Die Obernachb{arin} von Mu{tter} ist böse und schaut mir ins Herz, weil für sie nichts habe. Die von Emden sind sehr gleichgültig. Redo hofft auf meine Hilfe.

Samstag, 7.4.1945

F{rüh} ins Bett, 1 rohes Stück Rübe. Weiteres durch Ankunft des M{ittagessens} verhindert. In [Baracke] 27 großer Rummel mit Desinfektion. Da bis ½2 [Uhr]. Tgb {Tagebuch}. Das vermißte Messer hat Lu Tas. Raten, ob Ungarn weggehen. Magazin hat für 8 Tg {Tage} Essen für 1066 Mann vorbereitet. Lu Tas kankert [stänkert], daß [ich?] in [Baracke] 27 nicht die Leitung übernommen habe. ½2 [Uhr] alle Barackleiter[?] und a{lle} Ärzte zu Weiss. Unmittelbar Marschfähige aufschreiben. Erst 400, dann nur 200. Großer Handel mit den Ungarn. 2 Kart{offeln} = 1 Zig{arette}, Papier 3 = 6 Zig{aretten}. G{erda} kocht sie, so daß [wir] ein Mahl haben wie noch nie und Ruhe von Durchfall und Pinkeln nachts. Hannover?

Sonntag, 8.4.1945

M{ittagessen} = ¼4 [Uhr], D{inner] = dünn[e] rohe Kohlrabi [durchgestrichen] ... Milch - ¼4-½7 !! - Früh auf, da Kanne an [?], mache Tee, den am App{arat} ziehen lasse während F{rühstück}. (Kein Tee mit Milch) bringe ihn dann zu G{erda}, die Milch Kindern gibt. Fr{üh} Mu{tter}, bei der schon Kaffee. Nach Ras{ieren} (noch 1 Stunde gedöst) umpacken, verbinden in [Baracke] 27, kurz in [Baracke] 29. // [?] war kurz hier, 18-20 [Uhr] erfährt er, ob wir weg müssen. Jpa: Transport kommt zurück noch am Bahnhof, Verbindung mit Celle abgeschnitten, alles schon von Engländern umzingelt. Jedenfalls Luft ruhig. 1 Palmolive + Strümpfe von Rosenberg = 100 gr. Dörrfleisch, 1 p. [Paar] Socken, 2 Zig{aretten}. Handel minder lebhaft, da Polizei verhindert. G{erda} macht Hafermehlkuchen f{ür} morgen. Grieß ist in Baracke. Kochte draußen.

[Montag, 9.4.1945 kein Tagebucheintrag, nur Essen angegeben, aber sehr undeutlich]

<u>Dienstag, 10.4.1945</u>

M{ittagessen} 1½ l [?], A{bendessen} Mehl [durchgestrichen], D{inner} ... [?], 1/3 l Milch, rohe Karotte - 3x [Stuhl], Kind{er} noch schlafen gut. 7 Uhr nehme aus Koffer raus überdacht. G{erda} macht Suppe, wärmt Grieß. Mu{tter} lag ohne Decke. Nicht mehr ganz orientiert, starrer Blick, atmet, noch ein Gruß, aber +/- 3 [Uhr] tritt Röcheln ein, so daß [ich] Tasche an mich nehme und teile Milch und Zucker sofort auf. Bin kaum fertig als [:] "Alles aus Revier muß weg". Komme aber nicht zum Denken. Kann gut tragen. G{erda} ist etwas verspätet. Großes Gedränge zu Wagen. Beate zetert, Kapos boxen. 1 [Kapo] erlaubt mir auf Wagen als Arzt, anderer boxt mich zurück, so daß noch linkes Kiefergelenk spüre. Hamo rät Gepäck an G{erda} mitzugeben, tippelt dann mit mir gehorsam zum Blockführer, wo 0 [nichts] wissen. Dann [:] Ihr bekommt Essen vom Magazin. Kapos jagen [uns?] da weg zurück. Franz{ösische} Frauen kamen in 5 Reihen, dann doch warme Suppe und Auto. - Noch M{ittagessen} = A{Abendessen:} 1 l Mehlsuppe und Knollen und rote Rüben am Bahnhof - 1/3 l Milch.

Luftangriff
Wir müssen richtig lernen zu hassen,
Wir dürfen uns nicht gehen lassen.
Sie höhnen, schimpfen, quälen, schlagen,
Wir müssen alles geduldig tragen
Und nicht verziehen unsre Mienen,
Sie bekommen doch, was sie verdienen.

Wir müssen richtig hassen lernen,
Wenn nachts es donnert über den Sternen,
Dann wollen wir der Kinder gedenken,
Geraubt, beschimpft, verschleppt [Steno]. Heute
Laßt stürzen Hitlers Städte Mauern,
Wir können deshalb niemals trauern.
Felix Hermann Oestreicher (Undatiert,
vgl. S. 221 links unten)

4. Zugtagebuch und Tröbitz: 12. April 1945 - 22 Mai 1945

Zugtagebuch

Mittwoch, 11.4.1945

Auf einer Wiese in der Sonne bei Soltau mit Gebulder [Getöse], auch deutsche Kinder in Nähe. Kinder machen Kränze von Gänseblümchen. G{erda} in Waggon. Ich bringe ihr nur schon schmutzig[es] Wasser. Aaron holt Ko und mich. Bekomme Französinnen [angewiesen] und [das] Versprechen [einer] besseren Unterkunft. Die Nacht war besser als erwartet. Kinder schliefen im Güterwagen (60) [heute]. G{erda} sehr down, ich kann noch nicht fassen, daß [ich] Mu{tter} so zurücklassen mußte. Ihr Leben war nur Tragik [,] und letzte Gedanken, daß Gott mich so strafen mußte. Auch jetzt nicht helfen zu können. Durch Abfahrtstrubel Papiere nach Durchsicht zurückgelassen. Mu{tter} verlangte Kochbuch [für] Beate, die ... Sie gaben Essen an der Pforte aus, aber lockten dabei Maria bis zum Auto. Für 4 Tg {Tage} 2 Brot, 25 gr Butter, Wurst +/- 200 gr.

Donnerstag, 12.4.1945

1 Brot [für?] 3 Leute, - 1 El {Eßlöffel} Ovomaltine . ...

Freitag, 13.4.1945

Sonne - Freitag 11 Uhr bei Wärterhaus hinter Uelzen [bei Unna], wollte am Damm liegen, aber [:]"Einsteigen". Die Nacht war besser. K. hat wieder nach Aufstehen seine Lage geändert, so daß ... [schlief?] eine Zeitlang. K's essen jetzt Fleischkonserve. Waschen war unmöglich, nur W.C. Dann ab Bahnhof Uelzen [,] vor 8 Tagen bombardiert [,] bei Tag (haben wir gesehen) leider die 2 Zufahrtsviadukte gespart [verschont]. Die Rampe abgesperrt, aber Kartoffelmiete wird geplündert. Br{uder} Rittmeister erdrückt mich beinahe. Tagebuch. 16 Uhr. Um ½16 [Uhr] Fliegerangriff auf Zug ohne Schaden. Ma{ria} sofort hinaus, Bea{te} sehr ängstlich, 3x Anflug, dann auf Wiese, um bei Bauern zu kaufen. Ko 3 Eier umsonst, wir 0. Etwas zurückgefahren, [der Zug] hält. G{erda} steht sich die Füße ab, weil ihr etwas versprochen (3). Andere baden in Sonne. Vorläufig Richtung Hamburg. G{erda} will türmen. Längs des Geleises Kartoffelfeuer. Jack Barenholz Darmkatarrh (lebt noch 45) [später hinzugeschrieben] Ich bin sehr müde.

Samstag, 14.4.1945

Sonne idyllisch im Wald, bei Bierbüttel abgekocht, Luftangriff auf Lüneburg gehört. Satt von Brot, Wurst extra (Kind und Arzt). Kranke, 0 Medikamente, miserabel liegen am Stroh. Dr. Katz tot. Lichtenstatter. F{rüh} Uelzen, A{bend} durch den ausgebombten Bahnhof Lüneburg.

Donnerstag, 12.4.1945 [nach diesem Datum geschrieben]
Erbsen. Irgendwo vor Uelzen. Die Strecke voraus durch Militärtransporte verstopft. Seit mehreren (2?) Tagen kein Heeresbericht, kein Radio. Eben werden von Meyerfeld gekaufte Kartoffeln verteilt, 11 Stück per Kopf. Barackenarzt Kottels natürlich 3 extra. Sonne, aber psychisch unangenehme Temperatur. Aaron hat mich in Waggon 6 zu Hess eingeteilt. Lauter Ung{arn}, die erst protestierten, da 4 Kranke ausgewechselt werden mußten. G{erda} war schon bei Morali mitgezählt mit guten Plätzen. Jetzt hat in der Nacht Hess in der Wut über Paul verraten, daß alle sich weigerten, uns aufzunehmen. Paul hat 2x in Nacht Di{arrhöe} und ist zu faul(?), um es auszuschütten. Ich tat es. 10/11. [nachts], aber am 11/12. nicht wodurch Schimpfkanonade von Kottel und Hess, welcher [es] 4 Rat{ionen} Brot wert erklärte, uns loszuwerden. Ist überhaupt roh im Ausdruck. Berlitzer, der in Wagg{on} 7, will nicht mit mir tauschen. Sonntag [8.4. 1945], [Stenozeichen] A{bend} [:?] Kam von Frau Menco [:] morgen müssen 800 [Personen aus dem Lager][79] weg. 5 Minuten später v. d. R: "Die Engl{änder} haben uns umzingelt, Hannover genommen und sich geteilt Celle/Magdeburg. Im Bureau ist die weiße Flagge vorbereitet!" Ich eile, das in [Baracke] 20 und 27 zu erzählen. Keine große Begeisterung. Nehme Suppe mit für Morgen. Am Montag wird leider der Abmarschbefehl gegeben und sehr langsam befolgt. Von So{nntag} zu Mo{ntag} in Kleidern geschlafen, ebenso von Mon{tag} zu Dienst{ag}, wo schon G{erda} und Kind{er} bei mir. Alle ruhig. Mu{tter} Herzberger macht mir Vorwurf, daß [wir] nicht Mütter zu uns genommen, worauf sie geht.

Mu{tter} teils gehend = getragen zu uns kommt, am Tisch ohne Decke starkwillig [?] liegt. Dies scheint den Schlußstoß gegeben zu haben. Dienstag hatte sie den Maskengesichtsausdruck wie Parrer. Ob Bluttransfusion in diesem Stadium noch geholfen hätte? Montag [9.4.1945] haben G{erda} und ich noch lange mit ihr gesprochen. Salco Herzb{erger} versuchte, mit Fam{ilie} wegzukommen, wurde zurückgeschlagen, seine M{utter} [ist] in [Baracke] 27. Albala ist Chefkrankenträger. Lu{za} {ver}weigert mir D{inner} und Milch für Mu{tter}, die ja im Altersheim auch 0. Mit Mühe bekomme ich in [Baracke] 27 ihr Essen und für G{erda} und Kind{er} 2 Port{ionen}. Montag funktionieren die Krankenträger

[79] Am 9. und 10.4.1945 wurden das "Sternlager" und das "Ungarnlager" aufgehoben; es gab zwei Züge, einen nur mit Ungarn und unser Zug mit ca. 2000 Menschen, darunter auch Ungarn.

ziemlich, aber Dienstag so schlecht, daß nicht nur Mu{tter}, sondern Packetrager [Name] David und mehrere and{ere} zurückbleiben. Allerdings hat Aaron niemand als letzten Arzt bestimmt. Um +/- 3 [Uhr] heißt es [:] alles aus Bar{acke}. Heinz treibt knallend die Leute heraus, und am Wagen wird meist Gepäck weggenommen. Schon Vormittag kamen Polinnen ins verlassene Ung{arn}lager, plündern und betteln uns an, aus zurückgelassenen Koffern [et]was über Zaun [zu]werfen. Elte machte es auch Spaß. Die Kapos kamen sich Zivilkleider holen, sie suchen zu türmen, auch [ich] und Lu Tas habe[n] diesen Eindruck. Ein Kapo: "Sabotieren Sie, dann müssen Sie vielleicht nicht mehr weg, +/- 15 km [entfernt] sind die Engl{änder}." Vor Gitter ist es unbeschreiblich voll mit Gepäck und Menschen. Am Bahnhof relative Ordnung. Leider gehe ich darauf ein, die 4 Menschen aus Waggon 6 herauszusetzen. Die Lagerung war noch passabel. Am Mittwoch 11.[4.1945] kam dann Aaron, um Wagen zu teilen, ich bin zu weit von meiner Arbeitsstelle und sehr müde. Wa{ggon} 23-25. Aa{ron} verspricht mir Einquartierung in Nähe, die dann unter verschiedensten Vorwänden verhindert wird. Es ist zu dumm, 0 zu sein, wo man Nr. 1 sein soll. Alle holl{ändischen} Ärzte haben einen Sitzwagen, in dem sie Arzt [sind]. Verlegung von Kranken in den Verpflegungswagen, der leer, nur langsam.

Am 12.[4.1945] wird letzt{es} Brot ausgegeben. Was dann? Die Wurst wurde auch nur widerwillig abgegeben. Um so mehr ist der Kartoffelankauf in Erstdorf zu loben, der uns am 13.[4.1945] ein Mittagsmahl ermöglichte.

Freitag, 13.4.1945 [erst danach geschrieben]

Das Haupterlebnis v{om} 13. war 1 Fliegerangriff bei Bierbüttel auf Autos auf der Straße und unsere Maschine [Lokomotive]. 14 Verwundete. Danach im Wald [Stenozeichen].

Samstag, 14.4.1945 [erst danach geschrieben]

A{bend} im Bahnhof Lüneburg. LA {Luftalarm}, der aber nicht erschreckt. V{iele} Flieger über Nacht bei Düben, wo Ma{ria}[80] beinahe nicht mitgekommen. G{erda} instruiert Kind über Verhalten.

[80] Als ich beim Anhalten des Zuges ausgestiegen war, wie wir das immer samt vielen anderen taten, fuhr der Zug plötzlich los: Ich konnte nicht mehr einsteigen! Etliche Waggons fuhren an mir vorbei, bis ich von einigen Frauen, die zwischen zwei Waggons auf der Kupplungsstange saßen, heraufgezogen wurde. Als der Zug später anhielt, lief ich sofort zu unserem Waggon zurück.

Sonntag, 15.4.1945

Im Bahnhofbiwak. Kind{er} beharren [?] Funkern [?] am Nebengeleise. +/- ½ l Stamppot (Bohnen, Kartoffel, Graupen), Wurst, Käse, G{erda} ziemlich viel Brot.

Montag, 16.4.1945

In Wittenberge früh vergeblich organisiert [Essen zu bekommen versucht], dann bei Luftangriff (Lokomotive und Zug brennt) 2 km hinter Front in 1 Dorf geg{angen}. 2x 6 Zigaretten: [für] viel[e] Kart{offeln}, 2 Teller Suppe. Nur 1 Zug, kommend von Hamburg, gesehen; komme gerade zur Abfahrt, im Fahren rein, G{erda} vor Glöwen dito. In Glöwen 20 km hinter Front LA {Luftangriffe} auf Bahnhof und Mun{itions-}Fabrik. G{erda} hat 2 l Milch. Kochten 2x ab, leider nicht in Gl{öwen}, so daß 14 Heringe = 24 Kart{offeln}, 1 Zig{arette} = 3 Kart{offeln}.

Dienstag, 17.4.1945

Früh Brotfrühstück, M{ittag} 2x Heringe. Erwache bei Berlin. Sehr enttäuscht, daß Bahnbauten und blühende Obstbäume bestehen. 2ter Ung{arn}-Zug angefallen [angegr.], da Soldat{enzug} angekoppelt. 56 Tote, 40 Verwundete. Sonne.

Mittwoch, 18.4.1945

Zuerst in Lübben[au] 1 Port{ion} Brot, 2 El {Eßlöffel} Sardin[en]. Suppenwürze, Rüben. Neben uns lange Zeit ein P{ersonen}zug, nur 1 Zug von [für] Mil{itär}[81] und Zivil. - Die meiste Zeit dagelegen und abgekocht, dann in Lübbenau von der Gurkenfabrik Gurken und Sauerkraut bekommen, die Frau ausgeteilt. G{erda} hat in Berlin 3 l Milch, Kartoffeln und Kolonialwaren erbettelt. Leider fiel der Beutel mit diesen beim Einsteigen in den anfahrenden Zug in die Hände von Magazinleuten und wurde leer zurückgegeben. Stehen lange in Lübben[au], wo [wir] abkochen. Vor Lipt. [?] im Dorf nichts erhalten ich, während Frau ja. Lübbenau wird G{erda} von Kottels [ge]verhindert, zum Gasthof zu gehen. In Dunkelheit stehen [wir] in Senftenberg, dann nach Kaunitz. Aaron [ver]weigert Vertretung in [Waggons] 23-25, da [er mich?] nur 1 Tag [vertreten wollte] mich! Herzb{erger} kann [Waggons] 1-5 wegen E[?] nicht machen [betreuen]. Abkochen jetzt zwischen 2 am [aus] Glöwen mitgen{ommenen} Ziegeln.

---

[81] Als ich an diesem Zug bettelte, gab mir ein deutscher Soldat (der am Kopf einen Verband trug) Suppe mit Wurst in meinen Becher: Ich war natürlich sehr erstaunt, daß ein deutscher Soldat mir Essen gab, aber meine Mutter verbot mir, an diesem Zug noch einmal zu betteln.

Donnerstag, 19.4.1945

Abkochen. Nm {Nachmittag} zu einem Marsch am [ans] Wasser gewagt und komme zur Station. Gerda im Ort (Stampot, Kart{offeln}, Rüben, Zwiebel, Knolle, Salz), das mit Französin teilen muß. Nach kurz[em] Tgb {Tagebuch}, Abkochen, verliere dabei auf 2x das Nageletui. Früh Visite in Wagg{ons} 5, 3, 4, dann erklärt Herzb{erger} plötzlich, er werde wieder arbeiten. Um 7 noch in [Waggons] 23-25, wobei auch Kollege aus Wilwarn hilft. Die übliche schlechte Lage zum Schlafen. Kot{tel} schlägt plötzlich mit 1 Schuh nach G{erda}s Füßen und wird von mir verboxt. Seine F{rau} erhält Kloppe, die für eine Ung{arin} bestimmt waren, welche Harn zur Tür ausschüttet. 2 Güterzüge passieren uns. Hess behauptet, in Senftenberg würden die Russen sein. (1 Lokomotivführer von Holzzug war ausgeflogen und traf ihn im Walde).

Freitag, 20.4.1945

Flüchtlinge gesehen. Der Wald direkt neben uns ist angeblich von Minen gefüllt. Er raucht nach LA {Luftangriffen}. Wir dürfen nur bis zum Weg gehen, sonst wird geschossen. Frau Lyon tot. Kind Waischer sterbend. ([keine Zahl eingetragen] Tote). Es ist Brot gefaßt und soll noch mehr gebracht werden. Die Soldaten leben nur von Brot, haben seit Tagen nichts Warmes. Jeder möchte die Knarre wegwerfen, aber tut doch seine Pflicht. Der Viadukt der Autostraße wird mit Dynamit belegt. (100 m Springweite ½ Wag{gon} so weit). [?] Neben uns stehen Ku. hn [?]. F{rüh} Kartoffelsalat mit Gurken. 1 Stück Brot. Dann abgekochte Kart{offeln}, so vom Topf und die Ärztebrotration eskomptiert [aufgegessen]. Nacht Regen: Kartoffel + Rüben + Zwiebeln als dicke Suppe und das Stück Brot von Bauern. Bei Rückkehr mit Eimer vom Bahnhof werde [ich] von vielen angebettelt und gebe f{ür} [laut] G{erda} zu viel ab (+/-½ Eimer). G{erda} und Ma{ria} haben Hände voll Impetigo [Pickel], Ma{ria} hinten Wuchselzopf [?], für den [ich] Salbe erhalte. Bea{te} ist die Nervöseste, heult bei jeder Gelegenheit, bes{onders} Luftangriffen. Durch das Abkochen ist der Streifen beim Geleise rasch kahlgeschnitten. In Lübben[au] habe früh zuerst nichts gefunden, dann in 1 Waggon zufällig [:] von außen Stroh geholt und dadurch großes Bett erbeutet. Heize auch mit mulmigen Telegrafstock [Mast] und [am] 19. sehr viel Oberfeuer von Tannennadeln auf Steinen zwischen Töpfen. Plötzlich ging mir Feuer aus, zu G{erdas} Ärger. Sie ist einerseits tapfer, holt Holz, kocht, bettelt, anderseits hat sie fortwährend Streit mit Nachbarn, auch nachts. Aber Suse Szüss ist meiner Meinung nach hg.[?], verlangt zu viel Platz. Ung{arn} betrachten uns als Eindringlinge. In [Waggon] 4 gab es auch Schlägerei zwischen Holl{ändern} und Ung{arn}. - Freitag, 20.4.1945 nur warme Roggensuppe gefrühstückt + 3 Knollen (3 Ration[en] Brot f{ür} Ärzte), dann sofort abgekocht, das durch Einsteigen unterbrochen. Tgb {Tagebuch} bei LA {Luftalarm}. 1 Toter wird begraben, es bombert stark. H. läßt für 1 gestopfte Zig{arette} Zut{eilung} von 17 lesen [?]. Sie sind weniger weit [die Engländer?] als {ge}hofft. Wir sollen nach Finsterwalde 20 km, wo 2ter Ung{arn-}Zug steht, versuchen durchzukommen! Hess war 1 Nacht und 1 Tag bei [im] Ungarn[-]Zug, hat, obwohl sie in Lüneburg plündern durften, 0 Verpflegung erhalten. Am 18. [April] hat 1 Frau für 3 Zig{aretten} 1 Rat{ion} Brot gekauft und verkaufte sie für 15! Am 19. [April] wollte sie dafür Butter, als ich ihr den Wucher auf Kopf zusagte: "Ärzte warten, um Toten Brot wegzuessen." Langs [entlang] Geleisen Mannslöcher nach anderer Seite. St{ations}chef schimpfte unangenehm. Wir fuhren durch 1 Grubenstation und Finsterwalde. Leider ließ ich mich zurückhalten, obwohl von G{erda} geschickt, habe nur Wasser.

Sonntag, 22.4.1945 [Bleistifttext später mit Tinte überschrieben und geändert]
Bei km 108 auf Strecke Halle-Beuterritz - Kraut für Frau de Vries gebracht. Kottels und Hess haben wieder geerntet. Nach unruhiger Nacht [am] 21. über ein Brückchen in den Wald nach Langenau. Frau de Jong will mit, ist dann irgendwo liegengeblieben. 20 Tote im Dorfe, Soldaten, Flüchtlinge, warne vor Fliehen; Milch, Brot, Kartoffeln.

In Tröbitz [nördlich von Leipzig/Niederlausitz][82]

Im Frieden - April 1945
Ganz langsam schleichen wir dahin,
Ganz langsam Friedensfreude kommt
In uns nicht auf. Zu lange sind wir
Geknechtet und gedrückt im Kampf,
Noch nicht vergessen ist die Frohn,
Der Hunger, Dreck, das schlechte Bett.
Doch sehen wir ein bekannt' Gesicht
Dann lächelt unser stiller Gruß:
Du lebst noch! Das ist schön, sehr schön.

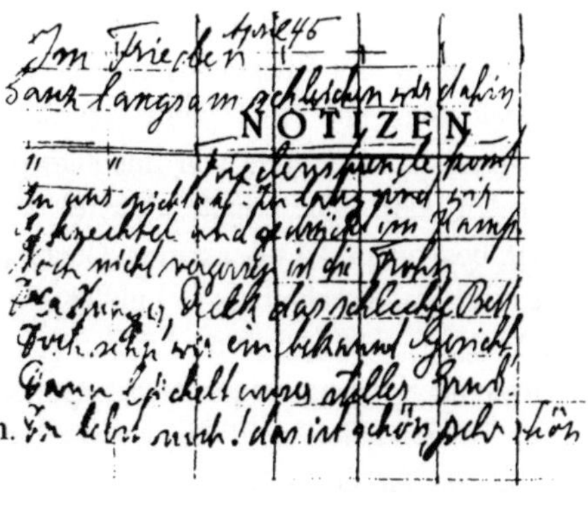

[82] Der Transport von Bergen-Belsen bis Tröbitz hatte 14 Tage gedauert, also vom 11.4. bis zum Morgen des 24.4.1945.

Samstag, 28.4.1945

Sonne - sehr schlechte Nacht, mit viel Gasen und Durchfall. Zeitig ins Dorf, da angeblich Brot. Erfahre Tod [von] Frau Kollek, Enzephalitis. Mit ihm Vorrang bei Brotausgabe. Dann zu Pat{ientinnen}, Franz{ösinnen}, die 30 km laufen wollen. Shirley Waterman, Frau Lissen gibt Bohnenkonserve. ½2 [Uhr] erst daheim. Schlafe. Um 4-8 [Uhr] op [auf] Visite Schildastr{aße} 7. 3 Zig{aretten} = 1 Kanne Kondensmilch. Sch{ildastraße} 11 [?] ...litanie Stoppelzaun, wo Schwester finde, die mir bei Schnitt [? von?] Kind de Vries hilft. In [Schildastraße] 2 (1 Glas Wein, 1 Stück Brottorte, 1 Stück Gelee). Schenker auch krank von gestern, weil zu fett (1 Käsekonserve). Schw{ester} Kann deliriert. Ich [erhalte] für G{erda} 1 Fettbr{ot} von Leeuwen. Ung{arn?} hat schon um Zig{aretten} geschickt (Herr Schmidt hat Serum gebracht). 2 Kroketten, 1 Tasse Kompott [am?] Vorm{ittag}, 2 Glas Stroop [Sirup], 1 Jambrot.

Montag, 30.4.1945

1 Woche nach der Befreiung Tröbitz. Wir sind auf einem Bauernhof "einquartiert", Schildastr. 12, und zu müde zum Schreiben. Außerdem habe ich Durchfall, so daß die Nächte im schmalen Bett zu 2 weniger Schlaf bringen (2-3) [Stunden?] ... Ich träume noch immer von Abkochen im Wald oder im Waggon. - Kalt wieder nachts 2 Explosionen, bleibe im Bett, lese. Kinder nähen Puppenkleider, G{erda} Kinderkleider, endlich Tgb {Tagebuch}. Fühle noch Rumoren im Leib.

Mittwoch, 2.5.1945 [im Tagebuch unter dem 22.4.1945 (vor dem 1.5.1945)]

Endlich Tinte. Die Kinder haben sich am ersten erholt. Maria ist größer als Beate, hat wieder ihr altes Gesicht und schlaksige Figur. War im Zug schon sehr paffig [aufgeblasen]. Kind{er} benehmen sich tadellos, essen alles. Ma{ria} kann [sich] das Fingerlecken nur schwer abgewöhnen. - Grütze mit Milch, Griebenbrot, 11 [Uhr] gebr{atene} Kartoffeln, M{ittag} Kartoffelbrei in J{üdischem} W{aisenhaus}[?], A{bend} Omelette, Kaffee, Käsebrot.

Dienstag, 1.5.1945

Schlechte Nacht mit viel (3x) flüssigem Stuhl. Bleibe lange im Bett. Habe 4 Orgasepton genommen. F{rüh} Grütze. Wasche Füße und rasiere. Die Barthaare sind ganz zart und wenig. Vorm{ittag} vergeht mit etwas Lesen und Schwätzen. G{erda} ... verbunden. M{ittag} Kartoffelbrei mit Tunke. Konnte von Hannie[83]

[83] Hanni und Paula Wolf: Die beiden jungen Frauen wohnten mit ihrer Mutter in gleichem Haus in zwei Hinterzimmern: Schildastraße 12 (siehe S. 279).

die Fleischkonserve nicht herausbekommen. Paula gibt sie [am] A{bend} mit Widerstreben. Gehe +/- 3 [Uhr] los: Nr. 7, 4b (5! Käse) 3a Kuchen, Keks, Stükkel Dürrfleisch, 2 Kaffee, Sulz, 1 Käse. Treffen uns dann im J{üdischen} K{rankenhaus}, wo noch Eier und Milchzettel ausschreibe, 1 Ei für G{erda}.

[Am 3., 4., 5. Und 6.5.1945 keine Einträge]

Montag, 7.5.1945

Sonne - Pap [Brei] 11 Uhr Kar{toffeln}, M{ittags} Kartoffeln, Karnickelkeule, A{bends} Kartoffeln, Grieß und Quark, Pudding, Kompott. Tag steht unter Expedition nach Schilda, wohin um 3 Uhr gehe. Vm {Vormittag} bei de Vries, die besser (Liebeswerda c/a 5 Uhr). In Tröbitz. Von Teichtals Teller Pap [Brei], von Schenker vom Schwein von selbst [ein Stück bekommen]. Von Kahn nach Bitte erhalten. G{erda} läßt Nachmittag einen Becher Fett aus. Ung{arn} sind knauserig, obwohl noch [vorrätig] haben. 4 [Uhr] in Schilda bis ½8 [Uhr] mit Frau Neubauer heim. 3 Tassen Kaffee, 1 Butterbrot, 1 Torte, 1 Ei. Bromberg sehr down. Die Russen haben im Ort in jedem Haus die Frauen heraus zum Schienenabschrauben geholt und geplündert. Bei Schenker trinkt Russe Schnaps. Noch [am] A{bend} gelesen. 4 [Uhr] nachts zu de Vries wegen neuralgischer Schmerzen.

Dienstag, 8.5.1945

Sonne - Pap [Brei], Bratkartoffel, Pellkartoffel, A{bends} Nudeln, M{ittags} Schweinefleisch. Friede! Paula brachte es [die Neuigkeit] aus dem Dorf. Werde schon um 2 die Reden hören. Wir können es doch noch nicht fassen, sind zu sehr mit Lage und Lagerfurcht beschäftigt. Schreibe dies in Sonne am Tisch vor Haus. Nacht nur 2x [Stuhl] noch sehr viel Gase, etwas besser. Uhr ging ¾ Stunde voraus, dadurch Vormittag Visite, danach Teilung mit Hannie nur 4 statt 8 Büchsen Fleisch für Hälfte von unserem Mehl. Mädels beschweren über ungenaue Teilung, haben seit 10 Tagen nichts gegeben. Frenkel sehr unvernünftig wegen Sohn (Exanthematiker nicht melden). Früh kam Chiner, [mich] zur Arbeit holen, sehr ruhig. Tgb {Tagebuch}.

[9.5. und 10.5.1945 kein Tagebucheintrag]

Freitag, 11.5.1945

Pap [Brei], Kartoffeln, 10 Uhr Kartoffeln, M{ittag} = Fleisch, Pudding. Milch, Brot, Käse. - Viele Visiten. Nm {Nachmittag} Registrierung, wobei russisch unterschreibe. 6 [Uhr] Zusammenkunft mit russ{ischem} Kapitän. Morali wirft Aaron vor, daß durch ihn Seuche verbreitet. Schwarz ist wahrsch{einlich} Tbc. Hauptsache: 11 [Uhr] kommen 2 Russen, die bis 1 [Uhr] bleiben, nicht glauben wollen, daß G{erda} meine Frau, wollen mit Wolf Frauen freien [lieben], legen sich schließlich zu ihnen, die weg [flüchten?] können. Früh fehlt 1 Uhr und ! eine Puderdose. Wir haben geraucht, getrunken, Kaffee mit viel Zucker, Fleischkonserve, gesungen, ich mußte dolmetschen.[84]

Samstag, 12.5.1945

Dick[er] Pap [Brei], Brot, Fleisch, Kart{offeln} und Bouillon, A{bends} Käse, Pudding, Kart{offeln} - Etwas müde, vor 11 [Uhr] rasch im Laden. Mit Kapitän Baracken besichtigt - 12 [Uhr] verabrede mit Elte Konsilium bei Schwarz, das [ich] dann vergesse. Schulstr{aße} 11 Schenker, Schilda 1a, 21, 19, in 21 sauren Käse, russisch [gesprochen] und Medikamente. Schlafe bis 3 [Uhr]. Schildast{raße} 3a Kaffee, Kartoffelbrei, den bei Jacobi [esse]. Sehr gerührt bei Waffenstillstandsfeier, die in allen Sprachen [abgehalten wird]. Levi [spricht] über KZ [Konzentrationslager] mit Anklage an anwesende Deutsche. Dobringerstr{aße} 5 (2 Plakjes [Scheibchen] Käse, Radieschen), 13 (2 Käse, Tabak). Auf Straße Ver[?] und Dukstel[?] und Mann. Frau D mit mir, bekommt Blumen. Bin so müde, daß nur lese. G{erda} 97 Pfund, Maria [?], Beate [?][85], ich 56 kg. Sehr heiß, laufe ohne Krawatte. A. wollte mich ins alte Spital. Zeige ihm, daß Leute mich wollen und ich sie nicht verlasse. Im Regen sehr schmerzhaft.

Sonntag, 13.5.1945

Heiß - dicker Brei, M{ittagessen} = Bouillon, Fleisch, Pudding. A{bendessen} = Brotsuppe, Fleisch, Brot, Milch, Bouillon, Fleisch. - Bis 9 [Uhr] zum Sonntag im Bett. Dann doch los. Stoppelman fieberfrei. Schenker, Teichtal Delirium beide. (3 Fettbrote, 1x Kaffee und Beefsteak) van Kleef und Blitz, Graf endlich in Dobringerstraße Nr. 2. Biegelmann macht Steak mit Kartoffeln und Fettbrot, 2 Fälle bei Zivil. Konijn, Dresden. Pap [Brei] 3 Uhr. G{erda} hat Wintermantel gefunden. Schlaf, 3-½5 [Uhr] echt sonntäglich mit Kindern gespielt. Um ½9 [Uhr] Schwarz, 3 Ungarn, Liebenwerdastr{aße} 5. Drohe Frau David mit Spital, wohin Herzberg schon gekommen. Tgb {Tagebuch}, mache Tinte. [Stenozeichen] Dobringer 3 Käse, Tabak. De Vries (Seife), Frenkel (Tee, Butterbrot).

---

[84] An diesen Abend erinnere ich mich: Beate und ich lagen im Bett nebenan und hörten das fröhliche Singen!

[85] Mein Vater hat uns gewogen, für Beate und mich aber kein Gewicht aufgeschrieben.

Montag, 14.5.1945

Brei mit Milch 3 Teller! M{ittag} Bouillongrieß, Gulasch, Kartoffeln, J{ause} [:?] Stroopbrood [Sirupbrot], Kaffee. - A{bends} Kartoffeln, Büchsenfleisch, Rhabarberpudding, Brot, Käse.

[Extrablatt im Etui, S. 271]

14.5.1945. Ins Büchlein kann ich nicht schreiben, da noch soviel nachzutragen ist. Bin aber so müde, daß es Überwindung kostet zu schreiben. Wir Ärzte haben keine Ruhe, Herr Edgar und seine Sternheim ja! Um ½9 [Uhr] kam der Zwart wegen seinen ½ l[86] Milch. G{erda} sagte ihm die Wahrheit, sie braucht jeden Tropfen wegen ihrer Füße, aber wir werden doch nachgeben. G{erda} schneidet augenblicklich das Ergebnis des heutigen Tages für Brotsuppe. Vm {Vormittag} 19, Nm {Nachmittag} 37 [,?] Visite Schilda 7 (1 Zigar[re/rette?]) Schulstr. 7 (4 Brot, Sirup), Liebenwerda 7 (2)[?] Schuderik 4 (2 Brot). Nach M{ittag} geschlafen; wollte da 2 Stunden zu früh wieder weg, aber Frau Kopsch: "Legen Sie sich mal lang hin, das haben Sie nötig." Schlaf nach 7 [Uhr] bei Luza, der morgen Ei versprochen, dann Dobrilagk 5 (10 Paprika, Mehl, ... Käse, Krawatten, Radieschen, 5 Zigaret{ten}). Dobrilagk 13 (9 Käse), Schilda 1a (2), 21 (3 Brot), 19 (6 Brot, Fleisch, 2 Zigaretten), 2 (2), 3a (3) - Sprach mit Aaron über Aufnahme, 21 sind in der Baracke, weiter haben sie keine Betten und Matratzen. Er weiß von den 2 Waggons in Ubigan, auch von den schlechten Zuständen der Bevölkerung. Im Waldkamp sind keine Ärzte. G{erda}s Wunsch, sich an Brot sattessen zu können, ist erfüllt. Die Kinder sind wieder echte Kinder, froh, frech, fressend, letzteres gar nicht im Übermaß. G{erda} schneidet soviel Brot wie in B{ergen}-B{elsen} für 1 Baracke. Es kostet Mühe, ihr begreiflich zu machen, daß sie viel Fleisch essen muß. Sie möchte die Büchsen sparen. Wir haben doch eine aufgemacht, da hat sie ordentlich gefuttert.

[15., 16., 17.5.1945 keine Tagebucheinträge]

Freitag, 18.5.1945

Pap [Brei], Milch, Brot, Käse - Zeitig mit Statistik bei A{aron}. Beratung wegen Heimpflege, worüber später auch Weiss klagt. Schwarz fieberfrei. Frau Bruck ist

---

[86] Ich erinnere mich noch ganz gut an diese Milchgeschichte: Ein russischer Soldat kam in unseren Bauernhof, wo noch eine Kuh stand, und verlangte, daß die Kuh an Familie Zwart abgegeben werden sollte. Mein Vater wollte das nicht. Der Soldat drohte, die Kuh zu erschießen, wenn nicht geschehe, wie er wollte. Er stand da, seine Waffe auf die Kuh gerichtet. Mein Vater überredete den Soldaten, und man verabredete, daß die Milch geteilt würde.

Rad im Hof von Weiss gestohlen! Bleicher (D2), Biegelmann, Araton j. [?] ing. Anertun[?] trotz Fieber, Konijn ... hat viel Mehl, aber nur 2 Zigaretten. Dresdens werden durch 6 j{unge} Männer versorgt. Dietze auch besser. Grünbaum klagt, die Deutsch{en} haben alles. W. Ottving Prontosil gegen Durchf{all}, da bei Montiljo nicht nötig (Schok{oladen}pudding). 3 Franz{ösinnen} in 13 noch weinerlich. Kind Dessau l{inks} gelähmt, blaß (Brottorte). Stern wünscht Aufnahme [im Krankenhaus] Levy (Fotoständer [?], da sonst 0). Adler wenig. Herrn (Buch) Finkelstein, Encephalitis? Hy? [?] Finkelstein Sohn sehr erregt auf Straße, da nicht gleich gekommen, regt sich wieder ab.

Samstag, 19.5.1945

Kälter - Pap [Brei] wie stets mit Milch. M{ittagessen}: Fleisch als Gulasch, Torte mit Kirschensaft. A{bends} Schokoladenpudding, Käse, Brot, Milch. - Gute Nacht, aber 37,6 [Temperatur] in Achsel. Bleibe in Bett. G{erda} gibt nicht einmal Geburtstagskuß [Dr. Felix Oestreichers Geburtstag!], hat nichts! gearbeitet, wo so viel zu arbeiten wäre oder [zu] organisieren. Kinder haben den Bericht über den Zug fabelhaft geschrieben, auch Schrift und Stil gut.[87] Verbringe ganzen Tag mit der Einteilung des Krankenjournals und Statistik, die [ich] dann Nm {Nachmittag} an Aaron schicke. Wolfs kommen früh gratulieren (2 Zigarren). Frau Schmidt Feldblumen. Nm {Nachmittag} Frau Schächter, die Landplage mit blauen [Blumen], so daß G{erda} sie zum 1. Kaffeetisch im Frieden einlädt. Wegen Schmidt wird deutsch gesprochen. Frau Kopsch gibt 20 M{ark}! A{bends} lese Beates Aufsatz vor, worauf Ma{ria} eifersüchtig. Wolfs spielen mit Kindern Wettrennen. Nach A{bend} rauche Zigarre, da mich wohlfühle. Nachts schlaflos, so daß 2 Phanodorm. G{erda} bangt so um Helli. Vergleiche mit W{esterbork} 43, 44 [Bergen-Belsen], 45 [Jahreszahlen]. [mein] Geburtstag. Eigentlich dumm, daß tgl {tägliche} Zuteilung nicht auch notiere. Brot haben wir genug, so daß Brotsuppe usw. gemacht wird. Vormittag las ich ein humoristisches Buch, das an Schou abschicke. - G{erda} hat A{bend} 38 [Temperatur]. - Der Tod von Poliakoff bringt mich dazu, mich zu schonen. Nm {Nachmittag} 37,6 [Temperatur]. Schicke mit Ahlfeldt jun. zu Aaron, daß erst 23. [Mai] wieder arbeite.

Sonntag, 20.5.1945

Pap [Brei] mit Milch, 10 Uhr Brot. M{ittagessen} = Bouillon, gutes Fleisch, Kirschtorte, A{bendessen} = Brotsoße als Pudding, Brühkartoffeln. - Da mich fit

---

[87] Diese beiden Geschichten sind leider nicht erhalten, ich weiß jedoch, daß ich über die brennende Lokomotive und das Minenfeld geschrieben habe.

fühle, ziehe ich ziemlich früh los. Schicke an Schou Früchtpap mit Blumen, der über [für] Art{ikel} bedankt. 2 Holländer, Bankwerker [Schlosser] [,] von Sagan kommend, gebe Zettel nach A'dam [Amsterdam] mit. Bitte Grünbaum Dobr{inger} 5 zu versorgen, leider nicht auch 6, wohin Sternheim mich bes{onders} zitierte. Auf Straße von verschiedenen Pat{ienten}angehörigen geholt. Aus Nr. 6 sehr unfreundlich, nicht auf Gesundheit von Arzt Rücksicht nehmend. Frau Stern auch beleidigt, daß nicht messen will. (Leider nicht gesagt, daß Thermometer daheim). Kind Dessau Mych.[?]enzephalitis. Bei 2 Albanern. Ino nimmt (sofort) auf [im Krankenhaus]. Dann in Dobr{inger} 4 Granaat (Stück Käse), Voorzanger (Stück Kuchen), Hackert, Pays. 14 Schwarz besser auch objectiv. 3 Pap [Brei] klar [fertig]. Dukstein nach Ess{en} klagen. Adler[s] Puls rasch irregulär, Onberin aber Combetin [Medikamente] nicht mehr erhältlich. (Ball, Kleid, Spielhose). Rimbal unverändert. Dr. van Leeuwen am Fenster, dito Stadt. Teichtal nicht mehr verwirrt. Schenker gut. Bitte Nm {Nachmittag} Grün{baum} in Dobr{inger} 6 zu gehen. Schlafe Nm {Nachmittag}, lese Dorfapostel. Habe nichts von Pfingstsonntag. G{erda} 38, 38,6 [Temperatur] - Waldbrand hat aufgehört.

Montag, 21.5.1945

Pap [Brei] mit Milch, Brot, Käse, Büchsenfleisch, Brotpap, Milch - Tu ganz Tag [den ganzen Tag beschäftigt]. G{erda} 38,3, 38,6 [Temperatur], doch Vm {Vormittag} im Bett teils schlafend. Dito Nm {Nachmittag} bis ½6 [Uhr], dann bei Schenker Kaffee, 3 Fettbrote. Treffe danach Ziek{enoppaser} und Elte, die wohl sprechen, aber nicht grüßen. Pöbel. G{erda} sehr ↓ [down], will nach [zu] Kinder[n]. Kinder spielen Postamt. Beate hat wieder normalen Puls (gestern nach Ballspiel kurzatmig bei und Herz{klopfen}).

Dienstag, 22.5.1945

G{erda}s Ödem ist ↓ [weniger] (seit 20.) [Mai]. Schwitze 21. [Mai] ganz{en} Vm {Vormittag}. Es soll russ{isches} Feldspital kommen (20. [Mai]), das wäre ein Segen.

[Hiernach folgen keine Aufzeichnungen mehr]

Krankheit

Krankheit ist niemals willkommen,
Ist hier eine schwere Strafe,
Auch die leichtste kann jetzt enden,
Wie wir alle leider fürchten.
Untersuchung ist ganz zwecklos,
Geltung hier hat nur das Fieber,
Über 38 muß man messen.
Pfleger Chohn mißt morgens 40,
Sanitäter abends minder.
Arbeitsfähig bleibt der Kranke
Bis das Fieber hoch gestiegen.
Jansen schleppt sich in die Kammer
Ohne Fieber ist's vergeblich.
Hohle Augen Haut und Knochen,
Abgemagert von dem Durchfall
Liegen viele ohne Erlaubnis
täglich in den Wohnbaracken.
Machtlos schleicht der Arzt vorüber
Bilm [?], Opium, Tanin fehlen
Warmes Wasser, nicht erhältlich.
Essen Rater[88]: "Du mußt essen!"
Gute Worte kann er geben,
Ihren Lebensmut zu heben.
Wer im Bette lang gelegen
Wird hier schwächer stets im Geiste.

Felix Hermann Oestreicher
(Undatiert)

[88] Derjenige, der einen Rat zum Essen gibt.

Maria Goudsblom-Oestreicher

Aber doch nicht vorbei

Das Tagebuch meines Vaters endet am 22. Mai 1945. Ich weiß natürlich, wie es dann mit uns weiter ging. - Die Zeit in Tröbitz nach der Befreiung aus dem Zug hat für mich sehr lange stillgestanden. Es war, als ob diese anderthalb Monate nie aufgehört hätten und irgendwie unter einer Glasglocke aufgehoben waren. Ich konnte mich an alles genau erinnern, aber ich wollte es nicht berühren, nur sehen; denn Tröbitz ist für mich immer das schönste Dorf der Welt gewesen, aber auch das verrückteste. In meiner Erinnerung war immer schönes Wetter, die Sonne schien, es war sehr warm. Als ich, nur in einem blauen Turnkleid, ohne Socken und Schuhe über die Straßen lief, waren der Sand und die Steine fast zu heiß. Nachdem ich dann einmal einen Splitter in einen Fuß bekam, habe ich Sandalen getragen, die irgendwo herkamen. Meine eigenen hohen Schuhe, die ich aus Amsterdam mitgenommen und den ganzen Winter getragen hatte, waren zu klein geworden. Die Bäume an der Straße blühten: Kirschenblüte oder Hagedorn. In den Wiesen blühten sehr viele Blumen. Gänseblümchen kannte ich noch von früher. Die Luft war blau, nur der Wald am Ende der Felder hinter dem Haus war beängstigend dunkel.

Dorthin waren die Männer aus dem Dorf geflüchtet, so hatte ich das verstanden; denn niemand erklärte mir etwas richtig. Die Frauen waren noch da, in "unserem" Hause wohnten zwei, in meinen Augen, alte Frauen, die ganz schwarz gekleidet waren. Sie wohnten in der Küche und auf dem Dachboden. Die beiden Vorderzimmer, ein größeres und ein schmaleres gleich daneben, bewohnten wir vier; die beiden Hinterzimmer, die Familie Wolf zu dritt. Auf dem abgeschlossenen Hof in einem der Ställe wohnte eine deutsche Flüchtlingsfrau mit ihrem Baby, später eine Ungarin mit ihrem Sohn, vielleicht war es auch umgekehrt. - Vor Haus und Hof lag ein Obstgarten (S. 279).

Die russischen Soldaten waren im Vergleich zu den deutschen Soldaten kleine Männer. Sie wollten immer nur Schnaps haben und Frauen und Uhren am Arm. Auch meine Mutter wurde einmal von einem Soldaten bedrängt, und sie wollte, daß ich nahe bei ihr blieb. Der Soldat bot ihr eine Uhr an. Sie kam davon, aber die Flüchtlingsfrau war nicht so glücklich, ich habe sie schreien gehört. - Dieses Ereignis bringt mich darauf zu erklären, warum Tröbitz für mich das verrückteste Dorf war.

Als wir aus dem Zug kamen, müssen die Bewohner des Dorfes gedacht haben, daß wir Gespenster seien, so verhungert waren wir. Aber das Merkwürdige ist, daß ich mich nicht erinneren kann, wie wir aussahen. Ich habe nie das Gefühl gehabt, daß meine Eltern oder irgend einer der anderen Menschen häßlich aussahen, obwohl zum Beispiel die Beine meiner Mutter sehr geschwollen waren. Ich weiß, daß ich und auch die anderen Kinder sehr mager waren, denn wir spielten, wer am weitesten mit den Händen unter die Rippen greifen konnte, - und das konnten wir alle sehr gut.

Der Zug war auf einmal am Morgen in einem Wald stehengeblieben. Meine Eltern waren schon weg, als Beate und ich aufwachten. Beate hatte die Russen als erste von uns beiden gesehen, sie war sehr aufgeregt. - Dann kamen die Leute, welche aus dem Zug ins Dorf gegangen waren, wieder zurück, und sie brachten die verrücktesten Sachen mit: große Säcke mit Mehl, große Gläser und Töpfe mit Gemüse, Bohnen und Fleisch, auch ganz große Gefäße. Jemand fuhr auf einem Fahrrad im Wald herum. Hühner liefen umher. Kurzum, es sah aus wie ein Gemälde vom Schlaraffenland, ganz surrealistisch, würde ich jetzt sagen. - Meine Eltern kamen zurück, und die folgende Nacht schliefen wir erstmals wieder in einem richtigen Bett mit schneeweißen Deckbetten und Kissen.

Wir waren frei und hatten genug zu essen, aber wir waren auch krank. Jeden Tag kam mein Vater nach Hause und erzählte, wer gestorben war, es war so, als ob Sterben einfach zum täglichen Leben gehörte.

Meine Mutter wurde nicht gleich krank, sie hat Zeit gehabt, aus weißen Gardinen mit kleinen orangenfarbigen Blüten für sich selber einen engen Rock und eine Jacke zu nähen und für uns beide, aber auch für unsere Schwester Helly (in Holland), ein Sommerkleid mit kurzen Puffärmelchen (S. 278). Ich war ganz stolz auf mein neues Kleid. Mutter sorgte auch dafür, daß wir keine Läuse mehr im Haar hatten, sorgfältig kämmte sie uns immer wieder und auch ihr eigenes kastanienbraunes Haar. Aber dann wurde sie nach dem Geburtstag meines Vaters krank. Wir, Beate und ich, durften nicht mehr zu ihr ins kleine Zimmer, wo sie jetzt lag. Wir durften auch kein Spielzeug mehr aus dem Schrank holen, weil Flecktyphus eine ansteckende Krankheit war. Wir schliefen im großen Bett im Wohnzimmer, und mein Vater legte jeden Abend seine Matratze vor die Tür des kleinen Zimmers. Meine Mutter wollte nicht ins Krankenhaus gebracht werden, weil man dort ihre Haare abschneiden würde. Die Krankheit dauerte ein paar Tage, der kritische Punkt würde nach acht oder neun Tagen kommen, so hatte mein Vater uns erklärt. Nur einmal ist sie noch aufgestanden und hat mit Beate und mir draußen auf einer Bank neben dem Haus im Hofe gesessen, wir haben Kirschen aus einem Glas gegessen. Sie war aber schon sehr schwach, und es war von meinem Vater auch nicht erlaubt, das Bett zu verlassen. Am 30. Mai 1945 saßen wir im Hof "unseres" Hauses, ich nähte ein Puppenröckchen, Famille Wolf war auch da. Mein Vater war im Zimmer meiner Mutter, und wir warteten, wie man warten kann. Als er dann herauskam, war deutlich, daß sie nicht mehr am Leben war. Wir haben sie dann durch das Fenster zum Abschied gesehen, sie lag ganz friedlich mit ihren langen Haaren auf dem Kopfkissen, die Bernsteinkette um den Hals, mit ihrer braunen Pelzjacke. In den Händen hielt sie von uns gepflückte Veilchen. - Mein Vater ging mit uns beiden hinter das Haus, wir saßen inmitten von wachsendem Getreide ganz still und aßen Schokolade.

Dann ging alles sehr schnell. Ich glaube, daß mein Vater noch am gleichen Tag ins Krankenhaus kam. Den nächsten Tag wurde die Leiche meiner Mutter abgeholt mit einem ganz niedrigen schmalen Wagen, nur die Flüchtlingsfrau (oder die Ungarin), ging mit ihr mit durchs Tor bis auf die Straße. Ich bin ihr noch immer dankbar, daß wenigstens sie das kleine Stück mitgegangen ist, denn ich selber war zu feige, um mitzugehen. Viele Jahre später, im Frühjahr von 1994, bin ich mit meinen beiden Schwestern für einen Tag nach Tröbitz zurückgekommen. Wir haben den speziell für unsere Leute aus Bergen-Belsen eingerichteten kleinen Friedhof besucht und Blumen auf die Gräber unserer Eltern gelegt. Es war sehr schön und ruhig dort (S. 279). - Das Zimmer und eigentlich das ganze Haus wurde damals durch besonders gekleidete Männer in weißen Kleidern gesäubert. Jeder fand es schlecht, daß mein Vater unsere Mutter nicht ins Krankenhaus gebracht hatte.

Wie Beate und ich dann weitergelebt haben, weiß ich nicht mehr. Irgendwie haben wir gegessen und das Haus sauber gemacht. Meine Mutter hatte zwei blaue Schürzen und Kopftücher für uns genäht. - Wir durften unseren Vater nicht im Krankenhaus besuchen, sondern ihm nur aus der Ferne winken. Irgendwann hat man uns dann gesagt, daß er nicht mehr am Leben war, aber geglaubt habe ich das sehr lange nicht. In meinen Träumen habe ich immer gedacht, daß ich ihn wieder träfe, daß der Mann mit dem schwarzen Ledermantel am Ende der Straße mein Vater sei. Ich freute mich dann riesig, aber als der Mann sich umdrehte, war es immer jemand anderes. Diese Träume haben schon lange aufgehört, obwohl ich nicht mehr weiß, wann, und eigentlich hatte ich sie gerne, auch wenn ich enttäuscht wurde. Von meiner Mutter habe ich nie geträumt.

Die Familie Wolf wird bestimmt für uns gesorgt haben. Die Wolfs waren es auch, die uns mitnahmen, als wir das Dorf auf einmal verlassen konnten, mit Lastwagen nach Leipzig in eine große Kaserne gebracht wurden, und zwar in einem Raum eines großen Gebäudes. Es gab keine Betten, Beate und ich hatten nur Platz unter einem Tisch. Nicht nur wir aus Tröbitz waren dort, sondern viele viele andere Menschen, frühere Gefangene aus ganz Europa, die auf ihre Rückkehr nach Hause warteten. Wir spielten Verstecken im hochgewachsenen Gras zwischen den Gebäuden. Man konnte sich einfach hinlegen und wurde nicht gesehen.

Wir sind nicht lange dort geblieben. Eines Tages wurden wir mit einem Lastwagen zum Bahnhof gebracht, und von dort ging es mit einem Rotkreuzzug der Amerikaner quer durch die Landschaft, vorbei an ausgebombten Städten, nach Holland zurück, nach Maastricht im Süden des Landes. Als wir noch im Dunkeln dort im Bahnhof eintrafen, bekamen wir Buttermilch zu trinken. Dann wurden wir in eine Schule gebracht, wo in orangefarbenen Buchstaben geschrieben stand: "Willkommen in Maastricht". Von Maastricht ging es dann nach einigen Tagen, vielleicht auch erst nach einer Woche, weiter nach Amsterdam.[89] (S. 276/277) Dorthin nahmen Dr. Luza und seine Frau uns mit, denn Familie Wolf wohnte in Den Haag. Die letzte Sammelstelle war der Zentral-Bahnhof von Amsterdam. Dort, am großen Wasser hinter dem Bahnhof, schien die Sonne, und dorthin sollte, wie das Gerücht ging, die Königin mit einem Schiff kommen, um uns zu begrüßen. Sie kam natürlich nicht. Dr. Luza brachte uns zu unseren Großeltern, die noch immer in ihrem eigenen Haus wohnten. Nicht viel später kam unsere Schwester Helly zurück.

Es ist uns im weiteren Leben gutgegangen. Beate ist Biochemikerin geworden, sie machte ihre wissenschaftliche Arbeit an der Universität von Utrecht. Helly ist Künstlerin, ihre Skulpturen aus Ton und Glas kann man in Museen bewundern. Ich habe Sozialpsychologie studiert. Helly und ich sind verheiratet und Mütter geworden, Helly auch schon Großmutter.

Alles, was hier beschrieben wurde, ist jetzt schon vor mehr als fünzig Jahren geschehen, *aber doch nicht vorbei*. Es gibt ein Gedicht von Leo Vroman, das jeder in Holland kennt. Es handelt vom Ende des Zweiten Weltkriegs, für ihn die Befreiung aus einem japanischen Lager im damaligen Niederländisch-Indien, jetzt Indonesien. Mit dem Ende dieses Gedichtes möchte ich schließen:

Kom vanavond met verhalen hoe de oorlog is verdwenen,
en herhaal ze honderdmalen, allemalen zal ik wenen.

Komm heute Abend mit Geschichten, wie der Krieg vorbeiging,
und erzähle sie hundertmal, immer wieder werde ich weinen.

---

[89] Mein A.E.F./D.P.-Registration Record trägt die Nr. 404407999: 29.6.45 "naar bestemming" [nach Destination].

Licht

Licht kommt an die Betten spärlich,
Dreifach sind wir aufgeschichtet.
Gute Bücher werden selten
Ganz zu lesen, lose Blätter,
Lose Blätter sind notwendig.
Nötig auch Analphabeten,
Die gebrauchen sie sehr gerne,
Achtend nicht was andern teuer.
Die Gespräche in den Betten
Haben alle gleichen Inhalt.
Die vortrefflichsten Gerichte
Werden vergeblich hier gekocht.
Snert[90] und Rüben, Speck und Bohnen.
Nasi Goreng, Fischpastete.
Wußte nie auf wieviel Arten
Die Kartoffel man kann braten.
Trotzdem wird die Rübensuppe
Eingeschlürft mit Wohlbehagen
Jede Rübe einzeln kauend,
Fleisch und kostbare Kartoffeln!
Aufbewahrt zum letzten Bissen.
Danach spürt man etwas Fülle.
Täuschung doch ist dies des Magens,
1000 Kalorien höchstens
Ist es, was wir hier bekommen
Wann wird enden dieses Elend?
Hunger, Hunger, Essen, Essen.

Felix Hermann Oestreicher
(Undatiert)

---

[90] Erbsensuppe

Anhang

Dr. Felix Hermann Oestreicher mit Töchterchen Beate in Blaricum 1941/42

ÄRZTE KALENDER 1·9·3·1

Gewidmet von der Brunnendirektion in Bilin (Böhmen).

Zur Beachtung! Dieser Notiz-Kalender darf nur von Herren Ärzten in Verwendung genommen werden. Nichtärzten ist der Besitz dieses Taschen-Notiz-Kalenders untersagt. Der Verleger.

Dieser Kalender wurde von Dr. Oestreicher für sein Konzentrationslager-Tagebuch benutzt (Originalformat 14,5 x 9,5 x 1,5 cm)

1. Zur Transkription des Arzt-Kalenders

Das Tagebuch ist in einen Kalender (10 x 15 cm), einen sogenannten Ärzte-Kalender aus dem Jahre 1931, mit der Hand geschrieben, und zwar mit Bleistift, später wurde einige Male ein Bleistifttext mit Tinte überschrieben. Da der Autor eine kleine Lupe benutzte und oft ohne Licht oder im Bett liegend schrieb, ist das Tagebuch schwer leserbar. Erst nach mehrmaligem sorgfältigen Lesen sowie nach zahlreichen Korrekturen ist der vorliegende Text entstanden.

Oft wurden im Original nur Abkürzungen gebraucht, zum Beispiel: u., v., f., 12'; diese Abkürzungen sind hier immer ausgeschrieben als: und, von, für, 12 Uhr. Andere Abkürzungen wie M., A., L.A. sind je nach Text in {...}-Klammern geschrieben: M{ittag}, LA {Luftalarm}. Auch abgekürzte Namen sind in {...}-Klammern ausgeschrieben: G{erda}, M{aria}, Z{iekenoppasser}. Nur wenn ein Name nicht bekannt bzw. zu enträtseln war, ist die Abkürzung stehengeblieben. Runde Klammern (...) im Originaltext sind so beibehalten.

Zur Klarstellung von Worten und Sätzen wurden Ergänzungen und Kommentare in [...]-Klammern gesetzt. Wo ein oder mehrere Worte gar nicht entziffert werden konnten, sind Auslassungspunkte ... gesetzt. Stenozeichen konnten leider nicht entziffert werden und sind entsprechend genannt.

Die in der Biologie benutzten Symbole für Mann und Frau wurde ersetzt durch "Mann" bzw."Männer" oder "Herr" und "Frau" bzw. "Frauen". Für die Anzahl der Toten steht im Text ein großes Totenkreuz (✞), wofür hier "tot" und "Tote" bzw. "Tod" gebraucht wird. Weiterhin finden sich im Original die Zeichen ↓, ↑, < und >, welche hier teilweise als "niedrig", "besser", "weniger" und "mehr" wiedergegeben werden. "0" heißt "nichts".

Das Tagebuch ist so eingeteilt, daß auf jeder Seite zwei Tage verzeichnet sind. Da der Kalender aus dem Jahre 1931 stammt, stimmen die gedruckten Namen der Wochentage nicht mit den Daten von 1943, 1944 und 1945 überein, sie sind jedoch für den vorliegenden Text umgerechnet und richtig benannt.

Eine weitere Schwierigkeit bestand darin, daß die Monate November und Dezember der Jahre 1943 und 1944 auf dieselbe Seite geschrieben sind, ebenso März, April, Mai 1944 und 1945. Hier wurden die Texte jeweils dem Inhalt nacheinander zugeordnet; was vor allem bei der Angabe der Essenszuteilungen schwierig war. Januar und Februar 1944 gibt es fast keine Aufzeichnungen.

Maria Goudsblom-Oestreicher und Prof. Erhard Roy Wiehn, im Juli 1999

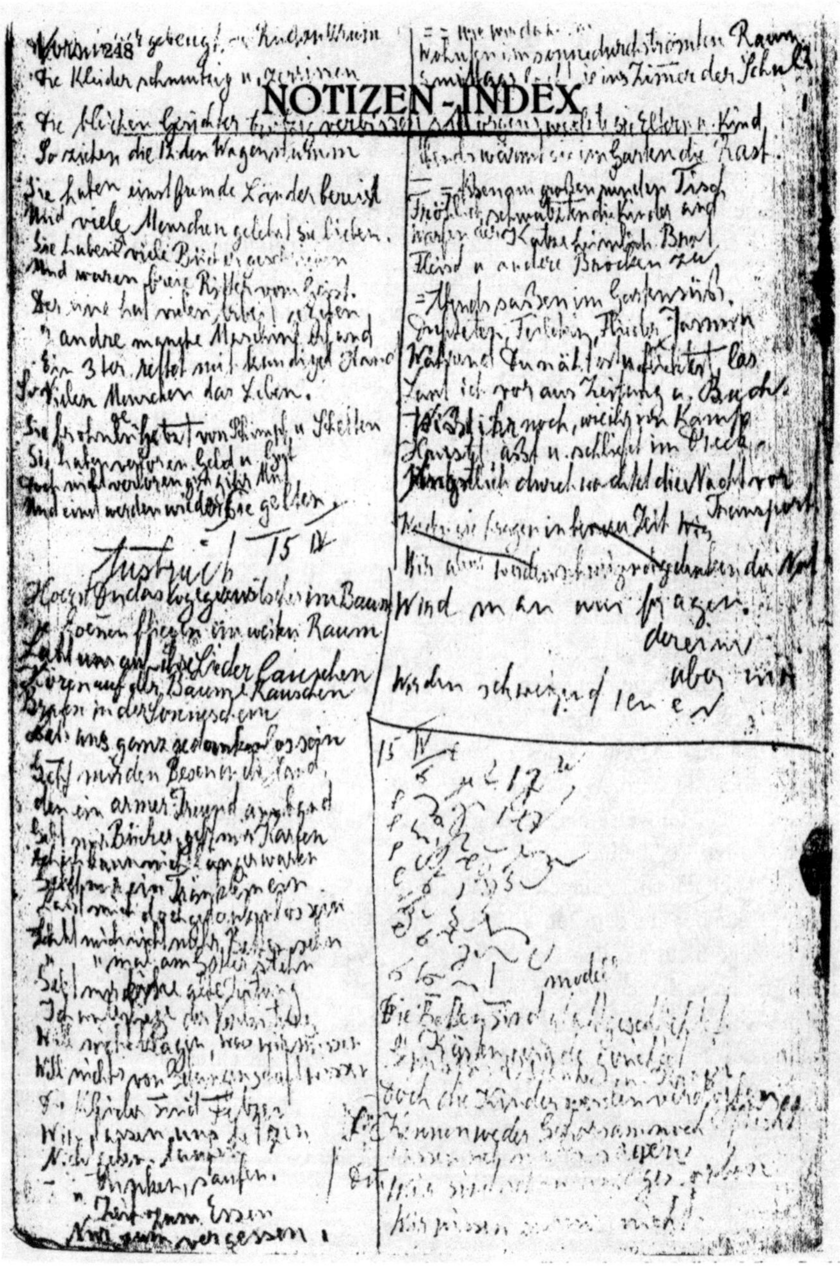

Hier und nachfolgend Beispiele für Tagebucheintragungen (links oben S. 6, links Mitte S. 61, rechts oben S. 62)

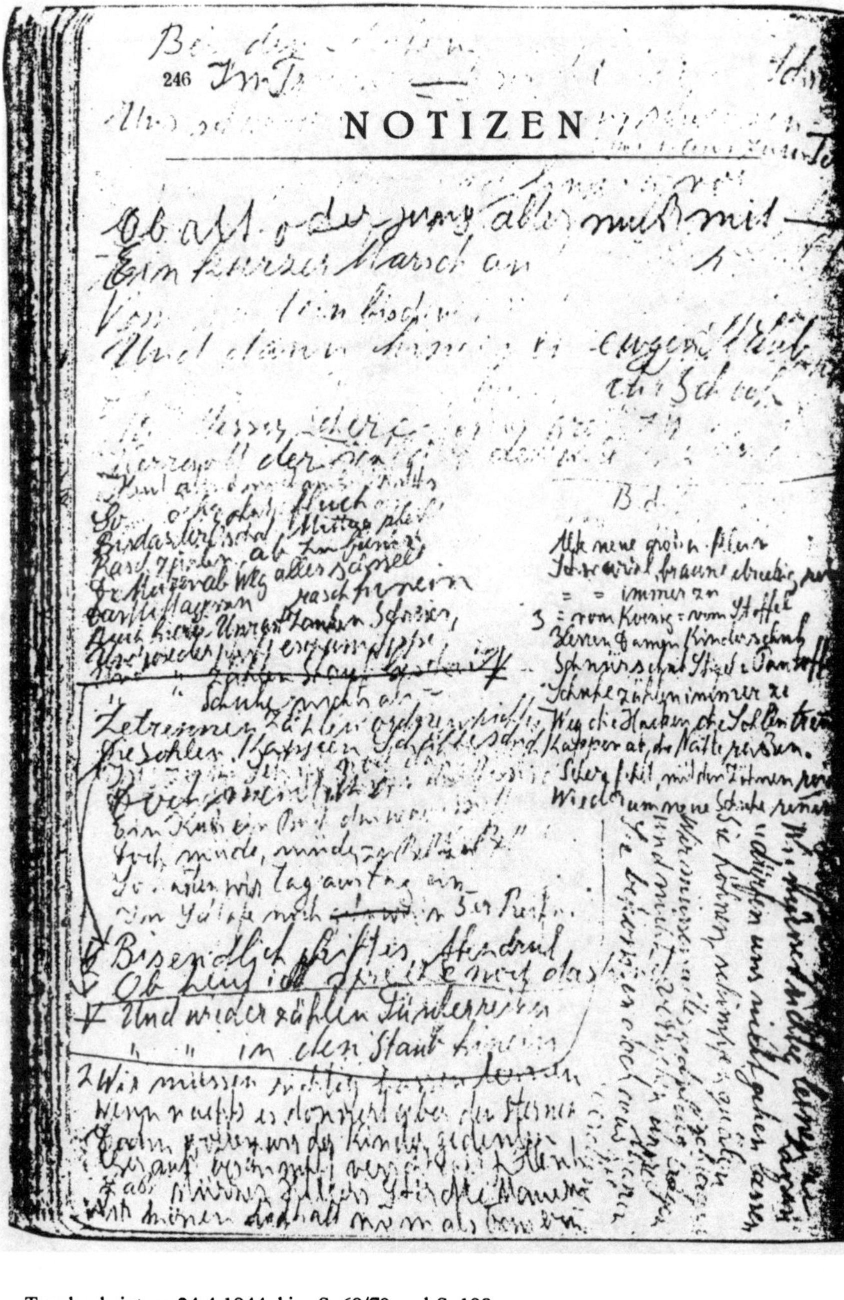

Tagebucheintrag 24.4.1944, hier S. 69/70 und S. 198

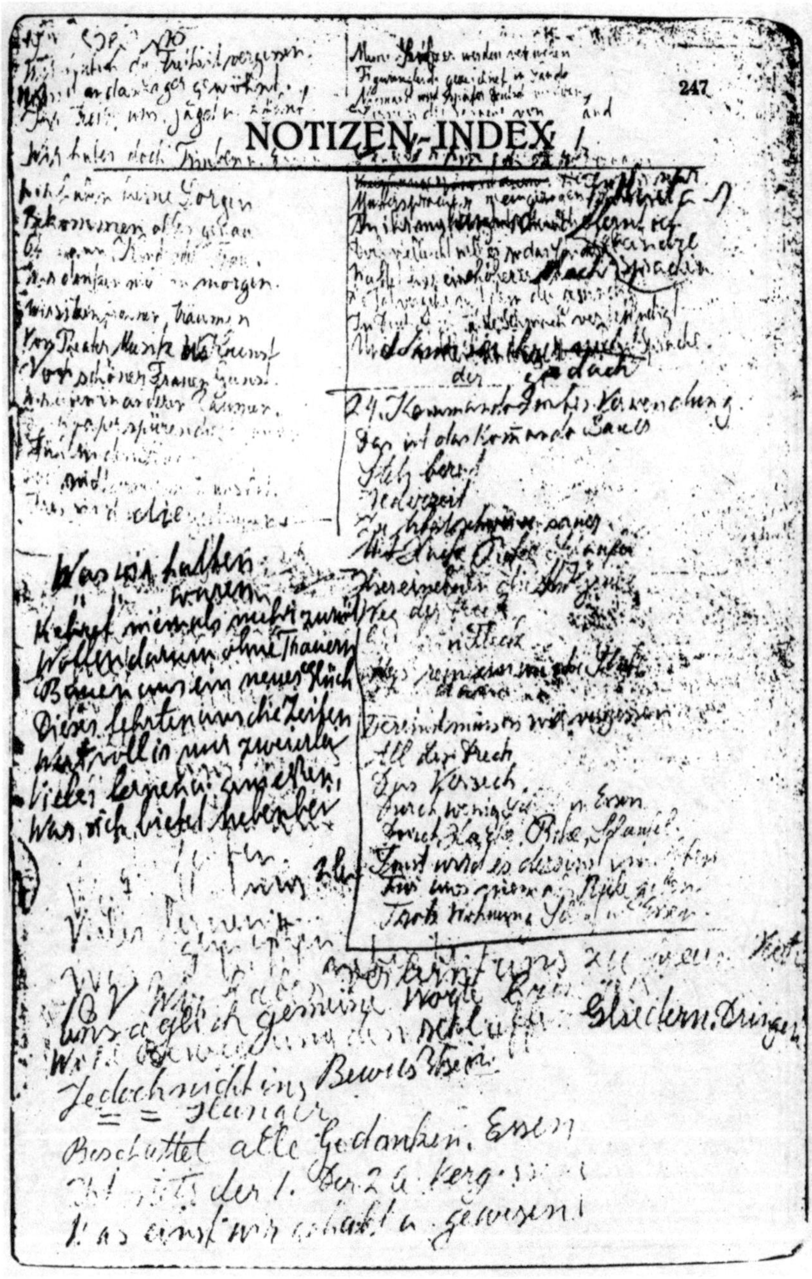

Tagebucheintrag 19.9.1944, hier S. 111

2. Familienmitglieder im Konzentrationslager-Tagebuch

Die Eltern:

Felix Hermann Oestreicher: Arzt, geboren 19.5.1894 in Karlsbad/Tschechoslowakei, gestorben 9.6.1945, Tröbitz/Deutschland; Heirat 9.12.1930 in Amsterdam mit

Gerda Margarethe Laqueur: Deutschlehrerin und Hausfrau, geboren 9.1.1906, in Heidelberg, gestorben 31.5.1945, Tröbitz/Deutschland;

Töchter mit den Eltern im Lager Bergen-Belsen:

Anna Beate: geboren 8.10.1934 in Karlsbad, gest. 29.9.1997 in Amsterdam;

Maria Ernestine Ida : geboren 27.2.1936 in Karlsbad,

Tochter während des Krieges in Holland versteckt:

Henriette Margarethe Karoline (Helli, später Helly): geboren 27.2.1936 in Karlsbad;

Felix' Mutter:

Clara Oestreicher-Kisch: geboren 21.11.1871 in Prag, seit 1915 Witwe, gestorben 11.4.1945 in Bergen-Belsen;

Gerdas Eltern:

Ernst Laqueur: Professor für Pharmakologie an der Universität von Amsterdam, geboren 7.8.1880 in Obernick bei Breslau/Deutschland, gestorben 19.8.1947 auf dem Furkapaß/Schweiz;

Margarethe Laqueur-Löwenthal: geboren 12.6.1883 in Brieg/Deutschland, gestorben 6.6.1959 in Amsterdam.

Während des Krieges konnten die Eltern in Amsterdam in ihrer eigenen Wohnung bleiben und Pakete verschicken. Bei ihnen wohnte ihre unverheiratete jüngste Tochter Liselotte (Lilo).

Gerdas Schwester und Schwager, ebenfalls in Bergen-Belsen:

Renate Laqueur, geboren 3.11.1919 in Brieg/Deutschland, und

Paul Goldschmidt; beide haben Bergen-Belsen überlebt, wurden geschieden und haben beide wieder geheiratet. Renate lebt in den USA und veröffentlichte ihr Tagebuch über Bergen-Belsen 1965 in Amsterdam, deutsche Ausgabe: **Bergen-Belsen Tagebuch 1944/1945**, Hannover 1983.

Felix' Schwestern:

Lisbeth (Lisel) Birman-Oestreicher: geboren: 27.5.1902 in Karlsbad/Tschechoslowakei, gestorben 6.11.1989 in Amersfoort/Holland; sie war während des Krieges im Lager Westerbork inhaftiert, heiratete dort am 6.5.1945 Otto Birman (Wien/Österreich 28.7.1899 - Amersfoort/Holland 18.7.1982); seit 1948 Pflegemutter von Beate, Helly und Maria.

Maria (Mariechen) Karoline Oestreicher: Fotografin (Maria Austria), geboren 19.3.1915 in Karlsbad, gestorben 10.1.1975, Amsterdam; während des Krieges im Untergrund, ihr damaliger Ehemann Hans Bial (lebt jetzt in Amsterdam) war im Lager Westerbork inhaftiert.

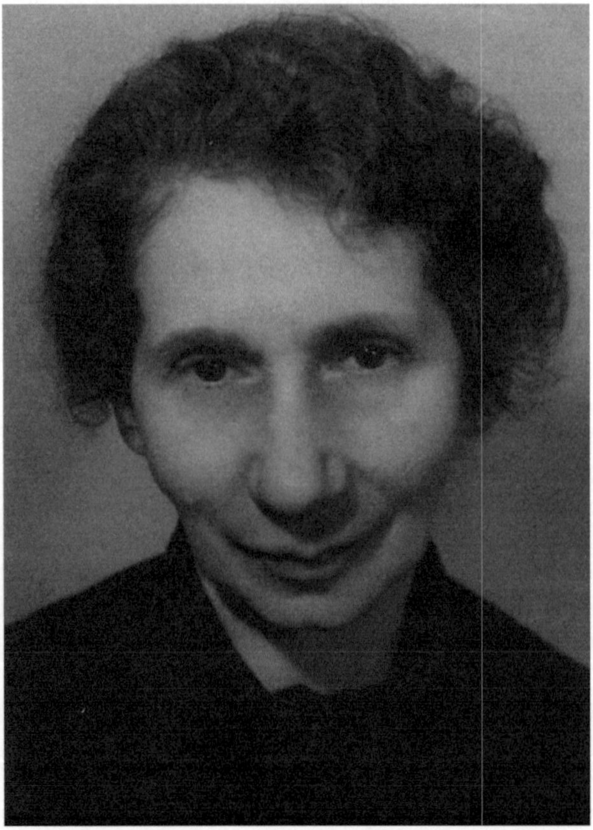

Clara Oestreicher-Kisch, Dr. Felix Hermann Oestreichers Mutter, ca. 1940

3. Fotos und Dokumente

Karlsbad, Haus "Deutscher Kaiser", Sprudelstraße, ca. 1900

Clara Oestreicher mit Lisbeth und Felix (liegend), dahinter der (1915) verstorbene Bruder Willy ca. 1904

Felix Hermann Oestreicher ca. 1906

Felix Hermann Oestreicher am 20.11.1914

Felix mit den Schwestern Lisbeth und Maria in Karlsbad ca. 1918

Gerda Laqueur und Felix Oestreicher in ihrer Verlobungszeit ca. 1930

Československá Republika. Politický okres: KARLOVY VARY.

Čechoslovakische Republik. Politischer Bezirk: Karlsbad.

Číslo 40/0 Zahl 40/0

Domovský list – Heimatschein

kterým se od – womit vom

Městské rady v Karlových Varech

Stadtrat Karlsbad

potvrzuje, že – bestätigt wird, daß

M.U.Dr. Felix ÖSTREICHER

charakter nebo zaměstnání: lekář
Charakter oder Beschäftigung: Arzt

rok narození:
Geburtsjahr: 19.5.1894

stav: ženatý
Stand: verheiratet

v Karlových Varech má domovské právo.
in Karlsbad das Heimatsrecht besitzt.

Vlastnoruční podpis strany:
Eigenhändige Unterschrift der Partei:

KARLOVY VARY, dne 19. 9. 1932.
Karlsbad, den

Starosta. – Bürgermeister.

Městský radní. – Stadtrat.

Maria, Mutter Gerda, Helly (Babys 12 Tage alt), März 1936

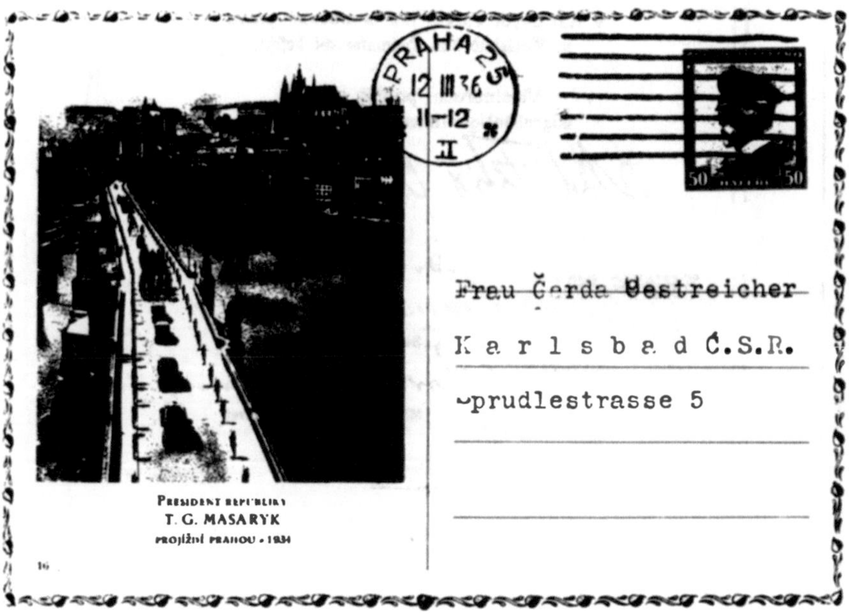

Heute sind die Puppen 14 [illegible] alt!

12.III Liebste ! Vor a[illegible] bin ich e. pört; Wirst du gleich
wieder in 's Bett [illegible]. [illegible] Du dem Dr! Wenn Du jed
den Tag um 5 Minuten länger aufbleibst, und zum Nähren
auf denSchemel gehst, so genügt es. Willst Du Dich mital-
ler Gewalt für immer marode machen . Du bist um nicht ver-
nünftiger als die Dame in AmsterdamWenn ich erfahre, dass
Du soviel ausser Be t bist, komme ich Samstag nicht heim!
Jetzt sind die Karten gut. Snapper habe ich auch eine
geschickt; dass die meisten angekommen sind, beweisen die
Anrufe, dass ich mit der Textanordnung recht hatte, eben-
falls.Die Menschen nehmen nicht die kleinen Kärtchen ab.
Gestern war ich bis 1 Uhr bei Max die Arbeit schreiben
Mein Urteil ist jetzt vollkommen gefestigt. Er kann wirk-
lich nicht anders.Ich weiss nur hier nichts besseres.Es
sind wieder 2 Jahre , dass ich mich nur mit diesen Pro-
blemen beschäftigt habe. Ich bin aus den anderen Stoffge-
bietensehr heraus. Frau Kohlwijk hat Dir das geschenkt,
weil Du ihr soviel und ausführlich berichtet hast. Hat Li
sel schon muh gesagt ?Dem Penda schicke ich heute einen
Blumenstock und eine Karte. Sonst weiss ich jetzt niemand
Wie stellt sich denn Beatl zu den Puppen ?Hats Du Dich
[illegible]
[illegible]

Mutter Gerda Oestreicher mit den Zwillingen Helly und Maria sowie mit Beate in Karlsbad ca. 1936; (unten von links) Renate Laqueur, Prof. Dr. Ernst Laqueur, Gerda Laqueur, Lilo Laqueur, Dr. Felix Hermann Oestreicher in Karlsbad 1936

Maria, Beate und Helly in Karlsbad 1937

ČECHOSLOVAKISCHE REPUBLIK.

Medizinische Fakultät der deutschen Universität in Prag.

Zeugnis.

Vom Dekanate der medizinischen Fakultät der deutschen Universität in Prag wird bestätigt, daß Herr

MUDr. Felix Oestreicher

aus Karlsbad in Böhmen gebürtig, die Teilprüfungen des III. medizinischen Rigorosums aus:

Chirurgie am: 18.April 1918 : ausgezeichnet,

Geburtshilfe und Gynäkologie am: 6.Mai 1918 : ausgezeichnet,

Augenheilkunde am: 10.Mai 1918 : genügend,

Dermatologie und Syphilis am: 8.Feber 1918 : genügend,

Hygiene am: 16.Feber 1918 : ausgezeichnet,

Gerichtliche Medizin am: 16.Feber 1918 : ausgezeichnet,

somit das Gesamt-Rigorosum mit ausgezeichnetem Erfolge abgelegt hat.

Prag, am 17.Juni 1938.

Der Dekan:

STÁTNÍ TISKÁRNA V PRAZE 2800-37

Beate 1938

LÉKAŘSKÁ KOMORA PRO ZEMI ČESKOU

V PRAZE II., SOKOLSKÁ TŘ. 27. „LÉKAŘSKÝ DŮM".

TELEFON Č. 21285.

V Praze dne 10. května 1939.

P o t v r z e n í .

Potvrzuje se, že na této podobizně je zobrazen pan MUDr. Felix O e s t r e i c h e r .

Dále se potvrzuje, že pan MUDr. Felix O e s t r e i c h e r , odborný lékař pro nemoci vnitřní a nervové, narozený 1[illegible].V.18[illegible], promovovaný 13.V.1918, člen Lékařské komory pro zemi Českou od 28.V.1919 do 31.X.1938, vykonával od 24.května 1919 do 1.října 1938 svou odbornou lékařskou praksi v Karlových Varech.

Proti MUDr. Felixu O e s t r e i c h e r o v i se nebylo nikdy stavovsky lékařských nebo jakýchkoliv jiných stížností.

Za úřadovnu:

Dr. K. D v o ř á k ,
tajemník.

Tr*nslation.

Medical Chamber for the Country of Bohemia.
Prague II.S[illegible]ská str.27, Medical House.
T[illegible]hone No 21285.

Prague, on May 10th 1939.

Photograph.
[illegible]r stamp:
Medical Chamber for the
Country of Bohemia.

Certificate.

This is to certify that this photograph [illegible]sents Mr Felix O e s t r e i c h e r MD.

Further on, this is to certify, that Mr Felix O e s t r e i c h e r MD, specialist for internal and [illegible] diseases, born on May 19th 1894, graduated on May 18th 1918, member of the Medical Chamber for the Country of Bohemia from May 28th 1919 until October 31st 19[illegible], carried on his special practice in Karlsbad.

There were no complaints against Mr Felix O e s t r e i c h e r MD either in the respect of medical rank or in other ones.

Rubber stamp:
Medical Chamber for the
Country of Bohemia.

On behalf of the office:
Doctor K. Dvořák
Secretary
Signed: Doctor Dvořák.

Maria ca. 1939 (Foto Maria Austria); Beate, Mutter Gerda, Maria und Helly in Katwijk ca. 1939

Ex actis Facultatis medicinæ in
Universitate Amstelodamensi.

Ornatissimus Felix Hermann Oestreicher

nat in urbe ~~pago~~ cui nomen Karlsbad die 19

mensis II anni 1894.

Med. Candidatus

Examen doctorale subiit et admissus est ut summos in disciplina Medica honores petat.

Datum Amstelodami a. d. 26 m. I a. MCMXXXX

Facult. h. t. ab Actis. Facult. h. t. Decanus.

Nominis subscriptio (ne varietur)

26.1.1940

Maria, Helly und Beate in Leyden oder Katwijk 1939 (oben); Felix' Schwester Lisbeth (Lisel), Beate, Helly, Mutter Gerda, Maria, Dr. Felix Oestreicher in Katwijk ca. 1939/40 (Foto Maria Austria)

Helly und Maria ca. 1940 (Foto Maria Austria, oben); Helly, Maria und Beate in Katwijk 1940

TEKST VAN VERORDENING 189/1940 § 4.

§ 4.

Begriffsbestimmung des Juden.

(1) Jude ist, wer von mindestens drei der Rasse nach volljüdischen Grosselternteilen abstammt.

(2) Als Jude gilt auch, wer von zwei volljüdischen Grosselternteilen abstammt und

1) entweder selbst am 9. Mai 1940 der jüdischen Religionsgemeinschaft angehört had oder danach in sie aufgenommen wird, oder

2) am 9. Mai 1940 mit einem Juden verheiratet war oder sich danach mit einem Juden verheiratet.

(3) Als volljüdisch gilt ein Grosselternteil ohne weiteres, wenn er der jüdischen Religionsgemeinschaft angehört hat.

Artikel 4.

Begrip „Jood".

(1) Jood is een ieder, die uit ten minste drie naar ras voljoodsche grootouders stamt.

(2) Als Jood wordt ook aangemerkt hij die uit twee voljoodsche grootouders stamt en

1) hetzij zelf op den negenden Mei 1940 tot de joodsch-kerkelijke gemeente heeft behoord of na dien datum daarin wordt opgenomen.

2) hetzij op den negenden Mei 1940 met een Jood was gehuwd of na dit oogenblik met een Jood in het huwelijk treedt.

(3) Een grootouder wordt zonder meer als voljoodsch aangemerkt, wanneer deze tot de joodsch-kerkelijke gemeenschap heeft behoord.

Verordnung von 1940

IX. DOCUMENTS REQUIRED.

(a) Each applicant for an immigration visa must submit:

1. A valid passport properly endorsed for the United States and bearing a photograph of each person mentioned therein. An applicant unable to obtain a passport from the state of which he is a citizen or subject, or an applicant who is without nationality, may submit in lieu of a regular passport a certificate of identity (Identiteitsbewijs) issued by the Ministry of Foreign Affairs in The Hague.
2. Two certified copies of his birth certificate. (Baptismal certificates are not acceptable unless it is satisfactorily shown that birth certificates are unavailable).
3. Four passport size photographs (2½x2½ inches or 6x6 centimeters) on thin papier and with a light background. (Applicants for "students" visas should present only two photographs).
4. A certificate of good conduct, in duplicate, issued by the police authorities of the place(s) where he has resided during the past five years.
5. A certificate of military service, in duplicate, issued by the military authorities in the place of his residence.
6. Evidence of adequate financial resources (letters or statements from bankers, tax receipts or other evidence showing the value of property owned, et cetera). Evidence of possible support or assistance from relatives in the United States should be in the form of affidavits setting forth their income and resources, obligations and expenses, and number of dependents, in order to show their ability to contribute to the support of the applicant, including therein a statement relative to the amount of assistance they are prepared to extend to the applicant and giving the reasons why they are willing to undertake this obligation. Such affidavits should be corroborated by documentary evidence in the form of affidavits from bankers or public accountants, a certificate from the Treasury Department in Washington concerning the guarantor's income during the past year, et cetera, and other affidavits or statements of disinterested persons.
7. The fee for an immigration visa is $ 10.00 per person, payable in dollars.

(b) Ministers of religion or professors must submit: in addition to the foregoing:

1. A letter, in duplicate, from a competent authority in their profession in this country stating that they have, for at least two years immediately prior to the application, been practicing their profession.
2. A letter of appointment, in duplicate, to a post in the United States in pursuance of their profession, or a letter from the authorities who have made such appointment.

(c) Students, in addition to the documents listed under (a) above, must submit:

1. A letter, in duplicate, from a competent official of the institution of learning to which the applicant is destined, certifying as to his acceptance as a student therein. The institution must be one approved by the Secretary of Labor.
2. The evidence of financial resources as mentioned under 6, section (a) above, must show beyond doubt that the applicant is in a position to maintain himself during the contemplated course of study, or that suitable financial arrangements have been made for that purpose by the applicant's parent or guardian.

(d) Women who lost American citizenship by marriage prior to September 22, 1922, in addition to the documents listed under (a) above, must submit:

1. Evidence of American citizenship prior to marriage, such as naturalization papers, an old passport, a birth certificate, evidence of father's American citizenship, et cetera.

(e) Aliens previously deported or ordered to be deported from the United States, in addition to the documents listed under (a) above, must submit:

1. Written permission from the Secretary of Labor to re-apply for admission to the United States.

N.B. In view of the fact that all records on file at the former premises of the American Consulate at Rotterdam were completely destroyed on May 14, 1940, all applicants who had submitted documentary evidence prior to that date must submit new documents.

"Erforderliche Dokumente" für US-Immigrationsvisa damals

Maria, Beate und Helly ca. 1941; Helly und Maria ca. 1941 (Fotos Maria Austria)

Vater Felix mit Helly und Maria am 1.6.1941

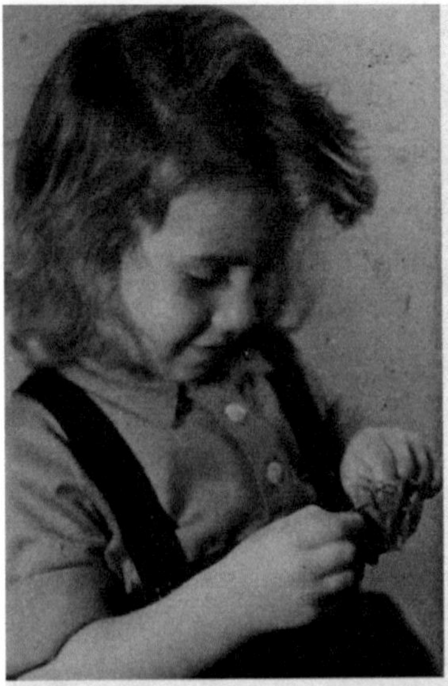
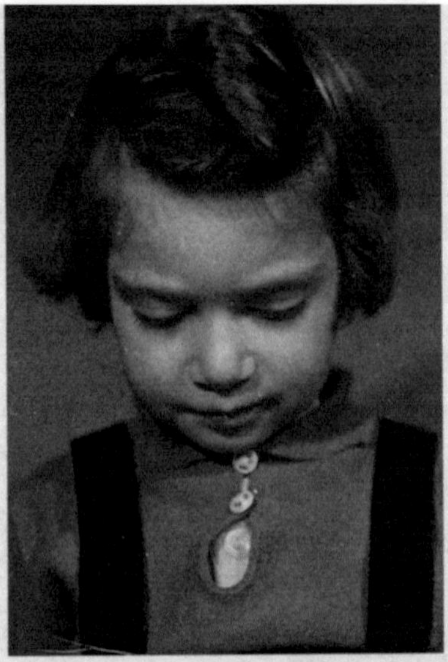

Maria, Helly, ca. 1941 (Foto Maria Austria, oben); Maria, Helly und Beate in Blaricum 1941/42

Mutter Gerda Oestreicher-Laqueur ca. 1941/42

Großmutter Clara Oestreicher ca. 1941/42 (Foto Maria Austria)

Maria mit einem deutschen Buch in Blaricum ca. 1941

17. Febr. 1942 Meine Lieben !

Diesmal ein Brief, der nur in einem Exemplar hier liegt und den ich Euch doch noch in Frieden als Zeugen unserer jetzigen Nöte hoffe verlesen zu können. Seitdem wir aus Katwyk weg sind , fühlen wir d.h. Gerda und ich entwurzelt. Mit jedem Tage komme ich mir mehr wie eine Pflanze vor, welche aus dem Boden herausgeholt wurde und nun achtlos beiseite geworfen wird, um zu verdorren. Wir leben auf Abbruch. Nichts lässt man uns mehr. D.H. Wir müssen ja dem l. Gott und dem Vater Laqueur danken, dass wir vorläufig keine Geldsorgen haben, aber selbst das Verdienen mit gelegentlichen Konsulten, Bridgstunden oder Kursus für erste Hilfe, wie ich ihn geben soll, macht keinen Spass mehr. Es hat doch keinen Zweck sich was zu kaufen, Bücher darf man weder bei der Auswanderung,noch in's Kamp mitnehmen. In den letzten Wochen sind in Zaandam, Hilversum und Utrecht plötzlich ohne Grund Emigranten d.h. meist früher deutsche und jetzt statenlose Juden einfach in's Kamp geschickt werden. Sie dürfen nur mitnehmen, was sie tragen könen, das andere wird versiegelt und wahrscheinlich — wie in Deutschland verkauft.Ich wundere mich über Gerda und Mutter, welche noch über neue Garderobe diskutieren. Im verigen Herbst (1940) hatte ich zweimal merkwürdige Träume.:Irgendwie hatten wir die Absicht uns das Leben zu nehmen . Weil aber Helli gar so geduldig den Schlauch zum Einatmen pakte, hörte ich damit auf. Beim zweiten Traum, bekam ich ebenfalls vor Helli's Bett mit Gerda aus irgend einem Grunde Streit und hörte damit auf. Ernstlich habe ich diesen Gedanken n i e gehabt . Wohl aber ist das Verhältnis zwischen Gerda und mir manchmal gespannt . Vor allem kann ich meinem Schwiegervater nicht verzeihen Am 25. März cca wollte er nicht 5.000 f für mich zur Auswanderung anlegen in 1938 und am 1. Mai hatte die Gerda bar bloss 8.000 Gulden. d.h. das erfuhr ich erst im Juni bei der Steuererklärung. Jetzt behauptet er, ich hätte doch immer gewusst, dass Gerda hier Vermögen habe. Mir geschieht Recht, dass ich mich damals nicht mit meinem Freunde Niederhofheim hier beraten habe. Da wären wir darauf gekommen und vielleicht wären wir dadurch nach U.S.A. gekommen und jetzt schon längst durch einen Autounfall tot. Jedenfalls

Brief von Dr. Felix Hermann Oestreicher vom 17. Februar 1942 ist Gerda mit den Nerven vollkommen herunter , weint viel. Ich schreie und tobe über jede Kleinigkeit. Die Kinder haben schon davon angenommen. Jedenfalls tobt auch Maria so gegen die Schwestern. Beatl ist seit 2 Wochen auf Besuch bei einer Bekannten und fühlt sich dort wohl , soweit sie schreiben. Aber wir alle vermissen sie sehr. Die Schwesterchen sagen immer: Das müssen sie für Beate aufheben und respektieren ihr gut geordnetes Fach. Sie sind stolz, dass sie jetzt abtrocknen dürfen. Ich helfe auch viel in der Küche, aber komme mir dabei doch deplaciert vor. Neulich half ich Holzsägen . Mehr Spass macht mir das Helfen bei der Geburt eines Kalbes, wie im vorigen Winter . Nun wünsche ich allen , dass wir diesen Brief möglichst bald und in Ruhe und Frieden lesen können oder ich ihn vielleicht im Frieden wegen der Stelle über Vater L. vernichte.

Wir überlegen auch, wie wir die Gefahr in's Lager zu kommen, möglichst hinausziehen können und möglichst viel von unseren Sachen vor dem Zugriff der Deutschen retten können. Mir ist schon alles egal. Bücher sind zum Teil sicher an Bekannte verkauft , aber Gerda hängt natürlich an den Möbeln usw. . Aber man kann doch nicht alles jetzt schon weggeben und mit 2 Hemden und Anzügen leben. Von mir aus können sie die alten Anzüge haben. Die Niederländer benehmen sich fabelhaft. Es ist auch verwunderlich, dass sie nicht schon längst wegen der ihnen angetanen Dinge revolutionieren. Da zeigt es sich eben , dass der Mensch von Grund aus gut ist und in Frieden leben will. Es ist auch merkwürdig , wie im Zeitalter von Radio und Telephon die Menschen durch Zensur und Angst viele Dinge gar nicht wissen.

Meine Absicht bei der Erhaltung der Kinderberichte ist, dass sie einmal als Andenken an uns und die Kinder veröffentlich werden können und so Menschen Vergnügen haben und unser Andenken erhalten bleibt, wir nicht ganz umsonst gelebt haben.

L.Kinder,Tamara. Heute beim Koffie,wo noch sehr viel andres Dringendes war,sa te Vater,dass er d. ganzen Morgen versucht hatte,eine Erlaubniss für Euch zu b kommen,erst 1.5. herzukommen,aber gehört hätte,dass Ihr schon am 22.3. hier s müsstet.Es gab grosse Aufregung wie immer bei uns;wohin mit Euch.Ich habe es m m. Liesel ruhig dann überlegt.Sie nimmt d. Mutter;Felix auch wird wol zu viel werden,wol aber kann die Mutter Klara mit für ihn kochen.Ich will nicht mehr a 3 Personen nehmen,und will Gerda mit den Zwillingen nehmen.Sie sollen bei Lilo schlafen(ein Bett fehlt,muss ich noch sehen,zu bekommen,Decken musst Du mitbri gen,ebenfalls Wäsche;denn ich habe fast nichts im Haus,und habe den 3 Leuten z geben,also nichts übrig.)Gerda in dem Bodenzimmerchen,das wird hoffentlich ohn Reibung gehen.Gerda wird mitr etwas abnehmen,und für ihre Kinder sorgen,u. d. Mehrarbeit,Kartoffeln schälen übernehmen müssen,da Sofia auch nicht mehr als j jetzt kann.Ev. kann Felix vielleicht in Miekes Fremdenzimmer die paar Wochen s schlafen;Euch als Ehepaar zusammen nehme ich nicht;ich weiss,dass es so ruhige geht,und auch vielleicht für Gerda bekömmlicher ist.Und herrie will ich unter len Umständen vermeiden,denn sowol Vaters wie meine Nerven sind plötzlich unte aller Kanone.Ich bin schon die letzten 3 Wochen sehr schlecht,schleppe mich nu so herum;es ist viel der seelische Druck schuld,aber auch zu wenig Ruhe,und zu grosse Belastung körperlich.....Eure Sachen müsstet Ihr sämtlich zum Spediteur geben,der sie Euch für d. Umzug einpackt;und dann im Mai hier abliefert,nur m. Handkoffern herkommen.Auch vorräte etc. kann ich nicht bergen,da bei mir schc alles v.d. Mäusen gefreseen wird.Kohlen,Tegels müsstet Ihr auch in Kisten v. S diteur packen lassen,ja nichts weggeben,denn nächstes Jahr sitzen wir gänzlich ohne,alles mitnehmen.....Vater wird versuchen,durchzusetzen,dass er Eure Umzug vergunning bald auf d. Transvaalkade 13 bekommt;wenn es nicht geht,so müsstet Ihr alle extra haben,wo Ihr wohnt....Es ist sehr schwierig,und ich wünschte,Ih hättet dort bleiben können bis Mai.Ich habe mir alle Arten durchgedacht;ich glaube,so wird es ohne die wenigsten Reibungen gehen.Es ist für mich nicht leicht auch m.d. Kindern,wo man jetzt immer nur ein Zimmer heizt,aber es wird ja wärmer,und dann können sie unten spielen.Tuinkamer u. im Garten.
Greda wird sich so auch ein bischen ausruhen können;vielleicht kochen wir dann abwechselnd;das muss man sehen.
Am meisten Angst habe ich vor d. ewigen Telefon um mich herum;da kann ich nie mehr tegen;das werdet Ihr etwas einschränken um meinetwillen,und nicht vor mi sondern unten tun,worum ich so oft gebeten hatte,was aber fast nie von Euch getan wurde....Von nächster Woche ab giebt es keinen Tropfen Taptemelk mehr hier,also wird man d. Kaffee schwarz trinken müssen,Zustand;es giebt eben keine Milch mehr.Ihr bekommt ja wol für d. Kinder etwas.
Man muss auch dauernd n.d. Milch laufen.Auch sonst ist alles sehr knapp,kein Gemüse z. B. zu bekommen.
Ueberlegt Euch nun alles gut,und seht Euch nach einem Expediteur um;Kisten haben sie ja immer dafür.Ich habe Hein sofort angerufen,der am Sonntag seinen Schränke leer machen wird,sodass Du den Wäscheu. Bücherschrank v. H. wenigstens für Euch 3 haben kannst bei den Sofialeuten.
Es muss alles in Kisten gepackt werden und kann nach der Zaak.Ich bin heute noch zu erregt,um mehr schreiben zu können;also denkt Euch,schon ehe Vater kommt bischen in die Situation hinein.

Herzlichst Mutti.

Freitag. 20.3.1942.
A'dam.

Brief von Dr. Felix Hermann Oestreicher vom 20.3.1942 aus Amsterdam

DEPARTEMENT VAN SOCIALE ZAKEN

AAN
DE ARTSEN, TANDARTSEN, VROEDVROUWEN,
APOTHEKERS EN APOTHEKERS-ADSISTENTEN

Ingevolge Instructie van den Rijkscommissaris voor het bezette Nederlandsche gebied op grond van artikel 2 van de Verordening No. 137/1940, breng ik te Uwer kennis, dat personen, van wie vóór de aanvaarding van hun/haar beroep het afleggen van een eed (belofte) wordt geëischt, en die als Jood moeten worden beschouwd ingevolge artikel 4 van de Verordening No. 189/1940, met ingang van 1 Mei 1941 de waarneming van dit beroep hebben moeten beëindigen, met dien verstande echter, dat zij de vrijheid behouden uitsluitend voor Joden werkzaam te zijn.

In verband met het bovenstaande is degene, die als Jood moet worden beschouwd ingevolge voormeld artikel 4, verplicht het hierbij gaande formulier in te vullen. Hij/Zij moet het formulier **aangeteekend** aan mij inzenden. De inzending vinde zoo spoedig mogelijk plaats, uiterlijk binnen 8 dagen na dagteekening van dit rondschrijven.

'S-GRAVENHAGE, datum postmerk.

De waarnemend Secretaris-Generaal
van het Departement van Sociale Zaken,

29 April 1942
5 Mei 42 [illegible] Verwey

25558 - '42 - K 983

K 193

JOODSCHE RAAD VOOR AMSTERDAM
Plaatselijke afdeelingen:
BUSSUM-NAARDEN-BLARICUM-HUIZEN

Afdeeling: ....

BUSSUM, I.September 1942.

Herrn Dr. F. H. OESTREICHER, z.Zt. Transvaalkade I3, früher Blaricum, Driftlaan I9, bestätigen wir, dass er vom Sommer I94i bis zu seinem Wegzug von Blaricum medizinisch für unsere Abteilung des Joodschen Raadx voor Amsterdam tätig war. Und zwar teils durch Beratung von unterstützten Patienten, teils durch Abhaltung von belehrenden Kursen.

JOODSCHE RAAD VOOR AMSTERDAM
Afd. Ondersteuning en Maatschappelijk Werk
—— Plaatselijke Afdeeling BUSSUM ——

G. Löwensohn

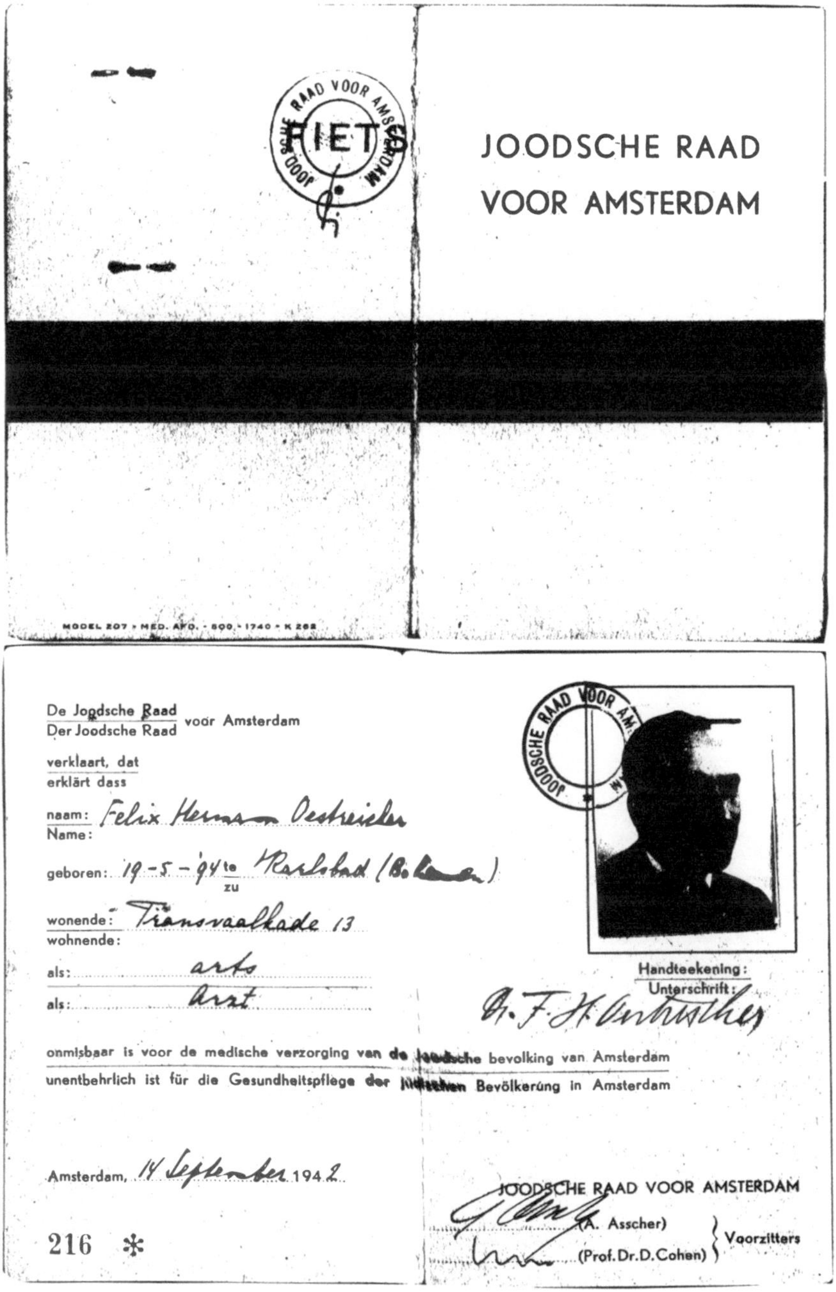

FIET

JOODSCHE RAAD VOOR AMSTERDAM

MODEL 207 • MED. AFD. - 600 - 1740 - K 262

JOODSCHE RAAD
VOOR AMSTERDAM

De Joodsche Raad / Der Joodsche Raad voor Amsterdam

verklaart, dat / erklärt dass

naam: / Name: Felix Herman Oestreicher

geboren: 19-5-'94 te / zu Karlsbad (Bohemen)

wonende: / wohnende: Transvaalkade 13

als: arts

als: Arzt

Handteekening: / Unterschrift: Dr. F. H. Oestreicher

onmisbaar is voor de medische verzorging van de Joodsche bevolking van Amsterdam
unentbehrlich ist für die Gesundheitspflege der jüdischen Bevölkerung in Amsterdam

Amsterdam, 14 September 1942

216 *

JOODSCHE RAAD VOOR AMSTERDAM
(A. Asscher)
(Prof. Dr. D. Cohen) } Voorzitters

Prof.Dr.E.Laqueur

Amsterdam, [illegible].Aug.194[illegible]
Vening Meineszkade 5

88

DOSS[illegible]
№ 15969

An den Herrn Generalkommissar für das
Sicherheitswesen
H A A G

Unterzeichneter, Prof.Dr.med.E.Laqueur, Amsterdam erlaubt sich ganz gehorsamst zu bitten, vom Tragen der Kennzeichen als Jude befreit zu werden (sog.blauer Reiter).
Diese Bitte geschieht unter Verweisung auf ein entsprechendes Gesuch, das in seinem Auftrage Mr.de Pont, Amsterdam vor einem Jahr der Abteilung IV B 4 mit den erforderlichen Unterlagen übergeben hat.
Ein kurzer Auszug hieraus ist beigefügt.

In vorzüglicher Hochachtung

ganz ergebenst

E. Laqueur.

Auszug aus dem Lebenslauf von Prof.Dr.med.E.Laqueur.

Professor Dr.med.E.Laqueur,62.Jahr,in Schlesien geboren, mit 23 Jahr Arzt;mit 24 promoviert,verheiratet.Nach Geburt des ersten Kindes mit diesem und seiner Frau getauft. Mit 26 Jahren Privatdozent,erst in Königsberg dann in Halle a/S.

1912 Mit Urlaub von Deutschland an die Universität Groningen gegangen; dort nach Annahme eines für ihn errichteten Lektorats definitif übersiedelt.

1914 Am ersten Mobilmachungstage freiwillig gemeldet,von holländischer Regierung beurlaubt;als Abteilungsarzt der Ersatzabteilung eines Artillerieregiments verwendet,dessen Adjudant der jetzige Generalfeldmarschall Keitel war.

Als Lehrer und zur Erforschung der Kampfgaserkrankungen an die Heeresgasschule in Berlin kommandiert.Von dort-obwohl nur garnisonsdienstfähig,zur praktischen Erprobung etwaiger Therapie an die Front, erst nach Polen,dann nach Flandern vom Kriegsministerium geschickt; vom Oberbefehlshaber der 4.Armee das eiserne Kreuz II Kl.erhalten.

1917 An ein Kriegslazaret nach Gent versetzt,und zugleich zum ordentlichen Professor an die medizinische Fakultät der inzwischen flämisch gewordenen Universität ernannt.

191[illegible] Oktober.An schwerem Thyphus in Gent infiziert,durch seine Frau schwer krank November herausgeholt aus Antwerpen.

1919 Obwohl deutscher Sanitätsoffizier,wegen Hochverrat an Belgien (wegen Uebernahme einer Professur an die flämische Universität Gent) vom dortigen Schwurgericht zu 15 Jahren Zuchthaus verurteilt.

1920 Auf eine für ihn errichtete Professur an die Universität Amsterdam berufen,die er nach 20-jähriger Tätigkeit verlassen musste.

1932 hat er sich erst,obwohl damals schon 20 Jahr Beamter in Holland, naturalisieren lassen.

In den Jahren 1920-30 widmete er sich neben seiner wissenschaftlichen- und Lehrtätigkeit sehr intensiv deutschen Interessen,so gründete er

1921 ein Komite zur Unterstützung deutscher Aerzte;

1922 beteiligte er sich als Schriftführer an Errichtung des "Steuncomités voor Intellectueel Centraal-Europa", hierdurch konnte er in engster Zusammenarbeit mit der Vorsitzenden,der Fürstin Elisabeth von Hatzfeldt-Trachenberg,Gattin des deutschen Generalkonsuls, 2400 deutschen und oesterreichischen Gelehrten,Aerzten,Juristen,Künstlern,darunter nur ein kleiner Teil Nichtarier,helfen.

In Anerkennung seines Wirkens erhielt er 1926 das Offiziersehrenkreuz des oesterreichischen roten Kreuzes,und schon vorher das Ehrenzeichen 2.Kl. des deutschen roten Kreuzes.

Wissenschaftlich gelang dem von ihm geleiteten Institut die erste Darstellung des Insulins auf dem Kontinent,womit er vielen deutschen Kliniken gerade in der Nachkriegszeit helfen konnte.Später die Entdeckung des lang gesuchten männlichen Hormons.

Im Jahre 1936/37 war er Rektor magnificus der Universität Amsterdam.

Er bekam eine grosse internationale Bekanntheit;war drei Mal zu Vorlesungen in den Vereinigten Staaten,u.a. an der Yale-Universität New-Haven, Harvard-Universität,Boston,John Hopkins-Universität Baltimore,Rochester,eingeladen.

Er wurde ferner aufgefordert zu Vorträgen in die Schweiz,Italien,Belgien,Lettland,Estland, wiederholt nach Berlin,Wien,Prag,Königsberg usw.

Er wurde zum Mitglied der Kaiserlichen Akademie Leopoldina in Halle a/S und von verschiedenen anderen Gesellschaften Grossdeutschlands ernannt. Er sollte 1940 zu Vorlesungen nach Argentinien gehen (zu seinem Sohn), zu dem eine Uebersiedlung ihm wiederholt in Aussicht gestellt wurde, aber bisher nicht möglich war.

Zu seinem 60.Geburtstag wurden ihm zwei Festschriften gewidmet,in der einen eine kurze Zusammenstellung der über 800 Publikationen von ihm bezw.seinen Schülern, die andere enthaltend Arbeiten von Fachgenossen aus Deutschland,Holland,der Schweiz,Belgien,Amerika.

Professor Dr. Ernst Laqueur

91

B.d.S. -IV B 4- Den Haag, den 13.1o.1943

Br.Nr. 1358/42 /

1.) V e r m e r k:

Der Antrag auf Sternbefreiung des Juden Prof. Dr.med. Ernst L a qeu r ist endgültig abgelehnt. Es besteht daher keine Veranlassung Laqueur mit seiner F-milie von den allgemeinen Evakuierungsmassnahmen zu verschonen. Es erscheint aber zweckmässig, der ganzen Familie anhand der vorhandenen guten Auslandsbeziehungen den 12o ooo - Stempel zu erteilen. Damit wäre Laqueur vor der Abschiebung nach dem Osten geschützt und würde zur gegebenen Zeit in das Lager Bergen-Belsen überführt.

2.(Fernschreiben :

An die Zentralstelle
für jüdische Auswanderung
z.Hd. von SS-Hauptsturmführer aus der Fünten
A m s t e r d a m

Betr.: Jude Prof. Dr.med. Ernst L a q u,e u r und Familie.-

Es wird gebeten, die Juden

Dr.Ernst Laqueur, geb.7.8.8o
Margarethe Laqueur geb.Loewenthal, geb. 12.6.1883
Heinz Joachim Laqueur, geb. 4.12.1914
Renate Lieselotte Laqueur, geb. 3.11.1919
Lieselotte Marie Laqueur, geb.31.1.1922
Dr.Felix Oesterreicher, geb. 19.5.94
Gerda Marg. Oesterreicher geb.Laqueur, geb. 9.1.o6
Anna Beate Oesterreicher, geb. 12.1o.1934
Heriette, Margarethe Oesterreicher, geb. 27.12.36
Maria Ernestine Oesterreicher, geb. 27.12.36

alle wohnhaft in Amsterdam, Sarphatistraat 5, von der Liste der weiterhin zurückgestellten Juden zu streichen und sie in das Lager Westerbork zu evakuieren.

Die ganze Familie erhält den 12o COO - Stempel und wird weiterhin als Austausch-Juden behandelt.

B.d.S. -IV B 4 Br. Nr. 1358/42

I.A.

3) I C austragen

4.) FS absenden

5.) zurück an IV B 4 /Frielingdorf

HET NEDERLANDSCHE ROODE KRUIS

AFDEELING AMSTERDAM

Postgiro 280400

AMSTERDAM, 2 November 1943

~~Damrak 83 (ingang in de Steeg)~~ Nic. Maes traat 55

Telefoon ~~41411~~ 24200

Den Hooggeleerden Heer
Prof. Ernst Laqueur

Door dezen bevestig ik U, dat ik heden op Uw verzoek door bemiddeling van het Internationale Roode Kruis te Genève, dat de tekst in het Engelsch verlangt onderstaand telegram aan Selman Schocken University Jerusalem deed verzenden:

"Reference cable Jewish Agency of 9 July mentioning registration on "exchangelist stop I ask cable immediately number certificate for "Professor Ernst Laqueur 7.8.1880, Margarete Laqueur-Loewenthal 2.6.1883 "Gerda Margarethe Oestreicher-Laqueur 9.1.1906, Dr. Felix Hermann "Oestreicher 19.5.1894, Renate Liselotte Margarete Goldschmidt-Laqueur "23.11.1919 Paul Goldschmidt 8.8.1914 Liselotte Margarete Neeltje Maria "Laqueur 31.1.1922 Clara Oestreicher-Kisch 21.11.1871 - Prof. Ernst "Laqueur - c/o Dutch Red Cross Nix. Maesstraat 55 - Amsterdam."

Vertaling:

"Refereer aan telegram Jewish Agency van 9 Juli over registratie op "uitwisselingslijst stop Ik vraag onmiddellijk te telegrafeeren cer- "tificaatsnummer voor Professor Ernst Laqueur 7.8.1880, Margarete "Laqueur-Loewenthal 2.6.1883 Gerda Margarethe Oestreicher-Laqueur "9.1.1906 Dr. Felix Hermann Oestreicher 19.5.1894, Renate Liselotte "Margarete Goldschmidt-Laqueur 23.11.1919, Paul Goldschmidt 8.8.1914, "Liselotte Margarete Neeltje Maria Laqueur 31.1.1922 Clara Oestreicher- "Kisch 21.11.1871 - Prof. Ernst Laqueur per adres Nederlandsche Roode "Kruis - Nic. Maesstraat 55 - Amsterdam."

De Secretaris van het Afdeelingsbestuur

משרד ארץ־ישראלי

OFFICE PALESTINIEN DE SUISSE

Téléphone : 5 12 10
Cte de chèques post. : I. [illegible]

GENÈVE, le
8, rue [illegible]

Betrifft :	Oestreicher	Dr. Felix	geb.	18. 5.1894
	"	Gerda Margarete geb.Laqueur	"	9. 1.1906
	"	Anna Beate	"	8.10.1934
	"	Maria Ernestine Ida	"	27. 2.1936
	"	Henriette Margarete Karoline	"	27. 2.1936

Sehr geehrter Herr Dr. Oestreicher!

Auf unsere Anfragen in der Angelegenheit des für Sie beantragten Zertifikates erhielten wir aus Jerusalem die telegraphische Mitteilung, dass unsere zuständigen Instanzen in Palästina Sie und Ihre Familie für den Austausch registriert haben.

Indem wir Ihnen dies zur Kenntnis bringen, begrüssen wir Sie

mit vorzüglicher Hochachtung

משרד ארץ־ישראלי ז'נבה
Office Palestinien Genève

Herrn
Dr. Felix Oestreicher
Vening Meineszkade 5
A M S T E R D A M

Adresse von Schwiegervater Professor Dr. Ernst Laqueur

COMITÉ INTERNATIONAL DE LA CROIX-ROUGE

GENÈVE (Suisse) Im Pa H / FD gm

DEMANDEUR — ANFRAGESTELLER — ENQUIRER

Nom - *Name* JEWISH AGENCY

Prénom - *Vorname* - *Christian name*

Rue - *Strasse* - *Street*

Localité - *Ortschaft* - *Locality* JERUSALEM

Département - *Provinz* - *County*

Pays - *Land* - *Country* Palestine

Message à transmettre — Mitteilung — Message

(25 mots au maximum, nouvelles de caractère strictement personnel et familial) — *(nicht über 25 Worte, nur persönliche Familiennachrichten)* — *(not over 25 words, family news of strictly personal character).*

Message of 10th.1.44: "please inform Felix Herman TREICHER and family, Netherlands Red Cross, AMSTERDAM, that they have been registered on 6th veteran onist list for immigration into palestine and hange. Their number is M/438/43/f/283; foreign office will communicate name to protecting power."

Date - *Datum* 24.1.1944.

DESTINATAIRE — EMPFANGER — ADDRESSEE

Nom - *Name* JOODSCHE RAAD

Prénom - *Vorname* - *Christian name*

Rue - *Strasse* - *Street* Jan van Eijckstr. 15

Localité - *Ortschaft* - *Locality* AMSTERDAM

Province - *Provinz* - *County*

Pays - *Land* - *Country* Hollande

RÉPONSE AU VERSO — **ANTWORT UMSEITIG** — **REPLY OVERLEAF**

Prière d'écrire très lisiblement — Bitte sehr deutlich schreiben — Please write very clearly

Dr. Felix Hermann Oestreicher hatte dieses wie auch das folgende Dokument mit in Bergen-Belsen

משרד ארץ־ישראלי

OFFICE PALESTINIEN DE SUISSE

Téléphone : 5 12 10
Cte de chèques post. : I. 4889
BE.

GENÈVE, le 29.Januar 1944.
8, rue Petitot

Herrn OSTREICHER Felix Herman
Nied. Rotes Kreuz
AMSTERDAM

Betrifft: Sie und Ihre Familie.

Sehr geehrter Herr O[illegible]

Wir teilen Ihnen hierdurch mit, dass Sie auf der sechsten Liste für Veteranen-Zertifikate die

Nr. M/438/43/f/283...

erhalten haben.

Gleichzeitig geben wir Ihnen bekannt, dass diese Liste dem Foreign Office mit der Bitte um Weiterleitung an die Schutzmacht zur zweckdienlichen Behandlung übermittelt wurde.

Mit vorzüglicher Hochachtung
משרד ארץ־ישראלי ז'נבה
Office Palestinien Genève

Prière de joindre un timbre-réponse pour chaque demande. - Nos renseignements, donnés après sérieuse étude, sont toutefois sans responsabilité

Der Höhere SS- und Polizeiführer
beim Reichskommissar für die besetzten
niederländischen Gebiete.
BdS.IV B 4 - B.Nr.14273/43.

den 16. Februar 1944.

1.) Schreiben:

An den
Herrn Reichskommissar für die besetzten
niederländischen Gebiete
- Der Generalkommissar für Verwaltung und Justiz -
zu Hd. von Herrn Dr. Calmeyer,

D e n H a a g.

915

4/0

Betrifft: Freistellung vom Judenstern.

Ich habe entschieden, dass der Jude
Prof. Dr. Ernst Laqueur, geb. 7.8.1880 in Obernigk,
wohnhaft: Amsterdam, Vening Meineszkade 5,
von der Kennzeichnung der Juden auszunehmen ist.

Die Befreiung vom Judenstern ist auf der Kennkarte eingetragen

In Vertretung:
Der Befehlshaber der Sicherheitspolizei
und des SD.

gez. Naumann.

SS-Brigadeführer und
Generalmajor der Polizei.

2.) Fernschreiben: FS.Nr.05272 vom 17.2.1944.

An die
Zentralstelle für jüdische Auswanderung
zu Hd. von SS-Hauptsturmführer aus der Fünten,
A m s t e r d a m.

Betrifft: Freistellung vom Judenstern.

Ich habe entschieden, dass der Jude
Prof. Dr. Ernst Laqueur, geb.7.8.1880 in Obernigk,
wohnhaft: Amsterdam, Vening Meineszkade 5,

Mit Bericht an SS-St'scharf.
F i s c h e r.

23.5.44.

P. R. 1.6.44

Reichskommissar Seyss Inquart
Eingel. 13 MEI 1944
Zahl.

LEBERG. Amsterdam, den 12. Mai 1944.
Amstel-Hotel.

DOSSIER P.R.A.
№ 15969

Sehr geehrter Herr Reichskommissar!

Sie waren so freundlich, zunächst den mir verwandtschaftlich nahestehenden

Professor Dr. Ernst L a q u e u r , Amsterdam,

vom Tragen des Judensterns frei zu stellen, wofür ich mir hiermit erlaube, meinen verbindlichsten Dank auszusprechen.

Vor meiner Abreise gestatte ich mir, ergebenst zu bitten, diese Befreiung auch auf seine Gattin,

Frau Margarete Laqueur geborene Löwenthal,

sowie seine unverheiratete Tochter,

Fräulein Liselotte Laqueur,

die letzte und jüngste der ihm noch hier verbliebenen Töchter , ausdehnen zu wollen.

Indem ich der Hoffnung Ausdruck gebe, dass Sie meiner Bitte stattgeben können, und diese Ihre Entscheidung als endgültig zu betrachten ist, danke ich im voraus für das grosse Entgegenkommen.

Mit der Versicherung meiner stets ausgezeichneten Hochachtung verbleibe ich, sehr geehrter Herr Reichskommissar,

Ihr Ihnen sehr ergebener

Prof. Dr. W. Meuzelberg.

Herrn

Reichskommissar

Dr. A. Seyss - Inquart,

Den Haag

BdS.
IV.-B 4 e - B.Nr.

Den Haag, den 8. Juni 1944.

1.) Fernschreiben: Dringend - sofort vorlegen.

An den
Befehlshaber der Sicherheitspolizei und des SD
Aussenstelle Amsterdam
- IV B 4 -
A m s t e r d a m .

Betrifft: Jude Prof. Dr. Ernst Laqueur, geb.7.8.1880
in Obernigk,
wohnhaft: Amsterdam, Vening Meinezkade 5.

Der Jude
Prof. Dr. Ernst Laqueur, geb.7.8.1880 in Obernigk,
wurde lt. Entscheidung des BdS.-SS-Brigadeführer Naumann vom 16.2.1944 vom Tragen des Judensterns befreit.
Von Prof. Dr. Mengelberg wird beim Herrn Reichskommissar Dr. Seyss-Inquart Antrag gestellt, auch die jüdische Ehefrau und Tochter des L. vom Sterntragen zu befreien.

Es wird gebeten, den Juden
Ernst Laqueur,
dessen Ehefrau Margarete geb.Löwenthal, geb. 12.6.1883 in Brieg,
und Tochter: Liselotte Laqueur, geb.31.1.1922 in Amsterdam,
wohnhaft: Amsterdam, Vening Meinezkade 5,
im Hinblick auf die bereits stattgefundene Invasion und die vom ~~RSH~~ Reichsführer-SS angeordnete radikale Entjudung der Niederlande umgehend dem Judenlager Westerbork zwecks Umsiedlung nach Theresienstadt einzuweisen. Der Abtransport von Westerbork nach Theresienstadt wird voraussichtlich am 9. 6. 1944 stattfinden, sodass die Familie L. bis zu diesem Termin bereits dort eingetroffen sein muss.

bis zu seiner Umsiedlung nach Theresienstadt von der Kennzeichnung der Juden auszunehmen ist.

Die Befreiung vom Judenstern ist auf der Kennkarte einzutragen.

BdS., IV B 4 e - B.Nr.14173/43.

gez. Naumann.
ꞩ-Brigadeführer und Generalmajor der Polizei.

3.) I C austragen und absenden.

4.) Fernschreiber.

5) zurück an IV B 4 e (Slottke).

6) zu den Pers.Akt.

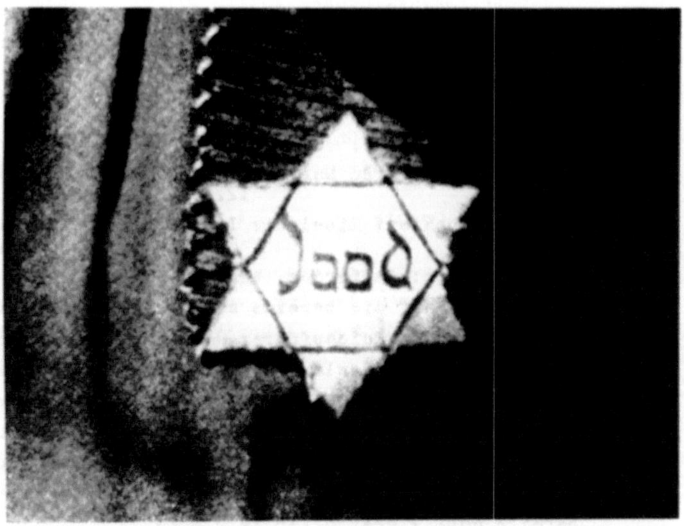

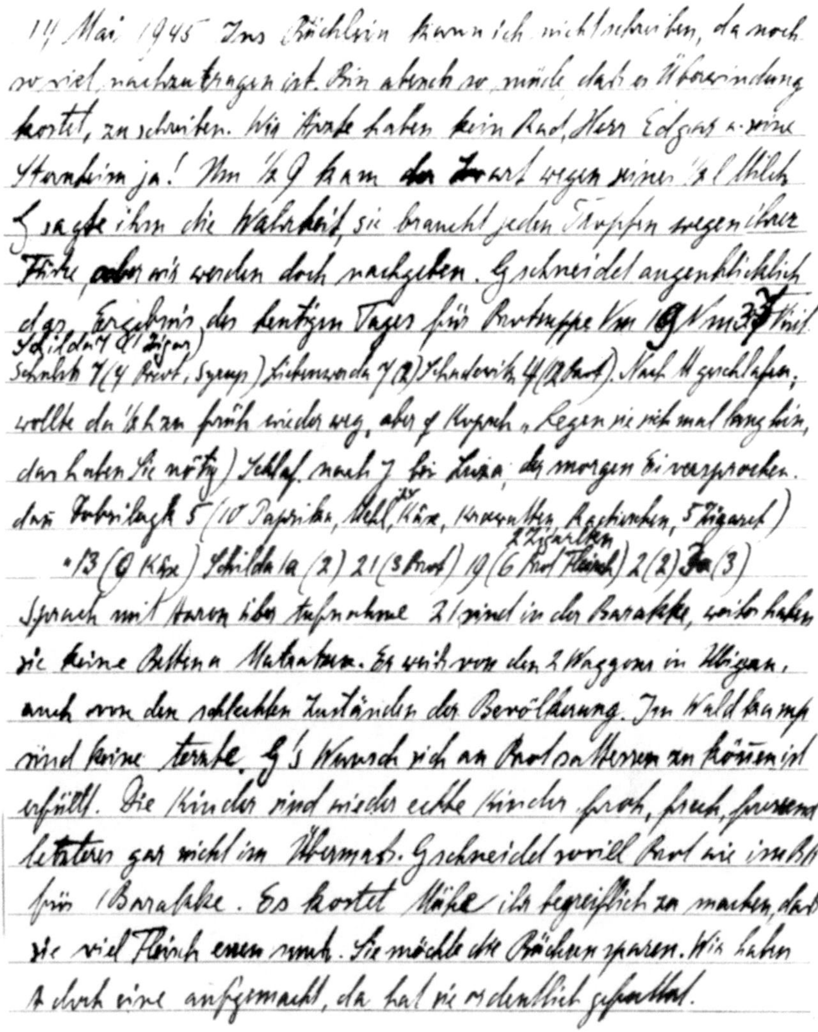

14 Mai 1945 Ins Büchlein kann ich nicht schreiben, da noch
so viel nachzutragen ist. Bin abends so müde, daß es Überwindung
kostet, zu schreiben. Wir Ärzte haben kein Rad, Herr Edgar u. seine
Stammheim ja! Um ½ 9 kam [illegible] wegen seiner ½ l Milch
Ich sagte ihm die Wahrheit, sie braucht jeden Tropfen wegen ihrer
[illegible], aber wir werden doch nachgeben. Gschneidel augenblicklich
das Ergebnis des heutigen Tages für Brotsuppe [illegible]
[illegible] (1 Zigar)
[illegible] 7 (4 Brot, Syrup) [illegible] 7 (2) [illegible] 4 (2 Brot). Nach 11 geschlafen,
wollte da ½ h zu früh wieder weg, aber G sprach „Legen Sie sich mal lang hin,
das haben Sie nötig") Schlaf nach 7 bei [illegible], die morgen Ei versprochen.
[illegible] 5 (10 Paprika, Mehl, Käse, [illegible], [illegible], 5 Zigaretten)
•13 (6 Käse) [illegible] (2) 21 (3 Brot) 19 (6 Brot Fleisch, 2 Zigaretten) 2 (2) [illegible] (3)
Sprach mit Aaron über Aufnahme 21 sind in der Baracke, weiter haben
sie keine Betten u. Matratzen. Er weiß von den 2 Waggons in [illegible],
auch von den schlechten Zuständen der Bevölkerung. Im Waldkamp
sind keine Kranke. G's Wunsch sich an [illegible] zu können ist
erfüllt. Die Kinder sind wieder echte Kinder froh, frech, [illegible]
letzteres gar nicht im Übermaß. Gschneidel will Brot wie [illegible]
für 1 Baracke. Es kostet Mühe ihr begreiflich zu machen, daß
sie viel Fleisch essen muß. Sie möchte alle Büchsen sparen. Wir haben
[illegible] doch eine aufgemacht, da hat sie ordentlich gefuttert.

Tagebucheinlage von Dr. Felix Hermann Oestreicher am 14. Mai 1945

In Bergen-Belsen 21.4.1985 (Foto Wiehn)

Mariechen (Maria Austria), Maria und Beate (mit Kopftüchern, die Mutter Gerda noch genäht hatte) auf dem Weg zum Wiedersehen mit Helly Ende Juli 1945; Maria, Helly und Beate im Winter 1945

A.E.F. D.P. REGISTRATION RECORD

(1) Registration No. N 9 0 9 4 0 7 8 4

Original [x] Duplicate [ ]

For coding purposes: A. B. C. D. E. F. G. H. I. J.

(2) Family Name	Other Given Names	(3) Sex	(4) Marital Status	(5) Claimed Nationality
Oestreicher	Anna	M. [ ] F. [x]	Single [x] Married [ ] Widowed [ ] Divorced [ ]	R ?

(6) Birthdate	Birthplace	Province	Country	(7) Religion (Optional)	(8) Number of Accompanying Family Members:
8-10-34	Karlsbad			N.H.	1

(9) Number of Dependents:	(10) Full Name of Father	(11) Full Maiden Name of Mother
	Oestreicher Felix	Laqueur Gerda

(12) Desired Destination	(13) Last Permanent Residence or Residence January 1, 1938.
A'dam Sarphatistraat 5	A'dam Transvaalkade 13
City or Village / Province / Country	City or Village / Province / Country

(14) Usual Trade, Occupation or Profession	(15) Performed in What Kind of Establishment	(16) Other Trades or Occupations
—		—

(17) Languages Spoken in Order of Fluency: a. Ned. b. c.

(18) Do You Claim to be a Prisoner of War: Yes [ ] No [x]

(19) Amount and Kind of Currency in your Possession: —

(20) Signature of Registrant: Oestreicher

(21) Signature of Registrar: [illegible] Date: 13/6/45

Assembly Center No. [illegible]

(22) Destination or Reception Center:

Name or Number / City or Village / Province / Country

(23) Code for Issue	1	2	3	4	5	6	7	8	9	10	11	12	13	14	15	16	17	18	19	20	21	22	23	24	25	26	27	28

(24) Remarks

v. Leipzig via Oc Wyt.-Maastr. [illegible]

Bergen Belsen

29/6/45 Naar Lestemp... 23.6.45

DP-2
16—39781-1

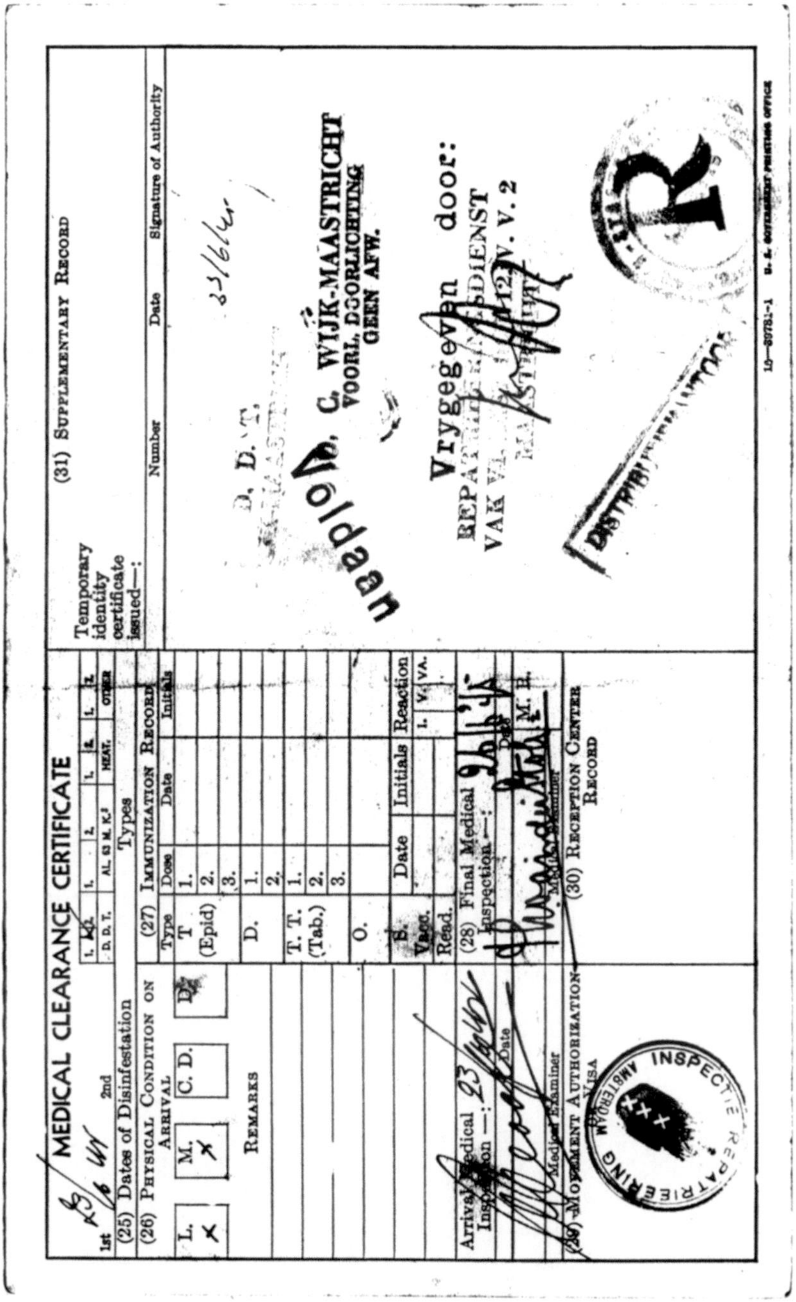

MEDICAL CLEARANCE CERTIFICATE

1st 23/6 '45 2nd

(25) Dates of Disinfestation

D. D. T.	AL. 63 M. K.²	HEAT.	OTHER
1. 2.	1. 2.	1. 2.	1. 2.

Types

(26) Physical Condition on Arrival

L.	M.	C. D.	D.
x	x		

Remarks

(27) Immunization Record

Type	Dose	Date	Initials
T (Epid)	1.		
	2.		
	3.		
D.	1.		
	2.		
T. T. (Tab.)	1.		
	2.		
	3.		
O.			

S.	Date	Initials	Reaction I.	V.	VA.
Vacc.					
Read.					

Arrival Medical Inspection —: 23/6 '45 Date

Medical Examiner

(28) Final Medical Inspection —: 26/6 '45 Date

Medical Examiner M. E.

(29) Movement Authorization or Visa

REPATRIEERING INSPECTIE AMSTERDAM

(30) Reception Center Record

(31) Supplementary Record

Temporary identity certificate issued—:

Number	Date	Signature of Authority
	23/6 '45	

D. D. T.

Voldaan

C. WIJK-MAASTRICHT
VOORL. DOORLICHTING
GEEN AFW.

Vrygegeven door:
REPATRIEERINGSDIENST
VAK 12 V. V. 2
MAASTRICHT

DISTRIBUTIE

R

15—39781-1 U. S. GOVERNMENT PRINTING OFFICE

A.E.F. D.P. REGISTRATION RECORD

(1) Registration No. 6 0 8 4 0 7 9 9 9

Original ☒ Duplicate ☐

For coding purposes: A. B. C. D. E. F. G. H. I. J.

Oestreicher — Mario — M. ☐ F. ☒ — Single ☒ Widowed ☐ Married ☐ Divorced ☐

(2) Family Name | Other Given Names | (3) Sex | (4) Marital Status | (5) Claimed Nationality

27-2-26 Karlsbad

(6) Birthdate | Birthplace | Province | Country | (7) Religion (Optional) | (8) Number of Accompanying Family Members: 1

(9) Number of Dependents: | Oestreicher Felix | Laquer Gerda

(10) Full Name of Father | (11) Full Maiden Name of Mother

(12) Desired Destination: Wien Sarphati Kade 5 | (13) Last Permanent Residence or Residence January 1, 1938: Wien Transvaalkade 13

City or Village | Province | Country | City or Village | Province | Country

(14) Usual Trade, Occupation or Profession | (15) Performed in What Kind of Establishment | (16) Other Trades or Occupations

a. b. c.

(17) Languages Spoken in Order of Fluency | (18) Do You Claim to be a Prisoner of War — Yes ☐ No ☒ | (19) Amount and Kind of Currency in your Possession

(20) Signature of Registrant: Oestreicher | (21) Signature of Registrar: | Date: 23/6 | Assembly Center No.

(22) Destination or Reception Center:

Name or Number | City or Village | Province | Country

(23) Code for Issue	1	2	3	4	5	6	7	8	9	10	11	12	13	14	15	16	17	18	19	20	21	22	23	24	25	26	27	28

(24) Remarks

fr. Leipzig via Oe. Wyk - Roaste

23-6-45 - ... 23.6.45

DP-2

16—80781-1

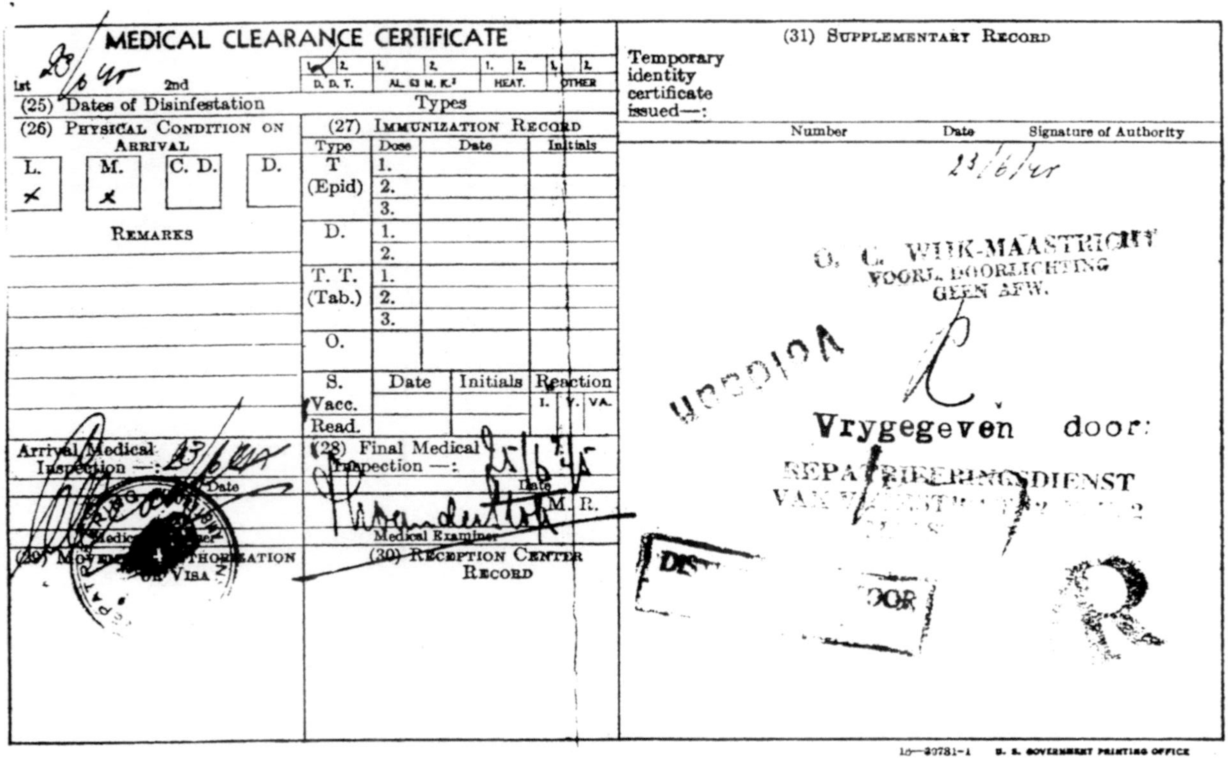

MEDICAL CLEARANCE CERTIFICATE

1st 23/6 45 2nd

(25) Dates of Disinfestation

D. D. T.		AL. 63 M. K.²		HEAT.		OTHER	
1.	2.	1.	2.	1.	2.	1.	2.

Types

(26) Physical Condition on Arrival

L.	M.	C. D.	D.
x	x		

Remarks

(27) Immunization Record

Type	Dose	Date	Initials
T (Epid)	1.		
	2.		
	3.		
D.	1.		
	2.		
T. T. (Tab.)	1.		
	2.		
	3.		
O.			

S.	Date	Initials	Reaction		
			I.	V.	VA.
Vacc.					
Read.					

Arrival Medical Inspection —: 23/6 45
Date
Medical Examiner

(28) Final Medical Inspection —: 23/6 45
Date
M. R.
Medical Examiner

(29) Movement Authorization or Visa

(30) Reception Center Record

(31) Supplementary Record

Temporary identity certificate issued—:

Number	Date	Signature of Authority
	23/6/45	

O. C. WIJK-MAASTRICHT
VOORL. DOORLICHTING
GEEN AFW.

Vrygegeven door:
REPATRIERINGSDIENST

16—30781-1 U. S. GOVERNMENT PRINTING OFFICE

Beate, Maria und Helly (mit Annie, Töchterchen der Familie, bei der Helly versteckt war) in Kleidern, die Mutter Gerda in Tröbitz genäht hatte, 1945; Beate, Maria und Helly 1946

Haus Schildaer Straße 12 in Tröbitz, April 1994; (unten links) Gräber von Gerda und Dr. Felix Hermann Oestreicher auf dem Friedhof von Tröbitz, vorne links Beate, Helly im Hintergrund 1994; Beate und Helly auf dem Rückweg von Tröbitz in Holland 1994

Gerda Oestreicher-Laqueur (Ende der 20er/Anfang der 30er Jahre)

4. Ausgewählte Daten 1933-1945

Einige wichtige Ereignisse der Geschichte des Zeitraums, in den dieses Tagebuch gehört und in dem sich die Geschichte unserer Familie abgespielt hat, möchte ich hier erwähnen. Es handelt sich um Ereignisse während der NS-Herrschaft und um Daten im Zusammenhang mit der Verfolgung von Menschen, die durch den nationalsozialistischen Staat bzw. seine Gesetze als Juden gekennzeichnet wurden. Für uns sind die Ereignisse in der damaligen Tsechoslowakei und in Holland besonders wichtig; denn meine Familie väterlicherseits stammt aus Karlsbad/Tschechoslowakei, wo wir alle geboren sind. Meine Mutter und ihre Familie, die Laqueurs, stammen aus Deutschland, wohnten aber seit 1921 in Amsterdam/Holland.

1933: 30. Januar: Hitler wird deutscher Reichskanzler;
27. Februar: Brand des Reichstags in Berlin;
23. März: die Regierung ergreift diktatorische Maßnahmen: Putsch der NSDAP;
19. August: Hitler zum Reichskanzler gewählt (88%), nennt sich jedoch "Führer".

1935: 15. September: Nürnberger Gesetze: die jüdischen Deutschen werden ihrer Bürgerrechte beraubt.

1937: 14. September: Tod des tschechoslowakischen Präsidenten Masaryk;
16. Oktober: NS-Führer Henlein[91] verlangt Autonomie für die Sudetendeutschen (3.500.000 Menschen);
29. November: die sudetendeutschen Parlamentarier verlassen das tschechoslowakische Parlament.

1938: 12. März: Einmarsch der deutschen Wehrmacht in Österreich;
13. März: Annexion Österreichs durch Deutschland;
10. April: Volkssabstimmung in Österreich: 99,75% stimmen für den "Anschluß" an Deutschland;
März - Mai: erste deutsch-tschechische Krise;
24. April: Karlsbader 8-Punkte-Programm Henleins: er fordert die Ab-

[91] Konrad Henlein (1898-1945): Gauleiter des Sudetenlandes, 1.5.1933 Reichsstatthalter im Reichsgau Sudentenland; 1943 SS-Obergruppenführer; 10.5.1945 Selbstmord.

tretung der "deutschen" Gebiete seitens der Tschechoslowakei;
29. April: Flucht unserer Familie von Karlsbad nach Holland;
19.-20. Mai: England und Frankreich geben noch nicht nach, die deutschen Forderungen werden nicht anerkannt; den ganzen Sommer wird zwischen der tschechischen Regierung und den Vertretern der Sudetendeutschen verhandelt; Truppen werden auf der deutschen Seite der Grenze zusammengezogen; September: Höhepunkt der Krise;
29. September: Konferenz von München: Chamberlain gibt nach: die Tschechoslowakei verliert die Grenzfestungen und muß Gebiet abtreten;
9. November: "Reichskristallnacht": Zerstörung von Synagogen, Friedhöfen, Geschäften und Privatbesitz, Drangsalierung der jüdischen Bevölkerung in Deutschland, Deportation von mehr als 30.000 jüdischen Männern in die Konzentrationslager Buchenwald, Dachau und Sachsenhausen.

1939: 10.-16. März: Vernichtung des tschechoslowakischen Staates: Böhmen und Mähren werden deutsches Protektorat, die Slowakei wird nominell selbständig;
23. August: Ribbentrop-Molotow-Pakt als Nichtangriffspakt;
1. September: Überfall Deutschlands auf Polen;
3. September: England und Frankreich erklären Deutschland den Krieg;
5. September: die USA erklären sich neutral.

1940: 10. Mai: Angriff Deutschlands auf die Niederlande;
13. Mai : Bombardierung Rotterdams, die Stadt brennt;
14. Mai : Kapitulation der Niederlande.

1941: 22. Juni: Überfall Deutschlands auf Rußland;
7. Dezember: Überfall Japans auf Pearl Harbor;
8. Dezember: Kriegserklärung der USA an Japan;
11. Dezember: Deutschland erklärt den USA den Krieg.

1943: 2. Februar: Niederlage der Deutschen Wehrmacht bei Stalingrad (Wolgograd).

1944: 6. Juni: Invasion der alliierten Streitkräfte an der Normandie.

1945: 20. April: amerikanische und russische Truppen treffen einander bei Torgau an der Elbe, nicht weit von Tröbitz, wo wir 23. April von den Russen befreit werden;
5. Mai: Unterzeichung eines Waffenstillstands in Holland;
8. Mai: bedingungslose Kapitulation des Großdeutschen Reiches.

Zur Verfolgung der Juden in Holland

1940: 3. Ende September/Anfang Oktober: "Ariererklärung": Jeder Staatsbedienstete (z.B. Beamte und Lehrer an Schulen und Universitäten) müssen einen Fragebogen ausfüllen: Formular A für "Arier", Formular B für "Juden".
22. November: Entlassung von Juden aus dem Staatsdienst (bereits seit 15. November); auch mein Großvater, Professor Dr. Ernst Laqueur, wird von der Universität Amsterdam entlassen.

1941: 10. Januar: Die Juden müssen sich registrieren lassen.
5. Februar: Ärzte müssen angeben, ob sie Patienten jüdischer Herkunft behandeln.
12. Februar: Am Abend Befehl zur Einrichtung des Judenrates in Amsterdam.
22. und 23. Februar: Erste Inhaftierung von jungen jüdischen Männern in Amsterdam; dies ist Anlaß für den sogenannten "februari-staking", den großen Streik der Arbeiter am 25. und 26. Februar.
12. März: Jüdische Unternehmen werden enteignet und bekommen einen sogenannten "Verwalter".
1. September: Jüdische Kinder werden nicht mehr zu Schulen zugelassen (Erlaß vom 21.8.1941).

1942: Im Winter und Frühling erzwungene Übersiedlung der Juden aus der Provinz nach Amsterdam.
29. April: Pflicht zum Tragen des gelben Sterns.
26. Juni: Erste Berichte von Zwangsarbeit für Juden in Deutschland.
Juli - 29. September: Massendeportationen der Juden aus Holland:

Von Anfang Juli 1942 bis Ende September 1943 finden große Razzien statt. Die Juden waren verpflichtet, sich nach entsprechendem Aufruf zu melden; als aber nur wenige dies taten, wurden Menschen auf der Straße einfach angehalten und mitgenommen oder aus dem eigenen Haus herausgeholt. Die Juden wurden im Lager Westerbork gesammelt, von dort fuhren später fast jeden Dienstag Güterzüge nach Auschwitz, Sobibor und Treblinka. Dort wurden alle Kinder, alten Männer und Frauen sofort durch Giftgas ermordet. Nur sehr wenige junge und kräftige Leute wurden zu harter Arbeit eingesetzt und vorläufig nicht getötet. Wie inzwischen bekannt, haben nur einige Hundert mehr tot als lebendig überlebt.

29. September 1943 wird der Judenrat liquidiert, alle Mitarbeiter nach Westerbork transportiert und von dort weiter nach Osten; letzte Großrazzia in Amsterdam.

In Westerbork wußte man nicht genau, was in den Lagern Polens geschah, aber jedem war klar, daß man bessere Aussichten hatte, wenn man nach Theresienstadt/Tschechoslowakei oder nach Bergen-Belsen/Norddeutschland geschickt wurde. Diese Lager galten als "Austauschlager". Dorthin konnte man kommen, wenn man die "richtigen" Papiere hatte, z.B. einen Beweis, daß man nach Palästina einreisen durfte, oder eine doppelte Staatsangehörigkeit besaß. Diese Papiere konnte man nur mit sehr viel Geld oder mit einflußreichen Beziehungen im Ausland erwerben.

Meine Familie hatte durch meinen Großvater, Professor Dr Ernst Laqueur, einflußreiche Verbindungen; wir wurden deshalb erst am 1.11.1943 aus unserem Haus geholt und zunächt für einige Monate nach Westerbork, ab 15.3.1944 dann nach Bergen-Belsen verschickt, weil wir Einreisepapiere für Palästina besaßen.

In Bergen-Belsen wurden wir im "Sternlager"[92] einquartiert, das angeblich ein "Vorzugslager" für Juden sein sollte; am Ende kamen jedoch nur 30% der Insassen lebend nach Holland und andere Länder wie Ungarn, Albanien, Griechenland, Frankreich zurück! Meine Schwester Beate und ich gehörten dazu.

---

[92] Dazu: Eberhard Kolb, Bergen-Belsen. Geschichte des "Aufenhaltslagers 1943-1945". Hannover: Verlag für Literatur und Zeitgeschehen, 1962; daraus folgende Daten: Aus Holland wurden von 1.2.1944 bis 31.7.1944 3445 Menschen nach Bergen-Belsen verbracht, am 13.9. 1944 kam der letzte Transport mit 225 Menschen.

Im "Sternlager" waren jedoch nicht nur Menschen aus Holland, vor ihnen waren Griechen als erste gekommen und hatten daher die höchsten Posten im Lager, wie Jacques Albala, der Lagerälteste, und Edgar Kumic, der die Küche betreute. Die französischen Frauen französischer Kriegsgefangener kamen im Mai und Juli 1944.

Eine "knappe Darstellung für ein breiteres interessiertes Publikum", wie es im Vorwort heißt, ist: Eberhard Kolb, Bergen-Belsen: vom "Aufenthaltslager" zum Konzentrationslager, 1943-1945. Göttingen: Vandenhoek und Ruprecht, 1985.

Ausgewählte Literatur

Angermeyer, Philipp (1999), "Holland untersucht Schicksal Niederländischer Juden: 'Beraubt und furchtbar kühl behandelt.'" In: Aufbau (New York) Nr. 1, 8.1.1999, S. 18.

Barzel, Alexander, in: Erhard Roy Wiehn u. H.M. Wiehn (1986/1987), Dajenu - Tagebuch einer Israelreise. Konstanz: Hartung-Gorre Verlag, S. 284-289. (Titel der Konstanzer Edition *Shoáh & Judaica* sind hier gefettet)

Bloch (Ed.), S.A., Holocaust and Rebirth. Bergen-Belsen 1945-1965.

Boas, J. (1985), Boulevard des Missères. The Story of Transit Camp Westerbork. Hamden.

Burnier, Andreas (alias Catharina Irma Dessaur) (1993), Knabenzeit. Hamburg.

Das Lager Bergen-Belsen (1981), Dokumente und Bilder mit erläuternden Texten. Niedersächsischer Minister des Innern, Hannover: Fackelträger-Verlag.

Durlacher, Gerard L. (1993), Ertrinken. Eine Kindheit im Dritten Reich. Hamburg.

Durlacher, Gerard L. (1994), Streifen am Himmel. Vom Anfang und Ende einer Reise [aus dem Niederländischen übers. von Maria Csollány]. Hamburg: Europäische Verlagsanstalt.

Durlacher, Gerard L. (1998), Wunderbare Menschen, Geschichten aus der Freiheit, [aus dem Niederländischen übers. von Maria Csollány]. Hamburg: Europäische Verlagsanstalt.

Freye, Raimund (1998), "Die Odyssee jüdischer Pädiater." In: Deutsches Ärzteblatt 95, Heft 50, 11.12.1998 (41/42) C-2277/78.

Gebel, Ralf (1999), "Heim ins Reich!" Konrad Henlein und der Reichsgau Sudetenland 1938-1945. München 1999.

Grassl, Erich (1998), "Prof. Dr. med. Erich Benjamin - Schicksal eines jüdischen Arztes." In: Deutsches Ärzteblatt 95, Heft 50, 11.12.1998 (42) C-2278.

Herzberg, Abel J. (1978), Kroniek der Jodenvervolging. Amsterdam (Meulenhoff reprint).

Herzberg, Abel J. (1997), Amor fati: Schicksalstreue: sieben Aufsätze über Bergen-Belsen; [aus dem Niederländischen von Stefan Häring], Wittingen: Erev-Rav.

Herzberg, Abel, J. (1997), Zweistromland: Tagebuch aus Bergen-Belsen; [aus dem Niederländischen von Stefan Häring], Wittingen: Erev-Rav-Hefte.

Hillesum, E. (1986), Letters from Westerbork. New York.

Hirschfeld, G. (1984), Fremdherrschaft und Kollaboration. Die Niederlande unter deutscher Besatzung 1940-1945. Stuttgart.

Jäckel, Eberhard (et al., Hg., o.J.), Encyklopädie des Holocaust. Die Verfolgung und Ermordung der europäischen Juden. Band I, II (Niederlande, S. 999ff.), III (Westerbork, S. 1577ff.). Zürich u. München: Piper.

Jong, Clara de (o.J.), Die Deportation der Amsterdamer Juden 1940-1945 in Zeichnungen und Gemälden. Berlin.

Kolb, Eberhard (1962), Bergen-Belsen. Hannover.

Kolb, Eberhard (1985), Bergen-Belsen 1943-1945. Göttingen.

Kolb, Eberhard (1997), Bergen-Belsen: Vom "Aufenthaltslager" zum Konzentrationslager 1943-1945; Göttingen: Vandenhoeck & Ruprecht, Editie: 5., überarbeitete und stark erweiterte Auflage.

Laqueur, Renata (1989), Bergen-Belsen Tagebuch 1944-1945, [aus dem Niederländischen übers. von Peter Wiebkel] Hannover: Fackelträger Editie: 2. erg. Aufl.

Laqueur, Renata (1991), Schreiben im KZ, Tagebücher 1940-1945, [bearbeitet von Martina Dreisbach] Hannover: Niedersächsische Landeszentrale für politische Bildung.

Levy, Isaac (1945), Witness to Evil: Bergen Belsen, 1945; London: Halban.

Lévy-Hass, Hanna (1979), Vielleicht war das alles erst der Anfang: Tagebuch aus dem KZ Bergen-Belsen 1944-1945; hrsg. von Eike Geisel, Berlin: Rotbuch. (Ein Gespräch mit Hanna Lévy-Hass 1978. Berlin 1979.)

Mechanicus, Philip (1993), Im Depot: Tagebuch aus Westerbork; mit einem Vorwort von Eike Geisel aus dem Niederländischen von Jürgen Hillner, Berlin: Ed. Tiamat.

Merz, Konrad (1998), Berliner, Amsterdamer und ach - Jude auch. Memoiren aus neunzig Jahren. Bochold u. Bredevoort: Achterland Verlagscompagnie.

Niedersächsische Landeszentrale für politische Bildung (Hg., 1995), Konzentrationslager Bergen-Belsen. Berichte und Dokumente. Göttingen.

Oberski, Jona (1986), Kinderjahre [aus dem Niederländischen übersetzt von Maria Csollány], München: Heyne.

Oestreicher, Helly (10.12.1999), "Art and Poetry in the Post-War Vacuum. A Paul Celan Conference in The Netherlands." In: Aufbau (New York), Nr. 25, S. 12f.

Paape, A.H. (1984), Commemoration Centre Camp Westerbork. Amsterdam.

Paldiel, Mordecai (1999), Es gab auch Gerechte - Retter und Rettung jüdischen Lebens im deutschbesetzten Europa 1939-1945. Konstanz: Hartung-Gorre.

Porat, Eitan (1996), Stimme der toten Kinder - Von den Karpaten durch Auschwitz, Nordhausen und Bergen-Belsen nach Israel 1928-1996. Konstanz: Hartung-Gorre, S. 32-34, 45-46. (Auch in Englisch)

Presser, J. (1988), Ashes in the Wind: the destruction of Dutch Jewry, transl. [from the Dutch] by Arnold Pomerans; Detroit: Wayne State University Press.

Rahe, Thomas (1993), Häftlingszeichnungen aus dem Konzentrationslager Bergen-Belsen. (Hg. Niedersächsische Landeszentrale für politische Bildung). Hannover.

Rahe, Thomas (1994), Kultur im KZ, Musik, Literatur und Kunst in Bergen-Belsen. Aus: Claus Fühlberg-Stolberg u.a. (Hg). Frauen in Konzentrationslagern. Bergen-Belsen - Ravensbrück, Bremen:

Stuldreher, C.J. (1989), "Deutsche Konzentrationslager in den Niederlanden", in: Dachauer Hefte, S. 140-173.

Taubes, Israel (1945), The Persecution of Jews in Holland, 1940-1944: Westerbork and Bergen-Belsen, London: Jewish Central information Office.

Vogel, Loden (1965), [Pseudoniem für Louis Tas]. Dagboek uit een Kamp; Amsterdam: G. van Oorschot.

Weinmann, Martin (Hg., 1990), Das nationalsozialistische Lagersystem. Frankfurt: Zweitausendeins.

Wiehn, Erhard Roy (1992), Schriften zur Schoáh und Judaica. Konstanz: Hartung-Gorre.

Wiehn, Erhard Roy (1999), Bleibende Warnungen I - Schriften zur Schoáh und Judaica 1997-1999. Konstanz: Hartung-Gorre.

Wistrich, Robert (1983), Wer war wer im Dritten Reich. München: Harnack.

Zwick, Jochen (1999), "Das Tagebuch eines Arztes im 'Dritten Reich' - In falscher Gemeinschaft." In: Frankfurter Allgemeine Zeitung, Nr. 109, 12.5.1999, S. N5

Maria E.I. Goudsblom-Oestreicher

Studium der Sozialpsychologie an der Universität von Amsterdam; lebt in Amsterdam.

Dr. Drs. h.c. Erhard Roy Wiehn, M.A.

Professor für Soziologie an der Universität Konstanz, Honorarprofessor der Universität Iaşi/Rumänien; jüngere Veröffentlichungen vor allem zur Schoáh und Judaica.

Jood

Gerda Margarethe Oestreicher-Laqueur,

Gerdas Tagebücher

Deutsch-jüdisch-niederländische
Familiengeschichte 1918-1939.

Bearbeitet von Maria Goudsblom-Oestreicher
Herausgegeben von Helly Oestreicher,
Johan Goudsblom und Erhard Roy Wiehn
1. Auflage 2010. 316 Seiten. € 24,80.
ISBN 978-3-86628-314-5

Aus dem Vorwort von **Johan Goudsblom**
Ein Denkmal von und für Mutter und Tochter

Maria Goudsblom-Oestreicher, meine Frau, hat sich seit 1994 und bis wenige Monate vor ihrem Tod im Frühjahr 2009 damit beschäftigt, die Tagebücher ihrer Eltern – Dr. med. Felix Hermann Oestreicher und Gerda Margarethe Oestreicher-Laqueur – für eine Veröffentlichung zu bearbeiten. Es handelt sich dabei um Tagebücher ganz verschiedener Art. Nachdem Felix Oestreicher, seine Frau, zwei seiner kleinen Töchter und seine Mutter im November 1943 als Juden verhaftet worden waren, hatte er in den KZs Westerbork und Bergen-Belsen in einem ärztlichen Taschenkalender täglich kurze, sachliche Notizen über das Leben im Lager gemacht: über Essen, Krankheiten, Todesfälle. Alles wurde mit Bleistift im Telegrammstil notiert, offensichtlich in der Absicht, dem Autor später als Gedächtnisstütze zu dienen. Felix Oestreicher war jedoch leider nicht in der Lage, seine Einträge selbst auszuarbeiten. Nur wenige Wochen nachdem sie in Tröbitz im südlichen Brandenburg von der Roten Armee befreit worden waren, sind Gerda und Felix Oestreicher kurz nacheinander an Flecktyphus gestorben. Erst die Bemühungen Marias, unterstützt von ihrer deutschsprachigen Freundin Anneliese Nassuth, haben es ermöglicht, dass das Tagebuch mit vielen Dokumenten und Bildern ergänzt im März 2000 beim Hartung-Gorre Verlag (Konstanz) erscheinen konnte.
Gerdas Tagebücher sind ganz anderer Art und haben eine ganz andere Geschichte. Sie umfassen eine viel längere Periode, nämlich von 1918 bis 1929 und von 1938 bis 1939. Sie beginnen in konventioneller Weise: Die zwölfjährige Gerda hat ein unliniertes Heft in schönem Ledereinband mit Verschluss bekommen, wo sie ihre häuslichen und schulischen Erlebnisse niederschreiben kann. Aber schon im ersten Satz zeigt sie eine über Haus und Schule weit hinausreichende Aufmerksamkeit auch für historische Ereignisse. Es ist 16. Oktober 1918, und der Erste Weltkrieg geht zu Ende: "Viertes Kriegsjahr! Noch keine Friedensaussichten!!!" So beginnt Gerdas Tagebuch. Weniger als einen Monat später kapitulieren die Achsenmächte. Der Schock der Niederlage bringt Unruhe und Unsicherheit in ganz Deutschland, auch in Brieg, der kleinen Industriestadt südöstlich von Breslau in Schlesien, dem Wohnort von Gerdas Familie Laqueur. Das spontane Reagieren auf Ereignisse in der großen Außenwelt ist eine der Qualitäten, die dieses Tagebuch zu etwas Besonderem machen.

Bronia Davidson-Rosenblatt,

Keine Zeit für Abschied -

Von Polen durch den Ural nach Samarkand und zurück bis Amsterdam. Jüdische Schicksale 1933-1956.

Herausgegeben von Erhard Roy Wiehn

2000, 102 Seiten, € 14, 32. ISBN 3-89649-528-3

Bronia Davidson: Vorwort zur deutschen Ausgabe

Erst spät, als Erwachsene und Mutter, begriff ich, daß meine Kindheitserlebnisse gar nicht so normal und selbstverständlich waren, wie ich sie damals empfunden hatte. Als kleines Kind im Ural und später in Samarkand wußte ich zwar, daß wir nicht freiwillig umgezogen, daß es keine Ferien waren, wie in Rabka oder Muszyna, und daß es früher einmal ein besseres Leben gegeben hatte. Aber das Ungewöhnliche und Dramatische unserer Flucht war mir nicht klar.
Was konnte mir schon passieren mit der Mutter, der Großmutter, den Onkeln um mich herum und immer in deren Nähe? Ein beschützender Kreis von Erwachsenen, die Angst, Gefahr und Hunger von mir fernhielten, Lieder mit mir sangen und die Rückkehr nach Polen wie ein süßes Versprechen in Aussicht stellten.
Selbst der Tod meines Vaters und später meiner Großmutter war in diesem engen Kreis noch erträglich. Die Kette schloß sich, wir waren fest entschlossen, keine Glieder mehr zu verlieren und ein so alltägliches Leben wie möglich zu führen.
Durch Kinderaugen gesehen war das Leben ziemlich normal, jedenfalls wenn man nicht zu genau um sich schaute, nicht zu viele Fragen stellte und sich danach richtete, was sich im stillen Kämmerlein, im eigenen Leben abspielte. Das Leben bestand aus diesem einen Zimmer, der Schule und ein paar Freunden. Es war sogar gemütlich, man war nie allein.
"Geh auf dein Zimmer", war ein unbekannter Satz. Es gab nur ein Zimmer.
Kein Streit um Spielsachen, denn es gab keine Spielsachen. "Das schmeckt mir nicht", gab es nicht, denn was es gab, war lecker, weil es einfach da war.
Ungewöhnlich und beängstigend wurde es erst nach der Rückkehr in Polen, - diese Rückkehr, die so festlich hätte sein sollen und eine solche Enttäuschung wurde. Vor diesem Drama konnte ich nicht geschützt werden, ich mußte meinen eigenen Verteidigungsmechanismus einsetzen. Die Onkel gingen ihrer Wege, aber immer noch war die Mutter da, die alles gutmachte, auch wenn sie ihren hoffnungsvollen Optimismus verloren hatte.
Vielleicht war es kein Zufall, daß erst beim drohenden Verlust meiner Mutter während ihrer jahrelangen Krankheit das Gefühl des selbstverständlichen Schutzes verlorenging. Sie konnte mich nicht mehr beruhigen, daß es keine Geister gab. Damals kamen die Geister zurück.
Mein Bedürfnis, das als so gewöhnlich erlebte Ungewöhnliche aufzuschreiben, wuchs. Ich wollte die Geschichte meiner Kindheit als ein ganz kleines Stück der großen, unglaublichen, bizarren Geschichte weitergeben, anfänglich für meine Kinder, weil meine Geschichte ja auch ihre Geschichte ist. Später für mehr Menschen, dazu angespornt durch Freunde, die mir sagten, daß unsere Verbannung in fernen Orten ein für Niederländer unbekanntes Stück Kriegsgeschichte ist, der Mühe wert, festgehalten zu werden.

...

Amsterdam, im März 2000